全国高等院校研究生专用教材

刑事审后程序：刑事诉讼程序的新大陆
——以刑事一体化理论为视角

XINGSHI SHENHOU CHENGXU：XINGSHI SUSONG CHENGXU DE XINDALU
——YI XINGSHI YITIHUA LILUN WEI SHIJIAO

李立宏 著

中国商务出版社
CHINA COMMERCE AND TRADE PRESS

图书在版编目（CIP）数据

刑事审后程序：刑事诉讼程序的新大陆：以刑事一
体化理论为视角／李立宏著. —北京：中国商务出版
社，2022.6
ISBN 978－7－5103－4294－3

Ⅰ. ①刑… Ⅱ. ①李… Ⅲ. ①刑事诉讼—诉讼程序—
中国—研究生—教材 Ⅳ. ①D925.218

中国版本图书馆 CIP 数据核字（2022）第 091211 号

刑事审后程序：刑事诉讼程序的新大陆——以刑事一体化理论为视角
李立宏　著

出版发行：中国商务出版社
社　　址：北京市东城区安定门外大街东后巷 28 号　　邮政编码：100710
网　　址：http://www.cctpress.com
电　　话：010-64212247（总编室）　　010-64515151（事业部）
　　　　　010-64208388（发行部）　　010-64286917（零售电话）
责任编辑：刘姝辰
邮　　箱：349183847@qq.com
开　　本：710 毫米×1000 毫米　1/16
印　　张：21.5
版　　次：2022 年 6 月第 1 版　　　印　　次：2022 年 6 月第 1 次印刷
书　　号：ISBN 978－7－5103－4294－3
字　　数：362 千字　　　　　　　　定　　价：80.00 元

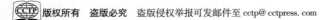

购买本社图书如有印装质量问题，请与本社印制部（电话：010-64248236）联系

内容简介

现代科学充分证明，支离分割的思想方法和静态观念已经成为科学研究的巨大障碍，因而在 20 世纪上半叶诞生了科学探索"整体"或"系统"的新范式即系统论。刑事一体化理论的实质，是运用系统论研究刑事学科的结晶，而刑事一体化理论研究如果要引向深入，那就需要将各刑事部门学科置于刑事学科整体背景下进行研究，也需要将刑事学科群作为一个整体与各刑事部门学科联系起来研究。因此，本书研究刑事诉讼法学的刑事审后程序问题，即以刑事一体化理论为视角。

我国刑事诉讼法学的通说理论认为，狭义上的刑事诉讼程序仅指刑事审判程序；广义上的刑事诉讼程序，则包括主要由立案、侦查、起诉构成的刑事审前程序，主要由第一审程序、第二审程序和审判监督程序构成的刑事审判程序，以及刑事执行程序。由于大多数国家立法、司法和理论研究中的刑事诉讼程序，一般是指广义上的刑事诉讼程序，因而才出现刑事审前程序、刑事审判程序和"刑事审后程序"的划分。随着刑事诉讼司法实践的不断发展："刑事审后程序"除了包括刑事执行程序这个传统的内容之外，还应当包括由更生保护程序、前科消灭程序和刑事被害人国家补偿程序构成的"刑事执行后程序"，形成更加广义上的刑事诉讼程序。但是，由于各种因素的影响，"刑事执行后程序"未能出现在刑事诉讼程序的主体框架之中。因此，在刑事诉讼程序理论和实践中，"刑事审后程序"也就一直以一个尚未成形的"新大陆"的面目而存在。

通过仔细梳理现行刑事法目的（刑法目的和刑事诉讼法目的的统称）理论和具体分析刑事诉讼司法实践的新发展，笔者发现，刑事诉讼的程序理论研究，不仅已经落后于刑事诉讼其他方面的理论研究和刑事法目的理论研究，而且对于刑事诉讼程序司法实践的不断发展也没有及时作出全面的反应，导致在刑事诉讼程序的理论和实践中均出现了一个需要解决的重大问题。这个重大的问题就是：现行刑事诉讼程序已经变成了一个残缺不全的法律机制，或者说，现行刑事诉讼程序已经不能满足刑事法目的实现的需要。只有构建"刑事审后程序"，并将其加入到刑事诉讼程序之中，才真正算得上机制完整，从而为全面实现刑事法目的提供必要的平台。

本书以刑事法目的的实现为切入点，找到了"刑事审后程序"产生的内在动力和根本原因，发现了"刑事审后程序"以"碎片化"方式存在的现实状态，分析了其现行立法的模式、特征和存在的主要问题，提出了其立法完善的思路和方法，构建了"刑事审后程序"体系并研究了其理论基础，通过与行刑程序、刑事审判程序等程序进行一定的比较分析，揭示了"刑事审后程序"的面相，从而在理论上探讨了"为什么产生刑事审后程序"和"什么是刑事审后程序"这两个基本问题。在此基础上，本书运用系统论对"刑事审后程序"继续进行深入探讨，并以"刑事审后程序"为素材，对刑事一体化理论予以了一定的回应和相应的完善。

众所周知，哥伦布发现新大陆之后，颠覆了"地球是平的"这一人们普遍认可的固有观念。"刑事审后程序"的发现和提出，虽然可能没有颠覆性的力量，但同样也会改变和修正刑事诉讼法学基本理论的一些通说观点或者基本观点，至少能够在理论上认识到，刑事诉讼程序应当在当事人合法权益的刚性保护和减少甚至避免国家权力的恣意妄为方面产生巨大的积极效能，应当为刑事当事人提供全面、充分和均衡的人权保障。因此，研究"刑事审后程序"这个刑事诉讼程序的"新大陆"，不仅为刑事诉讼程序理论和实践找到了新领域，为刑事一体化理论的完善贡献出新的智力支持，而且对刑事诉讼法学的一些基本概念、既有原则、价值、目的和功能等一系列的深层理论可能会产生剧烈影响。

目　录
CONTENTS

上　编　刑事法目的实现与刑事审后程序产生：原因论

下 编 刑事审后程序系统与刑事一体化：系统论

导　论

　　研究发现，无论是在刑事诉讼的立法上，还是在刑事诉讼的司法中，亦或在刑事诉讼程序的理论研究时，均出现了一个需要解决的重大问题，这个重大的问题就是：缺少"刑事审后程序"的刑事诉讼程序已经变得残缺不全了。当然，肯定有人要追问，为什么呢？现行刑事诉讼程序不是运行得好好的吗？不会是耸人听闻赚眼球吧？为了回答上述追问，需要先解决以下三方面的基本理论问题：其一，刑事审后程序为什么会产生？其二，刑事审后程序体系怎样构建而成？其体系构建具有怎样的理论基础？刑事审后程序的现行立法情况如何？其现行立法存在的主要问题是什么？应该怎样予以立法完善？其三，刑事审后程序与刑事诉讼程序具有怎样的关系？等等，这些基本理论问题，即为本书探讨的核心内容。因此，本书研究的题目是——刑事审后程序：刑事诉讼程序的新大陆。

　　需要说明的是，在分析和研究上述问题时，均以我国的相关法律制度和司法实践为主体，以国外（境外）或者国际的相关法律制度和司法实践为补充，并且以刑事一体化理论为研究视角。

一、研究的背景

　　还原论虽然由哲学家蒯因于 1951 年正式提出，[①] 但源自古希腊的还原论思想可谓源远流长，例如，泰勒斯的水生万物、万物又复归于水，赫拉克里特的火生万物、万物又复归于火等观点，是还原论思想的萌芽，而留基伯、德谟克

---

　　① ［美］蒯因：《从逻辑的观点看》，江天骥等译，上海译文出版社 1987 年版，第 19 页。

利特的原子论，则是这些萌芽思想在认识上的升华，特别是亚里士多德提出，事物之所以是一个整体，是因为它内部有多样性和许多构成部分，"未经分析的整体事物"明白易知，而要素则是从事物里被分析出来后才为人所知，"因此，我们应从具体的整体事物进到它的构成要素"。① 1687 年牛顿出版的《自然哲学之数学原理》，标志着还原论的真正确立，② 此后，自然界各种物理现象都用牛顿力学方法即还原论加以说明；③ 即使到了 20 世纪，取得巨大成就的分子生物学之强微观还原论仍然还在认为，客观事物的整体及其任何方面，完全由其基本组成部分构成和引发。④

现代科学研究虽然沿着既高度分化又高度综合并以高度综合为主的一体化趋势蓬勃发展，⑤ 但是，把问题分解成尽可能小的部分，却是当代西方文明中的技巧之一，而且"我们非常擅长此技，以至我们竟时常忘记把这些细部重新装到一起。"⑥ 这就是还原论方法，它强调认识整体必须先认识部分，然后以部分说明整体、以低层次说明高层次。这种方法虽然对于认识简单系统非常有效，但在认识生物、社会等开放复杂系统的时候，却存在着无法解决的很多问题。⑦ 现代科学充分证明，还原论支离分割的思想方法和静态观念，已经成为科学研究的巨大障碍，⑧ 要想摆脱困窘，必须找到一种新的实在观，⑨ 因而 20

---

① ［古希腊］亚里士多德：《物理学》，张竹明译，商务印书馆 1982 年版，第 15 页。

② 刘敏、董华：《还原论传统的盛行与隐匿》，载《系统科学学报》2011 年第 1 期，第 27 页。

③ 吴国盛：《科学的世纪》，法律出版社 2000 年版，第 120 页。

④ 刘敏、董华：《还原论传统的盛行与隐匿》，载《系统科学学报》2011 年第 1 期，第 28 页。

⑤ 赵光武：《用还原论与整体论相结合的方法探索复杂性》，载《系统辩证学学报》2003 年第 1 期，第 6 页。

⑥ ［比］普里戈金：《从混沌到有序（前言）》，曾庆宏、沈小峰译，上海译文出版社 1987 年版，第 5 页。

⑦ 赵光武：《用还原论与整体论相结合的方法探索复杂性》，载《系统辩证学学报》2003 年第 1 期，第 1-6 页。

⑧ 刘敏、董华：《还原论传统的盛行与隐匿》，载《系统科学学报》2011 年第 1 期，第 28-29 页。

⑨ ［美］弗·卡普拉：《转折点：科学·社会·兴起中的新文化》，冯禹、向世陵等编译，中国人民大学出版 1989 年版，第 419 页。

世纪上半叶诞生了科学探索"系统"的新范式即系统论。①

　　系统论揭示出宇宙处于不断变化之中，② 对事物的动态发展和因果律具有强大的解释力，并且实现了对还原论的突破，它除了目的改变之外，③ 还带来了以下三方面变革：④（1）基本原则的变革。笛卡尔概括，还原论的基本原则有三：一是所有事物均可分解成要素，要素可由他物替代；二是将所有要素相加，便可得到事物的整体；三是解决了各个要素的问题，就相当于解决了整体的问题。⑤ 而系统论则强调，研究对象均构成一个整体，⑥ 整体论是其基本原则，英国的杰克逊甚至把系统论称为"创造性整体论"。⑦ 我国不少学者对此也很有研究，例如金吾伦⑧、苗东升⑨、李曙华⑩等人，他们认为系统论包容

---

① 美籍奥地利生物学家贝塔朗菲于 1937 年第一次提出"系统论"概念后，于 1945 年发表《关于一般系统论》，标志着系统论作为一门新兴学科的诞生。

② 李曙华：《系统科学——从构成论走向生成论》，《系统辩证学学报》2004 年第 2 期，第 5-7 页。

③ 经典科学的目的是增长理论知识，系统科学的目的是解决现实问题和增长知识。陈忠，盛毅华：《现代系统科学学》，上海科学技术文献出版社 2005 年版，第 7 页；[法] 诺伯特·维纳：《维纳著作选》，钟韧译，上海译文出版社 1978 年版，第 3 页。

④ 叶立国：《国内外系统科学文献综述》，载《太原师范学院学报》2011 年第 4 期，第 25-32 页；叶立国：《系统科学的五大理论突破》，载《科学学与科学技术管理》2011 年第 9 期，第 30-36 页。

⑤ [法] 笛卡尔：《谈谈方法》，王太庆译，商务印书馆 2000 年版，第 16-17 页。

⑥ 孙小礼：《科学方法论的一个研究提纲》，载《哲学研究》2001 年第 2 期，第 66-71 页。

⑦ [英] 迈克尔·C·杰克逊：《系统思考——适于管理者的创造性整体论》，高飞、李萌、陈剑译，中国人民大学出版社 2005 年版，第 267 页。

⑧ 金吾伦、蔡仑：《对整体论的新认识》，载《中国人民大学学报》2007 年第 3 期；金吾伦：《整体论哲学在中国的复兴》，载《自然辩证法研究》1994 年第 8 期；金吾伦：《巴姆的整体论》，载《自然辩证法研究》1993 年第 9 期；金吾伦：《整体论与科学革命》，载《自然辩证法研究》1991 年第 5 期。

⑨ 苗东升：《系统科学大学讲稿》，中国人民大学出版社 2007 年版；苗东升：《系统科学精要》，中国人民大学出版社 2006 年版；苗东升：《论系统思维（六）：重在把握系统的整体涌现性》，载《系统科学学报》2006 年第 1 期；苗东升：《系统科学哲学论纲》，载《哲学动态》1997 年第 2 期。

⑩ 李曙华：《生成论与还元论——生成科学的自然观与方法论原则》，载《河池学院学报》2008 第 1 期；李曙华：《系统生成论体系与方法论初探》，载《系统科学学报》2007 第 3 期；李曙华：《当代科学的规范转换——从还原论到生成整体论》，载《哲学研究》2006 年第 11 期；李曙华：《系统生成论与生成进化论》，载《系统辩证学学报》2005 第 4 期；李曙华：《系统科学——从构成论走向生成论》，载《系统辩证学学报》2004 第 2 期。

还原论而不是替换还原论，是超越还原论并实现两者的辩证统一。① （2）研究对象的变革。还原论主张人只是观察研究世界的主体;② 但系统论认为，人"是被嵌入在物理世界中的宏观存在物"③，已经成了研究对象的整体中的一部分。正因为如此，美国科学技术辞典才在定义系统工程时提出"要同时考虑到参与系统中的人的因素与作用"④，英国的杰克逊也强调"这种方法论的过程应该是参与型的";⑤ 钱学森创立的综合集成方法，其实质也是把居核心地位的专家与处于实践相互作用之中的其他体系如信息、计算机有机结合，构成一个高度智能化的人-机结合系统。⑥ （3）科学方法的变革。定量方法是衡量还原论是否科学的主要标准之一，而系统论除了保留定量方法之外，还确立了定性方法的地位，因为"在科学中可能存在着完全定性的数学用法，这种方法对于不能定量描述和解决的问题领域可能更有应用的价值……突变论提供的模型基本是属于定性方面的结构化模型"。⑦ 而"定性研究与定量研究"的有机结合，是钱学森综合集成方法的首要特点;⑧ "懂物理、明事理、通人理"则是顾基发等创立的物理-事理-人理系统方法，它回答"应当怎样做""最好怎么做"等问题，⑨ 定性特征很强;苗东升认为系统论应实现"定性描述与定量描述"的结合;⑩ 日本的堪木义一等人提出的西那雅卡系统方法，就是在定量建

---

① 李曙华：《当代科学的规范转换——从还原论到生成整体论》，载《哲学研究》2006 年第 11 期，第 89-94 页;苗东升：《系统科学哲学论纲》，载《哲学动态》1997 年第 2 期，第 18-20 页。
② ［美］爱因斯坦：《爱因斯坦文集（第一卷）》，许良英、范岱年编译，商务印书馆 1976 年版，第 292 页。
③ ［比］普里戈金：《从混沌到有序》，曾庆宏、沈小峰译，上海译文出版社 2005 年版，第 299 页。
④ 王众托：《系统工程引论（第三版）》，电子工业出版社 2006 年版，第 6 页。
⑤ ［英］迈克尔·C·杰克逊：《系统思考——适于管理者的创造性整体论》，高飞、李萌、陈剑译，中国人民大学出版社 2005 年版，第 183 页。
⑥ 钱学森：《智慧的钥匙：钱学森论系统科学》，上海交通大学出版社 2005 年版。
⑦ 吴彤：《自组织方法论研究》，清华大学出版社 2001 年版，第 77 页。
⑧ 顾基发等：《综合集成方法体系与系统学研究》，科学出版社 2007 年版，第 3 页。
⑨ 顾基发、唐锡晋：《物理—事理—人理系统方法论：理论与应用》，上海科技教育出版社 2006 年版，第 15 页。
⑩ 苗东升：《系统科学哲学论纲》，载《哲学动态》1997 年第 2 期，第 18-20 页。

模过程中加入了定性方法解决各种问题。① 定性研究逐渐得到学界认可，并且越来越重要。②

运用系统论研究刑事学科，是刑事一体化理论作出的贡献。

"从无到有，由有而分，分久而合，分合有致"是现代刑事学科的演化规律，刑事一体化理论随着该演化规律而产生。③ 贝卡里亚于 1764 年出版的《论犯罪与刑罚》④ 标志着现代刑事学科理论的产生，该著作将犯罪学、刑法学、刑事诉讼法学、刑事政策学等刑事学科熔于一炉。⑤ 之后，刑事学科理论又开始分化：费尔巴哈等人的研究使刑法学从刑事学科中分离；⑥ 而龙勃罗梭的《犯罪人论》⑦ 和菲利的《犯罪社会学》⑧ 以及加罗法洛的《犯罪学》⑨ 等影响深远的著作出版，又标志着犯罪学的独立；独立的犯罪学为刑事政策学的成熟奠定了基础，刑事政策学因李斯特的研究而"进入到一个科学的阶段"。⑩ 后来，学者们又发现，只有出现了在组织上有保障的密切合作，才能期望刑法学、犯罪学与相邻学科适应复杂万变的社会要求，否则，没有犯罪学的刑法学是盲人，没有刑法学的犯罪学则是无边无际的学科。⑪ 因此，李斯特于 19 世纪 80 年代创立了以"犯罪——刑事政策——刑法"为结构、以刑法学为本位的"整体刑法学"，⑫ 安塞尔提出的新社会防卫论⑬，则成为整体刑法学的法国化

---

① 顾基发、唐锡晋：《物理—事理—人理系统方法论：理论与应用》，上海科技教育出版社 2006 年版，前言第 2 页。

② 王众托：《系统工程引论（第三版）》，电子工业出版社 2006 年版，第 60-75 页。

③ 高维俭：《刑事学科系统论》，载《法学研究》2006 年第 1 期，第 15 页。

④ ［意］贝卡里亚：《论犯罪与刑罚》，黄风译，中国大百科全书出版社 1993 年版。

⑤ 高维俭：《刑事学科系统论》，载《法学研究》2006 年第 1 期，第 15 页。

⑥ 陈兴良：《刑法的启蒙》，法律出版社 2003 年版，第 98 页。

⑦ ［意］龙勃罗梭：《犯罪人论》，黄风译，中国法制出版社 2005 年版。

⑧ ［意］菲利：《犯罪社会学》，郭建安译，中国人民公安大学出版社 2004 年版。

⑨ ［意］加罗法洛：《犯罪学》，耿伟、王新译，中国大百科全书出版社 1996 年版。

⑩ 陈兴良：《刑法的启蒙》，法律出版社 2003 年版，第 248 页。

⑪ ［德］汉斯·海因里希·耶塞克、托马斯·魏根特：《德国刑法教科书》（总论），徐久生译，中国法制出版社 2001 年版，第 53 页。

⑫ ［德］汉斯·海因里希·耶塞克、托马斯·魏根特：《德国刑法教科书》（总论），徐久生译，中国法制出版社 2001 年版，第 52 页；储槐植：《再说刑事一体化》，载《法学》，2004 年第 3 期，第 74 页。

⑬ ［法］马克·安塞尔：《新刑法理论》，卢建平译，香港天地图书有限公司 1990 年版，第 31 页。

拓展。

在我国，1984 年甘雨沛教授希望建立"全体刑法学"，① 理由是：单靠实体法不能实现刑法目的，还需要有使之实现的手续或方法即程序法的助成，以及行刑法所规定的一系列措施作为执行的保证；为了准确侦查和正确定罪，侦查学、法医学等学科也不可或缺；因此"刑事法可称为'全体刑法学'"，亦即"凡有关罪、刑的规定者均属之"，② 实际上是"刑事法学的整体化"。③ 1989 年储槐植教授提出"刑事一体化"理论，④ 主张突破注释刑法学而以立体思维研究刑法，提出建造结构合理、机制顺畅的实践刑法，通过刑法运行的内外协调，并配之以良性的刑事政策，从而发挥出刑法的最佳功能以实现最佳社会效益，同时，强调刑法学研究与其他刑事学科深度融合，促进彼此发展；⑤ 2003 年刘仁文提出"立体刑法学"，认为刑法学研究不仅应当注重"前瞻后望、左看右盼"，而且需要"上下兼顾、内外结合"，具体而言，就是刑法学研究应当：前瞻犯罪学，后望行刑学；左看刑事诉讼法，右盼民法、行政法等部门法；上接宪法和国际公约，下接治安管理处罚法；对内加强刑法的解释，对外重视刑法的运作环境。⑥

此后，我国刑事法学界掀起了一股研究刑事一体化理论的热潮，并且已分为以刑法学为本位⑦、以刑事法学为本位⑧和以刑事学科为本位⑨的三种层次，

---

① 甘雨沛、何鹏：《外国刑法学》（上），北京大学出版社 1984 年版，前言。

② 甘雨沛、何鹏：《外国刑法学》（上），北京大学出版社 1984 年版，第 4 页。

③ 高维俭：《刑事学科系统论》，载《法学研究》2006 年第 1 期，第 16 页。

④ 1989 年储槐植教授在《中外法学》第 1 期上发表"建立刑事一体化思想"一文，标志着刑事一体化思想在我国的正式形成。

⑤ 储槐植：《刑事一体化》，法律出版社 2004 年版，第 4 页。

⑥ 刘仁文：《提倡立体刑法学》，载《法商研究》2003 年第 3 期；刘仁文：《构建我国立体刑法学的思考》，载《东方法学》2009 年第 5 期；刘仁文：《刑法的结构与视野》，北京大学出版社 2010 年版；储槐植：《走在刑法脉动的前沿——读刘仁文〈刑法的结构与视野〉》，载 2010 年 9 月 10 日《人民法院报》。

⑦ 储槐植：《再说刑事一体化》，载《法学》2004 年第 3 期，第 80 页；刘仁文：《提倡立体刑法学》，载《法商研究》2003 第 3 期，第 11-13 页。

⑧ 陈兴良：《刑事法评论（第 2 卷）》，中国政法大学出版社 1998 年版，主编絮语。

⑨ 高维俭：《刑事一体化视野中的刑事学科群及其结构》，载《刑事法评论（第 15 卷）》，法律出版社 2004 年版。

可对应称为狭义、中义和广义的刑事一体化。① 由于广义刑事一体化的概念，比上述"整体刑法学""全体刑法学""立体刑法学"等概念的理论张力更强大，蕴含的理论空间更广阔，② 因此，除非特别说明，本书研究是在刑事一体化的广义语境中进行的。

　　研究发现，我国刑事诉讼法或者刑事诉讼法学的教科书，均将刑罚执行程序（以下简称行刑程序）作为刑事诉讼程序的终结，③ 世界各国的刑事诉讼立法、司法和学术研究，也都将立案、侦查、起诉、审判、执行作为现行刑事诉讼程序的全部内容，但现实存在却对此提出了尖锐的挑战：众所周知，大多数国家特别是在我国被定罪的被告人，多数于刑事审判程序终结之后在社区或者监狱中受刑；在行刑程序终结之后，受刑人因刑满释放而重返社会；在回归社会的初期，国家和社会有义务有责任对生活窘困而无法走向新生的刑满释放人（以下简称刑释人）采取更生保护措施④，助其顺利融入社会；刑释人在顺利融入社会之后，符合前科消灭⑤法定条件的应当复权⑥，从复权之日起，刑释人才能真正成为一个与众相同的社会人。

　　由此可见，从"犯罪人"角度来看，除少数被宣告无罪、被单处罚金或者被判处死刑立即执行或者在行刑过程中死亡的以外，现实中实际存在的刑事诉讼程序，应该是一个起点即终点的"圆"：社会人——犯罪嫌疑人（以下简称嫌疑人）——被告人——受刑人——刑释人——（再）社会人，即从社会人开始到恢复社会人结束。也就是说："犯罪人"只有在通过前科消灭程序恢复其

① 高维俭：《刑事一体化视野中的刑事学科群及其结构》，载《刑事法评论（第 15 卷）》，法律出版社 2004 年版。
② 高维俭：《刑事一体化思想若干问题研究》，载《当代法学》2006 年第 2 期，第 5-6 页。
③ 这些教科书主要包括：陈卫东主编：《刑事诉讼法学》，高等教育出版社 2017 年版；陈光中主编：《刑事诉讼法》，北京大学出版社 2016 年版；樊崇义主编：《刑事诉讼法学》，法律出版社 2016 年版；刘玫：《刑事诉讼法》，中国人民大学出版社 2011 年版；龙宗智、杨建广主编：《刑事诉讼法》，高等教育出版社 2010 年版；王国枢主编：《刑事诉讼法学》，北京大学出版社 2005 年版；张旭、李永红：《刑事诉讼法》，中国人民大学出版社 2003 年版。
④ 有关更生保护制度，［日］大谷实：《刑事政策学》，黎宏译，法律出版社 2000 年版，第 286 页。
⑤ 前科消灭，一般是指受有罪判决并被科刑的人在服刑期满或免除刑罚后，在一定的期间内未犯新罪，即视为没有前科。
⑥ 复权作为剥权的对照存在，指对特定主体被剥夺权利之恢复或者说再赋予。

正常的"社会人"身份的时候，现实中的刑事诉讼程序才真正宣告终结。当然，从"被害人"角度来看则未必：被害人遭受犯罪侵害，如果因为没有得到相应赔偿而生活陷入困境，那么只有通过刑事被害人国家补偿程序充分保障其基本人权之后，刑事诉讼程序才能宣告终结。

　　因此，从行刑程序开始，世界各国大多通过各种立法，设立了继续保障刑事当事人人权和继续解决相关刑事问题的一系列程序，这一系列的程序，在现阶段包括更生保护程序、前科消灭程序、刑事附带民事执行程序和刑事被害人国家补偿程序，联合国刑事诉讼国际准则已将这些程序内容均纳入其中予以规制。

　　上述这些程序相互之间并非毫不相干，它们实际上应该是一个程序系统不同层次的组成部分，这个程序系统，就是本书研究的"刑事审后程序"。但"刑事审后程序"在现阶段尚未成形，需要将其产生原因和本来面目逐一揭示出来，这是本书研究的目的和价值。

　　那么，刑事审后程序到底为什么会产生？它的体系构建具有怎样的理论基础？它的体系该如何建构而成？它的立法情况如何？它的立法需要完善吗？如果需要，该怎样去完善？它的结构和机制是怎样的？它该怎样去界定，具有怎样的基本特征？我们甚至还可以怀疑，刑事审后程序真的是刑事诉讼程序的"新大陆"吗？等等等等，如此这些问题，本书均需要做出回答。

二、研究的意义

　　在刑事诉讼制度的设计上，世界各国长期受"国家本位"价值观的影响，过于强调保护国家利益和社会公益，把立案侦查、定罪量刑和行刑矫正视为刑事司法活动的全部，忽视个人私益的保护，甚至以保护国家利益和社会公益替代保障刑事当事人的权利。随着历史的发展，世界各国虽然在刑事诉讼程序中不断加强了对刑事当事人的权利保障，但从刑事一体化理论的视角来看，仍然远远不够，还需要通过加入"刑事审后程序"的运行，以达至对刑事当事人全面、充分和均衡的保护，同时解决所出现的所有相关刑事问题。退一步说，即使仅从刑事诉讼法学角度而言，将行刑程序、刑事附带民事执行程序、更生保护程序、前科消灭程序和刑事被害人国家补偿程序整合为"刑事审后程序"并进行系统研究，也具有非常重要的意义，本书作者与陈建军教授曾经在《论刑事审后程序》一文中指出，研究"刑事审后程序"具有以下三方面的意义：其一，有助于完善我国刑事诉讼法学理论和刑事诉讼法律体系；其二，有助于全面、均衡保障刑事当事人的权利；其三，有助于促进司法文明。① 除此之外，本书作者发现，在刑事一体化视野中研究刑事审后程序，还具有以下两方面的意义：一是有利于我们重新认识刑事诉讼程序及其理论，二是有利于完善刑事一体化理论。

（一）重新认识刑事诉讼程序及其理论

毋庸置疑，刑事诉讼程序是刑事诉讼法和刑法在共同运作过程中所采用的形式，即使是英美法系国家，也不可能重程序、轻实体。例如，美国法官在遵守公共程序的前提下，虽然解释法律的权力很大，但这种权力受到严格的限制，因为法官没有创造罪名、刑罚的权力，只能按照一个罪名详细规定的犯罪要件来理解和适用法律，因为刑罚权"由立法机关通过规定犯罪和确定刑罚而被赋予"。② 因此美国刑法在当代发展阶段的基本特点是制定综合性的刑法典，③ 英国刑法在当代发展的基本特点也是如此。④

我国刑事诉讼法学理论的通说观点认为，狭义上的刑事诉讼程序仅指刑事审判程序，广义上的刑事诉讼程序包括刑事审前程序、刑事审判程序、刑事救济程序和刑事执行程序。⑤ 在刑事诉讼程序的立法、司法和学术研究中，几乎所有国家将侦查、起诉、审判、执行的程序内容作为刑事诉讼程序的全部，因此，现行的刑事诉讼程序一般是指上述广义上的刑事诉讼程序——除非有特别说明。但是，这样的刑事诉讼程序不管设计得如何先进，也无论是狭义还是广义，均只能满足刑事法目的部分要素实现的需要，因为它既不能解决刑释人回归和被害人补偿等刑事问题，也不能适应刑事诉讼司法实践的发展变化。只有

---

① 陈建军、李立宏：《论刑事审后程序》，载《中南林业科技大学学报》2012 年第 2 期，第 113-114 页。
② 储槐植：《美国刑法》，北京大学出版社 1996 年版，第 45 页。
③ 储槐植：《美国刑法》，北京大学出版社 1996 年版，第 29 页。
④ ［英］鲁珀特·克罗斯、菲利普·A·琼斯：《英国刑法导论》，赵秉志译，中国人民大学出版社 1991 年版，第 11 页以下。
⑤ 陈光中主编：《刑事诉讼法》，北京大学出版社、高等教育出版社 2012 年第四版，第 1-3 页；龙宗智、杨建广主编：《刑事诉讼法》，高等教育出版社 2010 年第三版，第 7-8 页。

在现行刑事诉讼程序中加入"刑事审后程序"，并且与刑事审前程序、刑事审判程序组成一个有机系统共同运行，才能真正实现刑事法目的和适应刑事诉讼司法实践的发展变化。由此可见，真正广义上的刑事诉讼程序，除了包括刑事审前程序、刑事审判程序和刑事执行程序之外，还应当包括更生保护程序、前科消灭程序以及刑事被害人国家补偿程序。否则，刑事诉讼程序就因为不能全面实现刑事法目的和不能适应不断更新的刑事诉讼实践而变得残缺不全。所以说，研究刑事审后程序，有利于我们重新认识刑事诉讼程序。

哥伦布发现新大陆之后，颠覆了"地球是平的"这一人们普遍认可的固有观念。刑事审后程序的发现，虽然可能没有颠覆性的力量，但同样也会改变刑事诉讼法学基本理论的一些通说观点，例如刑事诉讼程序终结于刑事执行程序的传统和权威观点；还可以修正刑事诉讼理论的一些基本观点，比如说在刑事诉讼目的论中刑释人回归社会的权利是否应当成为保障人权的应有之义，再如恢复性是否应该作为刑事诉讼功能论必不可少的内容，还有刑事诉讼主体论中的外延问题，等等，这些内容均有可能成为我们将来需要致力研究的命题。

刑事审后程序的发现和提出，使本书作者至少在理论上更加深刻地认识到，刑事诉讼程序作为实现刑事法目的的法律机制，不仅应当为刑事当事人提供全面、充分和均衡的人权保障，而且应当在当事人合法权益的刚性保护和减少甚至避免国家权力的恣意妄为方面产生巨大的积极意义。

研究刑事审后程序这个刑事诉讼程序的"新大陆"，不仅扩大了刑事诉讼程序理论研究的领域，而且对刑事诉讼法学的一些基本概念、既有原则、价值、目的和功能等一系列的深层理论将会产生剧烈的影响。因此，研究刑事审后程序，有利于我们重新认识刑事诉讼的程序理论。

（二）完善刑事一体化理论

我国通说的刑事理论以犯罪为中心，将刑事等同于犯罪，[1] 例如在刑事实体法学中，被害人过错研究仅散见于正当防卫理论和杀人罪理论中，[2] 刑事环

---

[1]　陈兴良：《当代中国刑法新境域》，中国政法大学出版社 2002 年版，第 200 页。

[2]　详见陈兴良：《被害人有过错的故意杀人罪的死刑裁量研究——从被害与加害的关系切入》，载《现代法学》2005 年第 2 期。

境的期待可能性理论也未得到重视；再如刑事程序法学缺失刑释人回归、刑事被害人国家补偿等程序的探讨；还如刑事政策学的研究重点是犯罪的预防、惩罚，对被害的预防、赔偿、补偿等缺乏应有的关注。因此，刑事一体化理论应运而生。该理论认为，刑事既是犯罪之事，也是被害之事和刑事环境之事，还是刑事对策和刑事反思之事。①

目前，刑事一体化理论包括发展演化论、整体范围论、学科组分（子系统）论、结构论以及机制论：发展演化论发掘了刑事一体化思想及理论的产生规律和发展趋向；整体范围论勾勒出犯罪人、被害人和刑事环境这三个核心要素及其互动关系，并抽象出刑事学科整体范围包括刑事事实学、刑事对策学和刑事哲学这三个基本层面；学科组分论对刑事学科系统进行了合理的划分；结构论在梳理整个刑事学科系统的内外关系脉络后，研究刑事学科的宏观结构与微观结构；机制论研究整个刑事学科机制在理性、循环运动过程中不断进化的规律。②

刑事审后程序是刑事学科系统的微观子系统，研究刑事审后程序至少可以在以下几方面完善刑事一体化理论：其一，完善学科组分论。学科组分论认为，刑事事实学、刑事对策学和刑事哲学是刑事学科系统最高层次的组分，按照一定的标准，这三个组分又分别可以继续往下划分。③ 而刑事审后程序，只是刑事学科系统在诸多层次划分后的一个微观组分而已。因此，研究刑事审后程序，可以进一步完善刑事一体化的系统组分理论。其二，完善结构论。结构论认为刑事学科结构包括外部结构和内部结构，内部结构又派生出微观结构和宏观结构这两个组分。由于刑事审后程序的结构是刑事学科微观结构中的组分之一，因此，分析研究刑事审后程序的结构，可以完善刑事学科的结构理论。其三，完善机制论。刑事审后程序机制是刑事学科机制的一个微观组分，前者的运行影响后者的运行。因此，刑事审后程序的研究，能够完善刑事学科的机制理论。其四，现行刑事一体化理论没有研究涌现性问题，本书关于刑事审后程序涌现性的探讨，可以填补刑事一体化理论的相关空白。

综上，深入研究刑事审后程序，有利于刑事一体化理论的完善。

---

① 详见高维俭：《刑事三元结构论——刑事学科研究范式的一种理论》，北京大学法学院
2004 年博士学位论文。

② 详见高维俭：《刑事学科系统论》，载《法学研究》2006 年第 1 期。

③ 高维俭：《刑事学科系统论》，载《法学研究》2006 年第 1 期，第 25-27 页。

（三）本书的可能创新

本书专门研究刑事审后程序，其中的创新主要体现在以下几个方面：其一，挖掘出刑事审后程序产生的根本原因是为了满足刑事法目的实现的需要。其二，发现了刑事审后程序的刑事诉讼法性质，提出了刑事审后程序是刑事诉讼程序"新大陆"的命题。其三，界定了刑事审后程序，归纳了其基本特征，揭示了刑事审后程序体系构建和立法完善的理论基础是"刑事法目的论"，研究了刑事审后程序的立法完善等问题，并构建了刑事审后程序体系。其四，初步探讨了刑事审后程序系统及其涌现性问题。其五，找到了研究刑事审后程序与刑事一体化理论之间的联系，并通过研究刑事审后程序，对刑事一体化理论予以相应的完善。具体而言，以下几点还需要特别说明：

（1）作者研究发现，刑事法目的论包括"刑法目的三元论"和"刑诉目的二元论"，它是刑事审后程序共同性的理论基础。刑法目的三元论认为："预防""报应""恢复"是构成刑法目的的三个要素，该三要素的全面实现，既是现行刑事审后程序各个子程序产生的共同原因，也为刑事审后程序的体系构建和立法完善提供了实体法意义上的依据。刑诉目的二元论认为：解决刑事问题和刑事纠纷是刑事诉讼的外在目的，保障人权是刑事诉讼的内在目的。外在目的和内在目的之间是现象和本质的关系，两者通常是同时得以实现的。刑诉目的二要素的共同实现，既是现行刑事审后程序各个子程序产生的共同原因，也为刑事审后程序的体系构建和立法完善提供了程序法意义上的依据。

在挖掘刑事审后程序产生原因的过程中，本书通过比较分析刑法目的经典理论，提出了刑法目的多元论观点，指出除了报应与预防两要素（或者报应与预防两要素兼顾）之外："恢复"也是刑事目的的要素之一，并进行了充分的论证。而且犯罪人赔偿受害人的相应损失，既是恢复被害人被犯罪所侵害的权益，同时也是实现受害人眼中的刑法报应目的。也就是说，刑法的报应目的要素，既表现为刑罚惩罚的痛苦性和公正性，也表现为犯罪人对被害人予以损害赔偿的痛苦性和公正性，前者能够满足刑法的罪刑法定和罪责刑相适应原则的要求，后者可以满足民法的权利义务对等原则的要求。

此外，根据适用主体的不同，刑法目的还可从四个方面展开分析：其一，适用于国家的刑法目的。报应、预防、恢复和保护法益、保障法规范的效力等都可以是指向国家这个主体的刑法目的。其二，适用于一般人的刑法目的。这就是一般预防。其三，适用于犯罪人的刑法目的。刑法对于犯罪者而言，一般预防的目的实现已经失败，需要动用刑罚实现报应和特殊预防；对于刑释人而言，需要防止其再犯，又要在时机成熟时宣告其正常人的法律身份，则主要适用特殊预防和恢复的刑法目的。其四，适用于受害人的刑法目的。犯罪人履行赔偿受害人的相应损失，是实现报应和恢复这两个刑法目的的要素的应有之义，而国家在犯罪人赔偿不能时对被害人予以补偿，则是"恢复"这一刑法目的的要素的必然要求。

（2）研究发现，刑事执行程序的终结，似乎表明刑法目的已经全部实现——这在人们的观念里既普遍又根深蒂固，而且符合刑法目的的综合论的通说观点。但这种观念和观点具有很大的片面性，因为它忽视了被害人的存在。不仅如此，研究中还发现，中外刑法教科书几乎均以犯罪和刑罚作为主体框架内容，将刑释人回归社会的相关法律制度排除在刑事法律制度之外，致使刑释人回归社会问题主要成了社会学而非刑事学科的研究范畴——这是社会学家对刑事学科的发展所作出的贡献，同时也应该是刑事学科法学家的"失职"。而缺少对被害人和刑释人的关注，构成了刑事目的综合论的明显缺陷，这个明显缺陷，使得人们都以为刑事执行程序的终结，就是刑法目的的全部实现。由于刑事目的综合论是当代绝大多数国家的通说理论，因而导致刑法目的的实现缺少了一个必要的法律机制，这个必要的法律机制，就是"刑事执行后程序"。

在"刑事执行后程序"中，刑事被害人国家补偿程序主要是为了弥补被害人的损失、实现恢复目的而设立的程序；更生保护程序和前科消灭程序都主要是为了帮助刑释人顺利回归社会、实现特殊预防目的而设立的程序，可以将其合并称为"回归程序"。回归程序是保护刑释人人权并解决刑释人相关法律问题的唯一程序，只有通过回归程序的运行，帮助刑释人获得公平的工作、生活环境和社会人的身份，使其能够重新得到社会的接纳、承认和尊重，并提升其人格需要的层次，进而在法律允许的范围内使其通过自我实现个性的方式达到全面发展，才能最大限度降低刑释人的再犯可能性。因此，即使行刑程序已经终结，刑释人的再犯可能性也并不一定完全消除，而且犯罪"标签"仍然可能一直被贴上，刑释人依法享有的一些权利和资格可能还一直在持续地被剥夺或者被限制；即使刑事附带民事执行程序已经终结，但如果被告人和受刑人没有履行或者没有完全履行赔偿义务，那么被害人损害赔偿请求权的实现也会落空。只有通过刑事执行后程序机制的继续运行，刑法目的的三要素才有可能得以真正的完全实现。

（3）研究发现，具有刑事诉讼程序法属性是刑事审后程序的本性。虽然世界各国基本上采取单独立法模式，致使刑事审后程序的法律渊源包括宪法、法律、国际公约、国际条约等，呈现出五花八门、名称各异的模样，而且大多只以刑事实体法和社会保障法的面目出现；虽然刑事司法国际准则将其以刑事实体法和刑事程序法的形式进行规制；虽然刑事审后程序的各个子程序像珍珠一样散落在不同的法律渊源之中，没有形成一个闪闪发光的程序整体，不能凸显出其刑事诉讼程序法的属性，导致刑事审后程序至今在刑事诉讼程序中仅以一个尚未成形的"新大陆"的面目而存在，成为刑事诉讼法学理论研究的一个"盲区"。但是，由于刑事审后程序运行于刑事审判程序终结之后，规范着国家刑事机关的权力和刑事当事人的行为，保障着刑事当事人的人权，解决着一系列相关的刑事问题，所以，刑事审后程序及其子程序不管具有怎样的立法模式和怎样的法律渊源，其具有刑事诉讼法的法律性质是个客观的事实。

（4）研究发现，刑事审后程序的系统涌现性，对受害人、受刑人和刑释人的人权保障和相关刑事问题的解决，在功能上可以产生"整体大于部分之和"的质的飞跃。因此，很有必要将行刑程序、更生保护程序、前科消灭程序、刑事附带民事执行程序和刑事被害人国家补偿程序整合为刑事审后程序系统。

（5）作者研究还发现，刑事一体化系统在经过认识机制、分析机制、对策机制和解决机制这四个基本环节之后，不应立即循环进入下一轮的第一个环节即认识机制，而应在分析系统机制运行情况及其社会效果等反馈信息的基础上，进行刑事哲学层面的反思并解决相关问题，只有在经过该第五个环节即反思机制之后，方可循环进入下一轮的第一个环节，如此循环，不断演化。因此，刑事一体化的"刑事学科系统机制论"需要修正——应当将第五个环节即反思机制纳入其中。

总之，碎片化的刑事审后程序在刑事诉讼立法和司法实践中已经产生，这是能够发现刑事审后程序的客观基础，也是可以研究刑事审后程序的事实依据，虽然目前学术界大多是站在实体法角度，研究"刑事审后程序"所涉及某一方面的问题，而且基本上也是停留在对其子程序的研究层面上，但是，也有先行者包括本书作者已经在系统层面上对其开始了研究。本书尽管在这些智力成果的基础上有一定的创新，但由于刑事审后程序毕竟只是在刑事诉讼程序中尚未成形的"新大陆"，因此本书研究存在的不足之处也很多，目前而言，这主要应该表现在以下几个方面：

一是题目大，需要探讨的问题多，几个重要问题均未论及。例如刑事审后程序是司法程序还是行政程序，由于这个问题涉及面太广，而且囿于资料的缺乏和作者的能力，因此本书没有论及。再如刑事审后程序加入刑事诉讼程序后对程序整体产生的现实影响，由于该问题还没有发生，因此也没有论及。此外，网络信息革命和电子数据发展到当前，没有哪个部门法能够宣称其现有制度不受其影响，刑事审后程序的研究也不例外，但因能力所限对此问题也未能予以探讨。当然，上述这些问题，作者在今后愿意继续努力去探索解决。

二是一些问题的论述可能尚不深入。例如刑法目的三要素之间的关系问题，刑事审后程序各个子程序的历史沿革和发展变化问题，刑事审后程序与其子程序以及各子程序之间的关系问题，刑法目的与刑法的任务、机能和刑罚目的之间的关系问题，刑事诉讼目的与刑事诉讼的价值、模式和功能的关系问题，为什么需要以刑事一体化理论为研究视角和研究刑事审后程序如何完善了刑事一体化理论的问题，刑事审后程序的特征及其界定问题，刑事审后程序系统机制的运行问题，刑事审后程序的涌现性问题等等。本书对于这些问题虽然进行了初步或者是一定的探讨，然而由于作者能力有限，导致相关的研究可能是浅尝即止。

三是本书主要从理论角度对刑事审后程序产生的原因、刑事审后程序的理论基础、刑事审后程序的体系构建及其立法完善、刑事审后程序系统及其涌现性、刑事审后程序系统研究与刑事一体化论理论完善的关系等问题进行集中研究，一些地方缺乏相关实证分析的验证，需要今后在密切关注刑事诉讼法学理论发展的同时，重视对刑事诉讼程序特别是刑事审后程序的实际运行和司法实践的实证分析，通过现实存在的"活的法律"，验证刑事审后程序的理论成果，并不断修正认识和理解上的偏差。

当然，本书的不足之处可能还有很多，包括至今没有发现的谬误，本书作者希望在以后的研究中能够发现和解决。

三、研究现状

通过在中国知网数据库中检索，① 目前我国关于"刑事审后程序"的研究，基本上停留在其组分层面上，而且处于一种"碎片化"的状态，当然，也有极少数学者已经开始进行复合性的研究甚至是系统性的探索。这些文献为本书深入研究刑事审后程序提供了极其重要的智力成果，但并没有覆盖本书所提出的问题。同时，需要说明的是，囿于本书作者的外语水平，本书所参考的国外的研究文献，主要以翻译作品为主。

（一）组分层面的研究现状

我国刑事审后程序组分层面的研究现状，在现阶段包括行刑程序的研究现状、更生保护程序的研究现状、前科消灭程序的研究现状、刑事附带民事执行程序的研究现状和刑事被害人国家补偿程序的研究现状这五个方面。

1. 行刑程序研究现状

随着监禁教育刑思想的兴起，国外行刑理念在 20 世纪初产生了重大变革，监狱关注重点转移到了矫正犯罪人使其顺利回归社会上来。经过几十年发展，相关机构不断扩大、矫正方案不断完善，但伴随的却是再犯率居高不下。1980年美国犯罪学家威尔逊发现，针对适当的人施以适当的矫正措施，非常必要且有效，对不适当的人或采取不适当的矫正措施，则很可能是无效的。② 1998 年美国马里兰大学教授舍曼出版的《预防犯罪：哪些有效？哪些无效？哪些还在进行中？》研究报告表明，有效矫正的特点是目标明确、有针对性、结构化、多措并举、注重培养技能（学业、职业、社交），一般采用"认知-行为学"干预方法；最好的矫正项目可减少再犯罪率10 至 20 个百分点。③ 美国有学者通过调查刑满释放 2 年后的人员后发现，参加过矫正项目的与没有参加过矫正项

---

① 本书论文文献均限于作者 2022 年 1 月 30 日及之前通过中国知网数据库中检索所得。

② 周勇：《矫正项目：教育改造的一种新思路》，载《中国司法》2010 年第 4 期，第 27-31 页。

③ 吴宗宪：《国外罪犯心理矫治》，中国轻工业出版社 2004 年版，第 386-388 页。

目的相比较，再犯率下降了 15 个百分点；① 还有学者研究从 20 世纪 60 年代到 90 年代实施的强化监督、保护观察等社区矫正项目，发现重返社会范式比监禁矫正在降低重新犯罪与提供社会适应力上要有效果。② 社区矫正已经被英美法系国家广泛采用。③

我国在行刑方面的学术论著呈现出以下两个特点：

（1）研究社区矫正的论著最多。以"篇名"为检索项输入"社区矫正"后发现，2002 年前共计只有 11 篇期刊论文，2002 年社区矫正在上海开始试点后，2003 年至 2021 年期刊论文增加了 4447 篇，还新添硕士论文 1262 篇、博士论文 16 篇。此外还出版了不少专著。梳理文献发现，社区矫正已成为法学、社会学研究的热点，相关研究集中在以下几个方面：①介绍、对比研究国外的社区矫正，为我国建立社区矫正制度提供借鉴。④ ②研究社区矫正的性质、价值、理论、

---

① 翟中东：《矫正的变迁》，中国人民公安大学出版社 2013 年版，第 271 页。

② 翟中东：《国际视域下的重新犯罪防治政策》，北京大学出版社 2010 年版，第 52 页。

③ Clive R. Hollin：《罪犯评估和治疗必备手册》，郑红丽译，中国轻工业出版社 2006 年版，第 12 页。

④ 如：郭建安：《加拿大矫正与有条件释放法》，中国政法大学出版社 2001 年版；王增铎主编：《中加矫正制度比较研究》，法律出版社 2001 年版；鲁兰：《中日矫正理念与实务比较研究》，北京大学出版社 2005 年版；王承东主编：《中国与欧盟社区矫正比较研究》，宁夏人民出版社 2006 年版；刘强：《社区矫正组织管理模式比较研究》，中国法制出版社 2010 版；吴宗宪：《社区矫正比较研究》中国人民大学出版社 2011 年版；武玉红：《社区矫正管理模式研究》，中国法制出版社 2011 版；翟中东：《矫正的变迁》，中国人民公安大学出版社 2013 年版；翟中东：《社区性刑罚的崛起与社区矫正的新模式：国际的视角》，中国政法大学出版社 2013 年版。陈梦琪：《英国社区矫正制度评析》，载《青少年犯罪问题》2003 年第 6 期；社区矫正考察组：《加拿大社区矫正概况及评价》，载《法治论丛》2004 年第 3 期；司法部访澳考察团：《澳大利亚社区矫正制度》，载《法律适用》2005 年第 10 期；林宇虹：《国外社区矫正人身危险性评估的简析及其借鉴》，载《法制与经济》2007 年第 4 期；李明：《国外主要社区矫正模式考察及其借鉴》，载《中国司法》2008 年第 1 期；贾学胜：《美国社区矫正制度对我国的借鉴》，载《法治论坛》2008 年第 3 期；刘武俊：《加拿大社区矫正制度巡礼》，载《中国司法》2008 年第 9 期；种若静：《美国社区矫正制度》，载《中国司法》2008 年第 10 期；张荆：《日本社区矫正"中途之家"建设及对我们的启示》，载《青少年犯罪问题》2011 年第 1 期；李素琴、谭恩惠：《美国社区矫正制度对我国的借鉴》，载《中国人民公安大学学报（社会科学版）》2012 年第 5 期；张凯：《国外社区矫正监督工作实践对我国的启示》，载《人民论坛》2013 年第 36 期；栗志杰：《俄罗斯社区矫正制度评述与启示》，载《河北法学》2014 年第 1 期；冯卫国、王超：《中外社区矫正风险评估因素结构差异研究》，载《法学杂志》2014 年第 7 期。

理念等基本理论问题，为构建我国社区矫正制度进行系统性论证。① ③研究我国《社区矫正法》的立法问题。② ④研究我国社区矫正的司法适用③、工作制

---

① 如：郭建安、郑霞泽：《社区矫正通论》，法律出版社 2004 年版；刘强：《社区矫正制度研究》，法律出版社 2007 年版；王琪：《社区矫正研究》，知识产权出版社 2007 年版；但未丽：《社区矫正立论基础与制度构建》，中国人民公安大学出版社 2008 年版；吴宗宪：《社区矫正导论》，中国人民大学出版社 2011 年版；晁根芳：《社区矫正的价值分析》，载《贵州社会科学》2008 年第 9 期；宗会霞：《"矫枉过正"到"刚柔并济"——我国社区矫正理念重塑及实务探索》，载《政治与法律》2011 年第 5 期；李川：《从特殊预防到风险管控：社区矫正之理论嬗变与进路选择》，载《法律科学（西北政法大学学报）》2012 年第 3 期；王维：《社区矫正制度研究》，西南政法大学 2006 年博士论文；王顺安：《社区矫正理论研究》，中国政法大学 2007 年博士论文；刘津慧：《我国社区矫正制度研究》，南开大学 2007 年博士论文；贡太雷：《惩戒·法治·人权——关于社区矫正制度的法理研究》，西南政法大学 2014 年博士论文；谢忠峰：《社区矫正制度的反思与完善——以我国某省为例》，吉林大学 2014 年博士论文；孔祥鑫：《社区矫正基本问题的法经济学分析》，吉林大 2015 年博士论文；张凯：《中国大陆地区社区矫正制度研究》，西南政法大学 2018 年博士论文。

② 如：赵秉志主编：《社区矫正法（专家建议稿）》，中国法制出版社 2013 年版；翟中东：《中国社区矫正制度的建构与立法问题》，中国人民公安大学出版社 2017 年版；李波：《管制犯社区矫正若干问题探讨——以〈刑法第八修正案〉为视角》，载《政法学刊》2011 年第 2 期；黄玲林：《论刑法修正案（八）与社区矫正主体》，载《犯罪与改造研究》2011 年第 10 期；郭华：《〈社区矫正法〉制定中的争议问题研究》，载《法学》2017 年第 7 期；谢超：《我国社区矫正的现状与立法建议》，载《法学杂志》2017 年第 11 期；王利荣：《行刑一体化视野下的矫正体制架构——写在〈社区矫正法〉征求意见之际》，载《当代法学》2017 第 6 期；但未丽：《社区矫正立法若干问题研究——以〈社区矫正法（征求意见稿）〉为分析对象》，载《首都师范大学学报（社会科学版）》2018 第 2 期；吴宗宪：《我国社区矫正法的历史地位与立法特点》，载《法学研究》2020 第 4 期；罗智勇、李慧涛：《关于〈社区矫正法〉实施中人民法院正确履职的若干思考》，载《法律适用》2021 第 2 期；廖炜：《我国社区矫正面临的问题及法律规制研究——评〈中华人民共和国社区矫正法解读〉》，载《中国油脂》2021 第 9 期；张凯：《我国未成年人社区矫正工作的执行现状及推进路径——以我国社区矫正法相关规定为切入》，载《长白学刊》2021 年第 6 期。

③ 如：张星、费梅苹：《社区矫正实务过程分析》，华东理工大学出版社 2008 年版；吴宗宪：《社区矫正制度适用与执行》，中国人民公安大学出版社 2012 年版；陈春安：《社区矫正专业方法应用指导》，法律出版社 2012 年版；李怀胜：《社区矫正工作实操指引》，中国法制出版社 2012 年版；孙强：《社区矫正人员法律指导手册》，中国法制出版社 2012 年版；武玉红、刘强：《社区矫正典型案例与矫正指要》，中国法制出版社 2015 年版；王利荣：《新增禁令于管制的理性诠释》，载《当代法学》2013 年第 6 期；武玉红：《"缓刑执行不是刑罚执行"辩——兼与屈学武教授商榷》，载《青少年犯罪问题》2014 年第 9 期。

度①和具体措施②等问题。⑤研究社区矫正的参与主体、队伍建设③以及对象④
等问题。⑥研究社区矫正模式⑤和运行机制⑥问题。⑦研究社区矫正的效果问

---

① 主要包括社会调查制度、考核奖惩制度、风险评估制度等。如：邓陕峡：《论我国社区矫
正对象考核奖惩制度的完善》，载《理论月刊》2011 年第 10 期；曹虹：《我国社区矫正
质量评估的现状和完善》，载《中国社会科学院研究生院学报》2012 年第 4 期；王宏、
张学超：《突破与完善：我国社区矫正社会调查制度探析》，载《中国人民公安大学学报
（社会科学版）》2013 年第 2 期；林瑀：《我国社区矫正风险评估问题研究》，西南政法
大学 2016 年博士论文。

② 主要包括监督管理、电子监控、教育矫正与社会适应性帮扶等。如：徐明江：《论社区矫
正的监督与管理活动》，载《福建行政学院学报》2008 年第 5 期；武玉红：《电子监控在
我国社区矫正管理中的运用与优化》，载《青少年犯罪问题》2013 年第 5 期；戴艳玲：
《社区矫正帮困扶助的基本实践及其发展》，载《中国司法》2015 年第 8 期；张凯：《困
境与出路：我国社区服刑人员帮困扶助工作实证研究》，载《中国政法大学学报》2017
年第 6 期。

③ 如：何军兵：《论人民法院参与社区矫正的困境与对策》，载《南昌大学学报（人文社会
科学版）》2012 年第 6 期；方舒：《我国社会工作参与社区矫正机制的检视与创新》，载
《甘肃社会科学》2013 年第 3 期；高梅书：《社区矫正社会参与不足之深层原因及对策探
析——基于市民社会视角》，载《中国刑事法杂志》2013 年第 8 期；叶小琴、郁小波：
《社会志愿者参与社区矫正模式的反思》，载《湖北警官学院学报》2017 年第 9 期；孙
辉：《上海社区矫正中的第三部门参与研究——基于公共物品供给的视角》，同济大学
2006 年博士论文；梁赋：《社区矫正专业化研究——社会工作在社区矫正中的运用》，武
汉大学 2010 博士论文。

④ 如：陈姝宏：《社区矫正对象再社会化研究——以长春市 D 区典型街道、社区为例》，吉
林大学 2014 年博士论文；王乐：《农村社区矫正人口社会支持研究——以成都市为例》，
西南财经大学 2014 年博士论文。

⑤ 如：胡承浩：《中国社区矫正发展的路径选择——基于中外社区矫正实证考察视角》，
华中科技大学 2008 年博士论文；曾赟：《论中国农村社区矫正之模式与路径——以浙
江省枫桥镇为例》，载《浙江社会科学》2006 年第 3 期；张传伟：《我国社区矫正京沪
模式的比较分析与选择》，载《北京社会科学》2009 年第 2 期；吴宗宪：《论未成年人
社区矫正的发展方向》，载《山东警察学院学报》2012 年第 7 期；张荆：《北京社区矫
正模式特色与问题点分析》，载《中国人民公安大学学报（社会科学版）》2013 年第
3 期；郭晓红：《未成年犯罪人社区矫正的路径选择——以社会控制理论为视角》，载
《法学杂志》2014 年第 7 期；孙辉：《罪犯的监狱矫正与社区矫正模式比较——以上海
市为例》，载《南京师范大学学报》2017 年第 4 期。

⑥ 如：刘强、武玉红：《社区矫正制度惩罚机制完善研究》，中国人民公安大学出版社
2016 年版；张凯：《论我国监狱矫正与社区矫正互动机制之形塑——以功能主义为分
析视角》，载《东岳论丛》2016 年第 8 期；安小刚：《社区矫正运行机制研究》，中南
财经政法大学 2018 年博士论文。

题。① 与此同时，中央司法警官学院、上海政法学院分别主办的《社区矫正论丛》《社区矫正评论》已连续出版发行，成为社区矫正理论与实务研究的重要平台。

（2）实体研究多程序研究少。以"篇名"为检索项输入"行刑"后，发现期刊论文 587 篇、硕士学位论文 125 篇、博士学位论文 4 篇②，其中专门研究行刑程序的期刊论文只有 4 篇。③ 以"篇名"为检索项输入"刑罚执行"后，发现期刊论文 414 篇、硕士学位论文 72 篇、博士学位论文 2 篇④，其中专门研究刑罚执行程序的论文也只有 4 篇。⑤ 在获悉的 40 多部学术专著和博士论文中，只发现于天敏的博士论文"刑罚执行程序研究"和孙琳的博士论文"减刑假释程序研究"⑥ 专门从程序法角度研究行刑制度。

需要说明的是，直至 1991 年和 1992 年，我国在分别公布了第一份人权白皮书即《中国的人权状况》（其中的"监狱工作和罪犯的权利"部分对受刑人

---

① 如：杨彩云：《社区服刑人员的社会融入与精神健康：基于上海的实证研究》，载《华东理工大学学报（社会科学版）》2014 年第 4 期；陈娜：《社区服刑人员悔罪程度及影响因素实证研究——基于上海的问卷调查》，载《法学论坛》2016 年第 5 期；姜祖祯、宋秋英、张凯：《社区服刑人员矫正效果及其相关因素实证分析》，载《中国司法》2017 年第 5 期；杜延玺：《社区矫正措施有效性实证研究——以 B 市为例》，吉林大学 2019 年博士学位论文。

② 这 4 篇是：冯卫国：《行刑社会化论纲》，北京大学 2002 年博士学位论文；杨春雷：《中国行刑问题研究》，吉林大学 2008 年博士学位论文；姜宇鹏：《管制刑行刑方式研究》，吉林大学 2015 年博士学位论文；谢玲：《佛教渗入现代行刑机制研究》，西南政法大学 2017 年博士学位论文。

③ 贾洛川：《试论刑事诉讼法对监狱行刑程序若干问题的补充和完善》，载《中央政法管理干部学院学报》1997 年第 5 期；张绍彦：《行刑程序论略》，载《诉讼法论丛》1999 年第 9 期；刘宏：《论监狱行刑程序的基本原则与制度》，载《河南司法警官职业学院学报》2003 年第 8 期；张绍彦：《行刑程序与监狱监督论纲——侧重比较研究和可行性的分析》，载《政法论丛》2012 年第 12 期。

④ 这 2 篇是：于天敏：《刑罚执行程序研究》，西南政法大学 2012 年博士学位论文；梁莉：《刑罚执行法律监督研究》，武汉大学 2016 年博士学位论文。

⑤ 沈玉忠：《服刑人员的话语权与程序正义——以刑罚执行变更为视角》，载《阴山学刊》2008 年第 4 期；牛艳娜：《论刑事被害人在刑罚执行程序中的参与权》，载《赤峰学院学报（汉文哲学社会科学版）》2009 年第 8 期；黄兴瑞：《刑罚执行变更程序改革考察》，载《国家检察官学院学报》2012 年第 5 期；梁雅丽：《刑罚执行程序的盲点 建议将辩护律师权利延伸至刑罚执行程序中》，载《中国律师》2012 年第 6 期。

⑥ 孙琳：《减刑假释程序研究》，西南政法大学 2010 年博士学位论文。

权利保障进行了说明）和第一份受刑人权利白皮书即《中国改造罪犯的状况》之后，才开始在理论上研究受刑人的权利保障问题,① 而且研究成果很少，标题与"受刑人"相关的硕士学位论文只有 5 篇,② 博士学位论文只有 1 篇，即李同民：《我国受刑人权利研究》，山东大学 2007 年博士学位论文；期刊学术论文只有 37 篇。③ 此外，以"罪犯""囚犯"为主题的出版著作也只发现两部,④ 博士论文只有 1 篇。⑤

2. 更生保护程序的研究现状

更生保护制度在国外也称为"重返社会"或者"出狱人社会保护"制度，与我国的安置帮教制度非常类似，具体阐述见正文中的相关内容。以"篇名"为检索项，输入"重返社会"检索发现，文献共计只有期刊论文 8 篇、硕士论文 1 篇、学术会议论文汇编 1 部，主要是研究以下两方面的内容，一是研究控制重新犯罪或者研究社区矫正制度与重返社会的关系,⑥ 二是从保护未成年人

---

① 金鉴：《加强监狱人权保障理论研究，推动依法治监和监狱政治文明建设》，载中国监狱学会、中国人权研究会编：《中国监狱人权保障》，法律出版社 2004 年版，第 7 页。

② 这 5 篇是：沈赵：《论受刑人权利的保护》，南京师范大学 2008 年硕士论文；李红军：《监狱与受刑人的法律关系研究》，中国政法大学 2009 年硕士论文；蔡榛：《论受刑人权利保障》，中国政法大学 2009 年硕士论文；王林林：《论受刑人的生育权》，山东大学 2011 年硕士论文；吴冬梅：《我国受刑人权利保护若干问题研究》，延边大学 2015 年硕士论文。

③ 其中的典型论文主要是：徐显明：《从罪犯权利到受刑人人权》，载《学习与探索》2005 年第 3 期；吴春岐：《受刑人权利保护问题研究的价值和视角》，载《学习与探索》2005 年第 3 期；万光侠、秦强：《宪政视角下的受刑人权利保护》，载《学习与探索》2005 年第 3 期；王宏、董玉鹏：《人道精神与受刑人婚姻权利保护》，载《学习与探索》2005 年第 3 期；吴春岐、王彬：《受刑人权利的法律定位》，载《法学论坛》2006 年第 4 期；李同民：《受刑人权利保障与监狱行刑制度的变革》，载《东岳论丛》2007 年第 1 期；欧阳梦春：《受刑人劳动成果归属问题研究》，载《河北法学》2008 年第 10 期。

④ 鲁加伦主编：《中国罪犯人权研究》，法律出版社 1998 年版；中国监狱学会、中国人权研究会编：《中国监狱人权保障》，法律出版社 2004 年版。

⑤ 冯一文：《中国囚犯人权保障研究——以联合国囚犯待遇标准为参照》，吉林大学 2006 年博士论文。

⑥ 翟中东：《试析控制重新犯罪的重返社会范式》，载《环球法律评论》2011 年第 4 期；张大维、王苏苏：《重返社会：社区矫正对服刑人员的资本构建与维系——基于中部七市的调查》，载《江汉大学学报（社会科学版）》2015 年第 3 期；范翔宇：《循证社会工作在社区矫正的实践与探索 ——以 J 市社工协会"重返社会 真情相拥"服务项目为例》，江西师范大学 2018 年硕士论文。

角度系统研究重返社会问题；① 输入"出狱人社会保护"检索发现，文献共计只有期刊论文 11 篇、硕士论文和报纸论文各 1 篇，主要是探讨了出狱人社会保护的理论基础、意义与作用、内容、困境与措施、制度完善与健全立法；②输入"更生保护"检索发现，文献仅有 2 篇期刊论文，而且都是介绍域外的更生保护制度；③ 输入"安置帮教"检索发现，共计期刊论文 293 篇、硕士论文19 篇，基本上是探讨刑释人的安置帮教、社会保障、再犯罪、就业歧视和制度

---

① 详见：2015 年第八次全国心理卫生学术大会论文汇编：《我国青少年与社会关系初探——以未成年犯罪人重返社会为例》；张寒玉、张亚力、杨迪：《重罪未成年人重返社会问题研究——以云南司法实务为视角》，载《青少年犯罪问题》2018 年第 3 期；张寒玉、张亚力、杨迪：《论重罪未成年人重返社会体系的构建》，载《预防青少年犯罪研究》2018 年第 4 期；张寒玉、张亚力、杨迪，"重罪未成年人重返社会体系的构建——以云南省司法实务为视角"，载《人民检察》2018 年第 12 期。

② 详见：于巍巍：《完善我国出狱人社会保护的若干思考》，吉林大学 2007 年硕士论文；阎文青：《论出狱人社会保护制度的完善》，载《犯罪研究》2007 年第 4 期；杨冬敏、崔萌：《试论出狱人社会保护制度》，载《法制与社会》2007 年第 12 期；刘玲玲：《完善出狱人社会保护 保障和谐社会构建》，载《赤峰学院学报（汉文哲学社会科学版）》2008年第 3 期；李志鹏、张平：《我国出狱人社会保护的理论基础新探》，载《重庆科技学院学报（社会科学版）》2010 年第 20 期；李志鹏、常明明：《我国台湾地区更生保护制度的最新发展引介——兼论我国出狱人社会保护的定位与前向》，载《黑龙江省政法管理干部学院学报》2010 年第 6 期；陈玮璐,：《论我国出狱人社会保护制度》，载《法制与社会》2012 年第 21 期；贾洛川：《试论社会管理创新视域下出狱人社会保护的创新》，载《河北法学》2012 年第 12 期；谢玲：《出狱人社会保护的路径分析——以重庆市相关立法实践为切入点》，载《昆明理工大学学报（社会科学版）》2016 年第 5 期。

③ 这 2 篇期刊论文是：李学斌：《更生保护制度与重新犯罪控制》，载《青少年犯罪问题》1995 年第 3 期；宁子：《日本矫正制度：重返社会与更生保护》，载《中国司法》2002 年第 9 期。

完善等问题，而且越来越注重实证分析。①

　　需要说明的是，以"篇名"为检索项，输入"刑满释放"检索发现，我国似乎于1982年才开始研究"刑满释放"的相关问题，而且多年来每年均只出现几篇相关的论文，至2021年相关的文献共计期刊论文191篇、硕士学位论文47篇，而博士论文至今没有出现。这些文献主要是研究以下三方面的问题：一是从针对刑法第100条"前科报告义务"规定的合理性和刑释人不能成为公务员的平等就业权问题进行探讨，② 或者认为刑法第100条规定是"强制申报

---

① 典型期刊论文详见：郑祥：《改革安置帮教与扼制重新犯罪》，载《福建论坛（人文社会科学版）》2007年第4期；李晓英：《推进社会管理创新实现安置帮教一体化的路径思考》，载《当代法学》2010年第6期；郭江梅：《阿勒泰市刑释解教人员安置帮教工作的现状及对策》，载《求实》2013年第S2期；王华菊、才凤伟：《诊断、干涉和重塑：安置帮教工作的运行逻辑》，载《中国人民公安大学学报（社会科学版）》2015年第4期；王鹏飞：《恢复性司法介入刑释人员安置帮教问题研究——以"关系融入"为内容的探讨》，载《齐鲁学刊》2019年第5期。硕士论文详见：曹仁收：《教育改造安置帮教一体化工程网络化研究》，山东大学2009年；陈沁：《政府与非政府组织在安置帮教工作中合作关系研究——以静安区为例》，上海交通大学2011年；万宇：《微罪不诉人员安置帮教调研报告——以G省G市为样本》，西南政法大学2012年；曾岩：《我国安置帮教制度研究》，长春理工大学2013年；张婷燕：《论我国安置帮教工作现状及其改革》，中南大学2013年；柳文思：《未成年人安置帮教中政府与非政府组织合作研究——以温州市鹿城区为例》，湖南农业大学2015年；胡渊：《刑满释放人员安置帮教的管理研究——以Z市为例》，西北农林科技大学2016年；张琦：《安置帮教工作问题研究——以乌兰察布市为例》，内蒙古大学2016年；朱晓峰：《基于政府视角的刑释解教人员安置帮教工作对策研究——以苏州市为例》，苏州大学2016年；吴凯：《论刑释人员福利支持系统的修复——以安置帮教为视角》，华东政法大学2017年；李鸣宇：《刑释人员安置帮教现状分析及改革探索——以上海为例》，西南交通大学2017年；赵平：《安置帮教服务输送方式的优化研究——基于上海市C区个案管理服务模式的调研》，华东政法大学2018年；肖立尧：《我国社会转型中过渡性安置帮教基地发展的困境及出路》，天津理工大学2018年；李禹信：《刑满释放人员安置帮教管理研究》，山西大学2018年；曾艳瑜：《泉州市惠安县刑满释放人员的安置帮教研究》，华侨大学2019年；姚建萍：《基层安置帮教工作研究——以W市T县农村为例》，西北农林科技大学2019年；崔丽华：《刑满释放人员安置帮教工作研究——以江苏省某监狱为例》，东南大学2020年；李静：《女性刑满释放人员的安置帮教现状及对策研究——基于对NMG第一女子监狱女性刑释人员调查的思考》，内蒙古农业大学2020年；苏嘉欣：《解除社区矫正人员的安置帮教工作问题及对策研究》，汕头大学2021年。

② 如：刘方权、张森锋：《〈刑法〉第100条之我见》，载《河北法学》2001年第4期；李放：《有前科的公民能否成为公务员？——对〈中华人民共和国公务员法〉第6条的分析和建议》，载《广西政法管理干部学院学报》2006年第3期。

刑事受罚经历"的自我信息披露制度，或者认为该条是"犯罪记录报告制度"。① 二是社会融入与社会排斥以及社会保障制度的完善问题。② 三是研究刑满释放人员重新犯罪的问题。③

3. 前科消灭程序的研究现状

在 2008 年之前，呼吁出台前科消灭的立法和讨论前科问题，曾是我国刑事法学界的热门话题，④ 对于前科的界定，我国的刑事法学界将其归纳为以下 5 类：（1）被判处刑罚；（2）被有罪宣告或判处刑罚；（3）被判处有期徒刑以上刑罚；（4）受过各种法纪处分；（5）被宣告有罪。或者将前科归纳为以下 6 类：（1）因违法而受过处分的"历史污点说"；（2）受到刑罚处罚并足以构成

---

① 如：于志刚：《犯罪的规范性评价与非规范性评价》，载《政法论坛》2011 年第 2 期；熊建明：《〈刑法〉第 100 条适用空间、功能及性质解构——兼论对受过刑事处罚人的规范性和非规范性评价》，载《东方法学》2011 年第 5 期。

② 典型论文有：成志刚、杨平：《论我国刑满释放人员社会保障制度的完善》，载《北京师范大学学报（社会科学版）》2008 年第 2 期；应培礼：《论刑满释放人员回归社会的制度排斥》，载《法学》2014 年第 5 期；郭星华、任建通：《刑满释放人员社会适应的法社会学研究——主体间性的视角》，载《国家行政学院学报》2014 年第 4 期；李光勇：《青年刑满释放人员社会融合测量与促进对策——基于上海市六个区的问卷调查》，载《中国青年研究》2014 年第 9 期；刘柳：《从福利支持视角论刑满释放者的社会融入》，载《国家行政学院学报》2015 年第 1 期；王慧博、吴鹏森：《当代中国刑满释放人员的社会回归效应分析——基于公平理论的视角》，载《江西社会科学》2015 第 9 期；许玉镇、孙超群：《论烙印群体及其就业帮扶政策困境——以我国刑满释放人员为例》，载《社会科学研究》2018 年第 4 期。此外，还有一部著作专门研究刑释人的社会排斥问题：莫瑞丽：《刑释人员回归社会中的社会排斥研究》，中国社会科学出版社 2010 年版。

③ 典型论文有：力康泰、韩玉胜、袁登明：《刑满释放人员重新犯罪的原因及预防对策思考——兼论监狱的行刑改革》，载《法学家》2000 年第 3 期；李忠华：《试析刑满释放人员重新犯罪的原因》，载《云南社会科学》2001 年第 S1 期；王志强：《论刑满释放人员社会处遇的法律调整机制——预防重新犯罪法治化的再分析》，载《中国人民公安大学学报（社会科学版）》2006 年第 6 期；曾赟：《服刑人员刑满释放前重新犯罪风险预测研究》，载《法学评论》2011 年第 6 期；石奎：《预防刑满释放流动人员再犯罪问题的实证研究》，载《西南民族大学学报（人文社会科学版）》2013 年第 2 期。

④ 相关的专著主要有：马克昌：《刑罚通论》，武汉大学出版社 1999 版；于志刚：《刑罚消灭制度研究》，法律出版社 2002 年版；赵秉志：《当代刑法理论探索（卷三）：刑罚总论问题探讨》，法律出版社 2003 年版。典型论文主要有：赵惠：《论前科消灭制度》，载《河北法学》2000 年第 5 期；房清侠：《前科消灭制度研究》，载《法学研究》2001 年第 4 期；于志刚：《论前科的概念界定及其内涵》，载《浙江社会科学》2002 年第 2 期；彭新林：《前科消灭论》，湘潭大学 2007 年硕士学位论文。

累犯的"累犯事实说"；（3）曾因被判处有期徒刑以上的刑罚且已执行完毕的"有期徒刑执行完毕说"；（4）曾因违法犯罪而受劳动教养或刑罚处罚的"劳动教养与刑罚合并说"；（5）曾被法院判处刑罚的"判处刑罚说"；（6）曾经被宣告犯有罪行或者判处刑罚的"构成犯罪说"。① 但无论归纳为 5 类还是 6 类，均未脱离国外的"有罪说"② 与"有刑说"③ 的观点。

在 2008 年以后，前科消灭制度构建成为热点问题：在专著方面，马柳颖的《未成年人犯罪刑事处遇制度研究》，从实践出发提出了构建我国未成年人前科消灭制度的设想。④ 在论文方面，覃剑峰的博士论文"论前科"⑤ 以我国前科存废的争论为重心，李健的博士论文"论前科消灭制度及其构建"⑥ 以我国前科消灭的现状为切入点，均在具体制度构建方面提出了较全面的理论设想；于志刚的"'犯罪记录'和'前科'混淆性认识的批判性思考"⑦ 以及"犯罪的规范性评价与非规范性评价"⑧ 等论文，对"前科"与"犯罪记录"在法律内涵及制度功能上的差别进行了细分缕析，使前科消灭制度更具现实操作性。

2012 年我国虽然在修改的刑事诉讼法中建立了未成年人犯罪记录封存制度，但该制度不仅缺乏程序设置的具体规定，而且与"前科消灭"制度相差甚远。相关的研究主要是解读未成年人犯罪记录封存制度，分析它与前科消灭制

---

① 详见沈兵、刘宇：《构建我国未成年人前科消灭制度》，载《法治论丛》2007 年第 5 期；在另外归纳的六类中，作者除了认为是折衷说而非"有期徒刑执行完毕说"之外，其他均相同，详见林维：《论前科的定罪价值》，载《中央政法管理干部学院学报》1995 年第 6 期。

② 如《美国量刑指南》第四章 A 部分第 1 节第 1 条（1）项规定："判刑，但只要该定罪所产生的判决是可以计算的，则这种定罪可以视作前科；同样，如果被告人已被认定有罪，尚未被判刑，但只要该定罪所产生的判决是可以计算的，则这种定罪可以视作前科。" 见美国量刑委员会编：《美国量刑指南》，北大翻译组译，北京大学出版社 1995 年版，第 338 页。

③ 俄联邦刑法典第 86 条第 1 款规定："因实施犯罪而被判刑的人，自法院的有罪判决生效之日起至前科消灭或撤销时止，被认为有前科"。黄道秀等译，《俄罗斯联邦刑罚典》，中国法制出版社 1998 年版，第 41 页。

④ 马柳颖：《未成年人犯罪刑事处遇制度研究》，知识产权出版社 2009 年版。

⑤ 覃剑峰：《论前科》，武汉大学 2010 年博士学位论文。

⑥ 李健：《论前科消灭制度及其构建》，吉林大学 2012 年博士学位论文。

⑦ 于志刚：《"犯罪记录"和"前科"混淆性认识的批判性思考》，载《法学研究》2010 年第 3 期。

⑧ 于志刚：《犯罪的规范性评价与非规范性评价》，载《政法论坛》2011 年第 2 期。

度的关系。① 在司法实务方面，最高人民法院期刊《中国少年司法》几乎每期都有关于未成年人前科消灭制度的文章，主要是地区性试点工作的调研报告，或者是以地区性试点为实证样本展开思考，这为构建前科消灭制度提供了大量的实务成果。从 2016 年开始，又有学者研究前科消灭制度特别是高发型微罪前科消灭制度的构建问题。②

4. 刑事附带民事执行程序的研究现状

专门研究刑事附带民事执行制度的文献极其稀少，相关的硕士论文只有 5 篇。③ 标题与"刑事附带民事执行"相关的论文只有 8 篇，其中只有 1 篇专门研究刑事附带民事执行问题，④ 而其它 7 篇专门从执行难的原因和对策展开分

---

① 如：张丽丽：《从"封存"到"消灭"——未成年人轻罪犯罪记录封存制度之解读与评价》，载《法律科学》2013 第 2 期；刘传稿：《论未成年人前科消灭制度的设立》，载《云南社会科学》2013 年第 5 期；肖中华：《论我国未成年人犯罪记录封存制度的适用》，载《法治研究》2014 年第 1 期；吴贵森：《前科封存制度在刑事和非刑事领域的适用》，载《江西社会科学》2014 年第 10 期；田军：《未成年人犯罪记录封存制度与未成年人前科消灭制度辨析》，载《法治与社会》2015 年第 15 期。

② 如：韩宝庆：《前科消灭制度建构论》，载《东北师大学报（哲学社会科学版）》2016 年第 2 期；刘博：《复权制度中国化的路径刍议》，载《学习论坛》2017 年第 12 期；杨阳：《前科消灭制度的再思考》，载《忻州师范学院学报》2021 年第 4 期；梁云宝：《我国应建立与高发型微罪惩处相配套的前科消灭制度》，载《政法论坛》2021 年第 4 期；崔志伟：《积极刑法立法背景下前科消灭制度之构建》，载《现代法学》2021 年第 6 期；程骋：《前科消灭与复权制度在刑罚体系中的定位及逻辑关系解构》，载《江汉论坛》2021 年第 12 期。

③ 徐燕华：《论刑事附带民事执行》，华东政法学院 2004 年硕士论文；苏婷婷：《论刑事附带民事诉讼中被害人的权利保护》，中国政法大学 2008 年硕士论文；杨露娜：《财产刑执行和民事执行竞合研究》，中国政法大学 2011 年硕士论文；杨国峰：《刑事附带民事执行制度研究》，内蒙古大学 2013 年硕士论文；李昕：《刑事附带民事诉讼案件执行难的调研报告》，河北大学，2013 年硕士论文。

④ 徐莹：《试论我国刑事附带民事诉讼执行》，载《太原师范学院学报（社会科学版）》2006 年第 4 期。

析。① 此外还有两篇与刑事附带民事执行问题研究相关的论文：1 篇是从经济学角度分析赔钱与减刑的关系问题②，1 篇是从社会治理的角度研究刑事附带民事执行问题③；专门研究刑事附带民事执行的著作、博士论文尚未发现。可见，被害人权利保护在执行程序中的实现问题，至今没有引起学界和实务的重视。

5. 刑事被害人国家补偿程序的研究现状

以"篇名"为检索项，输入"刑事被害人国家补偿程序"检索，只发现 6 篇文献，④ 输入"刑事被害人国家补偿"检索，发现有期刊论文 256 篇、硕士论文 95 篇、博士论文 3 篇。⑤

---

① 帕丽丹·买买提：《刑事附带民事案件执行难的成因及对策》，载《新疆职业大学学报》2008 年第 1 期；宁关群：《浅谈刑事附带民事案件执行难的成因与对策》，载《林区教学》2008 年第 12 期；向前：《论我国刑事附带民事诉讼执行难》，载《湖南工业大学学报（社会科学版）》2009 年第 4 期；向前：《论我国刑事附带民事诉讼执行难的原因与对策》，载《牡丹江大学学报》2009 年第 10 期；黄磊：《刑事附带民事执行案件现状分析及对策——以市刑事附带民事执行案件实证量化分析为视点》，载《商品与质量》2012 年第 S4 期；郭保振、刘士浩、桓旭：《刑事附带民事执行困境与破冰之路》，载《法论（西南政法大学研究生学报）》2013 年第 27 卷第 1 辑；秦昊：《刑事附带民事诉讼中'执行难'问题研究》，载《法制与社会》2015 年第 4 期。

② 陈顾：《"赔钱减刑"的经济学分析》，载《福建法学》2009 年第 2 期。

③ 贺雪峰、刘岳：《基层治理中的"不出事逻辑"》，载《学术研究》2010 年第 6 期。

④ 李振坤：《刑事被害人国家补偿程序探究》，福州大学 2011 硕士论文；全冠吉：《刑事被害人国家补偿程序研究》，湖南师范大学 2012 硕士论文；全冠吉：《刑事被害人国家补偿程序问题研究——以被害人申请条件为视角》，载《经济视角（中旬）》2011 年第 11 期；左勇：《试论如何构建我国刑事被害人国家补偿程序》，载《法制与社会》2012 年第 25 期；左勇：《构建我国刑事被害人国家补偿程序之申请程序和救济程序》，载《法制与社会》2012 年第 30 期；黄华生：《论刑事被害人国家补偿程序机制的具体构建》，载《南京大学法律评论》2015 年春季卷。

⑤ 其中，代表性的期刊论文主要有：陈彬、薛竑：《刑事被害人国家补偿制度的价值取向研究》，载《现代法学》2008 年第 5 期；张波：《论刑事被害人国家补偿制度的构建》，载《求实》2012 年第 S1 期；韩红兴：《论我国犯罪被害人国家补偿制度的构建》，载《中国人民公安大学学报（社会科学版）》2012 年第 2 期；董文蕙：《论刑事被害人国家补偿制度的构造及属性》，载《贵州社会科学》2013 年第 5 期；郭巧云：《刑事被害人国家补偿制度价值分析》，载《人民论坛》2014 年第 11 期；等等。3 篇博士论文分别是：卢希起：《刑事被害人国家补偿制度研究》，中国政法大学 2008 年博士学位论文；董文蕙：《犯罪被害人国家补偿制度基本问题研究》，西南政法大学 2010 年博士学位论文；吴淼：《刑事被害人国家补偿制度研究》，吉林大学 2012 年博士学位论文。

"刑事被害人国家补偿"在我国又称为"刑事被害人救助"。输入"刑事被害人救助"检索，发现有期刊论文166篇、硕士论文33篇。①

从2008年开始，我国出版了一些相关研究的专著，② 以上这些论著，不仅为我国刑事被害人国家补偿程序的地方立法和相关的司法解释提供了理论支持和经验总结资料，而且将会为该程序国家层面的立法提供智力支持，具体阐述见正文中的相关内容。

（二）复合性和整体性的研究现状

黄晓亮等人在《刑罚消灭制度适用》③ 一书中，较全面地阐述了前科消灭制度的构建，不仅系统探讨了相关配套制度的衔接和完善，而且将行刑程序和前科消灭程序一并纳入其研究的视野，同时还提出了一些引人深思的理论命题；吴宗宪在其主编的《中国刑罚改革论》④ 一书中，通过比较研究进行法律移植，也将行刑程序与前科消灭程序放在研究的整体框架之中。可见，上述著作均呈现出了复合性研究的发展趋势。但是，专门对刑事审后程序进行整体性研究的文献，只有以下4篇学术论文。

（1）陈建军、李立宏的"论刑事审后程序"。该文率先提出："刑事审后

① 其中，代表性的期刊论文主要有：宋英辉：《特困刑事被害人救助实证研究》，载《现代法学》2011年第5期；杨飞、吴美来：《我国刑事被害人救助制度的审视与完善》，载《法律适用》2011年第8期；李海滢：《我国刑事被害人救助制度的未来走向——以国家刑事赔偿、国家刑事被害人国家补偿与刑事被害人救助关系辨析为进路》，载《齐鲁学刊》2012年第2期；代春波、姚嘉伟：《检察机关刑事被害人救助制度实证研究》，载《中国刑事法杂志》2012年第10期；申小红：《刑事被害人救助制度比较》，载《湖南科技大学学报（社会科学版）》2013年第5期；任孔全、曲海舰、黄启军：《检察机关刑事被害人救助工作实践分析》，载《人民检察》2014年第3期；赵国玲、徐然：《刑事被害人救助立法根基的比较与重构——从救助和补偿的概念之争谈起》，载《东南学术》2015年第1期；王秋隆：《刑事被害人救助制度研究——以襄阳市近三年刑事案件抽样调查为基础》，载《湖北大学学报（哲学社会科学版）》2015年第6期；闫雨、黄华生：《法治社会进程中我国刑事被害人救助立法审思》，载《社会科学家》2018年第11期。

② 主要有：田思源：《犯罪被害人的权利与救济》，法律出版社2008年版；曲涛：《刑事被害人国家补偿制度研究》，法律出版社2008年版；赵可：《犯罪被害人及其补偿立法》，群众出版社2009年版；陈彬、李昌林、薛竑、高峰：《刑事被害人救济制度研究》，法律出版社2009年版；王瑞君：《刑事被害人国家补偿研究》，山东大学出版社2011年版。

③ 黄晓亮等：《刑罚消灭制度适用》，中国人民公安大学出版社2012年版。

④ 吴宗宪主编：《中国刑罚改革论》，北京师范大学出版社2011年版。

程序"是指除审判监督程序外刑事判决生效后一系列程序的总称，包括行刑程序、被害人的权利保障程序以及前科消灭程序等内容，认为学界除了对行刑程序的研究较为充分外，还没有人对刑事审后程序作过专门的系统研究，而对刑事审后程序进行系统的理论研究，特别是建立和完善被害人损害赔偿、被害人国家补偿和前科消灭的法律制度，有助于我国刑事诉讼法学理论的丰富和发展以及和谐社会的构建。① 这是第一次系统研究刑事审后程序的学术论文。

（2）杨河、陈建军的"刑事审后程序中的权力配置问题研究"。该文提出：为了弥补我国刑事审后程序权力分散、职责不明的缺陷，应当由司法行政机关统一行使刑事执行权，由人民法院行使刑事执行程序的裁判权及前科消灭的裁判权，完善刑事审后程序中的被害人保护制度。②

（3）陈建军、李立宏的"合理配置我国刑事审后程序中的国家权力"。该文认为我国刑事审后程序的权力配置存在着分散、失衡甚至违背法理等缺陷，不仅只在立法上确立了未成年人犯罪记录封存制度，而且缺乏刑事被害人国家补偿程序，提出重新合理配置其中的国家权力：即裁决权应由法院统一行使、执行权原则上由司法行政机关统一行使，检察院的法律监督权应予以适当强化；该文还建议建立刑事审后被害人救助程序，完善前科消灭程序和刑罚变更执行程序。③

（4）李立宏、陈建军的"我国刑事审后程序的三个理论支点"。该文认为目前法学界对刑事审后程序很少进行系统化的专门研究，涉及其理论基础等深层次问题的则更少，提出宽严相济、程序公正和保障人权应该是刑事审后程序的三个理论支点。④

撰写上述这4篇专门研究刑事审后程序论文的学者，应该是系统研究刑事审后程序的先锋。

---

① 详见陈建军、李立宏：《论刑事审后程序》，载《中南林业科技大学学报》2012年第2期。
② 详见杨河、陈建军：《刑事审后程序中的权力配置问题研究》，载《云梦学刊》2013年第2期。
③ 详见陈建军、李立宏：《合理配置我国刑事审后程序中的国家权力》，载《云梦学刊》2013年第6期。
④ 详见李立宏、陈建军：《我国刑事审后程序的三个理论支点》，载《云梦学刊》2014年第4期。

四、本书的主要研究方法

为了顺利解决上述提出的研究问题，本书运用了诸如比较分析法、历史分析法和文献分析法等多种研究方法。

（一）比较分析法

比较分析法，就是根据一定的标准，考察两个以上有联系的事物，找出异同、探求规律。许多国家的法律已经对刑事审后程序的一些内容做了细致规定，并在实践中形成了较为成熟的制度，探讨我国的刑事审后程序制度及其体系构建问题，就需要运用比较分析法，分析国外的相关法律规定与实践做法，通过优劣得失的比较，为完善我国刑事审后程序制度的构建提供借鉴。比较分析法主要有以下几类：一是按事物属性的数量分为单项比较和综合比较。只有考察多个国家刑事审后程序法律制度并进行单项比较和综合比较，才能把握其本质和规律。二是按目标指向分为求同比较和求异比较。只有找到不同国家刑事审后程序的共同点，同时分析不同国家刑事审后程序的不同点，方可真正认识其多样性与统一性。三是按时空区别分为横向比较与纵向比较。通过比较同一时间不同国家刑事审后程序在空间上的既定形态以及刑事审后程序在不同时期的既定形态，揭示其发展变化的过程和规律。四是按事物性质分为定性比较与定量比较。研究刑事审后程序不能没有数量观念，但也不能盲目追求量化。五是按事物范围分为宏观比较和微观比较。这就是分别从宏观上比较和微观上比较来认识刑事审后程序。

（二）历史分析法

历史分析法，是运用发展观点科学分析研究对象的历史资料，具体描述其历史和现状及其相互关系，找到其中的相同点或者因为各种条件变化而造成的不同点，分析说明其发生、发展的规律，揭示其发展趋势和直接、主要或者根本的原因，认识现状、推断未来并做出历史评价，以期发现问题、启发思考或者提炼经验教训。历史分析法的一般步骤是：其一，检验文献本身的可靠性。其二，检验文献记录的真实性。其三，分析事物的演变过程。分析事物的演变过程包含两层含义：一是寻根问底，揭示研究对象产生的最初历史背景；二是"古为今用"，将历史考察与现实调查分析相结合。在实际研究活动中，可以将定量的方法引入到历史分析中，采取一种把文献资料转换为数量表示的资料进行分析的方法，这种新的分析方法便是内容分析法。

就刑事审后程序研究而言，如果离开了对研究对象的历史分析，相关的探讨就缺少了历史深度，而没有历史深度的阐述和结论都应该是不彻底的。

（三） 文献分析法

刑事审后程序是刑事诉讼程序的一个新领域，归纳整理、分析鉴别相关文献是最基本的准备工作。本书主要通过下列方式对现有文献进行研究：（1）通过浏览篇名、目次、摘要、引言、结论和正文的方式，找出文献论述的对象和具体问题。（2）找出文献中涉及的各种概念，查明它们相互之间的关系。（3）形成若干主题和主题概念，并在分析中求证。由于刑事审后程序在现阶段还只是碎片化的存在，是尚未形成系统的法律制度，因此在研究刑事审后程序的时候，仅仅依靠注释法条、解读法律制度和描述司法实践显然是不够的，必须对所有文献进行各种比较分析，并且通过思辨才能深入进行，思辨方法已经"成为人文社会科学领域里的主要研究方法之一"。所谓"思辨"，就是批判性思维，即突破日常认为理所当然的事情追问其所以然，其本质是：在充分总结已有实践经验的基础上，通过论证对一系列概念、术语、范畴或者命题、定理等进行学术解释，从而"完成理论框架体系的搭建"。①

五、本书的框架结构

本书的框架结构分为以下五个部分。

第一部分：导论。在导论部分，本书主要运用历史分析、文献分析的方法，从研究刑事审后程序的背景、意义和怎样研究刑事审后程序等方面进行了概括性的论述，此外还梳理了本书可能的创新和存在的不足。

第二部分：上编——刑事法目的实现与刑事审后程序产生：原因论。上编

---

① 宋英辉主编：《刑事诉讼原理》，法律出版社 2003 年版，第 8-9 页。

包括三章。第一章：刑事法目的。第二章：刑事法目的实现的平台。第三章：刑事法目的实现与刑事审后程序产生。在第二部分，本书主要运用历史分析、文献分析和比较分析的方法，从刑事法目的得以完全实现的角度，主要论证了刑事审后程序为什么会产生这个基本问题。

　　第三部分：中编——刑事审后程序的体系构建与立法完善：本体论。中编也包括三章。第四章：刑事审后程序体系构建与立法完善的依据。第五章：刑事审后程序的体系构建。第六章：刑事审后程序体系构建的立法完善。在第三部分，本书主要运用历史分析、文献分析和比较分析的方法，集中论证了什么是刑事审后程序的问题。具体而言，一是研究了刑事审后程序体系构建与立法完善的理论基础是刑事法目的论；二是通过一定的逻辑构建了刑事审后程序体系，界定了刑事审后程序；三是在描述刑事审后程序立法现状的基础上，评析了刑事审后程序现行立法的模式、特征和存在的主要问题，指出本体意义上的刑事审后程序虽然在立法上尚未产生，但是其"碎片化"的子程序已经存在，因此需要在立法上予以完善，还研究了国家权力在刑事审后程序运行中的合理配置问题。这些探讨、分析和研究，有助于深入认识"刑事审后程序"本身。

　　第四部分：下编——刑事审后程序系统与刑事一体化：系统论。下编仍然包括三章。第七章：系统论与刑事审后程序系统。第八章：刑事审后程序的系统涌现性。第九章：研究刑事审后程序系统与完善刑事一体化理论。在第四部分，本书主要运用历史分析、文献分析和比较分析的方法，集中论证了刑事审后程序的系统涌现性问题。具体而言，一是运用系统论发现了刑事审后程序是个系统，并研究了刑事审后程序的要素问题；二是集中研究了刑事审后程序的系统涌现性问题；三是阐述了研究刑事审后程序系统与完善刑事一体化理论的关系问题。这些研究和阐述，有助于进一步深入认识"刑事审后程序"本身和进一步深入理解刑事一体化理论。

　　第五部分：结语。该部分包括结论和展望两方面的内容，不仅得出刑事审后程序是刑事诉讼程序新大陆的结论，而且对包括刑事审后程序在内的刑事诉讼程序以及刑事法律的未来发展进行了一定的展望。

上 编

刑事法目的实现与刑事审后程序产生：原因论

　　上编分为三章，集中研究"刑事审后程序为什么会产生"这个核心问题。

　　研究发现，满足不断发展的刑事法目的实现的需要，是刑事审后程序产生的内在动力和根本原因。当然，在论述这个命题之前，有必要首先解决以下两个基本问题：其一，什么是刑事法目的？其二，什么是刑事法目的实现的平台？因此，本编第一章主要研究"刑事法目的是什么"的问题，第二章主要研究"刑事法目的实现平台是什么"的问题。

第一章

刑事法目的

目的乃法律的灵魂，它在高层次上制约着法律活动。刑事法律活动同样也必须紧紧围绕其目的而展开，并且刑事法目的也只有通过刑事诉讼程序运行方可得以实现。如何在社会变迁和刑法适用中实现刑事法目的，应当成为刑事诉讼法学研究的一大课题。

我国刑事法学的通说理论认为，刑事诉讼程序终结于刑事执行程序，交付执行既是刑事诉讼程序运行的归宿，同时也是刑法目的和刑事诉讼目的的实现。[1] 但是，这个传统且权威的通说观点，存在着一个根本性的缺陷，这个根本性的缺陷就是：以交付执行为终点的刑事诉讼程序，已经缺少必要的机制和平台去实现不断发展的刑事法目的，只有在刑事诉讼程序中注入新的血液，才有可能解决这个根本性的缺陷问题——"刑事审后程序"由此应运而生。

一、法律目的与刑事法目的

法律是国家为了"有意识地达到某个特定目的而制定的"："每条法律规则的产生都源于一种目的"，[2] 故没有国家意志和国家目的，就不会有法律。[3]

（一）法律目的

法律目的从何而来？对此不断的追问与修正，是一个主体客体化和客体主

---

[1]　参见宋世杰：《刑事诉讼理论研究》，湖南人民出版社 2001 年版，第 12 页。

[2]　耶林的观点，转引自［美］博登海默：《法理学——法律哲学与法律方法》，邓正来译，中国政法大学出版社 1999 年版，第 109 页。

[3]　蔡枢衡：《刑法学》，中国民主法制出版社 2011 年版，第 223 页。

体化的无限过程。所谓主体客体化，是指人的主观意图通过法的制定和实施而转化为法律的过程，主要发生在法产生以前；所谓客体主体化，是指法律通过人的思维而被研习、理解、阐释和应用的过程，主要发生在法产生以后。①

就主体角度而言，法律目的包括立法、执法、司法、习法等各个不同主体的目的，不同的主体对法律目的理解可能不同，即使是同一主体，在不同的时期或语境中，其认识也可能发生变化。从客体角度来看，法具有基本目的和具体目的，如我国法律一般在第一条中确定立法目的即基本目的，在其他法条中还隐含具体目的，甚至一个法条包含多个目的；而法律部门不同，其目的也不同；另外，法律在产生前、形成时或者产生后的目的也可能会有所差异。故我国法学界有学者提出，综观有关法律目的的论说，以外国理论居绝对主导地位，中国尚处于移植阶段，今后应加强法律目的理论研究，其理由如下。②

其一，法律目的于法之产生与发展，以及法律人研习法律、解释法律和适用法律均极其重要。"法者，天下之程式也，万事之仪表也。"（《管子·明法解》）。天下"不可以无法仪，无法仪而其事能成者无有也"（《墨子·法仪》）。法若无目的或目的错误，均会导致法的失灵、法的有效性被质疑甚至危害民生，而且人们学习法律、解释法律和适用法律，犹如在茫茫海上驾驶船舶，法律目的是指引航船方向的北极星，③掌握了法律目的，就不至于迷失航向。

其二，研究法律目的有利于正确创立法学理论。"法学家必须从目的论的角度出发研究法律"，④"法理学中最主要者，厥为法学方法论及法目的学二者"；"法学之终极目的，固在穷究法之目的"；"概念法学着重于法律逻辑的一贯性，有助于法律的安定，有其不可磨灭的功劳，固无可争议，惟此亦正其致命伤之所在。盖为维持法律秩序之体系性，而不顾事实，牺牲社会统制目的

---

① 付子堂、宋云博：《对"法的目的"传统理论之批判与反思》，载《政法论丛》2014年第2期，第31页。

② 参见付子堂、宋云博：《对"法的目的"传统理论之批判与反思》，载《政法论丛》2014年第2期，第37-38页。

③ 王泽鉴：《法律思维与民法实例：请求权基础理论体系》，中国政法大学出版社2001年版，第149页。

④ [美] 罗斯科·庞德：《法理学（第一卷）》，邓正来译，中国政法大学出版社2004年版，第364页。

或法律目的，诚至短视也。夫法律逻辑仅系手段，而非目的，为手段而牺牲目的，或将手段视为目的，均属舍本逐末之举。"①

其三，研究法律目的有利于正确指导法律实践。通观中外法律发展史和法治历程，法律实践至少包括法的制定、法的实施（守法、执法、司法）和法的监督等内容及步骤，而法律目的必定贯穿于其全过程。"良法"的产生与实施离不开良好的法律目的："恶法"也因存在良好的法律目的而无从生根和长久存续。没有法律目的指明方向，法律实践极有可能发生偏差，甚至形成"恶法"与"恶法之治"，导致人类长期处于专权暴政的社会生存状态之中。

总之，学习和应用法律，不仅要理解其概念、体系与功能等，还要准确理解和把握其目的。由于法律目的传统理论片面强调理性与立法者的意旨，抹杀法律实践过程中释法者应有的地位和作用，因此对传统目的论进行反思和批判并重新建构法律目的，其意义不仅在于方法论，还在于法学作为科学本身。②

1. 传统法律目的理论及其评析

法律目的理论，古今中外已有无数论说，如亚里士多德的内在目的论、西塞罗的内在道德精神论、康德的自然目的论、耶林的目的法学、庞德的社会统制论……③但在归纳之后，主要可以分为"主观论"与"客观论"两大类。④

"客观论"认为，人们创制并实施法律是为了实现一定的目的，而目的以某些基本的价值为基础，这些目的和价值就是法律解释所要探求的法律旨意。⑤例如许霆案，它反映了当立法存在漏洞时，司法人员应当尊重蕴含当时的人们普遍价值诉求的民意。⑥但是，毫无疑问，由于法律目的只能源于人，释法者阐述法律目的，必须反映一定时期内人们普遍存在的利益观和价值观，它需要

---

① 杨仁寿：《法学方法论》，中国政法大学出版社 1999 年版，第 119-120 页，第 48 页。

② 付子堂、宋云博：《对"法的目的"传统理论之批判与反思》，载《政法论丛》2014 年第 2 期，第 38 页。

③ ［德］卡尔·拉伦兹：《法学方法论》，陈爱娥译，商务印书馆 2005 年版，第 2 页。

④ 付子堂、宋云博：《对"法的目的"传统理论之批判与反思》，载《政法论丛》2014 年第 2 期，第 32 页。

⑤ 参见沈宗灵主编：《法理学》，北京大学出版社 2003 年版，第 378 页。

⑥ 许霆在一审被以盗窃罪判处无期徒刑后国内曾一片反对，上诉后该案被裁定发回重审；一审法院重审判处许霆有期徒刑 5 年并处罚金 2 万元后，民间虽然仍有异议，但反对声平息了许多；许霆再次上诉，二审开庭当庭裁定驳回上诉、维持原判，人们也慢慢接受了这一判决。

在进行价值判断、利益衡量的主观努力后方可得出。因此，法律目的"客观论"的缺陷显而易见，那就是：该理论关于法律目的和法律价值往往混淆不清，甚至将两者混为一谈。

"主观论"则认为，法律目的是探求立法原意，如德国古典法学家温德夏特认为，法官的职责是根据法律概念进行逻辑推演，遇有疑义时以探求立法者当时所"存在"之意思予以解决；① 德国学者欧特曼提出"立法目的之探求，启开疑义之钥匙也"，王泽鉴先生认为这实属至理名言。② 尽管"主观论"是我国当前的主流观点，但也存在如下问题。③

其一，立法者的问题。（1）立法者及其目的多元。从各国的理论与实践上看，立法参与者通常包含立法机关、行政机关、司法机关、社会法人、民间团体、专家学者④等，法律草拟历经不同单位，何人为立法者殊难断定，意思不一致时以何人为准也实有疑问；⑤ 而立法主体多元，可能导致立法目的理解不一致甚至相冲突。（2）立法者思维的有限性和滞后性。法律是特定历史中的产物，立法者无法完全预料事实对法律的影响，⑥ 在时过境迁后，有些法律甚至须作违背立法初衷的阐释方能顺应时代需求。⑦

其二，立法原意的问题。"立法目的是利益团体之间的一系列争斗……制

---

① 参见杨仁寿：《法学方法论》，中国政法大学出版社 1999 年版，第 78-79 页。
② 参见王泽鉴：《法律思维与民法实例：请求权基础理论体系》，中国政法大学出版社 2001 年版，第 242 页。
③ 详见付子堂、宋云博：《对"法的目的"传统理论之批判与反思》，载《政法论丛》2014 年第 2 期，第 32-33 页。
④ 如德国学者认识到德国不是意大利，因而"难将罗马法全盘移植，原封不动适用于德国各邦"，应当"对罗马法加以解释、修正，使能适合德国之需要。此种罗马法即系德国学者所创之学者法。"见杨仁寿：《法学方法论》，中国政法大学出版社 1999 年版，第 75 页。
⑤ 王泽鉴：《法律思维与民法实例：请求权基础理论体系》，中国政法大学出版社 2001 年版，第 217 页。
⑥ 杨仁寿：《法学方法论》，中国政法大学出版社 1999 年版，第 73 页。
⑦ 如《法国民法典》第 4 条规定法官不得以法无明文为理由拒绝裁判，其意原指任何问题均可于万能的法典内觅及答案，无须考虑其他法源，其后竟被解释为法无明文规定时，法官可于法典之外另觅根据加以裁判，最后演成"判例"也成为法国民法典主要内容之一。

定法反映出无原则的'妥协'以及集体'目的'是不可辨识的",① 在面对某一法律或者法条时，释法者可能无从全部考证其背后的真实意图，② 更何况还存在立法技术问题：如为使某部法律顺利出台，对无法在起草、讨论、审议期间达成一致的某些条款暂不写明，留待最后表决时或颁布之前写入。主观论以立法原意为法律目的，这不仅与立法实践不符，而且往往陷入臆想泥沼。有学者指出，倘受缚于立法者原意，则法律受制于"古老的意思"，这显然不能适应新的社会需要，也难以发挥补充或创造法律的功能。③ 故释法者应以目的条文为基础，以逻辑推论方式阐释"立法精神"或"立法者之意思"，④ 也就是释法者秉持正义和理性，综合主客观因素解释"立法原意"——可以是对原意的考察，也可以是当今的构建，而且解释原意也是一种构建。⑤ 或者说，探求立法原意："与其说是发现立法目的，不如说是创造立法目的。"⑥

其三，法律的"间主观性"和局限性问题。文字并不能表达人的全部思想，且文字表达的思想往往独立于本人，因此法律存在"间主观性"，即制定法语言的普通含义或专门含义，不足以表达其目的或者超出目的需要的表达。⑦ 同时，法律要保持相对稳定性，就必显滞后性；法律语言的概括性、抽象性等造成理解障碍需要进行法律解释，法律存在的漏洞需要填补或者续造。法律的上述"间主观性"和局限性，使得探求立法原意往往变成单纯的心理期待。

---

① 转引自管金伦：《法官的法解释》，载《法律方法（第2卷）》，山东人民出版社2003年版，第201页。

② 如我国一部法律的出台，须经立法准备、制定、审议、表决和公布等阶段和参与各方反复建议、草拟、研讨、论证、修缮等过程，最终颁行的法律取决于综合博弈，因此不能就此断定该法就是立法机构的真实和全部的意思表示。

③ 王泽鉴：《法律思维与民法实例：请求权基础理论体系》，中国政法大学出版社2001年版，第217页。

④ 参见杨仁寿：《法学方法论》，中国政法大学出版社1999年版，第125-127页。

⑤ 苏力：《解释的难题：对几种法律文本解释方法的追问》，载《中国社会科学》1997年第4期。

⑥ 转引自管金伦：《法官的法解释》，载《法律方法（第2卷）》，山东人民出版社2003年版，第117页。

⑦ 参见张志铭：《法律解释的操作分析》，中国政法大学出版社1998年版，第167-168页。

其四，忽视习惯法的问题。受"概念法学""法典万能主义"和制定法目的说①的影响，主观论依赖立法，认为造法权专属于立法者，强调以国家价值观统领他人，这在 20 世纪中国的语境中具有相当程度的合理性。但是，只强调国家立法，并不利于社会秩序的内部生成和自发调整，也使社会变成了一个按照理性、目标等而随意塑造的东西。② 对此，萨维尼早就指出，成文法与习惯法相较，实居于次要地位，立法只是整个过程的最后阶段，法律人显比立法者重要。③

其五，为适法者有效逃避责任提供依据的问题。若承认主观论是真，则但凡有事，适法者便可借此逃避或减轻自己的主观过错或者罪过。④

"主观论"对上述五个方面的问题均不能自圆其说，因此，我国有学者建议重新思考法律目的。⑤

2. 法律目的新观点

有学者认为：法律目的应该是释法者自己主观意愿的表达，所谓释法者，从广义上讲，指在法律实践过程中参与法的主体客体化与客体主体化的所有人，如法律的创制者、适用者、解释者、研习者等；从狭义上说，指法律的适用者和解释者，主要是司法者和执法者。由于法律目的在论证前已经涵摄了释法者的主观意志，在论证时还会介入价值判断、利益衡量和目的考量等主观因素，而且释法者提出和论证法律目的必然是直接或间接外化自我意志，其向外界传达什么、如何传达、何时何地传达均必然凝合个人意愿，故法律目的应属释法者，具体的理由如下。⑥

---

① 这一学说流行在二十世纪五六十年代，认为寻求制定法的目的，在于维持法院作为代理人的角色。参见管金伦：《法官的法解释》，载《法律方法（第 2 卷）》，山东人民出版社 2003 年版，第 177 页。

② 详见苏力：《二十世纪中国的现代化和法治》，载《法学研究》1998 第 1 期。

③ 参见杨仁寿：《法学方法论》，中国政法大学出版社 1999 年版，第 77 页。

④ 详见 [美] 诺内特、塞尔兹尼克：《转变中的法律与社会》，张志铭译，中国政法大学出版社 1994 年版，第 92-93 页。

⑤ 详见付子堂、宋云博：《对"法的目的"传统理论之批判与反思》，载《政法论丛》2014 年第 2 期。

⑥ 参见付子堂、宋云博：《对"法的目的"传统理论之批判与反思》，载《政法论丛》2014 年第 2 期，第 35-36 页。

其一，释法者具有法律目的解释权。既然立法者按其意图制定了国家法，那么其他释法者理应保有按正当目的来解释法规则的权利，只要这种解释被社会所认同，即符合民间法。因为法律的发展主要是习惯的演进，① "不成文法比成文法实际上更有权威，所涉及的事情也更为重要"，② "它形成了国家的真正宪法；它每天都在获得新的力量；当其他的法律衰老或消亡的时候，它可以复活那些法律或代替那些法律，它可以保持一个民族的创制精神，可以不知不觉地以习惯的力量代替权威的力量。"③

其二，法律须经解释方能适用，而解释法律是释法者的目的性思维活动。立法者无法突破法自身存在的一些局限，需要其他释法者阐释和补充始能适用，例如法律用语的阐明，抽象的法概念或概括条款的具体化，法冲突的调和等等。解释法律包括客体主体化和主体客体化这两个转化过程，如知晓"劳动"和"劳务"是一个客体主体化的理解、判断过程，而阐释法律规制二者及其目的，则是一个主体客体化的阐发、论证、应用过程，故"当然解释"实乃解释的结果；阐发法律目的必然体现释法者的意思，即法律适用是在各种价值、规范与事实之间及其各自内部的相互冲突中，凭借法律解释而逐渐达成的结果："解释法律，系法理学的开端，并为其基础，系一项科学性的工作，但又为一种艺术"，④ 它是释法者的一种目的性思维活动。当释法者与立法者的目的不一致，特别是立法者意旨已不能真正维护正义、建构秩序、解释生活时，必然要求立法者变法。可见，探求法律目的，其实是释法者通过目的性思维适用法律与加工、制造法律的过程。

释法者阐释法律目的并非随心所欲，而是需要受到一定的制约。具体而言，释法者阐释法律目的，至少要受到以下因素的制约。

其一，社会现实及民间法。在人类社会中存在着一种规范，它是潜在的"内面的秩序"，称为"第一次规范"即民间法，它能够使得人类社会健康生成、发展；成文法即国家法，系第二次规范，它无非择"社会的惯行"中必须

---

① 参见谢晖，陈金钊：《民间法（第三卷）》，山东人民出版社 2004 年版，第 58—66 页。

② ［古希腊］亚里士多德：《政治学》，吴寿彭译，商务印书馆 1965 年版，第 169 页。

③ ［法］卢梭：《社会契约论》，何兆武译，商务印书馆 1980 年版，第 73 页。

④ 参见王泽鉴：《法律思维与民法实例：请求权基础理论体系》，中国政法大学出版社 2001 年版，第 212—213 页。

遵守者而已，以维持最低的秩序；第一次规范对于第二次规范居于指导的地位；法学的任务，实不应仅研究成文法，而应研究、探寻居于指导地位之活生生的法律，据以论断成文法之善恶臧否。① 填补法律空白的解决办法"不是逻辑演绎，而更多是社会需求。"② 故释法者解释法律目的，必须遵从社会生活的基本规律，符合最基本的常理、常情，不能违反社会现实及民间法。

其二，逻辑论证和思维规则。法律解释是一个以法律目的为主导的思维过程，每种解释方法各具其功能，亦受解释方法的限制，并非绝对，每种解释方法的分量，虽各有不同，但须相互补足，共同协力，始能获致合理结果；而在个案中需要妥当调和当事人利益，贯彻正义的理念，法律解释规则并不必然保障结论正确，但可减少失误。因此释法者在阐释法律目的时，必须遵循逻辑论证规则和思维规则，"法官如果对制定法目的或各种实体价值采取任意的态度，无限制地依靠司法直觉和司法能动主义，就会在法律解释适用中陷入对目的——评价解释论点的误用，这也必然严重破坏法治。"③

其三，人类共同的基本价值以及法律的社会效用。法律之目的，终极言之，系在实现正义，法律解释的各种方法乃实践正义的手段或途径。④ 正义和一般效用，是指导我们解释法律的两个目标。⑤ 故释法者不能任意将法律目的作为法律论证的唯一依据，而应作通盘思考与检讨，在遵循社会内在秩序与逻辑论证规则的同时，兼顾其他解释方法，以实现正义等法律价值和社会效用作为指标。尽管价值观因人而异，但毕竟人类社会存在价值共核，否则不会有经济、法律的全球化和趋同化等现象产生。人类普遍而共同的价值，主要包括正义、自由、平等、秩序等，这也是法律的价值，特别是其中的正义，释法者不可逸离其外。

3. 本书关于法律目的的简要理解

通常，个人只需关注其各自具体的目的，这样才能最好地服务于共同利

---

① 杨仁寿：《法学方法论》，中国政法大学出版社 1999 年版，第 122-123 页。
② ［美］卡多佐：《司法过程的性质（中译本）》，商务印书馆 1998 年版，第 76 页。
③ 张志铭：《法律解释的操作分析》，中国政法大学出版社 1998 年版，第 196 页。
④ 参见王泽鉴：《法律思维与民法实例：请求权基础理论体系》，中国政法大学出版社 2001 年版，第 240-242 页。
⑤ 参见 ［英］哈特：《法律的概念（中译本）》，中国大百科全书出版社 1996 年版，第 153 页。

益，但在偶尔情况下："捍卫整体秩序成了压倒一切的共同目标"，并成为紧急状态下的社会目的。① 当个人目的、社会目的或国家目的通过法律规定后，它们均转化成了法律目的。法律目的具有相对性：在原始法和严格法阶段主要是维护和平与安全，在衡平法和自然法阶段是符合伦理行为与善良道德规范，到了成熟法阶段，它变成了维护机会平等和取得物的安全，而在社会法阶段，则是以最少的成本尽可能满足人们的要求。②

立法者不可能完全洞悉和把握纷乱复杂的法律现象及其本质，而且立法者的表述能力也不可能无懈可击，表达不周延甚至言非所意并不罕见，因而无法作出完美的前瞻性规定，即存在法律漏洞是一种常态。尽管法律漏洞随附于法律如同"阿喀琉斯之踵"，但由于法律目的应该涵盖了所有法律条文的实质性内容，因此对法律规则适用的疑难问题进行目的性解释，是一种极佳的选择。③

一般而言，法律反映的主要是权力的力量，法律目的集中表现为立法目的及其目的性司法解释，并且可以被某种优于它的权力重新解释为新的目的，因此弱势群体很少享有话语权。虽然近代以来的法律并非由立法者与司法者随意而定，但我们仍需要注意法律目的的霸权性及其背后的权力意志。④ 在当今社会，"限制政府的强制性权力是法律的主要目的之一"，"法律的另一个目的乃是防阻人们对其他人施以暴力或强制"。⑤

（二）刑事法目的

刑事法目的是法律目的的一个下位概念，也是一个动态发展的概念。简单而言，刑事法目的，就是本书在刑事一体化的视野中对刑法目的和刑诉目的的统称。而刑诉目的，即本书对刑事诉讼法目的的简称。关于刑事法目的，在下

---

① ［英］哈耶克：《法律、立法与自由（第2、3卷）》，邓正来译，中国大百科全书出版社2000年版，第450，309-310页。
② 详见［美］罗斯科·庞德：《法理学第1卷》，邓正来译，中国政法大学出版社2004年版，第七章。
③ 参见［德］卡尔·拉伦兹：《法学方法论》，陈爱娥译，商务印书馆2003年版，第207-216页。
④ 这是尼采的观点，参见［英］韦恩·莫里森：《法理学——从古希腊到后现代》，李桂兰、李清伟、侯健等译，武汉大学出版社2003年版，第312-313页。
⑤ 详见［英］卡尔·波普尔：《开放社会及其敌人》，陆衡等译，中国社会科学出版社1998年版，第211-213页。

文还有进一步的论述。

二、刑法目的

在历史长河中，刑法经历了复仇、威吓、人道和博爱等进化过程，已从本能的、反射性的社会现象，转化为国家有目的地、自觉地通过严格立法程序所制订的法律；① 刑法目的也从本能和具有私力救济的个别、具体目的，发展成具有一般制度性的法律目的。② 现代刑法目的，"是隐藏在刑法背后的、支配着刑法的具体运用并作为刑法的运用所希望出现的结果状态而存在的"主观目标。③ 国家意志性和法律规范性是现代刑法的特点，④ 因而现代刑法目的也必然体现国家意志性和法律规范性。

刑法目的回答为什么制定刑法的问题，是刑法学的起点和重中之重，"应该作为刑法的'第一课'进行本质性的论述"。⑤

研究发现，西方刑法目的理论，可以分为非经典理论和经典理论两大类。所谓经典理论，是指被大多数人接受并且已经成为了通说的刑法目的理论，反之则称为非经典理论。当然，当非经典理论变为通说后，也就成了经典理论。刑法目的经典理论，迄今为止，应当包括预防论、报应论和综合论。而当今的非经典理论，主要应该有法益保护论和法规范维护论。

法益保护论认为刑法目的在于保护遭受犯罪行为侵害的法益，主张事后保护、救济已被法律所确定的、对于人类共同生活有着重要意义的利益。⑥ 但是，由于法益在被侵害后再适用刑法消极救济往往为时太晚，因此有学者认为法律所保护的不是法益，而是"对利益的侵害不应该发生"的一种期待，⑦ 主张以

---

① 参见李海东主编：《日本刑事法学者》（上），法律出版社 1995 年版，第 70 页。
② 参见［德］尼采：《论道德的谱系》，周红译，三联书店 1992 年版，第 59 页。
③ 张智辉：《理性地对待犯罪》，法律出版社 2003 年版，第 7 页。
④ 参见［英］霍布斯：《利维坦》，黎思复、黎廷弼译，商务印书馆 1985 年版，第 199－200 页。
⑤ 许道敏：《民权刑法论》，中国法制出版社 2003 年版，第 64 页。
⑥ 参见［德］约翰内斯·韦塞尔斯：《德国刑法总论》，李昌珂译，法律出版社 2008 年版，第 5 页。
⑦ 详见［德］雅科布斯：《刑法保护什么：法益还是规范适用？》，王世洲译，载《比较法研究》2004 年第 1 期。

法规范维护论替代法益保护论，① 从而提出刑法目的是通过惩罚来维护法规范的有效性，防止法规范网络被再次冲破，以促进国民认同和尊重法规范，从而形成对法律的忠诚。② 如冯军教授认为："法益"尽管是一个在刑法教义学中重要的且使用方便的教学用语，但它本身是人的规范本质即自由的实现条件，法益侵害是规范否认的现象，规范否认是法益侵害的本质，因此重要的是在规范上谁对法益侵害负责。③ 对于一个忠诚于法规范的人，没有必要进行犯罪预防，因为忠诚法规范的程度表明了一般预防和特殊预防的必要性大小；只有将社会危害性理解为对规范有效性的否认，将人身危险性理解为缺乏对法规范的忠诚，社会危害性和人身危险性才获得了共同的基础，刑罚一般化与刑罚个别化（一般预防与特殊预防）才可能统一起来。④

　　上述刑法目的非经典理论无论怎样阐述，必然将"法益"或"规范"作为其核心概念和理论基石，而"法益"和"规范"均属于法理学的范畴，以其作为"法的目的"来研究显然很有价值，而作为刑法目的理论的核心概念和理论基石，不仅缺乏鲜明的刑法特征，而且也绕不过"报应""预防"这两个要素。因此，大多数学者还是更认可刑法目的经典理论。在刑法目的经典理论中，刑法目的要素要么是预防，要么是报应，要么是两者的综合。我国刑法目的观点较多，如双重目的说⑤、根本目的和直接目的的区分说⑥、统一目的说⑦、

---

① 参见［日］西田典之：《日本刑法总论》，刘明祥、王昭武译，中国人民大学出版社 2007 年版，第 23 页。

② 详见［德］雅科布斯：《刑法保护什么：法益还是规范适用?》，王世洲译，载《比较法研究》2004 年第 1 期，第 10-106 页；［德］雅科布斯：《行为 责任 刑法——机能性描述》，冯军译，中国政法大学出版社 1997 年版；［德］雅科布斯：《规范·人格体·社会》，冯军译，法律出版社 2001 年版。

③ 见冯军：《刑法教义学的先行思考》，载《法学研究》2013 年第 6 期，第 5 页。

④ 见冯军：《刑法中的责任原则——兼与张明楷教授商榷》，载《中外法学》2012 年第 1 期，第 59 页。

⑤ 见高铭暄、马克昌：《刑法学》，北京大学出版社、高等教育出版社 2000 年版，第 10 页。

⑥ 见周少华：《刑法的目的及其观念分析》，载《华东政法大学学报》2008 年第 2 期，第 52-58 页。

⑦ 见何秉松：《刑法教科书》，中国法制出版社 2000 年版，第 17 页。

限制刑罚权说①、法益保护说②、法规范维护说③等等，但均未跳出西方刑法目的理论框架。本书在接受刑法目的经典理论的基础上，提出刑法目的三元论观点，认为刑法目的要素除了包括预防与报应之外，还应该包括"恢复"这一要素。具体分析如下。

（一）预防目的

预防论认为：刑法目的是预防犯罪，④ 而预防犯罪，包括犯罪的一般预防和特殊预防，⑤ 前者指防止社会人实施犯罪行为，后者指通过适用刑罚防止犯罪人再犯罪。由于"犯罪人"并非一个抽象的概念，而是千差万别的具体个体，⑥ 因此，特殊预防是其中的重点。特殊预防思想最早由古希腊的柏拉图提出，⑦ 到近代发展为刑法目的理论的一个重要派别，⑧ 并分化为剥夺犯罪能力论、刑罚替代物论与特殊预防综合论三支。剥夺犯罪能力理论认为犯罪原因是由犯罪人生物上的因素引起，刑法目的是剥夺犯罪能力，如生理医疗、流放荒岛、监禁服刑，甚至判处死刑。⑨ 刑罚替代物论提出犯罪是个人、自然和社会等因素"互相作用的必然结果"，由于其中最容易消除和改善的是社会因素，因此只有以改善社会环境代替刑罚来预防犯罪方可治本。⑩ 德国著名刑法学家

---

① 见罗翔：《刑法目的的新表述》，载《黑龙江省政法管理干部学院学报》2004 第 2 期，第 109-111 页。
② 见张明楷：《刑法学》，法律出版社 2007 年版，第 27 页。
③ 见周光权：《论刑法目的的相对性》，载《环球法律评论》，2008 第 1 期，第 33-39 页。
④ ［意］贝卡里亚：《论犯罪与刑罚》，黄风译，中国大百科全书出版社 1993 年版，第 42 页。
⑤ 详见［英］边沁：《惩罚的一般原理》，邱兴隆译，载邱兴隆主编，《比较刑法（第 2 卷：刑罚基本理论专号》，中国检察出版社 2004 年版，第 318-320 页。
⑥ 参见［意］菲利：《实证派犯罪学》，郭建安译，中国人民公安大学出版社 2004 年版，第 132-133 页。
⑦ 参见邱兴隆：《关于惩罚的哲学——刑罚根据论》，法律出版社 2000 年版，第 161 页。
⑧ ［日］大塚仁：《刑法概说》（总论），冯军译，中国人民大学出版社 2003 年版，第 54 页。
⑨ 参见［美］乔治·B·沃尔德、托马斯·J·伯纳德等：《理论犯罪学》，方鹏译，中国政法大学出版社，第 33 页。
⑩ 参见［意］菲利：《实证派犯罪学》，郭建安译，中国人民公安大学出版社 2004 年版，第 43 页，第 170 页。

李斯特兼收并发展了剥夺犯罪能力论与刑罚替代物论，他提出的特殊预防综合论（又称教育刑论或刑事社会派理论）以再社会化为核心，融威吓、矫正和剥夺犯罪能力等措施为一体。

　　传统的犯罪学"忘记了罪犯的人格，而仅把犯罪作为抽象的法律现象进行处理"。① 其实，犯罪作为必然存在的社会现象，② 行为人的性格、生理特征及社会环境的影响等等也是引起犯罪的综合成因。成因不同，产生的犯罪人类型不同，相应的应对措施也不同：偶发型犯罪人只需通过刑罚威吓即可；有矫正可能的犯罪人通过刑罚矫正教育能够使之改过从新；对于无法矫正的犯罪人，则必须剥夺其再犯能力，将其与社会予以必要的隔离。③ 因此，对犯罪人强调进行再社会化、避免其再犯罪是特殊预防目的立法的核心内容。基于此，很多国家认为，刑种、刑度的适用，主要取决于矫治需要性、矫治可能性和再社会化的目的性，并且根据犯罪人的人格特征适用不同刑罚的执行方式予以矫正。这种因人而异的处理，既是刑罚个别化原则的主要内容，也是满足特殊预防目的实现的需要。例如《中华人民共和国监狱法》第 3 条规定："监狱对罪犯实行惩罚和改造相结合、教育和劳动相结合的原则，将罪犯改造成为守法公民"；第 4 条规定："监狱对罪犯应当依法监管，根据改造罪犯的需要，组织罪犯从事生产劳动，对罪犯进行思想教育、文化教育、技术教育"。④ 德国、日本和俄罗斯在刑事法典中也均有特殊预防的详细规定。如《德国刑法典》第 46 条规定：（1）行为人的罪责是量刑的基础。量刑时应考虑刑罚对行为人将来的社会生活所产生的影响。（2）法院在量刑时，应权衡对行为人有利和不利的情况。特别应注意下列事项：行为人的行为动机和目的，行为人所表露的思想和行为时的意图，违反义务的程度，行为的方式和行为结果，行为人的履历、人身和经济情况，及行为后的态度，尤其是行为人为了补救损害所作的努力。⑤ 再如《日本改正刑法草案》第 48 条规定：刑罚应当根据犯罪人的责任量定。

---

① ［意］菲利：《实证派犯罪学》，郭建安译，中国人民公安大学出版社 2004 年版，第 178 页。
② 马克昌主编：《近代西方刑法学说史略》，中国检察出版社 1996 年版，第 185 页。
③ 参见林山田：《刑法学》，台湾商务印书馆 1983 年版，第 74-76 页。
④ 见《中华人民共和国监狱法》第 3 条和第 4 条规定。
⑤ 见《德国刑法典》，徐久生、庄敬华译，中国方正出版社 2004 年版，第 17 页。

适用刑罚时，应当考虑犯罪人的年龄、性格、经历与环境、犯罪的动机、方法、结果与社会影响、犯罪人在犯罪后的态度以及其他情节，并应当以有利于抑制犯罪和促进犯罪人的改善更生为目的。① 还如《俄罗斯刑法典》第 60 条第 3 款规定：在处刑时应考虑犯罪的性质和社会危害性的程度及犯罪人的身份，其中包括减轻刑罚的情节和加重刑罚的情节，以及判处的刑罚对改造罪犯的影响和对其家庭生活条件的影响。②

社会责任论和人身危险性的提出，是特殊预防论的最大贡献：社会责任论强调以行为为归责要件；人身危险性即再犯可能性，是指特定人所具有的危害社会的倾向，它是适用刑罚个别化原则的事实基础。③

预防论遭到了很多的质疑和批判，④ 刑法目的报应论更是对预防论提出了尖锐的挑战。

（二）报应目的

报应论认为，刑法目的不是预防犯罪而是报应犯罪。最早表达报应思想的法学家应该是古希腊的亚里士多德，⑤ 后经康德、黑格尔等大家的发展，报应思想得以不断完善，并形成了同害报应论、神意报应论、道义报应论和法律报应论等多种具体学说，这些学说尽管存在一定的区别，但都主张刑法目的是报应犯罪，认为将损害与行为人的罪过相比较并依此予以刑罚裁量是实现社会正义，⑥ 或者说根据已然之罪确定刑种和刑度的报应就是社会正义。⑦ 报应论迎合了人们内心深处的正义观，获得了社会的普遍认可和尊重，故该学说又叫正义理论。⑧ 报应作为刑法目的，是指刑法就是对犯罪的一种对等的回报，通常

---

① 见《日本刑法典》，张明楷译，法律出版社 1998 年版，第 110 页。
② 见《俄罗斯联邦刑法典》，黄道秀译，中国法制出版社 1996 年版，第 27 页。
③ 参见邱兴隆：《关于惩罚的哲学——刑罚根据论》，法律出版社 2000 年版，第 197 页。
④ 对预防论的质疑和批判，详见［德］帕夫利克：《人格体 主体 公民：刑罚的合法性研究》，谭淦译，冯军审校，中国人民大学出版社 2012 年版，第 13-32 页。
⑤ 参见［古希腊］亚里士多德：《政治学》，吴寿彭译，商务印书馆 1965 年版，第 383 页。
⑥ ［法］卡斯东·斯特法尼：《法国刑法总论精义》，罗结珍译，中国政法大学出版社 1999 年版，第 29 页。
⑦ 参见［德］康德：《道德形而上学原理》，苗力田译，上海人民出版社 2005 年版，第 89 页。
⑧ 参见陈兴良：《本体刑法学》，商务印书馆 2001 年版，第 638-640 页。

是国家根据社会大众正义情感的要求对犯罪的一种应有反应，其事实依据是行为人通过自由意志的选择实施了犯罪并给社会和他人造成了痛苦和损害，其着眼点是已经发生的犯罪行为及其结果。①

刑罚是刑法特有的调整手段，以此来区别刑法和其他部门法是全球"法学界所公认的事实"。② 报应论最合理的部分应该是罪责原则和限度原则。③

尽管"人类不管如何进化，总不会失去复仇心那样的朴素情感"，④ 而且"一切惩罚毫无疑问均来源于个人报复的情感"，⑤ 但是，以下两点值得特别注意：

其一，报应不是"报复"。报复是以仇还仇，以恨报恨，放纵而漫无节制，因此报复行为连绵不断难有终了之时；而在报应中，恶与恶、善与善务必对等相称，有其节制和限度，刑事司法在极权政治下可能会恣意妄为，但这毕竟是例外情况，不足为据。⑥ 可见，报复是感性的冲动，而报应则是理性的行为。⑦ 有些社会热点刑事案件的处理，可能容易受到民愤影响，其实，"民愤"是民众伴随着朴素的法律观念对犯罪产生的报复情感，虽然其中包含着正义的道德直觉，但必须经过司法者的理性升华，使其上升为理性的报应才符合正义的要求。

其二，报应也不同于"惩罚"。惩罚是刑罚的固有属性，被刑法学者表述为刑罚的"痛苦性"，但痛苦性不是刑罚的唯一属性。惩罚比报复更感性，因为报复虽然不讲对等性，但至少还以"仇"和"恨"为基础，惩罚则可能不需要任何的事实性基础，甚至是"以怨报德"。而报应蕴含着对等，以犯罪事实的存在为基础并对其对应回报，具有正义性和相应的伦理基础。因此，必要的理性的惩罚才是报应。

---

① 参见林山田：《刑罚学》，台湾商务印书馆1983年版，第48页
② ［意］杜里奥·帕多瓦尼：《意大利刑法学原理》，陈忠林译，法律出版社1998年版，（译者序）第4页。
③ 详见陈兴良：《刑罚目的新论》，载《华东政法学院学报》2001年第3期。
④ ［意］西原春夫：《刑法的根基与哲学》，顾肖荣译，法律出版社2004年第1版，第79页。
⑤ ［意］加罗法洛：《犯罪学》，耿伟、王新译，中国大百科全书出版社1996年版，第6页。
⑥ 参见林山田：《刑罚学》，台湾商务印书馆1983年版，第48-49页。
⑦ 参见陈兴良：《刑法哲学》（修订第二版），中国政法大学出版社2000年版，第349页。

当然，报应论也遭到了很多的质疑和批判，① 综合论等其他刑法目的理论由此而产生。

（三）报应与预防兼顾的刑法目的

刑法目的综合论是当今刑法目的理论的通说，已经成为大多数国家刑事立法、刑事司法与刑事执法的依据。② 该理论力求调和报应论与预防论，③ 主张刑法目的要素同时包括报应与预防这两者。刑法目的综合论具体又分为以下两种理论。一是分配模式理论。该理论代表人物德国学者迈耶认为，刑罚分为法定刑（立法）、宣告刑（裁判）和执行刑（执行）三个阶段，阶段不同目的不同，分别对应为：法之确认、报应和特殊预防。具体而言，该理论认为刑法目的在立法阶段以追求一般预防为主兼顾报应与特殊预防，在裁判阶段以报应为主兼顾一般威慑的效果和教育改造的可能，在行刑阶段以报应和特别预防为主兼顾一般预防，并且重视矫正、教育改造和震慑。分配模式理论着眼于实践，使不同的刑法目的要素在不同阶段的刑事制度运行中各有用武之地。二是目的并合模式理论。④ 该理论代表人物之一的哈特认为：预防为刑罚正当性提供外在的社会一般基础，报应为刑罚的分配提供内在的标准和依据；⑤ 公正为报应目的提供正当根据，功利为预防目的作出合理说明，公正限制功利，功利补充公正；脱离报应限制的刑罚终将演变为公害，缺乏功利补充的刑罚容易重蹈复仇旧辙。⑥ 并合模式理论注重在学理上调和报应与预防的关系，使之在同一理论框架内和谐共存。

综合论认为，刑罚既是回顾性的，也是展望性的，既是对过去犯罪的报应，也是对未来犯罪的预防，科处的刑罚应当与行为人的责任大小和犯罪预防

---

① 对报应论的质疑和批判，详见［德］帕夫利克：《人格体 主体 公民：刑罚的合法性研究》，谭淦译，冯军审校，中国人民大学出版社 2012 年版，第 33-59 页。
② 参见林山田：《刑罚学》，台湾商务印书馆股份有限公司 1983 年版，第 87-88 页。
③ 参见李海东主编：《日本刑事法学者》，法律出版社 1995 年版，第 63 页；［日］西田典之：《日本刑法总论》，刘明祥、王昭武译，中国人民大学出版社 2007 年版，第 14 页。
④ 参见［日］大谷实：《刑法总论》，黎宏译，法律出版社 2003 年版，第 32 页。
⑤ 参见［英］哈特：《惩罚与责任》，王勇等译，华夏出版社 1989 年版，第 6 页。
⑥ 参见赵秉志：《刑法基本理论专题研究》，法律出版社 2005 年版，第 589-600 页。

的必要性相适应。①

（四）恢复目的

综合论兼顾报应与预防两要素，其观点似乎已经无懈可击。其实不然。本研究认为："恢复"也应该是刑法目的的要素之一，具体分析如下。

在刑法通说理论中，"国家与犯罪人"作为相互对立的两极，是罪刑关系的着眼点，无论是以犯罪为中心的旧派的行为刑法学，还是以犯罪人为中心的新派的行为人刑法学，都聚焦于惩治或治疗犯罪人，② 被害人一般仅仅是指国家，具体案件的被害人反而被边缘化，其利益往往被排除在国家与犯罪人争斗的传统司法之外，想当然地被抽象的国家利益、社会利益所替代。国家追诉主义假定了这样一个前提：刑事责任是刑事法律强制犯罪人向国家担负的法律责任。与此同时，罪刑法定和罪责刑相适应等刑法基本原则均以公诉罪为逻辑前提，刑事诉讼程序也以公诉罪为主线，被害人名义上的当事人地位对于定罪量刑几乎不能产生实质性影响，被害人赔偿权的实现、被害人与犯罪人的关系以及被犯罪破坏的其他社会关系的修复，都一厢情愿地被淹没在报应或者预防犯罪的刑法目的之中。

刑法目的经典理论与传统的刑法通说理论一脉相承，前者受后者的影响，也一直忽视被害人这一刑事主体——因为无论是报应或者预防，还是报应与预防兼顾，都只着眼于犯罪行为与犯罪行为人。

就刑事诉讼而言，世界各国虽然对被害人的损害赔偿在立法上作出了相关的规定，但是，这些内容似乎从未纳入到刑事诉讼法的主体框架之中，甚至在英美法系国家中，被害人的损害赔偿只能由民事诉讼程序予以解决。

综上，通说的刑法理论和刑事诉讼法理论均忽视了被害人这一刑事主体。

随着西方民权运动在二战后的兴起，学者们提出"不能只强调罪犯的人

---

① 冯军：《刑法中的责任原则——兼与张明楷教授商榷》，载《中外法学》2012 年第 1 期，第 53 页。

② 参见高铭暄：《刑法学原理（第一卷）》，中国人民大学出版社 1993 年版，第 419－420 页。

权，而且要充分地肯定和坚决保护被害人的人权"，① 认为犯罪行为一般首先是侵犯了被害人的权益，其次才是侵犯了由个人利益构成的国家利益和社会公共利益，因而在责任承担时，首先要对被害人承担责任，其次才对国家承担责任，这就是所谓的民事责任优先原则。② 与此同时，行为人对民事责任的承担，直接影响其社会危害性、人身危险性的大小，据此裁量刑罚轻重符合罪责刑相适应原则。此外，在行为人的犯罪行为属于情节显著轻微危害不大或者行为人无刑事责任能力时，其对国家的刑事责任可以不承担，但对被害人的民事责任却必须负责。

德国犯罪学家亨梯于 1941 年发表《犯罪人与被害人的互动关系》一文，是最早专文论述被害人问题的文章，在被害人学历史上具有里程碑意义；1948年亨梯还出版了《犯罪人及其被害人》一书，首开将被害人因素加入犯罪原因研究之先河；加拿大精神医师艾连贝格在 1954 年发表《犯罪人和被害人间的心理学上的关系》的论文中，深层分析了被害人精神、心理上的特性，并且对被害人进行了类型化；以色列律师门德尔逊在罗马尼亚首都布加勒斯特发表一场题为"新的生物、心理、社会领域：被害人学"的演讲，第一次提出"被害人学"一词，在世界各国引起极大反响。从此，被害人研究正式成为独立之学术研究领域，上述三人也被称为"被害人学之父"。③ 被害人学的发展，催生了刑事被害人国家补偿制度的立法，在新西兰于 1964 年通过了第一部关于刑事被害人国家补偿的法律之后，世界各国纷纷效仿立法，联合国也于 1985 年通过《为犯罪和滥用权力行为受害者取得公理的基本原则宣言》（"Declaration of Basic Principles of Justice for Victims of Crime and Abuse of Power"）规定了刑事被害人补偿制度。刑事被害人国家补偿制度的建立，加上早已存在的刑事附带民事诉讼及其执行的制度，使得被害人权利保障法律制度越来越完善，被害人在刑事法律关系中的主体角色越来越清晰，刑事和解以及赔偿、补偿被害人

---

① 转引自［德］汉斯·约阿希德·施奈德主编：《国际范围内的被害人》，许章润等译，中国人民公安大学出版社 1992 年版，第 419 页。

② 如《刑法》第 36 条第 2 款规定，承担民事赔偿责任的犯罪人，同时被判处罚金，其财产不足以全部支付的，或者被判处没收财产的，应当先承担对被害人的民事赔偿责任。

③ 见董文蕙：《犯罪被害人国家补偿制度基本问题研究》，西南政法大学 2010 年博士学位论文，第 13 页。

的问题越来越受到重视，被害人的个体意愿对量刑的影响越来越重要，而隐藏在刑法中的"恢复"目的要素，慢慢地也就越来越凸显出来。

传统刑事法理论严格区分民事违法与刑事犯罪，认为刑事责任是犯罪和刑罚之间的纽带，罪-责-刑的逻辑结构成为整个刑法内容的缩影。但是，传统刑事法理论无法解释刑事自诉和反诉导致当事人被刑事追责的情形。自诉和反诉将追究刑事责任与否的决定权授予被害人，使国家的司法强制性权力退居其次，罪与刑虽为法律明文规定，但由于当事人撤诉、和解、调解、反诉等权利的存在，在法理学上呈现出明显的任意法特征，这应该成为刑事理论不能忽略的内容。自诉与公诉的划分是法定的，两者的关系不是原则和例外，公诉罪强调必要的理性惩罚和矫正，主要体现了报应和特殊预防的刑法目的要素，自诉罪强调赔偿，主要体现了恢复的刑法目的要素。而无论是公诉罪还是自诉罪，在对被害人予以损害赔偿时，均以恢复被侵害的权利作为主要目的。因此，"恢复"也应该是刑法目的要素之一。

特别是西方随着被害人学研究的深入以及对以监禁刑为核心的刑罚结构功效的怀疑和批判，在 20 世纪 70 年代末，以刑事和解为本质特征的恢复性司法应运而生，并且很快就席转全球。作为对传统报应型刑法的反叛，恢复性司法提出了恢复性刑法的主张，表明刑事立法、司法、执法和刑事理论的理念、模式由以犯罪人为中心向以犯罪人和被害人为中心进行转移，同时也揭示出"恢复"作为刑法目的要素之一，不仅是历史发展的必然，而且其地位应该会越来越重要。

所谓刑法的恢复目的，应该是指国家通过立法规定希望以刑事法律程序机制达到恢复被犯罪所破坏的社会关系、社会秩序和各种权益的目的。当然，刑法的恢复目的要素除了指向被害人之外，还应当覆盖到刑释人身上，即当报应目的已经实现、再犯可能性已经消除时，前科消灭程序是实现刑法恢复目的要素的不二机制——刑释人由此恢复正常社会人的身份，具体阐述详见下文。

基于上述理由，笔者主张刑法目的三元论，认为刑法目的要素具有多元化特征，且目前至少应当由"报应""预防""恢复"这三个要素构成。关于刑法目的三元论的进一步阐述，详见本书第四章的相关内容。

（五）刑法目的的相关概念

与刑法目的相关的概念，主要有刑法任务、刑法机能（即刑法功能）和刑罚目的。刑法目的与刑法的任务、机能属于同一层次的概念，可在联系中相互理解；而刑法目的与刑罚目的则是不同层次的概念，应在区别中理解。

1. 刑法目的与刑法任务、刑法机能

刑法任务一般蕴含着将刑法作为工具的观念；① 刑法任务的确定离不开刑法目的，刑法任务的完成离不开刑法机能；从刑法任务到刑法机能的转化，是刑法理论由政治话语向规范话语转换和刑法理念祛意识形态之魅的过程。② 而刑法机能源于刑法性质，是刑法运行产生的功效和内在活力，它受刑法目的制约，同时对刑法目的的实现程度具有反作用，刑法目的通过刑法制度释放功能来实现。

刑法机能分为规范机能和社会机能，前者是后者的基础。③ 规范机能包括评价机能和指引机能。评价机能指刑法为裁判者提供评价条件（犯罪构成）和评价内容（刑责、刑种和刑度）的特定标准，它限制刑罚权的任意启动和行使；指引机能指刑法要求人们不产生或者抑止犯罪欲念，④ 大多数人通过认可指引机能而自觉约束行为不犯罪。社会机能包括保护机能与保障机能。⑤ 保护机能是刑法保护法益的机能，⑥ 有时还能够将缺乏人格体的侵害行为从犯罪中

---

① 房绪兴，邱志国：《由惩罚犯罪到保障人权》，载《中国人民公安大学学报（社会科学版）》2009 年第 2 期，第 64 页。

② 参见陈兴良：《刑法机能的话语转换——刑法目的论的一种探讨路径》，载《环球法律评论》2008 年第 1 期，第 7 页。

③ 陈兴良：《本体刑法学》，商务印书馆 2001 年版，第 37 页。

④ 参见刘志远：《二重性视角下的刑法规范》，中国方正出版社 2003 年版，第 124 页，第 130 页。

⑤ 陈兴良：《本体刑法学》，商务印书馆 2001 年版，第 40 页。

⑥ 参见［德］李斯特：《德国刑法教科书》，徐久生译，法律出版社 2006 年版，第 6 页；［德］克劳斯·罗克辛：《德国刑法学总论》（第 1 卷），王世洲译，法律出版社 2005 年版，第 16 页。

排除；① 保障机能是刑法使所有人免受刑罚权任意发动而引起灾难的机能，②
主要内容包括无罪者不受刑事追究和有罪者不受非法追究。③ 称刑法目的为刑
法机能是不妥的，④ 因为后者具有明显的客观性，而前者则具有明显的主观性。

2. 刑法目的与刑罚目的

在漫长的历史中，刑罚的"本能被放到目的的范畴中，它使行为符合目
的"，并"通过自我限制，刑罚权力成为刑法，通过接受目的观念，盲目的、
不受约束的反应成为法律惩罚，本能行为成为意志行为"。⑤ 什么是刑罚呢？
刑罚目的又是什么意思呢？法国社会防卫理论提出刑罚"通过打击和预防犯罪
保卫社会"，⑥ 法国著名犯罪学家马克·安塞尔创建的新社会防卫理论，主张
利用一些非刑罚措施取代刑罚以实现保护社会的功能，这些措施不仅包括人身
隔离或限制接触，还包括矫正措施或者教育措施。可见，刑罚主要是指人身隔
离或限制接触、其它处罚以及矫正、教育措施。而所谓刑罚目的，则是指国家
制定、适用和执行刑罚所希望达到的目标和效果，它解决刑罚正当性问题，在
"刑法学上实极具价值"。⑦

刑罚目的与刑法目的是不同层次的概念，⑧ 因为刑法目的是国家制定、适
用和执行刑法所期望达到的效果和所追求的目标，它在刑法中处于中心地位，
对刑事立法、刑事司法和刑事执法等刑事法律制度都具有根本性的指导意义。⑨
刑法目的与刑罚目的既是整体与部分的关系，也是目的和手段的关系——刑罚

---

① 参见［德］格吕恩特·雅科布斯：《行为　责任　刑法——机能性描述》，冯军译，中国
　政法大学出版社 1998 年版，第 109 页，第 101 页。

② 参见［日］大谷实：《刑法总论》，黎宏译，法律出版社 2003 年版，第 4 页。

③ 张明楷：《外国刑法纲要》，清华大学出版社 2007 年版，第 6 页。

④ 详见［日］西田典之：《日本刑法总论》，刘明祥、王昭武译，中国人民大学出版社 2007
　年版第 22-23 页。

⑤ ［德］李斯特：《刑法的目的观念》，丁小春译，载邱兴隆主编：《比较刑法（第二卷）》，
　第 363 页。

⑥ 吴宗宪：《西方犯罪学》，法律出版社 2006 年版，第 139 页。

⑦ 参见林山田：《刑罚学》，台湾"商务印书馆"股份有限公司 1983 年版，第 47 页。

⑧ 详见周少华的以下论文：《作为目的的一般预防》，载《法学研究》2008 年第 2 期；《刑
　法的目的及其观念分析》，载《华东政法大学学报》2008 年第 3 期；"刑罚目的观之理论
　清理"，载《东方法学》2012 年第 1 期。

⑨ 参见张明楷：《刑法学》，法律出版社 2003 年版，第 32-33 页。

目的是实现刑法目的的手段。

三、刑诉目的

刑诉目的是立法者根据各刑事诉讼主体的客观需要及其对刑事诉讼价值、功能等的认知所预先设计的、希望通过刑事诉讼实现的理想结果，[1] 它集中体现在立法目的上，从这个角度看，刑诉目的与刑事诉讼法的立法目的可以混为一谈。刑诉目的是确立刑事诉讼主体、形成刑事诉讼模式、发挥刑事诉讼功能、制定刑事诉讼原则和制度的基本依据，[2] 它统摄、支配刑事诉讼程序和流程，指引参与者的刑事诉讼行为。[3] 刑诉目的的实现，要求刑事诉讼法典结构合理、各个法条的微观表述主旨分明并形成协调一致的整体。

研究发现，刑诉目的应该具有以下主要特征：（1）主体性和主观性。受价值观念、思维模式甚至个人习惯和喜好等主观因素影响，不同主体面对同一客体可能产生不同的目的，目的是人们以观念形式存在的思维产物，主体性和主观性明显——刑诉目的当然也不例外。（2）个别性和直接性。部门法是法律体系的有机组成部分，各具其独特目的，并通过分工协作而共同实现法的目的。刑诉目的只有具备个别性和直接性，才能引导构建具体的刑事诉讼制度，解决特定的刑事法律问题。（3）可变性和多元性。人的思维和社会现实是不断变化发展的，包括刑诉目的在内的法律目的必须与其同步，刑诉目的表达了各诉讼主体对程序运行理想结果的主观预期和当事人的利益诉求，而不同的利益诉求一直在对抗、斗争、妥协和融合，表现出可变性和多元性。（4）法定性和历史性。刑诉目的"是立法者对各方利益权衡后确立的理想目标"，[4] 反映立法者在一定历史时期对刑事诉讼价值的评价和选择。由于"在不同的国家或者同一国家的不同历史时期，国家、社会及其成员对刑事诉讼程序的需求的侧重点可

---

[1] 参见陈建军：《刑事诉讼的目的、价值及其关系》，载《法学研究》2003 年第 4 期，第 4 页。

[2] 参见宋英辉：《刑事诉讼目的论》，中国人民公安大学出版社 1995 年版，第 1 页。

[3] 林钰雄：《刑事诉讼法》（上册），中国人民大学出版社 2005 年版，第 6 页。

[4] 陈瑞华：《刑事诉讼的前沿问题》，中国人民大学出版社 2000 年版，113 页。

能是有所不同的",① 因此立法者应该站在一定高度进行宏观评估和协调，考量刑事诉讼制度的产生背景，公平对待各刑事诉讼主体的目的及其需要，通过整合各方预期和不同利益诉求，以立法形式使刑诉目的的设立趋于精简，并以国家强制力作为实现保障。②

就刑诉目的理论而言，国外主要有追求实体真实说、实体刑法实现说（刑罚权实现说）、人权保障说、正当程序说以及法和平恢复说等观点。我国宋英辉教授于1995年提出的"控制犯罪与保障人权"观点成为通说，后来学界又出现了一些不同的观点，如"深浅层次论""单一目的论"和"三元目的论"等。其中，"深浅层次论"认为，刑诉目的分为深、浅两个层次，浅层目的包括根本目的和直接目的，根本目的是维护法治秩序和民主政治制度，直接目的是公正实施刑法和公正保障人权，深层目的则是实现自由、平等、公正和安全；③ 持"单一目的论"的学者，或者认为惩罚（控制）犯罪是刑事诉讼的唯一目的，或者认为保障人权是刑事诉讼的唯一目的；④ 持"三元目的论"的学者认为，追求实体真实、人权保障以及法和平性均为刑诉目的。⑤ 在这里，本书无意对上述不同理论展开分析，主要是想探讨刑诉目的构成要素的问题。

有学者认为，刑诉目的体现立法者的刑事诉讼价值观，⑥ 刑事诉讼价值决定刑诉目的，而刑事诉讼价值由内在价值和外在价值构成；⑦ 还有学者将关爱、教育、和谐称为"第三种法律价值"，⑧ 但笔者发现，该第三种价值也应该归类于内在价值的范围（基于本书的写作目的，对此不展开讨论）。因此，本书在接受上述观点的基础上，主张"刑诉目的二元论"，认为：刑诉目的由内在

① 宋英辉：《刑事诉讼目的论》，中国人民公安大学出版社1995年版，第19页。
② 参见梁玉霞：《论刑事诉讼方式的正当性》中国法制出版社2002年版第66-68页。
③ 陈建军：《刑事诉讼的目的、价值及其关系》，《法学研究》2003年第4期，第100页。
④ 详见王天林：《原则抑或目的》，载《华东政法大学学报》2010年第3期；宋振武：《重返刑事诉讼目的单一论》，载《烟台师范学院学报》（哲学社会科学版）2004年第2期；郝银钟：《刑事诉讼双重目的论之批判与重构》，载《法商研究》2005年第5期。
⑤ 详见刘文、刘磊：《刑事诉讼原理研究》，厦门大学出版社2007年版，第53页以下。
⑥ 详见宋世杰：《刑事诉讼理论研究》，湖南人民出版社2000年版，第377-378页；宋英辉：《刑事诉讼目的论》，中国人民公安大学出版社1995年版，第17页。
⑦ 陈建军、李立宏：《刑事诉讼价值论》，中南大学出版社2006年版，第10页。
⑧ 详见陈瑞华：《司法中的对抗与合作》，载《法学研究》2007年第3期。

目的和外在目的两要素构成，内在目的是保障人权①，外在目的则应该是解决刑事纠纷或者解决刑事问题。进一步的阐述详见本书第四章的相关内容。

（一）外在目的：解决刑事纠纷或者刑事问题

通常，控方的一切活动以解决被追诉人是否需要承担法律责任问题为目的，辩方的所有动力也总是与摆脱纠纷有关，双方围绕证据而推动诉讼程序前进，这一过程随着证据的变化而呈现出多样性的处理结果，这些处理结果均意味着在证据证明下刑事诉讼活动的结束，而且该诉讼程序一般也不再重新启动，除非出现了法定的情形。上述过程可能导致犯罪人被惩罚或者被放纵，甚至还有可能冤枉无辜，但最终均解决了刑事问题，处理了刑事纠纷，并且尽可能使结果最大限度的满足当事人的期望。而且即使当事人通过法定途径重新启动刑事诉讼救济程序，其目的仍然在于实现问题解决和纠纷处理的真正效果。因此，传统刑事诉讼程序通过刑罚报应满足被害人复仇需要的假定，只是一种曲解而已，只有将刑事纠纷和刑事问题的解决作为刑事诉讼的外在目的，才能解决被害人的各种需要尤其是复仇之外的需求。

1. 解决刑事纠纷与解决刑事问题

所谓刑事纠纷，是指国家与被告人之间产生的犯罪存在与否的纠纷以及被告人与被害人之间因犯罪行为造成的损害赔偿等纠纷。刑事诉讼是始于国家追诉机关根据证据指向特定人而形成的纠纷，随着证据的变化，可能适用撤案、不起诉甚至无罪判决等多种方式结束纷争，从而使解决刑事纠纷的目的得以实现。

虽然主流刑事法学理论强调国家追诉主义，认为犯罪是个人反对国家的战争，国家与被告人的关系被视为需要解决的核心问题，刑事诉讼法被描述成一幅从侦查、起诉、审判直至行刑的递进式形象，刑事诉讼模式也主要被想象为解决国家追诉与个人保护之冲突的各种形态。② 但是，在被告人与国家发生冲

---

① 参见冉小璐：《我国刑事诉讼目的之新一元论》，载《社会科学论坛》2008 年第 8 期，第 75 页。

② ［美］哈伯特·帕克：《刑事制裁的界限》，梁根林译，法律出版社 2008 年版，第 151 页；［美］米尔伊安·R·达玛什卡：《司法和国家权力的多种面孔》，郑戈译，中国政法大学出版社 2004 年版，第 24 页。

突前，一般存在着具有独立性的更基础的被害人与被告人之间的具体纠纷，①
因而刑事诉讼法还规定了以下三种旨在解决被害人与被告人之间纠纷的程序。②

　　一是自诉程序。该程序是我国和大陆法系国家的特有制度，它既有借助被
害人自诉实现控制犯罪之旨，也有有效解决被告人与被害人之间的纠纷之意，
并提倡以调解、和解方式解决刑事纠纷。二是刑事附带民事诉讼及其执行程
序。这两个程序的设置，旨在一并解决与犯罪相关的损害赔偿争议。三是刑事
和解程序。在刑事诉讼程序中，犯罪行为人通过认罪、道歉、赔偿等形式与被
害人达成刑事和解后，公检法三机关可根据具体情况，依职权作出撤案、不起
诉或者从轻、减轻、免除处罚的决定或裁决。

　　由此看来，国家花费资源搜集证据，从表面上看似乎旨在惩罚犯罪人，但
其真正目的，不仅在于解决国家与被告人之间的犯罪存在与否的纠纷，而且在
于解决被告人与被害人之间的损害赔偿等纠纷。另外，《刑事诉讼法》（以下简
称刑诉法）第104条明确规定，附带民事诉讼应当同刑事案件一并审判，只有
为了防止刑事案件过分迟延审理，才在案件审判后可由同一审判组织继续审理
附带民事诉讼。可见，被告人与被害人之间的纠纷虽然也可以通过民事诉讼程
序解决，但是该民事诉讼程序解决的仍然是因为犯罪而引发的纠纷，并且是由
于未能及时适用刑事附带民事诉讼程序而采取的补救措施。

　　值得注意的是，传统的刑事诉讼强调国家与被告人之间的对抗，被告人对
抗起诉的"武器"得到充分关照，而被告人在受刑之后如何回归社会却被忽
略。③ 不可否认，诉讼对抗确实重要，因为这意味着被告人可能不受追究；但
刑释人重返社会的未来生活也同样重要，甚至更为重要，因为刑罚惩罚并非刑
事诉讼的目的。在西方国家，刑释人回归社会已经成为刑事司法改革的重要方
向，德国学者甚至已经将犯罪人再社会化问题作为刑事诉讼的一个目的加以
考虑。④

　　研究发现，在刑事审判程序中，刑事诉讼的外在目的主要是解决国家与被

---

①　参见陈瑞华：《刑事审判原理论》，北京大学出版社1995年版，第61-65页。

②　参见房保国：《被害人的刑事程序保护》法律出版社2007年版，第109页以下。

③　参见［日］大沼保昭：《人权、国家与文明》，王志安译，生活·读书·新知三联书店
2003年版，第200页以下。

④　参见［德］罗克辛：《刑事诉讼法》，吴丽琪译，法律出版社2003年版，第7页。

告人之间的纠纷和被告人与被害人之间的纠纷；但是，在刑事审前程序和刑事审后程序中，刑事诉讼的外在目的则主要是解决刑事问题——只是由于我们平时很少对其关注和研究，因而往往容易忽视。所谓刑事问题，是指在刑事诉讼程序中一方刑事当事人因犯罪行为而产生的需要国家专门机关或者组织及时解决的各种法律问题。例如，刑罚变更、更生保护和前科消灭等程序，与侦查和审查起诉程序中的很多制度一样，均是由国家专门机关或者组织以确认相关的刑事法律事实来解决某一刑事问题，并且基本上是通过申请人申请、审查人审查同意的方式进行，而不是通过审判方式来解决控辩双方对抗的刑事纠纷。

2. 发现实体事实与外在目的

德国的罗克辛指出，实体事实之正确性是刑事诉讼的目的之一，[1] 我国台湾地区学者陈朴生也认为："刑事诉讼法之目的，在发现实体的真实，使刑法得以正确适用"，[2] 德国的科殷甚至断言，发现真实是古今中外刑事诉讼程序所共同追求的目的。[3] 由此可见，不少学者认为发现实体事实是刑事诉讼的外在目的之一。这样的认识具有一定的片面性，理由是：发现实体事实只是在裁判前需要达到的阶段性诉讼目的，而该阶段性诉讼目的只是实现刑事诉讼外在目的的手段，也就是说，发现实体事实只是确认刑事事实、解决刑事纠纷或者刑事问题的手段，因为刑事裁判或者司法审查的结论只有建立在发现实体事实的基础上，才能获得各方刑事当事人的信服，也才能做到真正的公平与公正，所以，发现实体事实不是刑事诉讼的外在目的，它只是目的性的手段而已。

（二）内在目的：保障人权

保障人权是社会文明的标志，[4] 它从根本上改变了传统刑事诉讼的价值基础和司法性质，引导刑事诉讼程序朝着正当性和人道性方向发展，[5] 使得刑诉

---

① ［德］罗克辛：《刑事诉讼法》，吴丽琪译，法律出版社 2003 年版，第 5 页。

② 陈朴生：《刑事诉讼法实务》，海天印刷有限公司增订四版，第 8 页。

③ ［德］科殷：《法哲学》，林荣远译，华夏出版社 2002 年版，第 118–119 页。

④ ［德］平特纳：《德国普通行政法》，朱林译，中国政法大学出版社 1999 年版，第 44 页。

⑤ ［美］约翰·亨利·梅利曼：《大陆法系》，顾培东、禄正平译，法律出版社 2004 年版，第 136 页。

法摆脱了附属法或工具法的卑微地位，演变为名副其实的限权法，① 成为"国家宪法的测震仪"，② 在国家宪政③和整个法律体系中发挥着重要作用。保障人权不仅体现了刑事司法理念质的跨越，是新旧刑事诉讼法学的分水岭，而且为学界不同流派提供了丰厚的理论背景，成为现代刑事诉讼法学的核心范畴和理论基石。④

正当程序与保障人权异曲同工，⑤ 它具有"约束专横的权力""对于恣意的限制""理性选择的保证""作茧自缚的效应""反思性整合"等功能，⑥ 以它为目的创制的刑诉法，也是防范权力滥用的限权法和保护人权的保障法。⑦例如美国联邦最高法院就是通过判例确立了如下七个正当程序来保障人权：（1）任何人在被证明有罪之前均被推定为无罪；（2）任何人的身体、住所、财物不经法定程序不得被搜查、扣押或侵犯；（3）任何人不得被迫自证其罪；（4）被告人享有律师辩护和帮助权；（5）被告人有权知道被指控的性质、内容和理由，且享有公正的陪审团迅速、公开、公正审判的权利；（6）提出公诉的证据要达到无合理怀疑的程度；（7）被告人的同一罪行只能被审判一次。⑧

运用权力只是保障人权的手段，⑨ 因为人权在道德上先于和高于社会和国家，甚至在极端的情况下可以运用它们来反对国家。⑩ 因此，人权保护毫无疑问是法治国家的目标之一。⑪ 具体而言，由于法治国家最重要的特征是，通过宪法和法律合理界定权力与权力、权力与权利的关系，以权力制衡权力、用权

---

① 易延友：《刑事诉讼法》，法律出版社 2003 年版，第 6 页。
② ［德］罗克辛：《刑事诉讼法》，吴丽琪译，法律出版社 2003 年版，第 13 页。
③ 宪政的主要目的就是为了防止专制暴政，保护个体的尊严和价值。见刘军宁：《共和·民主·宪政》，三联书店 1998 年版，第 267 页。
④ 参见宋英辉：《刑事诉讼目的论》，中国人民公安大学出版社 1995 年版，第 51 页。
⑤ ［日］田口守一：《刑事诉讼法》，刘迪等译，法律出版社 2000 年版，第 12 页。
⑥ 季卫东：《法治秩序的建构》，中国政法大学出版社 1999 年版，第 15-22 页。
⑦ ［英］史蒂芬·霍尔姆斯：《权利的成本》，毕竞悦译，北京大学出版社 2004 年版，第 77 页。
⑧ ［英］史蒂芬·霍尔姆斯：《权利的成本》，毕竞悦译，北京大学出版社 2004 年版，第 77 页。
⑨ 参见王书成：《前海"基本法"：如何先行先试?》，载《法人》2011 年第 3 期，第 28 页。
⑩ ［美］杰克·唐纳利：《普遍人权的理论与实践》，王浦劬等译，中国社会科学出版社 2001 年版，第 77 页。
⑪ 王书成：《合宪性推定的正当性》，载《法学研究》2010 年第 2 期，第 25 页。

利限制权力、通过法律制约权力，防止和消除权力越权、滥权、异化及腐败，①因此，在法治国家中，如何禁止政府未经正当法律程序剥夺公民的生命、自由和财产，最大限度保障无辜者不受非法追诉和被追诉者应得到公正待遇，如何有效防止政府滥用公权力侵害人权，如何保护被害人的合法权益，也就是如何保障人权，构成了现代刑事诉讼最核心的本质目标和设定刑诉目的最基础的考量。

既然保障人权体现的是现代刑事诉讼最核心的本质目标和设定刑诉目的最基础的考量，而且当代大多数国家的刑事诉讼制度确实是以此为目的而设计，其刑事诉讼活动确实是以此为目的而展开，其刑事诉讼主体包括国家专门机构和其他诉讼参与人也确实是以此为主要目的而行动，那么保障人权就应当是现代刑事诉讼的内在目的。在二战后，保障人权的刑诉目的从国内法发展到国际法。

人权分为个人人权和集体人权，前者是个人享有的生命、人身和政治、经济、社会、文化等方面的权利；后者是集体所享有的种族平等权、民族自决权、发展权、环境权、和平权等。② 在保障人权目的中的"人权"，主要是指被害人和犯罪行为人所享有的以下具体内容：

（1）被害人的人权。其一，在刑事审前程序和刑事审判程序中，被害人享有知情权、参与权和损害赔偿请求权等人权，通过及时了解案情并适当参与诉讼来实现其基本利益诉求；对家暴、性侵等犯罪还享有被采取特殊保护措施权，以防止被害人再次受到伤害。其二，在刑事审判程序终结之后，被害人仍然享有一系列的人权，具体内容将在下文展开阐述。

（2）犯罪行为人的人权。基于不同的刑事诉讼阶段，犯罪行为人有着不同的称谓：侦查阶段称为犯罪嫌疑人；起诉、审判阶段称为被告人；行刑阶段称为受刑人；更生保护和前科消灭阶段称为刑释人。这些不同名称既标明了刑事诉讼程序的阶段不同，也揭示出相关当事人所享有的权利和承担的义务并不完全相同。其一，在刑事审前程序和刑事审判程序阶段，犯罪嫌疑人、被告人享

---

① 郝银钟：《刑事公诉权原理》，人民法院出版社 2004 年版，第 70 页。
② 详见韩啸、高元城：《人权保障价值取向下的刑罚理念研究》，载《河北法学》2013 年第
9 期，第 93-99 页。

有无罪推定权、程序参与及选择权、平等对抗权和辩护权这四项人权，它们又生成其他权利：比如无罪推定权生成反对被迫自我归罪权、保释权、疑罪从无权等；程序参与及选择权生成知悉权、在场权、表达意见权等；平等对抗权生成质证权、辩护律师聘请权和法律援助申请权等；辩护权生成会见权、阅卷权、辩解权等。① 其二，在刑事审判程序终结之后，受刑人和刑释人仍然享有一系列的人权，其具体内容也将在下文阐述，此处不赘述。

卢梭认为：人们由于种种障碍"在阻力上已超过了每个个人在那种状态中为了自存所能运用的力量"，才让渡部分权利订立社会契约；"每个人既然是向全体奉献出自己，他就并没有向任何人奉献出自己；而且既然从任何一个结合者那里，人们都可以获得自己本身所渡让给他的同样的权利，所以人们就得到了自己所丧失的一切东西的等价物以及更大的力量来保全自己的所有。"② 就是说，人们是为了更好地实现自己的各种权利，才缔结社会契约而成立政府、建立国家，因此，公权力的行使必须保证尽量避免侵犯人权，同时应当将人权侵犯的可能性降到最低限度。

需要说明的是，我国现阶段刑诉目的论的通说观点把惩罚犯罪与保障人权均作为刑诉目的，认为："惩罚犯罪是对犯罪的追诉活动，而保障人权则是针对追诉的防御活动"，如果"一味强调保护，轻视惩罚，难免使保护成为放纵，一味追求惩罚，忽视保护，势必使惩罚成为滥罚"。③ 这种观点虽然已经被很多人所接受，但它显然是错误的，理由是：其一，该观点中所保障和惩罚的对象，均仅指被告人或者犯罪嫌疑人，并不包括被害人这一主体。毋容置疑，虽然惩罚犯罪的对象只能是犯罪嫌疑人或者被告人，但刑事诉讼程序所保障的对象绝对不可仅仅局限于此，还应包括被害人、刑事附带民事诉讼原告人、自诉人、其他诉讼参与人等权利主体。其二，惩罚犯罪只能是保障人权的手段，因为不以保障人权为目的的惩罚，必然会沦为恣意横行的专制工具。由此可见，我国现行刑诉法将行刑程序规定为刑事诉讼程序的最后阶段，正是犯了将惩罚

① 参见冯一文：《中国囚犯人权保障研究——以联合国囚犯待遇标准为参照》，吉林大学2006年博士学位论文，第41-42页。
② 见卢梭：《社会契约论》，何兆武译，商务印书馆1980年修订第2版，第22页，第24页。
③ 李心鉴：《刑事诉讼构造论》，中国政法大学出版社1992年版，第137页、第139页。

犯罪这一手段假想为刑诉目的的错误，应当予以纠正——该问题将在下文展开分析。

（三）刑诉目的的相关概念

在刑事诉讼中，有什么样的价值观就会形成什么样的目的观，[①] 以什么目的作为最终归宿，直接影响一个国家刑事诉讼的模式、程序、职能及诉讼主体等制度的设计。[②] 反过来，刑事诉讼价值的体现、刑事诉讼目的的提出和实现，必须以刑事诉讼的功能发挥为前提，[③] 而刑事诉讼功能，只有通过刑事诉讼程序和模式才能发挥。总之，刑事诉讼的目的与其价值、模式以及功能之间互相影响、共同提升，使得刑事诉讼程序的实践和理论在历史的长河中不断完善与更新。

1. 刑事诉讼目的与刑事诉讼价值

刑事诉讼价值是刑事诉讼程序固有的不依赖于诉讼主体及其需要而独立存在的、通过刑事诉讼活动满足国家、社会和当事人合理需求的良好属性，它由内在价值和外在价值构成，内在价值包括刑事诉讼程序本身具有的公正性、民主性、合理性、人道性和效益性。公正性是指刑事诉讼程序能有效抗拒外界因素的不良影响，使得诉讼主体认同其过程和结果；民主性是指刑事诉讼程序涵盖了各诉讼参与人必备的诉讼权利，任何侵犯人权、滥用权力的行为都能得到及时纠正；合理性是指刑事自由裁量权控制在社会公众和诉讼参与人所能容忍的范围之内；人道性是指刑事诉讼程序充分尊重诉讼参与人的人格和生命，能有效遏制刑讯逼供等现象的发生；效益性是指刑事诉讼程序的资源配置优化，能以较少的资源消耗产生较大的社会效益。而外在价值是刑事诉讼程序保障刑法的正确实施，它是可以直接感觉到的外部特性，比较容易把握；内在价值则是隐藏在刑事诉讼程序内的特性，需要通过外在价值表现出来，并依靠人的理性思维透过外在价值才能把握；内在价值与外在价值的关系，是本质与现象的

---

① 参见宋英辉：《刑事诉讼目的论》，中国人民大学出版社 1995 年版，第 17–18 页。
② 陈卫东主编：《刑事诉讼法资料汇编》，法律出版社 2005 年出版，第 1 页。
③ 参见宋英辉：《刑事诉讼目的论》，中国人民公安大学出版社 1995 年版，第 13 页。

关系。①

　　刑事诉讼的目的与价值的全面契合，只是一种理想的状态，因为目的定位是否准确、明晰，还受到立法理念、立法水平等因素的影响。刑诉目的在一定时空中可以独立于刑事诉讼价值，并对刑事诉讼价值的实现程度构成反向制约。从刑诉目的与价值最基本的关系来看，目的产生于对价值的认知。价值认知包括价值评价和价值选择：价值评价是对刑事诉讼价值作出肯定或否定的感性或理性表达，评价者的地位、立场、观点不同以及刑事诉讼程序完善的程度不同，都会影响价值评价的结果；价值选择是在肯定性的价值评价的基础上确定刑事诉讼价值要素的主次关系，在多项价值中确定一项或几项基本价值作为形成刑诉目的的基础。刑诉目的在价值评价和价值选择的过程中逐步形成和确立，离开了价值及其评价和选择，不可能确立和追求刑诉目的，因此，刑事诉讼价值决定刑事诉讼目的；而离开了对刑事诉讼目的的确立和追求，刑事诉讼价值不具有实现性，永远只能是一种潜在性的品质。刑事诉讼的目的与价值至少具有以下区别：第一，目的是主观的，而价值是客观的。第二，刑诉目的是事刑事诉讼活动的起点和终点，而刑事诉讼价值则是刑诉目的形成前的认识对象。第三，刑诉目的追求的公正，是人们希望通过刑事诉讼活动获得过程公正和结果公正的一种主观愿望，能否达成取决于刑事诉讼程序的完善程度以及司法人员是否严格按程序运作等因素；刑事诉讼程序的公正性是其内在价值最基本的要素，是人们乐于采用刑事诉讼手段解决刑事案件的根据，但它并不必然导致刑事诉讼程序的过程公正和结果公正。②

　　2. 刑事诉讼目的与刑事诉讼功能

　　功能是"事物或方法所发挥的有利的作用"，③它基于事物自身结构和固有属性而产生，不因人的需要而变化。功能与职能有区别，职能侧重于静态属性，体现人或事物的职责和权能；功能侧重于动态属性，体现人或事物发挥的积极作用。法律功能反映的是法律对社会的有益影响和正面效应。刑事诉讼功

---

① 参见陈建军、李立宏：《刑事诉讼价值论》，中南大学出版社 2006 年版，第 10 页，第 88 页，第 102-122 页，第 147 页。

② 参见陈建军、李立宏：《刑事诉讼价值论》，中南大学出版社 2006 年版，第 14-19 页。

③ 《现代汉语词典》，商务印书馆 1987 年版，第 382 页。

能，是刑事诉讼本身对社会具有的积极作用，它依赖于刑事诉讼的程序和模式，刑事诉讼的程序和模式不同其功能不同。刑事诉讼一般具有自治、交涉、事实整合、法律合成等四大功能，它是联系刑事诉讼价值与具体规范的中介或桥梁。① 刑诉目的与刑事诉讼功能的区别主要是：首先，两者的存在形态不同。目的以观念形态存在于主体的头脑中，功能则客观存在于事物与外界的交互关系中。默顿的功能分析范式理论指出，主观意向与客观后果概念应当分开，②"法律目的即立法者的主观意向，法律功能就是可见的客观后果。③ 其次，主体对两者的能动作用不同。主体根据自身的需要和对事物的认识可以创制目的；而对于功能，主体只能去发现、重组、强化或取舍。最后，主体评价不同。主体可以基于一定的标准评判目的的好坏，并可以纠正目的；功能是"描述性"的，不能仅凭主观意志妄加评判。当然，刑事诉讼目的与功能之间还存在着密切的联系：刑事诉讼功能是其自有属性的效能，需要立法者去发现、去认识，然后结合刑事诉讼价值的判断、选择并形成刑诉目的；只有在刑诉目的的指导下，实施有针对性的刑事诉讼活动，才能发挥出刑事诉讼的功能。

3. 刑事诉讼目的与刑事诉讼的模式和程序

刑事诉讼模式与刑事诉讼目的具体统一于刑事诉讼程序中，一方的变化必然引起另一方的相应改变，而这种改变归根到底都是为了刑事诉讼程序的顺利推进。从实质上来说，刑事诉讼的模式和程序是实现刑事诉讼目的的手段和平台，对此将在下一章专门讨论。

本章小结

当个人目的、社会目的或国家目的通过法律规定后，它们均转化成了法律目的。法律目的是一个动态发展的概念，它具有相对性。刑事法目的是法律目的的下位概念，它是本书在刑事一体化视野中对刑法目的和刑诉目的的统称。

---

① 详见曾康：《刑事诉讼程序功能分析》，载《现代法学》2000 年第 6 期。

② ［美］罗伯特·金·默顿：《论理论社会学》，何凡兴等译，华夏出版社 1990 年版，第 137–144 页。

③ 付子堂：《法律功能论》，中国政法大学出版社 1999 年版，第 36–37 页。

而刑诉目的是对刑事诉讼目的的简称。在刑法目的经典理论中，刑法目的要素要么是报应或者预防，要么是两者的综合，本书在此基础上提出刑法目的三元论，认为刑法目的要素除了包括报应和预防之外，还应该包含"恢复"这一要素。同时，本书还主张"刑诉目的二元论"，认为：刑诉目的由内在目的和外在目的这两个要素构成，其中，内在目的是保障人权，外在目的则应该是解决刑事纠纷或者解决刑事问题。有关刑事法目的进一步的阐述，详见本书第四章的相关内容。

紧接着需要解决的问题是，刑事法目的如何才能得以实现呢？这个问题由第二章予以回答。

第二章

刑事法目的实现的平台

第一章对刑事法目的进行了一定的研究，接下来的问题是，刑事法目的如何才能实现呢？答曰：刑事法目的只有通过刑事诉讼模式和刑事诉讼程序的运行方可实现，也就是说，刑事诉讼模式和刑事诉讼程序是实现刑事法目的的平台和手段。由于手段服务于目的，受目的支配，而目的的提出和实现也依赖、受制于手段，因此，刑事法目的支配着刑事诉讼程序与模式的取舍和发展，而刑事诉讼程序与模式的发展又反过来制约着刑事法目的的提出和实现。

一、刑事诉讼模式：刑事法目的实现的宏观平台

我国刑事诉讼法学界关于刑事诉讼模式有着不同的称谓，如刑事诉讼构造、刑事诉讼结构等等。① 刑事诉讼模式是一种简化和抽象，它作为连接刑事诉讼理念和具体制度的中介，虽然不能反映刑事诉讼全貌，却能集中描述刑事诉讼程序制度的本质特征，折射出其深层次的精神，其核心是如何确定侦查、起诉、审判等程序中各个程序主体的法律地位和相互关系，而且通常是通过一定的基本诉讼方式体现出来。② 刑事诉讼模式既静态地从空间上包含了各方诉讼主体及其相互关系，又动态地从时间和作用方式上包含了整个刑事诉讼程序的完整流程。③ 由此可见，刑事诉讼模式既是刑事诉讼制度最突出的体现，也是刑事诉讼程序微观运行的基础，设置科学、合理的刑事诉讼模式，有利于其

---

① 李心鉴：《刑事诉讼构造论》，中国政法大学出版社1992年版，第1-2页。
② 参见徐静村主编：《刑事诉讼法学》（上），法律出版社1997年版，第90-91页。
③ 陈光中、徐静村主编：《刑事诉讼法学》，中国政法大学出版社2000年版，第56页。

目的的实现。因此，为了顺利实现刑事法目的，立法者们总是选择其认为最恰当的刑事诉讼模式。①

（一）刑事诉讼模式的制度类型

按照时间顺序，刑事诉讼制度模式经历了从弹劾式、纠问式到对抗式、审问式和混合式的演变，这既是刑法从极缓至极严又走向调和的过程，也是国家不断认识、设计和利用刑事诉讼模式作为排除社会冲突手段的历史。②

1. 弹劾式与纠问式

最早的刑事诉讼模式制度是弹劾式，其特点主要有：（1）不告不理，传唤被告人到庭是原告人的义务。（2）当事人自主收集证据并在法庭上辩论，其诉讼地位在形式上平等。（3）疑难案件以神明裁决或者决斗的方式解决。之后的纠问式制度，是为了满足封建王权统治的需要而产生，并与宗教一起强化着专制统治，其特点主要包括：（1）法庭身兼控诉和审判职能。（2）被告人沦为被拷问的对象和诉讼的客体，刑讯是诉讼的中心环节，口供是最重要的证据。（3）法官秘密审理案件，当事人不得在法庭上辩论。在近代资本主义时期，各国相继废除纠问式制度，审问式和对抗式的诉讼模式逐渐产生。③

2. 对抗式和审问式

对抗式即当事人主义模式，主要存在于英美法系国家，源于自由主义思想及权力限制理念。权力限制观念认为，权力如果不被制约必然会遭到滥用，必然威胁社会个体的利益；④ 而"自由主义是这样一种信念，即社会能够安全地建立在个性的这种自我指引力之上，只有在这个基础上，才能建立起一个真正的社会，这样建立起来的大厦，其基础深厚广阔，其范围无法予以限制。这样，自由与其说是个人的权利，不如说是社会的必需。"⑤ 对抗式的特点主要是：（1）犯罪侦查与辩护调查同时展开。（2）为了防止法官形成预断，一般

---

① 详见宋英辉：《刑事诉讼目的论》，中国人民公安大学出版社 1995 年版，第 151-157 页。
② 参见宋英辉：《刑事诉讼目的论》，中国人民公安大学出版社 1995 年版，第 152-153 页。
③ 参见龙宗智、杨建广主编：《刑事诉讼法》，高等教育出版社 2010 年版，第 38-46 页；陈光中：《刑事诉讼法》，北京大学出版社 2016 年版，第 31-32 页。
④ ［英］阿克顿：《自由史论》，胡传胜等译，译林出版社 2001 年版，第 20 页。
⑤ ［英］霍布豪斯：《自由主义》，朱曾汉译，商务印书馆 1996 年版，第 62 页。

实行起诉书一本主义和起诉便宜主义。（3）法官始终保持中立，程序主要由当事人双方共同推进。当事人主义充分保障犯罪嫌疑人和被告人的利益，但其追诉活动如同"障碍赛跑"，惩罚犯罪难以及时有效。① 审问式即职权主义模式，主要存在于大陆法系国家，其主要特点是：（1）侦查机关享有广泛的权力，律师的权利十分有限，特别是对于犯罪嫌疑人的诉讼权利限制较多。（2）起诉机关需将起诉书及全部证据材料移送法院，控方的自由裁量权有限。（3）法官依职权积极进行法庭调查，并且有效制约着控辩活动。职权主义国家的公民十分信任其国家官员，国家也以管理者的身份自居，有意选择一些更有效率的诉讼方式迅速、有效地追究犯罪，但犯罪嫌疑人和被告人的基本权利往往难以得到有效保障。

李心鉴博士研究认为，审问式和对抗式是现代刑事诉讼的主要制度模式，两者的区别主要有四：② 其一，就侦查程序而言，侦查是审问式国家机关的专有行为，嫌疑人仅属于侦查对象，只有忍受被侦查的义务；在对抗式中，控辩双方是侦查主体，均有权收集证据。其二，就起诉程序而言，审问式采起诉法定主义和"案卷移送主义"，只要证据充分就必须起诉，侦查卷宗及所有证据均移送法院；对抗式则采起诉便宜主义和"起诉书一本主义"，起诉机关只移交起诉书，既不得记载使法院对被告人足以产生偏见的事项，也不得进行证据说明。其三，就认罪答辩程序而言，除因证据不足而获得法院许可之外，审问式一般不允许撤回起诉，认定有罪是基于审判调查取证的结果，被告人即使认罪仍须继续开庭审理；而对抗式在起诉后经被告人同意可撤回起诉，而且即使证据充分起诉机关也可以不起诉，被告人认罪可直接就其所答辩之罪处刑。其四，就审判程序而言，审问式的法官始终处于主动地位，一切程序性决定都由法官依职权进行，在必要时可以直接收集证据，法院审判以侦查结果为基础；而在对抗式中，法院审判不以侦查成果为基础，除纯以拖延诉讼为目的或显属浪费诉讼时间的证据调查外，法院无权干涉当事人调查证据的活动，法官一直处于被动的中立者地位，诉讼的进程主要由当事人推动。

---

① 参见陈光中：《刑事诉讼法》，北京大学出版社 2016 年版，第 32-34 页。
② 参见李心鉴：《刑事诉讼构造论》，中国政法大学出版社 1998 年版，第 85-90 页。

3. 混合式

日本在二战后深受美国法律的影响，其刑事诉讼法增加了很多当事人主义的内容，同时保留了一些原有的职权主义因素，形成了一种混合式的刑事诉讼模式，其特点主要包括以下几点：（1）在侦查程序中，日本既重视国家专门机关的职权作用，也强调嫌疑人和被告人的权利保护。（2）在起诉程序中，日本实行便宜起诉主义和起诉书一本主义，检察官的酌定起诉权较大。（3）在审判程序中，法官可依职权调查证据，且在征求当事人意见后可对审判的形式和内容等作出决定和处分，但程序的发展基本上由双方当事人通过举证和交叉询问来推进。混合式分别吸收了当事人主义和职权主义的优点，一般认为这是一种比较科学合理的刑事诉讼制度模式；意大利也采混合式模式。①

综上，就实现刑事法目的而言，无论是弹劾式还是纠问式，均只能部分满足刑法的报应、预防目的和刑事诉讼的解决纠纷目的的实现；而对抗式、审问式和混合式除了满足报应、预防和解决纠纷目的的实现之外，还有可能满足保障嫌疑人或者被告人人权目的的实现。但是，上述所有的刑事诉讼制度模式均不能实现刑法的恢复目的，因为当时的立法者均未将恢复目的作为模式设计的考量因素。

（二）刑事诉讼模式的主要理论

中外学者对于现代刑事诉讼模式制度进行了深入的研究，创造了不少的刑事诉讼模式理论，主要包括以下内容。

1. 西方主要的刑事诉讼模式理论

美国的帕卡教授最早提出刑事诉讼模式理论，其犯罪控制与正当程序模式学说，客观分析了在刑事司法中相互冲突的两种价值观和目的观，虽然一直饱受非议，但与其他模式理论相比较，其生命力至今仍然是最强的，因为其他模式理论的阐述基本上以帕卡的模式学说为基础。当然，除了帕卡教授的犯罪控制与正当程序模式学说之外，西方还有如下主要理论。②

（1）争斗与家庭模式理论。在美国的格里菲斯看来，帕卡的犯罪控制与正

---

① 参见陈光中：《刑事诉讼法》，北京大学出版社 2016 年版，第 34 页。
② 详见虞平、郭志媛编：《争鸣与思辨》，北京大学出版社 2013 年版，第 3—297 页。

当程序两个模式其实只是一种争斗模式，于是他在此基础上提出了争斗与家庭模式理论，主张家庭模式以爱和矛盾可调和性为前提，惩罚犯罪人并非出于报复或者敌视，而是家长基于关心和爱，因为国家和被告人的关系就是家长和子女的关系；审讯的目的是为了使得社会可以重新获得一名善良有用的人，而绝对不是为了增加犯罪者的人数；检察官和辩护人的主要职责是协助法院公正裁判，犯罪人不应被社会所排斥，应最大限度体现刑事程序的教育功能。家庭模式理论为以后的刑事程序设计尤其是青少年犯罪和初犯制度的设计提供了观念上的指引。

（2）混合模式。美国的戈尔茨坦认为帕卡没有考虑纠问或者弹劾的因素，只从对抗角度强调刑事诉讼模式解决犯罪问题的程序意义，忽视了与程序密不可分的实体问题，提出具有国家积极介入案件调查和审理特点的混合模式，期待为美国刑事诉讼制度改革提供借鉴；美国的菲利在研究混合模式后进一步认为，司法裁量权存在极大的灵活运用空间，呼吁在重视法律规则时，不要忘记怀有不同动机的适用规则的人和机构。

（3）被害人参与模式。美国的贝洛夫认为帕卡理论只反映了惩罚犯罪的效率和被告人至上的价值观，还应该加上被害人至上的价值观，提出刑事诉讼的第三种模式即被害人参与模式；加拿大的罗奇进一步提出，被害人参与模式可以分为依赖刑事制裁保护被害人的惩罚模式和强调预防犯罪和恢复性司法保护被害人的非惩罚模式这两种，并认为犯罪控制是过去的模式，正当程序和惩罚模式应该是当下的模式，将来可能是惩罚模式或非惩罚模式占主导地位。可惜的是，被害人参与模式并没有引起刑事法律立法者们足够的重视。

此外，美国的达马斯卡提出了阶层模式与同位模式这两种关于国家权力组织形式的刑事诉讼模式；英国的 L·H·利认为所有的刑事诉讼模式尽管目标不完全一致，但都必须在效率和公平之间寻求一个平衡点；日本的富特受格里菲斯家庭模式的启发，将日本的刑事诉讼模式描述为"宽宥仁慈"的家长制，并归纳了帕卡理论所不具备的五个特点：一是高度信任刑事司法官员，二是社会解决刑事案件的高度合作（包括让刑释人重新融入社会），三是核心价值观高度一致，四是较高的破案率，五是犯罪率非常低。

2. 我国主要的刑事诉讼模式理论

我国主要的刑事诉讼模式理论有以下两种。

（1）"三角结构"与"线形结构"理论。该理论认为：其一，控辩裁三方是现代刑事诉讼模式的基本支点，控辩形成诉讼对抗，法官居中裁判，形成一个三角结构，蕴含着"诉审分离""辩诉对抗""审判中心"等理念；三角结构主要存在于刑事审判程序中。其二，侦查、公诉、审判、执行这四大程序形成一种工序关系即线形结构——这是与民事诉讼、行政诉讼在模式上相区别的关键，单纯的线形结构与"以审判为中心"理念相排斥。其三，三角结构与线形结构虽然产生结构与功能的矛盾，但两种结构在公正与效率上的目标一致：取消三角结构，公正审判无从谈起，因为刑事司法活动及其程序失去了诉讼的本质及均衡的构架；而否定线形结构，就直接否定了刑事诉讼的特质及有效运作机制，难以实现诉讼效率。① "三角结构"描述了"线形结构"中的审判程序部分，该部分由控辩审三方组成，而"线形结构"除"三角结构"之外的其他部分均为"两方组合"，如侦查程序的公安机关与犯罪嫌疑人，公诉程序的检察机关与被告人，执行程序的行刑机关与受刑人，这些都是"两方组合"。②

研究发现，上述的"三角结构"与"线形结构"已经非常准确地描述了我国现行刑事诉讼程序的全过程，但遗憾的是，因为缺少对于刑事审后程序的关注，其视野中的刑事诉讼程序却是残缺不全的。尽管如此，其描述的"两方组合"的"线形结构"，却构成了刑事审后程序应当具有的基本特征，只不过一方是国家的有关机关或者机构，一方要么是受刑人或者刑释人、要么是被害人而已。

（2）横向与纵向模式理论。该理论认为：①横向控制力包括横向程序控制力和横向实体控制力，前者指诉讼主体对裁判证据在提出和调查方面的控制程度，后者指诉讼主体对裁判结果的最终决定的影响程度；③ 横向模式一般呈等腰三角形，各占一个底端的控辩双方进行平等对抗，作为顶点的法官超然于控

---

① 参见龙宗智：《刑事诉讼的两重结构辨析》，载《现代法学》1991 年第 3 期，第 14-16 页，第 23 页。

② 参见裴苍龄：《刑事诉讼结构论》，载陈光中、江伟主编：《诉讼法论丛》（第 2 卷），法律出版社 1998 年版，第 100-105 页。

③ 陈瑞华：《刑事审判原理论》，北京大学出版社 1997 年版，第 303 页。

辩双方并与双方保持同等距离。① 大陆法系裁判者的程序控制力和实体控制力都非常大，处于裁判者辅助地位的控辩双方，不仅程序控制力和实体控制力都很小且其分配也不均衡，控方始终占据上风。英美法系裁判者的程序控制力很小但实体控制力很大，控辩双方的程序控制力非常强大而实体控制力明显变小，且双方的控制力分配较为均衡，辩方有时候还占上风。可见，同样是等腰三角形的横向模式，英美法系的更为扁平，大陆法系的更为尖锐。值得注意的是，我国刑事诉讼的横向模式则是"不等边三角形"，控方和裁方接近，辩方距离两者都很遥远，而且居于两者之下。② ②纵向控制力包括纵向程序控制力和纵向实体控制力，前者主要指法院在刑事诉讼程序中控制和监督其他程序主体行为的程度，后者主要指侦控等机关对裁判结果决定的影响程度。在纵向模式中，大陆法系的法庭虽然具有裁判结果的最终决定权，却必须依赖侦查机关和检察机关传递的案卷，如果说重罪案件的依赖性还比较小的话，但轻罪案件的依赖性却是相当巨大的；而英美法系的法庭不仅拥有裁判结果的最终决定权，而且不依赖案卷传递，控方只能通过与辩方现场的庭审对抗才能对法庭施加影响。西方的纵向模式"以裁判为中心"，其中，英美法系的法院拥有绝对的实体控制力，大陆法系的法院根据案件的不同拥有大部分或者一部分的实体控制力；在程序控制力方面，无论大陆法系还是英美法系，法院依照申请或者根据职权拥有广泛的司法审查权，对程序违法行为享有程序性制裁权——这是西方国家的法院约束侦查、检察机关的有力武器。③ 我国的刑事诉讼属于"流水作业"的纵向模式，虽然在表面上侦控审三方只有工序之别而无主次之分，但公安机关掌握"第一道工序"，实际上居于最重要地位。④ 当然，这种"流水作业"的纵向模式开始了程序简化的改革试验，⑤ 而且逐步由"侦查中心主

---

① 详见谢佑平：《刑事司法程序的一般理论》，复旦大学出版社 2003 年版，第 46-90 页。
② 参见左卫民：《刑事诉讼的中国图景》，三联书店 2010 年版，第 233 页；陈光中主编：《刑事诉讼法实施问题研究》，中国法制出版社 2000 年版，第 228-229 页。
③ 陈瑞华：《刑事诉讼的前沿问题》，中国人民大学出版社 2005 年版，第 328 页。
④ 详见陈瑞华：《刑事诉讼的前沿问题》，中国人民大学出版社 2005 年版，第 338-339 页；陈瑞华：《刑事诉讼的中国模式》，法律出版社 2010 年版，第 167-169 页。
⑤ 详见陈瑞华：《论刑事诉讼的全流程简化——从刑事诉讼纵向构造角度的分析》，载《华东政法大学学报》2017 年第 4 期，第 13-21 页。

义"① 和"新间接审理主义"② 向"审判中心主义"③ 转变。

此外，我国从 1992 年起开始对沿袭几十年的"强职权主义审判模式"进行改革，④ 至 1996 年《刑事诉讼法》颁布，已形成以当事人主义为主、职权主义为辅的混合式刑事诉讼模式，或称控辩式刑事诉讼模式。这种模式"吸收了英美对抗式审判程序的因素，顺应了当今各国刑事审判程序的普遍发展趋势"。⑤ 随着刑事诉讼模式理论研究的不断深入和付诸实践，使得包括我国在内的很多国家的刑事诉讼制度得到了一定的优化。

需要指出的是，如上所述，刑事诉讼模式既是刑事诉讼制度最突出的体现，也是刑事诉讼程序微观运行的基础，因此，虽然上述模式理论为具体研究刑事诉讼程序提供了绝佳的理性思维平台，但是，由于这些模式理论中的大多数观点，很少紧扣刑事法目的而展开深入的讨论，而且基本上没有区分刑事法价值和刑事法目的，即使有些模式理论联系了刑事法目的的展开研究，也基本上是围绕犯罪控制与正当程序而进行，导致现行的刑事诉讼模式已不能完全满足刑事法目的的实现的需要。

二、刑事诉讼程序：刑事法目的的实现的微观平台

如果说刑事诉讼模式是实现刑事法目的不可缺少的宏观平台，那么刑事诉讼的具体程序则是实现刑事法目的不可缺少的微观机制。程序是人们"按时间先后或依次安排的工作步骤"，⑥ 是顺序、步骤、方式、方法等的总称，而刑事诉讼程序，就是顺序、步骤、方式、方法等在刑事司法活动中运用的结果，即刑事诉讼活动必经的步骤、顺序和需要的手续、方式、方法等的总和。

---

① 详见陈瑞华：《论侦查中心主义》，载《政法论坛》2017 年第 2 期，第 3-18 页。
② 详见陈瑞华：《新间接审理主义："庭审中心主义改革"的主要障碍》，载《中外法学》2016 年第 4 期，第 845-864 页。
③ 详见陈瑞华：《审判中心主义改革的理论反思》，载《苏州大学学报（哲学社会科学版）》2017 年第 1 期，第 34-43 页。
④ 樊崇义主编：《刑事诉讼法学》，中国政法大学出版社 1999 年版，第 325 页。
⑤ 陈光中、严端主编：《中华人民共和国刑事诉讼法修改建议稿与论证》，中国方正出版社 1999 年版，第 435 页。
⑥ 《辞海》（缩印本），上海辞书出版社 1980 年版，第 1752 页。

尽管不同国家的刑事诉讼程序差异很大，但一般必须同时包含以下三个内容：一是证据法规则，二是调整各诉讼参与人的资格、权利和义务的程序规则，三是调整法庭裁判制作和宣告方式的程序规则。① 刑事诉讼程序是法定的规则，一般不具有选择性，而且刑事诉讼程序是个不断发展的法律制度，② 在其发展过程中，曾有两个因素得到国家强化后起到了非常重要的作用：其一，国家强化犯罪人保护，促使中世纪的刑事诉讼程序"向纠问程序转变；"其二，国家强化无辜人保护，导致大约从 1848 年开始，纠问程序向现代刑事程序转变。③

按照我国刑事诉讼理论的通说观点，刑事诉讼程序的整个过程可做如下概括：④（1）发生了严重危害社会的行为，这是启动刑事诉讼程序的唯一原因；（2）向法院指控、要求法院对被告人进行审判是刑事诉讼程序推进的依据；（3）为实现刑罚权，并公正追究被告人的刑事责任，审判成为刑事诉讼程序的关键性阶段；（4）将裁判所决定的内容付诸实现，交付执行是程序运行的归宿，也是刑诉目的与刑法目的的最后实现。

我国刑事诉讼法学的通说认为，刑事诉讼程序有着狭义和广义之分。

（一）狭义的刑事诉讼程序

狭义的刑事诉讼程序即传统的刑事审判程序，主要包括一审程序、二审程序、审判监督程序。一审程序即初审程序，指公诉和自诉的案件在初次审判时人民法院和诉讼参与人遵循的顺序、方式、方法；二审程序即上诉审程序，是指法院针对一审未生效裁判的上诉或抗诉而重新审理原案件的顺序、方式、方法；审判监督程序即再审程序，通常指控辩的一方或双方因不服生效裁判而申请原审法院或其上级法院重新审理原案件的方式、方法。二审程序和再审程序均给予了当事人重新参加庭审和获得权利救济的机会，故可统称为救济程序。⑤

---

① 详见陈瑞华：《刑事审判原理论》，北京大学出版社 2003 年版，第 14-16 页。

② 详见谢佑平：《刑事诉讼模式的历史演变和文化成因》，载《河南省政法管理干部学院学报》2003 年第 3 期。

③ ［德］拉德布鲁赫：《法学导论》，米健等译，中国大百科出版社 1997 年版，第 121 页。

④ 参见宋世杰：《刑事诉讼理论研究》，湖南人民出版社 2001 年版，第 10-12 页。

⑤ 详见陈瑞华：《刑事诉讼的前沿问题》，中国人民大学出版社 2000 年版，第 434-505 页。

1. 一审程序

一审程序包括普通程序、简易程序和速裁程序。

普通程序主要包括以下内容。

（1）受理与立案。① （2）庭前的工作。② （3）书记员庭审时的准备。③

---

① 先由立案庭进行形式审查，主要审查下列内容：①是否有管辖权；②诉讼文书份额是否达到要求；③是否羁押被告人；④是否附有填写齐全的证据目录和证人、被害人名单；⑤卷宗是否装订、编页码；⑥物证是否随案移送。经审查，不符合规定的不受理，符合规定的登记后送刑事审判庭再审查。刑事审判庭在七日内（不记入审限）审查后，符合条件的由立案庭立案并书面通知检察院，缺少证据材料的填写《补充材料函》通知检察院三日内补充完毕，当事人已送交附带民事诉讼材料、证据的，通知随案移送。无管辖权或被告人不在案或主要证据未按时补充的，填写《不予受理决定书》退回；符合终止审理或者不予受理法定情形的，裁定终止审理或者决定不予受理。

② 主要是：①自行回避。②依法变更强制措施。③告知被告人及其近亲属的相关诉讼权利，为特定被告人指定辩护人。如盲、聋、哑或可能被判处死刑的被告人没有委托辩护人的为其指定辩护人，其他没有委托辩护人而合议庭认为案情重大需要指定辩护人的也可以指定，并与法律援助中心联系，填写《指定辩护人通知书》。④受理后十日内通知被害人一方有权提起附带民事诉讼，并告知有权委托诉讼代理人参加诉讼。⑤开庭十日前将起诉书（附带民事诉状）副本送达当事人及其辩护人、诉讼代理人。⑥开庭五日前通知证人、鉴定人出庭，证人拒绝出庭作证 或者按公诉机关、辩护人提供的证人通讯地址未能通知到的，立即通知公诉机关、辩护人。⑦开庭三日前将开庭的时间、地点通知检察院、当事人、诉讼参与人（即法定代理人、诉讼代理人、辩护人、证人、鉴定人、翻译人员），公开审判的公布案由、被告人姓名、开庭的时间和地点。⑧法官就回避、出庭证人名单、非法证据排除等问题听取公诉人、当事人和辩护人、诉讼代理人意见。⑨通知附带民事诉讼原告人就损失举证，调查被告人的赔偿能力，拟定赔偿数额；庭前达成调解的制作调解书并送达双方当事人。⑩法官拟定庭审提纲。提纲内容是：合议庭成员的具体分工；起诉书指控事实的重点和认定犯罪性质的要点需要查清的问题；讯问被告人时重点解决的问题；控辩双方拟出庭作证的人员及拟当庭宣读、出示的证据目录；询问证人的要点和要解决的问题以及出现证人证言相互矛盾或与原证言发生变化等情况的应变措施；指导控辩双方举证、辩论的方法，可能出现其他问题的应变措施。

③ 主要是：①询问公诉人、诉讼参与人是否到庭。②询问控辩双方当庭出示、播放的证据资料是否准备妥当。③宣读法庭规则。④请公诉人、被害人及其诉讼代理人、附带民事诉讼原告人及其诉讼代理人坐在控方一侧，被告人的法定代理人、辩护人、诉讼代理人坐在辩方一侧。⑤请审判长、审判人员入庭就座后，向审判长报告"开庭前的准备工作已经就绪"。

（4）审判长宣布开庭和告知事项。① 被告人认罪认罚的案件，告知相关法律规定，审查认罪认罚具结书的自愿性和真实性、合法性。（5）法庭调查。② ①当庭陈述。③ ②讯问、发问。④ ③举证质证。⑤ 法庭调查时，合议庭发现被告人可能有自首、立功等法定量刑情节而证据中无相关证据材料的，应建议人民检察院补充侦查或者自行调取。（6）休庭与第二次开庭。⑥ 第二次开庭从法庭调

---

① 主要是：①宣布开庭。②查明公诉人、诉讼参与人到庭情况（被害人、诉讼参与人经法庭传唤或通知后未到庭，对庭审无重大影响的继续）。③宣布案件来源、当事人姓名、案由及是否公开审理（不公开的宣布理由）。④宣布合议庭组成人员、书记员、公诉人、被害人、辩护人、诉讼代理人、鉴定人和翻译人员名单。⑤告知权利。如：申请回避；提出证据，申请通知新的证人到庭，调取新的证据、重新鉴定或者勘验、检查；自行辩护、最后陈述。

② 与定罪、量刑有关的事实、证据都应当进行调查、辩论。

③ 顺序是：先由公诉人宣读起诉书、原告人宣读附带民事诉状，后由被害人和被告人陈述。二起以上的犯罪事实逐起进行，共同犯罪可分别陈述、分别讯问、共同举证质证、分别辩论，必要时传唤同案被告人到庭对质。

④ 其顺序是公诉人、被害人、原告人（就附带民事部分）、被告人的法定代理人和辩护人、合议庭成员。审判长应制止与本案无关或方式不当的讯问、发问，对双方认为对方发问内容与本案无关或方式不当而提出的异议，判明情况予以支持或驳回。

⑤ 先由公诉人、被害人、原告人举证，再由被告人和辩护人举证。申请出庭作证的证人到庭后，审判长先核实证人身份、证人与当事人以及本案的关系，告知证人应如实提供证言和有意作伪证或隐匿罪证要负的法律责任，并当庭让证人在如实作证的保证书上签名捺指印。证人、鉴定人作证后在阅读校对笔录、确认无误后签名或盖章，由审判长宣布其退庭（不得旁听本案）。向法庭出示、宣读证据的，先由申请、出示、宣读方就其来源和拟证明的问题作必要说明，后由对方质证，双方可进行必要的辩论；向证人或鉴定人发问，先由提请传唤的一方进行，再由另一方进行，最后由合议庭成员询问。物证应让当事人辨认。合议庭宣读未到庭者的证人证言笔录、鉴定意见、勘验笔录和其他作为证据的文书后，由公诉人、当事人和辩护人、诉讼代理人发表质证意见。经人民法院通知鉴定人拒不出庭作证的，鉴定意见不得作为定案的根据。

⑥ 主要包括以下内容：①申请通知新的证人到庭、调取新的证据、重新鉴定或勘验的，说明理由，审判长认为可能影响定罪量刑并同意申请的，宣布休庭（申请向检察院调取有关被告人无罪或罪轻证据材料的，合议庭在填写《调取证据材料决定书》后通知检察院三日内移交，也可直接找有关证人调查核实）。②合议庭对证据有疑问可宣布休庭，并通过勘验、检查、查封、扣押、鉴定和查询、冻结等方式进行调查核实（可通知公诉人、辩护人到场），取证后复制给公诉人、辩护人。③在调查、复核证据中提取到发生变化并对定罪量刑有重大影响的证据，合议庭在研究后确定第二次开庭的时间。

查开始，就新发现的证据进行调查、质证、辩论、陈述。（7）法庭辩论。①
（8）延期审理与撤回起诉。②（9）补充起诉与变更起诉。③（10）中止审理

---

① 主要包括以下内容：①顺序是公诉人、被害人及其诉讼代理人、被告人及其辩护人；附带民事诉讼在刑事部分辩论结束后，先由原告人、诉讼代理人发言，然后由被告人、诉讼代理人答辩。②辩护人的变更。被告人当庭拒绝辩护人辩护的，合议庭应准许，并告知其可自行辩护或另行委托辩护人，但不得要求法庭为其指定辩护人；重新开庭后可准许被告人再次拒绝辩护人为其辩护，但不得再自行委托辩护人。盲、聋、哑或可能被判处死刑的被告人当庭拒绝委托辩护人而要求另行委托辩护人的，合议庭应当同意并宣布延期审理（期限自宣布之日起至第十日止，不计入审限），重新开庭后再次拒绝辩护人的不予准许；指定了辩护人后要求法庭另行指定辩护人的不予准许。辩护人当庭拒绝辩护的，法庭应予准许，但被告人系盲、聋、哑或可能被判处死刑以及辩护人系指定则不予准许。③合议庭发现新的事实时，审判长宣布恢复法庭调查，待查清该事实后继续法庭辩论。
② 主要包括以下内容：①公诉人发现需要补充侦查，当庭或在庭后提出延期审理建议的，合议庭填写《准予延期审理决定书》后送达检察院；延期期限为一个月，次数不得超过二次（审限重新计）算；检察院在补充侦查后需书面申请恢复审理，逾期按撤诉结案。②公诉人在庭审中要求撤回起诉的，合议庭裁定准许撤诉并结案；判决宣告前要求撤回起诉的，审查撤诉理由后裁定是否准许。
③ 主要包括以下内容：①检察院发现新的事实要求补充起诉的，合议庭按下列情况处理：开庭前要求补充起诉的，建议撤回起诉后与新发现的事实一并起诉，不撤回起诉只补充起诉的也可以准许；在庭审中或开庭后要求补充起诉的，按延期审理处理。补充起诉后，法院在起诉书送达被告人十日后开庭，就补充起诉的事实和证据进行法庭调查、质证、辩论、陈述。②合议庭发现新的事实认为可能影响定罪的，建议检察院补充或者变更起诉；检察院不同意的，合议庭只就起诉指控的犯罪事实裁判。

与终止审理。① （11） 被告人最后陈述。② （12） 评议与裁判。③ （13） 宣判。④
宣判后承办人及时填写结案登记卡，书记员在上诉期内整理、装订完案卷。
（14）送达。生效判决书需送达被告人所在单位或其户籍所在地公安派出所，
被告人是单位的需要送达被告注册登记的工商行政管理机关。

　　在一审程序中，简易程序与速裁程序是对普通程序的简化，在此主要介绍
简易程序与速裁程序这个两程序的以下内容。

---

① 　主要包括以下内容：①有下列原因之一的可中止审理：被告人患有严重疾病无法出庭；
　　被告人脱逃；自诉人患有严重疾病无法出庭且未委托诉讼代理人出庭；不能抗拒的原因。
　　以上原因消失后恢复审理，中止审理的期间不计入审限。②以下情形裁定终止审理：已
　　过追诉时效且不是必须追诉；经特赦令免除刑罚；被告人死亡（根据已查明的事实和证
　　据能确认被告人无罪的判决无罪）。
② 　主要包括以下内容：①被告人在最后陈述时，任何人不得再就案件讯问或发问被告人；
　　被告人的重复意见，或者陈述内容蔑视法庭、公诉人或者涉及国家秘密、个人隐私，或
　　者陈述内容与本案无关，审判长应当制止。②被告人此时提出新的事实、证据可能影响
　　案件处理的，恢复法庭调查；提出新的辩解理由，合议庭认为有必要的，恢复法庭辩论。
　　③附带的民事诉讼在此后可当庭调解。
③ 　主要包括以下内容：①合议庭在充分考虑控辩意见的基础上，根据已查明的事实、证据
　　和有关法律进行评议，确定被告人是否有罪，构成何罪，应否追究刑事责任，应判处何
　　种刑罚，附带民事诉讼如何解决、赃款赃物、作案工具如何处理，适用哪些法条等；有
　　分歧按多数人意见定，少数人意见也写入笔录。合议庭笔录要详细记明争议的重点问题，
　　不得随意省略；评议后当庭宣判。②另行宣判的，承办人在庭审结束后写出审理报告，
　　在五个工作日内提请审判长主持评议，合议庭成员就事实、证据和适用法律充分发表意
　　见，不得弃权或简单表示同意、反对；承办人必须有个人的处理意见。③认罪认罚案件
　　一般采纳检察院指控的罪名和量刑建议，但下列情形除外：一是被告人的行为不构成犯
　　罪或不应追究其刑事责任；二是被告人违背意愿认罪认罚；三是被告人否认指控的犯罪
　　事实；四是起诉指控的罪名与审理认定的罪名不一致；五是其他可能影响公正审判的情
　　形。法院经审理认为量刑建议明显不当或者被告人、辩护人对量刑建议提出异议的，检
　　察院可以调整量刑建议，不调整量刑建议或者调整后仍然明显不当的，法院依法判决。
　　④院长、审判委员会委员、庭长可列席合议庭评议案件并提出指导性意见，但合议庭有
　　权不采纳该意见；院长、庭长对评议结论有异议，可建议合议庭复议。⑤需要提交审判
　　委员会讨论的案件，合议庭根据承办人写出的审理报告全面、真实地向审判委员会汇报，
　　审理报告包括案件事实、证据、发案破案经过、被告人的辩解、辩护人的意见以及对被
　　告人辩解和辩护人意见的审查情况、处理意见和法律依据等内容。承办人在审判委员会
　　结论作出后五个工作日内制作出裁判文书，合议庭成员共同审核无误后签名，呈报庭长
　　或分管院长签发，呈报时应附起诉书、审理报告、合议庭评议笔录、辩护词、审判委员
　　会会议记录。
④ 　当庭宣判的在五日内送达判决书，定期宣判的立即送达判决书；被告人因病不能到庭的，
　　可到其病房、监所或居住地宣判。

（1）两程序的适用范围。①均只适用于基层法院的一审程序。②适用条件。简易程序的适用条件是：案件事实清楚、证据充分；被告人认罪、对指控的犯罪事实无异议并同意适用简易程序。适用速裁程序除了具备这些条件外，还需要具备以下条件：一是可能判处三年有期徒刑以下刑罚；二是证据确实；三是被告人认罚。③不适用两程序的情形。不宜适用简易程序的情形有：被告人是盲、聋、哑人或者是尚未完全丧失辨认或者控制自己行为能力的精神病人；案件有重大社会影响；共同犯罪的部分被告人不认罪或者对适用程序有异议；其他不宜适用的情形。不适用速裁程序的情形，除了上述情形外，还包括以下情形：一是被告人为未成年人；二是共同犯罪的部分被告人对指控的罪名、量刑建议有异议；三是没有就附带民事诉讼赔偿等事项达成调解或者和解协议。

（2）两程序的主要特点。①可独任审判。速裁程序由审判员一人独任审判；可能判处三年有期徒刑以下刑罚的案件适用简易程序也可以独任审判。②程序内容简化。两程序均不受关于送达期限、讯问被告人、询问证人、鉴定人、出示证据、法庭辩论等程序规定的限制，但应听取被告人的最后陈述意见；速裁程序一般不进行法庭调查、法庭辩论，只需在当庭宣判前听取辩护人的意见和被告人的最后陈述意见，检察院可不派员出席法庭。③审限较短。简易程序的审限为二十日，可能判处有期徒刑超过三年的可延长至一个半月；速裁程序的审限为十日，可能判处有期徒刑超过一年的可延长至十五日。④程序可变更。法院发现不宜适用简易程序的按照普通程序重新审理；发现被告人的行为不构成犯罪或不应追究刑事责任、被告人违背意愿认罪认罚或否认指控犯罪事实等不宜适用速裁程序审理的，按普通程序或简易程序重新审理。但是，已适用普通程序的案件，不可变更为速裁程序或简易程序。

（3）两程序与普通程序的主要区别。①审判组织的差异。普通程序必须组成合议庭，速裁程序只需独任审判，简易程序既可独任审判也可由合议庭审判。②适用范围的差异。普通程序适用所有的刑事案件；速裁程序、简易程序只适用事实清楚、证据充分、被告人认罪且同意适用该程序的轻微犯罪案件；认罚是适用速裁程序的必要条件。③程序内容的差异。普通程序须严格按照法定的顺序、环节进行，简易程序、速裁程序可省略一些环节和内容。④出庭支持公诉的差异。适用普通程序和简易程序，检察院派员出席法庭支持公诉；适用速裁程序，检察院认为不派员不会妨碍指控犯罪、证明犯罪、惩罚犯罪的，可以不派员出庭支持公诉。⑤审限的差异。普通程序一般为二个月、至迟不超过三个月，符合法定条件经上级法院批准的可延长；简易程序一般为二十日，符合法定条件的可延长至一个半月；速裁程序一般为十日，符合法定条件的可延长至十五日。

综上，在一审程序中，速裁程序、简易程序都是对普通程序的简化，目的在于提高司法效率，但不可因此而忽略人权保障，如被告人申请回避、提供新证据、辩论、最后陈述、上诉以及自诉撤诉等权利，均不可因程序简化而被任意限制甚至剥夺。普通程序与速裁程序、简易程序是一般与特殊的关系，适用速裁程序、简易程序审理案件，除法律有特别规定外，仍适用普通程序的规定。

不服一审裁判，可以在法定期限内通过二审程序予以救济。

2. 二审程序

（1）程序启动。当事人或检察院自接到一审的判决书、裁定书第二日起的十日内、五日内，可提起上诉或抗诉。① 上诉或抗诉均可以撤回，上级检察院认为抗诉不当的也可以向同级法院撤回抗诉。

（2）案件移送。①通过一审法院提出上诉的，一审法院在三日内将上诉状连同案卷、证据移送上一级法院，同时将上诉状副本送交同级检察院和对方当事人。②直接向二审法院提出上诉的，二审法院在三日内将上诉状交一审法院送达同级检察院和对方当事人。③地方各级检察院抗诉的，向一审法院提出抗诉书，并将抗诉书抄送上一级检察院；一审法院将抗诉书连同案卷、证据移送上一级法院，并将抗诉书副本送达当事人。

（3）审理。①二审法院全面审查一审的事实认定和法律适用，不受上诉或

---

① 具体而言：①被告人、自诉人及其法定代理人不服地方各级法院一审的判决、裁定，有权用书状或者口头向上一级法院上诉，被告人的辩护人和近亲属经被告人同意可以上诉，附带民事诉讼的当事人及其法定代理人可以对地方各级法院一审判决、裁定中的附带民事诉讼部分上诉。②地方各级检察院认为本级法院一审判决、裁定确有错误时，向上一级法院提出抗诉。③被害人及其法定代理人不服地方各级人民法院一审判决，自收到判决书后五日内有权请求人民检察院提出抗诉；人民检察院自收到被害人及其法定代理人的请求后五日内，作出是否抗诉的决定并且答复请求人。

抗诉的范围限制；共同犯罪案件只有部分被告人上诉的，也审查全案、一并处理。②下列二审案件需要开庭审理：一是对一审认定的事实和证据提出异议可能影响定罪量刑以及被判处死刑的上诉案件；二是抗诉案件；三是其他应当开庭审理的案件。③二审开庭可以到案件发生地或一审法院所在地进行；开庭审理的二审公诉案件同级检察院需派员出席法庭，开庭前检察院的阅卷期限为一个月（不计入审限）。④不开庭审理的案件，法庭应讯问被告人，听取其他当事人、辩护人、诉讼代理人的意见。⑤二审程序可参照一审普通程序的规定进行审理。

（4）裁判。①原裁判认定事实和适用法律正确、量刑适当的，裁定驳回上诉或抗诉、维持原判。②原裁判认定事实正确但适用法律错误或量刑不当的，改判。③原裁判事实不清或证据不足的，在查清事实后改判，也可以裁定撤销原判发回重审。④发回重审的法定事由包括：一是违反公开审判规定；二是违反回避制度；三是剥夺或限制当事人的法定诉讼权利可能影响公正审判；四是审判组织的组成不合法；五是其他违反法定诉讼程序可能影响公正审判。⑤上诉不加刑，但抗诉或自诉人上诉的案件不受该限制；发回重审案件，除有新的犯罪事实、检察院补充起诉以外，一审法院不得加重刑罚。⑥不服发回重审案件的判决再次提出上诉或抗诉，二审法院不得再次发回重审。

（5）审限。①二个月；可能判处死刑、附带民事诉讼或者符合刑诉法第158条规定的，经高级人民法院（以下简称高院）批准或决定可延长二个月。②因特殊情况还需要延长的，报请最高人民法院（以下简称最高院）批准。③最高院受理上诉、抗诉案件的审限，由最高院决定。

（6）相关财物及其孳息的处理。①公检法应妥善保管查封、扣押、冻结的财物及其孳息以供核查，并制作清单随案移送；作为证据的实物不宜移送的将其清单、照片或者其他证明文件随案移送；违禁品或不宜长期保存的物品依照国家有关规定处理。②法院对查封、扣押、冻结的财物及其孳息作出的判决生效后，除依法返还被害人的以外，有关机关根据该判决将相关赃款赃物及其孳息上缴国库。③司法工作人员贪污、挪用或者私自处理查封、扣押、冻结的财物及其孳息的，依法追究刑事责任；不构成犯罪的给予相应的处分。

发现二审裁判或者生效的一审裁判确有错误，可以通过再审程序纠错。

3. 再审程序

（1）程序启动。①申诉启动。当事人及其法定代理人、近亲属对生效裁判可向法院、检察院申诉，申诉符合下列情形之一的重新审判：一是有新证据证明原裁判认定事实确有错误可能影响定罪量刑；二是据以定罪量刑的证据不确实、不充分、依法应予排除或者主要证据之间存在矛盾；三是原裁判适用法律确有错误；四是违反法定程序可能影响公正审判；五是审判人员审理该案时有贪污受贿、徇私舞弊、枉法裁判行为。②抗诉启动。最高人民检察院（以下简称最高检）发现各级法院、上级检察院发现下级法院生效裁判确有错误，有权按照再审程序向同级法院提出抗诉。③审判监督启动。各级法院院长发现本院生效裁判认定事实或适用法律确有错误，提交审判委员会处理；最高院发现各级法院、上级法院发现下级法院的生效裁判确有错误，有权提审或指令下级法院再审。

（2）审理。①指令再审的一般指令原审法院以外的下级法院审理，由原审法院审理更适宜的也可以指令原审法院另行组成合议庭审理；再审法院可决定中止原判决、裁定的执行。②再审法院需对被告人采取强制措施的由法院决定，检察院提出抗诉需对被告人采取强制措施的由检察院决定。③再审案件开庭审理的，同级检察院派员出席法庭。④原为一审程序的，所作裁判可以上诉、抗诉；原为二审或是提审的，所作判决、裁定系终审。

（3）审限。三个月，需要延长期限的不得超过六个月。

综上，狭义的刑事诉讼程序即传统的刑事审判程序，包括一审程序和救济程序。其中，一审程序分为普通程序、简易程序与速裁程序；救济程序分为二审程序和再审程序。

（二）广义的刑事诉讼程序

按照我国的通说观点，广义的刑事诉讼程序，除了包括上述传统的刑事审判程序之外，还包含刑事审前程序和行刑程序。笔者发现，我国的刑事特别程序虽然规定在行刑程序之后，但它也应当是广义刑事诉讼程序的内容之一。

1. 刑事审前程序

与其他的诉讼程序不同的是，在进入刑事审判程序之前，国家专门机关可能限制或剥夺嫌疑人的人身自由和财产自由，所以国家必须通过程序性法律规范对追诉行为进行规制，从而产生了刑事审前程序，它主要包括侦查和审查起诉这两个子程序。

侦查是收集、调取嫌疑人有罪或者无罪、罪轻或者罪重的证据材料的活动。我国的侦查程序主要包括以下内容。

（1）立案。①受理。任何人发现了犯罪事实或嫌疑人均可书面或口头向司法机关报案或举报、控告，① 嫌疑人可自首；司法机关受理后，发现无管辖权的立即移送并通知报案人、控告人、举报人，须采取紧急措施的先采取紧急措施然后移送。②审查。司法机关按照管辖范围审查受理材料，认为有犯罪事实需要追究刑事责任的予以立案；否则不予立案，并将原因通知控告人，控告人不服可申请复议。③立案监督。检察院认为公安机关应立案而不立案或者被害人认为公安机关应立案而不立案向检察院提出的，检察院要求公安机关说明理由，认为理由不成立的通知立案，公安机关接到通知后马上立案。

（2）侦查措施。② ①讯问。嫌疑人未被羁押的，侦查员出示证明文件后传唤到嫌疑人所在市、县内的指定地点或到其住处进行，现场发现嫌疑人的经出示工作证件可口头传唤讯问。③ ②询问。询问可在现场进行（出示工作证件），也可到证人、被害人所在单位、住处或其提出的地点进行（出示司法机关的证明文件），必要时可通知到司法机关进行。③勘验、检查。勘验、检查人员须持有司法机关的证明文件；公安机关有权决定解剖死因不明的尸体并通知死者

---

① 司法机关要向报案人、控告人、举报人说明诬告应负的法律责任，同时保障其本人及其近亲属的安全。

② 检察院直接受理的案件同样适用刑诉法关于侦查的相关规定，需要逮捕、拘留的作出决定后由公安机关执行。采取拘留措施的在拘留后二十四小时内讯问，发现不应拘留的立即释放，发给释放证明，认为需要逮捕被拘留人的在十四日内作出决定，在特殊情况下可延长一日至三日；不需要逮捕的立即释放。需要继续侦查且符合取保候审、监视居住条件的，取保候审或者监视居住。

③ 讯问不得少于二人。传唤、拘传不得超过十二小时，案情特别重大、复杂需拘留、逮捕的不得超过二十四小时，期间须保证嫌疑人的饮食和必要的休息。讯问聋、哑的嫌疑人应有通晓聋、哑手势的人参加，可能判处无期徒刑、死刑或其他重大犯罪的案件全程录音或录像。讯问时，先告知诉讼权利、如实供述和认罪认罚从宽的法律规定，再问是否有犯罪行为，让其陈述或进行无罪辩解，然后提出问题，其有权拒绝回答与本案无关的问题。讯问笔录有遗漏或者差错，嫌疑人可补充或者改正。

家属到场；检查妇女身体由女工作人员或医师进行。勘验、检查与犯罪有关的场所、物品、人身、尸体时，在侦查员的主持下可指派或聘请具有专门知识的人进行；勘验、检查笔录由参加人和见证人签名或盖章；检察院可要求公安机关复验、复查，并可派员参加。④搜查。搜查需要出示搜查证，在执行逮捕、拘留时遇有紧急情况不另用搜查证也可以搜查；搜查妇女身体由女工作人员进行。搜查笔录由侦查人员、被搜查人或其家属、邻居或其他见证人签名或盖章，被搜查人或其家属在逃或拒绝签名、盖章的在笔录上注明。⑤查封、扣押与查询、冻结。在查封、扣押物证、书证时，会同在场见证人和持有人查点清楚，当场开列清单一式二份，由侦查员、见证人和持有人签名或盖章，一份交给持有人、一份附卷备查；公安检察机关可通过邮电部门扣押嫌疑人的邮件、电报；根据侦查需要可查询、冻结嫌疑人的存款、汇款、债券、股票、基金等财产，但不得重复冻结。不得使用、调换或损毁被查封、扣押的物品；经查明系与案件无关的财物，在三日内解除查封、扣押、冻结并予以退还。⑥鉴定。鉴定意见应送达嫌疑人、被害人，受送达人可申请补充鉴定、重新鉴定；作虚假鉴定的承担法律责任。⑦技术侦查。公安对危害国家安全、恐怖活动、黑社会性质组织、重大毒品或其他严重危害社会的犯罪案件，检察院对利用职权实施严重侵犯公民人身权利的重大犯罪案件，或者因为追捕在逃的嫌疑人、被告人，经批准可进行三个月的技术侦查，[①] 期间获取的材料只能用于侦查、起诉和审判，所知悉的国家秘密、商业秘密和个人隐私应保密，获取与案件无关的材料及时销毁。[②] ⑧侦查实验。经公安机关负责人批准可进行侦查实验，但禁止一切足以造成危险、侮辱人格或者有伤风化的行为。⑨通缉。应逮捕的嫌疑人在逃，各级公安机关可在辖区内直接发布通缉令，超出辖区的通缉令报请有权决定的上级机关发布。

（3）羁押期限。①逮捕后羁押期限不得超过二个月，案情复杂经上一级检

[①] 复杂、疑难案件期限届满仍有必要继续的，经过批准有效期可延长，每次不得超过三个月；不需要继续的及时解除。

[②] 在必要时，经公安机关负责人决定，可由有关人员隐匿其身份实施侦查，但不得诱使他人犯罪，也不得采用可能危害公共安全或发生重大人身危险的方法；涉及给付毒品等违禁品或者财物的犯罪，公安机关根据侦查需要实施控制下交付。收集的证据材料可能危及有关人员的人身安全或者可能产生其他严重后果的，采取不暴露有关人员身份、技术方法等保护措施，必要时可由审判人员在庭外核实证据。

察院批准可延长一个月；下列案件在上述期限届满还不能侦查终结，经省一级检察院批准或者决定又可延长二个月：一是交通十分不便的边远地区的重大复杂案件，二是重大的犯罪集团案件，三是流窜作案的重大复杂案件，四是犯罪涉及面广取证困难的重大复杂案件；嫌疑人可能判处十年有期徒刑以上刑罚，上述延长期限届满仍不能侦查终结，经省一级检察院批准或者决定可再延长二个月。②因特殊原因在较长时间内不宜交付审判的特别重大复杂案件，由最高检报请全国人民代表大会常务委员会批准延期审理。③嫌疑人另有重要罪行，自发现之日起重新计算羁押期限；嫌疑人不讲真实姓名、住址导致身份不明，羁押期限自查清其身份之日起计算（犯罪事实清楚，证据确实、充分，无法查明身份的，按其自报的姓名起诉、审判）。

（4）侦查程序中的救济机制。①司法机关及其工作人员有下列行为之一，当事人和辩护人、诉讼代理人、利害关系人有权向该机关申诉或控告：一是强制措施法定期限届满不予释放、解除或者变更；二是取保候审保证金应退还而不退还；三是查封、扣押、冻结与案件无关财物；四是查封、扣押、冻结应解除而不解除；五是贪污、挪用、私分、调换、违反规定使用查封、扣押、冻结的财物。②申诉、控告后，对处理不服可向同级检察院申诉，检察院直接受理的案件可向其上一级检察院申诉。

（5）侦查终结。公安机关认为犯罪事实清楚且证据确实、充分，写出起诉意见书，连同案卷材料、证据一并移送同级检察院，同时将移送情况告知嫌疑人及其辩护律师；侦查机关听取的辩护律师意见应记录在案，辩护律师提出的书面意见应附卷。嫌疑人自愿认罪的记录在案、随案移送，并在起诉意见书中写明。发现不应追究嫌疑人刑事责任的撤销案件，嫌疑人已被逮捕的立即释放，发给释放证明，并通知原批准逮捕的检察院。

我国的审查起诉程序主要包括以下内容。

（1）审查内容。主要查明以下内容：①犯罪事实、情节是否清楚，证据是否确实、充分，犯罪性质、罪名认定是否正确。②有无遗漏的罪行、嫌疑人。③是否属于不予追究刑事责任的情形。④有无附带民事诉讼。⑤侦查行为是否合法。

（2）审查方式。审查方式主要包括：①阅卷。②讯问嫌疑人。③听取辩护人或值班律师、被害人及其诉讼代理人的意见并记录在案（辩护人或值班律师、被害人及其诉讼代理人提出的书面意见附卷）。

（3）审查期限。①速裁程序十日，可能判处有期徒刑超过一年的可延长至十五日；其它的案件均为一个月，重大、复杂案件可延长十五日。②改变管辖的从收案之日起重新计算期限；嫌疑人被监察机关留置的先行拘留，在拘留后十日内决定采取何种强制措施，特殊情况下可延长一日至四日，该决定期不计入审查起诉期限。③退回侦查机关补充侦查以二次为限，每次期限为一个月；补充侦查完毕移送检察院后，审查起诉期限重新计算。

（4）认罪认罚。①告知嫌疑人相关的法律规定和诉讼权利。②提前为值班律师了解案情提供必要的便利。③听取嫌疑人、辩护人或者值班律师、被害人及其诉讼代理人关于下列事项的意见并记录在案：涉嫌的犯罪事实、罪名及适用的法律；从轻、减轻、免除处罚等从宽处罚的建议；适用的程序；其他需要听取意见的事项。④嫌疑人在辩护人或者值班律师在场的情况下签署认罪认罚具结书，但有下列情形之一的除外：其一，嫌疑人是盲、聋、哑人，或者是尚未完全丧失辨认或者控制自己行为能力的精神病人；其二，未成年嫌疑人的法定代理人、辩护人对认罪认罚有异议；其三，其他不需要签署认罪认罚具结书的情形。

（5）提起公诉。检察院认为犯罪事实已经查清，证据确实、充分，应当追究刑事责任的，作出起诉决定，向有管辖权的法院提起公诉，并将案卷材料、证据移送法院。嫌疑人认罪认罚的，检察院就主刑、附加刑、是否适用缓刑等提出量刑建议，并随案移送认罪认罚具结书等材料。

（6）不起诉。①法定条件。无犯罪事实、具有刑诉法第16条规定情形之一或者经过二次补充侦查后仍认为证据不足的应当不起诉，犯罪情节轻微、依照刑法规定不需要判处刑罚或免除刑罚的可以不起诉。②送达。不起诉决定公开宣布后，送达公安机关、被害人、被不起诉人及其所在单位。③法律后果。被不起诉人在押的立即释放，被查封、扣押、冻结的财物予以解除；需要给予行政处罚、处分或需要没收违法所得的，提出检察意见移送有关机关处理，有关机关将处理结果及时通知检察院。④救济。其一，被不起诉人不服，自收到决定书后七日内可向检察院申诉，检察院作出复查决定后送达被不起诉人，同时抄送公安机关。其二，被害人不服，自收到决定书后七日内向上一级检察院申诉、请求提起公诉，或者不经申诉直接向法院起诉；被害人接到上一级检察院维持不起诉决定后可向法院起诉，检察院需将有关案件材料移送受案法院。其三，公安机关认为不起诉决定有错误可要求复议，复议意见不被接受的可向上一级检察院提请复核。

（7）特殊处理。嫌疑人自愿如实供述且有重大立功或者案件涉及国家重大利益，经最高检核准，公安机关可撤案，检察院可不起诉或对涉嫌数罪中的一项、多项不起诉，并及时处理查封、扣押、冻结的财物及其孳息。

值得注意的是，检察院在我国刑事审前程序中处于主导地位，这主要体现在以下三个方面：其一，检察院是侦查、调查的质量评价主体。随着《监察法》的实施，绝大部分职务犯罪案件变为"调查–公诉"模式，检察院既是侦查质量的评估主体，也是调查质量的评价主体。其二，检察院是司法资源的调控主体。起诉裁量主义赋予了检察院合理配置司法资源的方法、手段，特别是在认罪认罚从宽制度中的角色定位更是如此。其三，检察院是诉讼权利的保障主体。刑事当事人的诉讼权利始终面临着被侵犯的危险，尤其是在侦查权得不到有效制约时，而法律监督属性的配给既塑造了检察院某种中立化导向，又消解了破坏诉讼结构的盖然性动机。而检察院主导地位的实现，需要正当运用以下三项权能：其一，正当运用羁押控制权。逮捕不但影响定罪，还影响量刑，检察院应正当运用好羁押控制权，切实履行监督危及被追诉人人身自由的侦查行为这一职责。其二，正当运用起诉控制权。以审判为中心并不是说所有案件都要庭审实质化，因为检察院可以在综合考量犯罪的轻重、嫌疑人的个人情况及其犯罪后的表现和公共利益后作出不起诉决定，从而将案件及时终结在刑事审前程序中，特别是在倡导程序繁简分流的当今，更需要激活检察机关的起诉控制权能。其三，正当运用申诉控告救济控制权。检察机关对于人身权、财产权、辩护权、知情权等被侵犯被剥夺的控告申诉，均应正当运用好救济控制权予以相应的救济。

需要说明的是，西方国家的起诉与侦查是不可分割的追诉活动，而且需要接受独立且中立的法院或其他机构的审查——这就是西方国家的刑事审前程序司法审查机制。[①] 这与我国的司法审查不同，该问题将在下文探讨。

---

① 参见陈瑞华：《刑事诉讼的前沿问题》，中国人民大学出版社 2000 年版，第 261–266 页。

2. 刑事特别程序

刑事特别程序是为特定主体或者特殊事项进行刑事裁判而设立的诉讼程序，我国现行的刑事特别程序，包括缺席审判程序、违法所得没收程序、公诉案件刑事和解程序、未成年人刑事案件诉讼程序和死刑复核程序，这五种特别程序也是广义刑事诉讼程序的内容之一。

（1）缺席审判程序。①适用条件。其一，属于贪污贿赂和严重危害国家安全、恐怖活动的犯罪；其二，嫌疑人、被告人在境外；其三，检察院已提起公诉；其四，由犯罪地、被告人离境前居住地或最高院指定的中级法院立案审查；① 其五，法院通过有关国际条约规定或外交途径提出的司法协助方式或者被告人所在地法律允许的其他方式，将开庭传票②和起诉书副本送达被告人后，被告人未按要求到案；同时，起诉书副本已送达被告人近亲属并通知其敦促被告人归案。②辩护人、诉讼参加人的确定及其诉讼行为。被告人及其近亲属可委托辩护人，未委托的由法院通知法律援助机构指派辩护律师③；被告人的近亲属（有多名的推选一至二人）在收到起诉书副本后可于开庭前申请参加诉讼，并提供与被告人关系的证明材料，开庭时发表意见、出示证据、申请法庭通知证人或鉴定人出庭、进行辩论。③裁判。在庭审后作出有罪或无罪的裁判，一并处理违法所得及其他涉案财产；认定不属于法定罪名的终止审理。④二审。被告人或其近亲属有权上诉，辩护人经被告人或其近亲属同意也可以上诉；检察院认为判决确有错误的向上一级法院提出抗诉。⑤重新审理。被告人在审理中自动投案或被抓获，或在裁判生效后到案且对裁判提出异议的，重新审理。⑥交付执行。被告人在裁判生效后到案且对裁判无异议的，交付执行。

---

① 重点审查以下内容：（一）是否属于适用缺席审判程序的案件范围；（二）是否有管辖权；（三）是否写明被告人的基本情况，包括明确的境外居住地、联系方式等；（四）是否写明被告人涉嫌有关犯罪的主要事实，并附证据材料；（五）是否写明被告人有无近亲属以及近亲属的姓名、身份、住址、联系方式等情况；（六）是否列明违法所得及其他涉案财产的种类、数量、价值、所在地等，并附证据材料；（七）是否附有查封、扣押、冻结违法所得及其他涉案财产的清单和相关法律手续。审查后按下列情形分别处理：（一）符合规定且材料齐全的予以受理；（二）不符合条件的退回人民检察院；（三）材料不全的通知检察院在三十日内补送；三十日内不能补送的退回检察院。

② 传票上载明被告人到案期限以及不按要求到案的法律后果等事项。

③ 拒绝指派的，法院查明理由正当予以准许后，被告人或者其近亲属在五日内应另行委托辩护人，未另行委托辩护人的，法院在三日内通知法律援助机构另行指派辩护律师。

⑦参照适用该程序的三类案件。一是被告人因患有严重疾病中止审理超过六个月仍无法出庭，被告人及其法定代理人、近亲属申请或同意恢复审理的；二是被告人死亡但有证据证明其无罪的；三是再审期间被告人死亡的。① ⑧财产处理确有错误的，予以返还或赔偿。

（2）违法所得没收程序。①适用条件。其一，贪污贿赂、恐怖活动等②重大犯罪案件的嫌疑人、被告人逃匿且被通缉一年后不能到案或已死亡。其二，检察院已向法院提出没收违法所得申请。其三，该申请由犯罪地或嫌疑人、被告人居住地的中级法院在三十日内审查完毕。③ ②受理与退回、撤回。法院审查认为符合法定条件的予以受理；认为不属于受案范围或本院管辖的退回，材料不全的通知在七日内补送，七日内不能补送的退回；认为不符合"有证据证明有犯罪事实"标准要求的通知撤回。受理后，检察院尚未查封、扣押、冻结或查封、扣押、冻结期限即将届满而涉案财产有被隐匿、转移或毁损、灭失危险的，可查封、扣押、冻结。③公告及其送达。受案后十五日内在全国公开发行的报纸、网络媒体、最高院官方网站、法院公告栏发布公告④，必要时可在

---

① 被告人在再审程序中死亡，经缺席审理确认无罪的判决宣告其无罪；构成犯罪但原判量刑畸重的依法作出判决。

② 这里的"贪污贿赂和恐怖活动等"，在现阶段还包括以下案件：失职渎职等职务犯罪案件；恐怖活动组织、恐怖活动人员实施的杀人、爆炸、绑架等犯罪案件；危害国家安全、走私、洗钱、金融诈骗、黑社会性质组织、毒品犯罪案件；电信诈骗、网络诈骗犯罪案件。所谓"重大犯罪案件"，指在省、自治区、直辖市或者全国范围内具有较大影响的犯罪案件，或者犯罪嫌疑人、被告人逃匿境外的犯罪案件。

③ 法院主要审查以下内容：（一）是否属于适用的案件范围；（二）是否属于本院管辖；（三）是否写明犯罪嫌疑人、被告人基本情况，涉嫌有关犯罪的情况，并附证据材料；（四）是否写明逃匿、被通缉、脱逃、下落不明、死亡等情况，并附证据材料；（五）是否列明财产的种类、数量、价值、所在地等，并附证据材料；（六）是否附有查封、扣押、冻结财产的清单和法律手续；（七）是否写明有无利害关系人以及姓名、身份、住址、联系方式等情况；（八）是否写明申请没收的理由和法律依据；（九）其他需要审查的材料。

④ 公告一般载明以下内容：（一）案由、案件来源；（二）犯罪嫌疑人、被告人的基本情况；（三）涉嫌犯罪的事实；（四）逃匿、被通缉、脱逃、下落不明、死亡等情况；（五）财产的种类、数量、价值、所在地等以及已查封、扣押、冻结财产的清单和法律手续；（六）申请没收的财产属于违法所得及其他涉案财产的相关事实；（七）申请没收的理由和法律依据；（八）利害关系人申请参加诉讼的期限、方式以及未按照该期限、方式申请参加诉讼可能承担的不利法律后果；（九）其他应当公告的情况。

犯罪地或嫌疑人、被告人居住地或财产所在地发布并以拍照、录像等方式记录过程；最后发布日为公告日，公告期六个月，不适用中止、中断、延长的规定。法院有境内利害关系人联系方式的，直接送达或委托送达、邮寄送达含公告内容的通知，经同意可采用传真、电子邮件等方式告知并记录在案；有境外嫌疑人、被告人、利害关系人联系方式的，经同意可采用传真、电子邮件等方式告知并记录在案；受送达人未表示同意或法院无境外嫌疑人、被告人、利害关系人联系方式，受送达人所在国、地区的主管机关明确提出协助送达的，依法请求司法协助。④诉讼参与人的确定。嫌疑人、被告人的近亲属和其他利害关系人①在公告期内可申请参加诉讼，也可委托诉讼代理人参加诉讼，公告期满后申请参加诉讼且能合理说明理由的，法院准许；近亲属需提供其与嫌疑人、被告人关系的证明材料，其他利害关系人需提供证明其对违法所得及其他涉案财产主张权利的证据材料；逃匿境外的嫌疑人、被告人委托诉讼代理人申请参加诉讼且违法所得或其他涉案财产所在国、地区主管机关明确提出意见予以支持的，法院可以准许。⑤审理与裁定。公告期满后利害关系人或诉讼代理人参加诉讼的合议庭开庭审理，无正当理由拒不到庭的可不开庭审理，开庭通知书至迟在三日前送达，受送达人在境外的至迟在三十日前送达。法庭调查先由检察员宣读申请书，后由利害关系人、诉讼代理人发表意见，再依次就被告人是否实施了相关重大犯罪并已通缉一年不能到案或已死亡以及是否追缴财产进行举证、质证；然后法庭辩论。属于违法所得或者其他涉案财产的②除依法返还被害人外裁定没收；不属于追缴财产的裁定驳回申请，解除查封、扣押、冻结措施。⑥二审。利害关系人、检察院可在收到一审裁定后五日内上诉、抗诉。二审审理后按下列情形处理：其一，一审认定事实清楚、适用法律正确，驳回上诉或抗诉，维持原裁定；其二，一审认定事实清楚但适用法律错误，改变原裁定；其三，一审认定事实不清，在查清事实后改变原裁定或撤销原裁

---

① "其他利害关系人"是除嫌疑人、被告人的近亲属以外的对申请没收的财产主张权利的自然人和单位。

② 高度可能属于违法所得及其他涉案财产的，认定为"申请没收的财产属于违法所得及其他涉案财产"；巨额财产来源不明犯罪案件中，没有利害关系人主张权利或者利害关系人虽然主张权利但提供的证据没有达到相应证明标准的，视为"申请没收的财产属于违法所得及其他涉案财产"。

定、发回重审；其四，一审违反法定程序可能影响公正审判的，撤销原裁定、发回重审；其五，不得对发回重审案件再次裁定发回重审，但一审在重审时违反法定程序可能影响公正审判的除外；其六，利害关系人非因故意或重大过失未参加一审，准许在二审中申请参加诉讼，且撤销原裁定、发回重审。⑦审限。参照公诉一审普通程序和二审程序执行，公告期和请求刑事司法协助的时间不计入。⑧同一审判组织审理的情形。该情形包括：其一，在逃被告人在审理中到案而终止审理后检察院向原受理法院提起公诉；其二，被告人在审理中脱逃或死亡后检察院提出没收违法所得申请；其三，没收裁定生效后被告人到案并对该裁定提出异议、检察院向原审法院提起公诉。①　⑨没收财产确有错误，予以返还或赔偿。

（3）公诉案件刑事和解程序。①适用条件。其一，嫌疑人、被告人真诚悔罪，通过赔偿损失、赔礼道歉等方式获得被害人谅解并自愿达成和解。其二，属于因民间纠纷引起、涉嫌刑法分则第四章和第五章规定、可能判处三年有期徒刑以下刑罚的案件或者是除渎职以外的可能判处七年有期徒刑以下刑罚的过失犯罪案件。其三，在五年内曾经故意犯罪的不适用。②和解协议的达成及其效力。其一，可邀请人民调解员、辩护人、诉讼代理人、当事人亲友等参与；被害人死亡的，其近亲属可与被告人和解，近亲属有多人的，和解协议需经最先继承顺序的所有人同意；被害人系无行为能力或限制行为能力人，其法定代理人、近亲属代为和解。经被告人同意其近亲属可代为和解；被告人系限制行为能力人的，其法定代理人代为和解，赔礼道歉由被告人本人履行。其二，和解协议主要包括以下内容：被告人对犯罪事实无异议并真诚悔罪；被告人以赔礼道歉、赔偿损失等方式获得被害人谅解；赔偿的数额、方式；当事人要求保密的采取保密措施；提起附带民事诉讼的撤回起诉；被害人自愿请求或同意依法从宽处理。②　其三，在侦查、起诉期间已达成和解并全部履行又提起附带民事诉讼的不予受理；在审判期间签署和解协议后已全部履行当事人反悔的不予支持，但有证据证明和解违反自愿、合法原则的除外。其四，提起附带民事诉

---

① 审理后按下列情形处理：原裁定正确的维持，不再对涉案财产作出判决；原裁定确有错误的撤销，在判决中一并处理涉案财产。
② 协议书一式三份，当事人各一份，另一份附卷备查，由当事人和办案人签名，不加盖办案单位印章。

讼后达成和解但被告人不能即时履行全部赔偿义务的，法院制作附带民事调解书。③审查。司法机关在听取当事人和其他有关人员的意见后，审查和解的自愿性、合法性，制作和解协议书。当事人对公安、检察制作的和解协议书提出异议，法院审查认为和解自愿、合法的予以确认，无需重新制作和解协议书；违反自愿、合法原则的认定无效，重新达成和解的法院制作新的和解协议书。审判期间当事人在庭外达成和解，法院通知检察院并听取其意见，经审查和解自愿、合法的，制作和解协议书。④法律后果。达成和解后，公安机关可向检察院提出从宽建议，犯罪情节轻微不需要判处刑罚的可不起诉。检察院可向法院提出从宽建议，法院可从宽处罚，符合非监禁刑条件的适用非监禁刑；判处法定最低刑仍过重的可减轻处罚；综合全案认为犯罪情节轻微不需要判处刑罚的可免予处罚；共同犯罪的部分被告人与被害人达成和解协议的，可对该部分被告人从宽处罚，但注意全案量刑平衡。①

（4）未成年人刑事案件诉讼程序。①一般规则。其一，基本要求。贯彻教育、感化、挽救方针和教育为主、惩罚为辅原则，案件由熟悉未成年人身心特点的司法人员承办②，可调查成长经历、犯罪原因、监护教育等情况，未完成义务教育的与教育行政部门配合保证接受义务教育，未委托辩护人的指派辩护律师并听取辩护意见，拘留、逮捕和行刑均与成年人分开；法院需加强同政府、人民团体、社会组织的配合，推动人民陪审、情况调查、安置帮教的开展，积极参与综合治理。其二，未成年人法庭。以下案件由未成年人法庭审理：实施涉嫌犯罪时不满十八周岁、法院立案时不满二十周岁的案件；法院立案时不满二十二周岁的在校学生案件；强奸、猥亵、虐待、遗弃未成年人犯罪的案件；更适宜由未成年人法庭审理的其他案件。③ 其三，在场规则。询问、讯问和审判，通知法定代理人到场代为行使诉讼权利，无法通知或不能到场或是共犯的，通知其他成年亲属或所在学校、单位、居住地基层组织或未成年人

---

① 裁判文书应叙明达成和解的协议，并援引刑事诉讼法的相关条文。
② 人民陪审员从熟悉未成年人身心特点、关心未成年人保护工作的名单中随机抽取确定。
③ 涉及未成年人的共同犯罪案件，是否由未成年人法庭审理由院长决定；分案起诉至同一法院的未成年人与成年人共同犯罪案件，可由同一个审判组织审理，也可以分别审理；未成年人与成年人共同犯罪案件由不同法院或不同审判组织分别审理的，有关法院或审判组织应互相了解审判情况，注意量刑平衡。

保护组织的代表到场，将有关情况记录在案；在最后陈述后法定代理人可补充陈述；相关笔录交到场人员阅读或向其宣读；询问遭受性侵害或暴力伤害的未成年被害人、证人时同步录音录像，尽量一次完成，女性当事人由女性工作人员进行；在场人员认为办案人员在询问、讯问、审判中侵犯未成年人合法权益的可提出意见。其四，社会观护。法院对无固定住所、无法提供保证人的未成年被告人在适用取保候审时指定保证人，必要时可安排被告人接受社会观护。其五，公开或不公开审理的例外。被告人在开庭时不满十八周岁，经本人及其法定代理人同意，其所在学校和未成年人保护组织可派代表到场（人数和范围由法庭决定），到场代表经法庭同意可参与法庭教育；公开审理但可能封存犯罪记录的案件不得组织人员旁听，有旁听人员的告知不得传播案件信息。其六，不出庭作证及保密。未成年被害人、证人一般不出庭作证（必须出庭采取保护隐私和心理干预等措施），不得向外披露未成年人的姓名、住所、照片以及可能推断出其身份的其他资料，查阅、摘抄、复制涉及未成年人的案卷材料不得公开和传播。其七，司法建议。发现有关单位未尽到未成年人教育、管理、救助、看护等保护职责的，检察院法院需要提出司法建议。②附条件不起诉。未成年人涉嫌刑法分则第四至第六章规定、可能判处一年有期徒刑以下刑罚、符合起诉条件但有悔罪表现的，检察院在听取公安机关、被害人的意见后可决定附条件不起诉，① 期限为六个月以上一年以下，从作出决定之日起计算，由监护人配合检察院监督考察，被不起诉人按考察要求接受矫治和教育。在考验期内有下列情形之一的撤销附条件不起诉决定、提起公诉：一是实施新罪或发现漏罪需要追诉；二是违反治安管理规定或考察机关有关监督管理规定且情节严重。无上述情形且考验期满，作出不起诉决定。③开庭准备。其一，送达起诉书副本时讲明被指控的罪行和有关法律规定，告知审判程序和诉讼权利、义务。其二，审判时不满十八周岁未委托辩护人的，指派熟悉未成年人身心特点的法律援助律师为其辩护，未成年被害人及其法定代理人因经济困难或其他原因未委托诉讼代理人的，法院帮助其申请法律援助。其三，法院决定适用简易程序，被告人及其法定代理人、辩护人提出异议的，不适用简易程序。其

---

① 公安机关要求复议、提请复核或者被害人申诉的，适用《刑诉法》第 179 条、第 180 条的规定；犯罪嫌疑人及其法定代理人有异议的，作出起诉的决定。

四，开庭时被告人已满十八周岁、不满二十周岁的通知其近亲属到庭，近亲属经法庭同意可发表意见；无法通知、不能到场或是共犯的记录在案。其五，检察院需移送关于性格特点、家庭情况、社会交往、成长经历、犯罪原因、犯罪前后表现、监护教育等内容的调查报告，辩护人需提交反映上述情况的书面材料，必要时法院可自行或委托社区矫正机构、共青团、社会组织调查上述情况。其六，法院根据情况可对未成年的被告人、被害人、证人进行心理疏导，经未成年被告人及其法定代理人同意可进行心理测评；心理疏导、心理测评可委托专门机构、专业人员进行；心理测评报告可作为办案和教育的参考。其七，在开庭前和休庭时，法庭根据情况可安排未成年被告人与其法定代理人或者合适成年人会见。④审判。其一，在辩护台靠近旁听区一侧为法定代理人设置席位，可能判处五年有期徒刑以下或者过失犯罪的，可采取适合未成年人特点的方式设置法庭席位。其二，未成年被告人或其法定代理人当庭拒绝辩护人辩护的，应准许或另案处理；重新开庭后再次当庭拒绝辩护人辩护的不予准许，重新开庭时被告人已满十八周岁的可以准许，但只能自行辩护。其三，审判人员要使用适合未成年人的语言，审判长应制止威胁、训斥、诱供或讽刺未成年被告人的情形。其四，控辩双方提出判处管制、宣告缓刑等量刑建议的，应提供被告人能获得监护、帮教以及对所居住社区无重大不良影响的书面材料；法院可通知作出调查报告的人员出庭说明情况，接受控辩双方和法庭的询问；法庭经审查并听取控辩双方意见后将该材料作为办案和教育的参考。其五，法庭辩论结束后，法庭根据未成年人的生理、心理特点和案情可进行法治教育；有罪判决宣判后要进行法治教育；法定代理人以外的成年亲属或教师、辅导员等参与有利于感化、挽救的，法院邀请其参加；法庭教育也适用于简易程序。其六，最后陈述后，法庭应询问法定代理人是否补充陈述。其七，定期宣判时法定代理人无法通知、不能到场或是共犯的，法庭可通知合适成年人到庭，并在宣判后向其送达判决书。⑤执行。其一，法院送监执行或送社区矫正时，一并送达有关法律文书和调查报告、表现材料，与管教所建立联系、督促监护人及时探视、协助社区矫正机构制定帮教措施。其二，法院可适时走访、回访，了解管理、教育等情况，协助做好帮教、改造工作，引导家庭承担管教责任，创造改过自新的良好环境。其三，被社区矫正、免予刑事处罚后具备就学、就业条件的，法院可就其安置问题向有关部门提出建议，并附送必要的材料。⑥犯罪记录封存。犯罪时不满十八周岁被判处五年有期徒刑以下刑罚以及免予刑事处罚的，其犯罪记录应当封存，司法机关或有关单位向法院申请查询的，需提供查询的理由和依据，法院对查询申请及时作出是否同意的决定。

（5）死刑复核程序。①管辖法院。其一，中级人民法院（以下简称中院）判处死刑的一审案件被告人不上诉的，由高院复核后报请最高院核准；高院判处死刑的一审案件被告人不上诉的和判处死刑的第二审案件，都报请最高院核准。其二，中院判处死刑缓期二年执行的案件由高院核准。其三，被判处死刑缓期二年执行的受刑人，在死刑缓期执行期间故意犯罪，情节恶劣，查证属实，应当执行死刑的，由高院报请最高院核准。②核准程序。其一，中院判处死刑的一审案件被告人不上诉的由高院复核，高院不同意判处死刑的可以提审或者发回重审。其二，最高院复核死刑案件或者高院复核死刑缓期执行案件，由审判员三人组成合议庭作出核准或者不核准的裁定，不核准死刑的可以发回重审或者予以改判。其三，最高院复核死刑案件，应当讯问被告人，辩护律师提出要求的应当听取辩护律师的意见；在复核死刑案件过程中，最高检可以向最高院提出意见。其四，最高院应将死刑复核结果通报最高检。死刑复核程序是人民法院对判处死刑案件自动进行复审核准的审判程序，它是两审终审制的例外。

刑事特别程序虽然与传统的刑事审判程序有很大的不同，但仍然应当属于广义上刑事诉讼程序的内容。在传统的刑事审判程序和特别程序终结之后，往往会进入到刑事执行程序。

3. 刑事执行程序

现阶段，人们通常将刑事执行程序等同于行刑程序。如上所述，行刑程序即刑罚执行程序的简称，是指行刑机关将已经产生法律效力的判决、裁定所确定的内容依法实施以及解决在实施过程中出现的变更执行等问题的步骤、方式、方法的总称。关于刑事执行程序与行刑程序的区别以及行刑程序的主要内容，将在下文探讨和介绍。

按照我国刑事诉讼法学现行的通说观点，广义的刑事诉讼程序截止于行刑程序，也就是说，即使是广义的刑事诉讼程序，也是随着行刑程序的终结而终结。然而，笔者却发现，这样的刑事诉讼程序，已经不能满足刑事法目的全面实现的需要了，只有在刑事诉讼程序中产生出刑事审后程序，才能满足刑事法目的全面实现的需要。

本章小结

刑事诉讼模式包括制度模式和理论模式两种。制度模式的演变，经历了从弹劾式、纠问式到对抗式、审问式和混合式的过程。理论模式分为西方的模式和我国的模式，在西方理论模式中，犯罪控制与正当程序模式学说理论由美国的帕卡教授提出，该学说客观分析了在刑事司法中相互冲突的两种价值观和目的观。美国的格里费斯认为帕卡的两个模式其实就是一种争斗模式，并提出了争斗与家庭模式理论；美国的贝洛夫在帕卡犯罪控制与正当程序模式理论的基础上，提出了被害人参与模式，等等。我国的模式理论，主要有横向与纵向模式理论、"三角结构"与"线形结构"理论这两种。

刑事诉讼模式是实现刑事法目的的宏观平台。

按照我国刑事诉讼法学的通说观点，刑事诉讼程序存在着狭义和广义之分：狭义的刑事诉讼程序即传统的刑事审判程序，是指法院对被告人刑事责任作出最终、权威裁决的活动；广义的刑事诉讼程序，由刑事审前程序、刑事审判程序、刑事特别程序和行刑程序构成。

刑事诉讼程序是实现刑事法目的的微观平台。

研究发现，无论是狭义上还是广义上的刑事诉讼程序，均已不能满足刑事法目的全面实现的需要了，也就是说，满足刑事法目的全面实现的需要，已经成为在刑事诉讼程序中产生刑事审后程序的内在原因和基本动力。因此，本书需要解决的第一个核心问题就是，刑事法目的实现与刑事审后程序产生到底存在着怎样的具体关系呢？这一核心问题，将由下一章"刑事法目的的实现与刑事审后程序产生"予以回答。

第三章

刑事法目的实现与刑事审后程序产生

刑事法目的实现与刑事审后程序产生到底存在着怎样的具体关系呢？如上所述，由于刑事法目的包括刑法目的和刑诉目的，因此，研究刑事法目的实现与刑事审后程序产生的关系问题，可具体从刑法目的实现与刑事审后程序产生、刑诉目的实现与刑事审后程序产生这两方面展开探讨。

一、刑法目的实现与刑事审后程序产生

"刑法不仅要面对犯罪人保护国家，也要面对国家保护犯罪人"，还要面对犯罪人和检察官保护人们。① 刑法目的是刑罚可罚性的源由和界限，就是说，国家刑罚权根据刑法目的而设立，同时刑法目的也限制刑罚权，而且刑法目的是特定"语境"下相对意义上的动态概念，必须放到特定时代背景和社会环境之下考虑，② 因此刑法目的具有相对性。分析刑法目的的相对性，可按照不同的标准而展开。例如，刑法目的综合论的分配模式理论，就是以适用阶段为标准对刑法目的展开的论述。此外，研究还发现，根据适用主体的不同，刑法目的还可从以下四个方面予以分析：

其一，适用于国家的刑法目的。法律是理性实体，这一理性实体有个"代表人"，那就是国家。刑法目的是国家制定刑法和适用刑法所希望达到的结果，③ 因此，报应、预防、恢复、保护法益、保障法规范效力和维护法律秩序，

---

① 参见［德］拉德布鲁赫：《法学导论》，米健等译，中国大百科全书出版社 1997 年版，第 96 页。
② 周光权：《论刑法目的的相对性》，载《环球法律评论》2008 年第 1 期，第 33 页。
③ 参见曲新久：《刑法的精神与范畴》，中国政法大学出版社 2000 年版，第 88 页。

等等，都可以是指向国家这个主体的刑法目的。

其二，适用于一般人的刑法目的。适用于一般人的刑法目的就是一般预防。

其三，适用于犯罪行为人的刑法目的。对于犯罪嫌疑人、被告人或者受刑人而言，一般预防的目的实现已经失败，需要动用刑罚实现报应和特殊预防的刑法目的；而对于刑释人而言，主要适用的是特殊预防和恢复的刑法目的。

其四，适用于受害人的刑法目的。犯罪人履行赔偿受害人的相应损失，是实现报应和恢复这两个刑法目的的要素的应有之义，国家在犯罪人赔偿不能时对被害人予以补偿，也是"恢复"这一刑法目的的要素的必然要求。

由于刑法目的具有相对性，是一个不断进化的动态发展的概念，因此刑事法律制度应当根据刑法目的的发展变化而不断完善，唯有如此，方可真正、完全、顺利地实现刑法目的。刑法目的的实现，在现阶段必须是报应、预防和恢复这三个要素的共同实现；而这三要素的共同实现，需要刑事审后程序的加入才能得以真正的完成。也就是说，实现不断进化的刑法目的，需要刑事诉讼程序的理论和实践不断作出反应并进行相应的更新，刑事审后程序由此而产生。

（一）预防目的实现与刑事审后程序产生

刑事立法对大多数人能起到一般预防的作用，而对犯罪者来说，则意味着一般预防目的没有实现，因而需要国家适用刑法进行特殊预防。特殊预防目的实现的前提，主要是法官根据犯罪行为人的犯罪情况、个人情况和教育改造的难易程度等，在关注其犯罪前、犯罪中和犯罪后的人格表现并综合评估其人身危险性和社会危害性的基础上，选择合适的刑种和刑度予以裁判。而预防目的特别是特殊预防目的真正的实现，则是刑事审后程序中行刑程序和更生保护程序产生的根本原因之一。

1. 特殊预防目的实现与行刑程序产生

在阐述特殊预防目的实现与行刑程序产生的关系问题之前，有必要先介绍我国现行行刑程序的主要内容。

我国现行行刑程序的执行依据，通常是指以下三种发生法律效力的判决和裁定：一是已过法定期限没有上诉、抗诉的判决和裁定；二是终审的判决、裁定；三是最高院的核准死刑判决和高院的核准死刑缓期二年执行判决。我国现行的行刑程序，具体包括：死刑立即执行程序，由死刑缓期二年执行程序、无期徒刑执行程序、有期徒刑执行程序、拘役执行程序所构成的监禁刑执行程序，由缓刑执行程序、管制执行程序、剥夺政治权利执行程序、没收财产执行程序、罚金执行程序所构成的非监禁刑执行程序，以及由减刑程序、假释程序和暂予监外执行程序构成的行刑变更程序。其中，缓刑执行程序、管制执行程序、假释程序和暂予监外执行程序可以统称为社区矫正程序，而没收财产执行程序、罚金执行程序还可以统称为财产刑执行程序。

关于我国具体的行刑程序，本书主要介绍以下内容。

（1）死刑立即执行程序。①执行法院和执行期限。通常由一审人民法院执行，在死刑缓期执行期间故意犯罪被核准执行死刑的由受刑人服刑地的中院执行；在接到执行死刑命令后七日内执行。②停止执行。其一，执行法院在执行前发现有六种法定情形①的暂停执行，并立即将相关的报告和材料层报最高院，最高院经审查，认为可能影响罪犯定罪量刑的裁定停止执行，认为不影响的决定继续执行。其二，最高院在执行死刑命令签发后、执行前发现有上述六种暂停执行法定情形的，立即裁定停止执行并将有关材料移交下级法院；执行法院接到该裁定后，会同有关部门调查核实相关事由，并及时将调查结果和意见层报最高院，由原作出核准死刑判决、裁定的合议庭审查，必要时另行组成合议庭审查；审查后按下列情形处理：确认怀孕的改判；确认有其他犯罪依法应追诉的，裁定不予核准死刑，撤销原判、发回重审；确认原判决、裁定有错误或有重大立功表现需要改判的，裁定不予核准死刑，撤销原判、发回重审；确认原判决、裁定没有错误或没有重大立功表现或重大立功表现不影响原判决、裁定执行的，裁定继续执行，并由院长重新签发执行死刑的命令。③会见。其一，法院在执行死刑前告知受刑人有权会见近亲属，受刑人提供具体联系方式

---

① 即下列情形之一：（1）受刑人可能有其他犯罪；（2）共同犯罪中其他嫌疑人到案可能影响受刑人量刑；（3）共同犯罪中其他受刑人被暂停或停止执行死刑可能影响受刑人量刑；（4）受刑人揭发重大犯罪事实或有其他重大立功表现可能需要改判；（5）受刑人怀孕；（6）判决、裁定可能有影响定罪量刑的其他错误。

后由执行法院通知，其近亲属无法联系或其拒绝会见的告知受刑人。① 其二，近亲属申请会见的，执行法院应及时安排，但受刑人拒绝会见的除外，拒绝会见需记录在案并及时告知其近亲属，必要时录音录像。其三，会见一般在受刑人羁押场所进行；会见情况记录在案、附卷存档。此外，可以准许受刑人申请通过录音录像等方式留下遗言。④临场监督。法院在执行死刑三日前，通知同级人民检察院派员临场监督。⑤执行方法、场所。在指定的刑场或羁押场所内采用枪决或注射方法执行，采用其他方法执行死刑的事先层报最高院批准。⑥执行过程。其一，公布（禁止游街示众或其他有辱罪犯人格的行为）。其二，指挥执行的审判人员验明正身、讯问有无遗言、信札后由执行人员执行，由法医验明是否确实死亡，在场书记员制作笔录。其三，执行情况（包括受刑人被执行前后的照片）在执行后十五日内上报最高院。⑦其他事项。其一，执行法院及时审查遗书、遗言笔录，将涉及财产继承、债务清偿、家事嘱托等内容的遗书、遗言笔录交给家属，同时复制附卷备查；涉及案件线索的抄送有关机关。其二，通知家属在限期内领取骨灰，没有火化条件或因民族、宗教等原因不宜火化的通知领取尸体，过期不领取由执行法院通知有关单位处理，有关单位出具处理情况的说明；骨灰或尸体的处理情况记录在案。其三，外国籍被执行死刑后，通知外国驻华使领馆的程序和时限根据有关规定办理。

（2）监禁刑执行程序。①执行主体。死刑缓期二年执行②、无期徒刑、有期徒刑由监狱执行，在被交付执行刑罚前剩余刑刑期在三个月以下的由看守所代为执行；拘役由公安机关执行；未成年受刑人在未成年犯管教所执行刑罚。执行机关收押受刑人应及时通知其家属。②交付执行。被判处死刑缓期执行、

---

① 申请会见近亲属以外的亲友，执行法院经审查确有正当理由的，在确保安全的情况下可以准许；申请会见未成年子女的应经未成年子女的监护人同意，会见可能影响未成年人身心健康的，可以通过视频方式会见，会见时监护人应在场。

② 受刑人在死刑缓期执行期间犯罪的，由服刑地中级法院依法审判，认定故意犯罪、情节恶劣执行死刑的，在裁判生效后，层报最高人民法院核准执行死刑；未判决执行死刑的不再报高级人民法院核准，死刑缓期执行的期间重新计算，并层报最高人民法院备案，备案不影响判决、裁定的生效和执行；最高人民法院经备案审查，认为原判不予执行死刑错误确需改判的，依照审判监督程序予以纠正。死刑缓期执行的期间，从判决或者裁定核准死刑缓期执行的法律文书宣告或者送达之日起计算；死刑缓期执行期满，依法应当减刑的，人民法院应当及时减刑。死刑缓期执行期满减为无期徒刑、有期徒刑的，刑期自死刑缓期执行期满之日起计算。

无期徒刑、有期徒刑、拘役的，一审法院在裁判生效后十日内将判决书、裁定书、起诉书副本、自诉状复印件、执行通知书、结案登记表送达公安机关、监狱或其他执行机关；同案被告人参与实施有关死刑之罪的，在复核讯问被判处死刑的被告人后交付执行。执行通知书回执经看守所盖章后附卷备查。③社区矫正对象收监。其一，收监决定。法院收到社区矫正机构的收监执行建议书后，经审查确认具有法定事由①之一的在三十日内作出决定，该决定书一经作出立即生效。其二，收监执行。收监执行决定书送达社区矫正机构和公安机关并抄送人民检察院，由公安机关执行。其三，确定收监执行的刑期时间。被收监人有不计入执行刑期情形的，法院在收监决定书中确定不计入执行刑期的具体时间。④刑满释放。执行期满，由执行机关将释放证明书发给受刑人后，刑释人重新回归社会。

（3）社区矫正程序。①做出社区矫正裁判、决定与文书送达。决定机关②在确定执行地时③，可根据需要委托社区矫正机构或者有关社会组织对被告人或受刑人的社会危险性和对所居住社区的影响进行调查评估、提出意见，供决定时参考；在作出裁判、决定时对受刑人进行教育，告知遵守的规定以及违反规定的法律后果；自判决、裁定、决定生效之日起五日内通知社区矫正机构，并在十日内送达法律文书，同时抄送同级检察院和执行地公安机关；执行地不在同一地方的由执行地社区矫正机构将法律文书转送受刑人所在地的检察院、公安机关。②受刑人接收。被判处管制、宣告缓刑、裁定假释的，受刑人自判决、裁定生效之日起十日内到执行地社区矫正机构报到；法院决定暂予监外执行的，受刑人由看守所或公安机关自收到决定之日起十日内移送，监狱管理机

---

① 其法定事由包括以下八种情形：（1）不符合暂予监外执行条件；（2）未经批准离开所居住的市、县，经警告拒不改正或拒不报告行踪、脱离监管；（3）因违反监督管理规定受到治安管理处罚仍不改正；（4）受到执行机关两次警告仍不改正；（5）保外就医期间不按规定提交病情复查情况经警告拒不改正；（6）暂予监外执行情形消失后刑期未满；（7）保证人丧失保证条件或因不履行义务被取消保证人资格，在规定期限内不能提出新的保证人；（8）违反法律、行政法规和监督管理规定，情节严重的其他情形。

② 社区矫正决定机关，是指依法判处管制、宣告缓刑、裁定假释、决定暂予监外执行的人民法院和依法批准暂予监外执行的监狱管理机关、公安机关。

③ 社区矫正执行地为受刑人的居住地，有多个居住地的经常居住地为执行地；居住地、经常居住地无法确定或不宜执行社区矫正的，根据有利于受刑人接受矫正、更好地融入社会的原则确定执行地。

关、公安机关批准暂予监外执行的，受刑人由监狱或看守所自收到批准决定之日起十日内移送。社区矫正机构接收受刑人后，核对法律文书、核实身份、办理接收登记、建立档案，并宣告受刑人的犯罪事实、执行期限以及应遵守的规定。③受刑人的权利救济和义务。受刑人认为其合法权益受到侵害的，有权向检察院或有关机关申诉、控告和检举；受理机关及时办理后告知结果。受刑人应遵守法律、行政法规，履行法律文书确定的义务，遵守司法部关于报告、会客、外出、迁居等监督管理规定。④监督管理。其一，制定矫正方案并成立矫正小组。① 其二，日常监督管理。② 其三，电子定位监督。受刑人符合法定情形③的，经县级司法行政部门负责人批准，可使用电子定位装置，期限不超过三个月，期限届满经评估有必要继续使用的，经批准可延长期限，但每次不得超过三个月；通过电子定位装置获得的信息严格保密，只能用于社区矫正。其四，考核奖惩。④ 其五，减刑。受刑人符合法定减刑条件的，社区矫正机构向所在

---

① 社区矫正机构根据裁判内容和受刑人的性别、年龄、心理特点、健康状况、犯罪原因、犯罪类型、犯罪情节、悔罪表现等情况制定针对性的矫正方案，实现分类管理、个别化矫正，并根据表现调整方案；矫正小组负责方案落实，该小组可由司法所、居民委员会、村民委员会的人员，受刑人的监护人、家庭成员，所在单位或就读学校的人员以及社会工作者、志愿者等组成，受刑人为女性的在矫正小组中应有女性成员。

② 社区矫正机构通过通信联络、信息化核查、实地查访等方式了解、核实受刑人的日常表现，有关单位和个人配合（实地查访应保护受刑人的身份信息和个人隐私）；受刑人离开所居住的市、县或迁居报经社区矫正机构批准，因正常工作和生活需经常性跨市、县活动的，可根据情况简化批准程序和方式；因迁居等原因需要变更执行地的，社区矫正机构按有关规定作出变更决定，并通知决定机关和变更后的机构，同时将有关法律文书抄送变更后的社区矫正机构，该机构将法律文书转送所在地的检察院、公安机关。

③ 具体包括以下情形之一：其一，违反法院禁止令；其二，无正当理由未经批准离开所居住的市、县；其三，拒不按照规定报告自己的活动情况被给予警告；其四，违反监督管理规定被给予治安管理处罚的；其五，拟提请撤销缓刑、假释或者暂予监外执行收监执行。

④ 社区矫正机构根据受刑人的表现实施考核奖惩，考核结果作为认定是否确有悔改表现或是否严重违反监督管理规定的依据，受刑人认罪悔罪、遵守法律法规、服从监督管理、接受教育表现突出的，给予表扬。违反法律法规或监督管理规定的，视情节依法给予训诫、警告、提请治安管理处罚或变更执行。如受刑人失去联系，社区矫正机构立即组织查找，公安机关等有关单位和人员配合协助，找到后区别情形依法作出处理；发现受刑人正在实施违反监督管理规定或者法院禁止令等违法行为的，立即制止，制止无效立即通知公安机关到场处置；依法对受刑人采取拘留、强制隔离戒毒、刑事强制措施的，有关机关及时通知社区矫正机构。

地的中级以上人民法院提出减刑建议并抄送同级人民检察院，法院在收到后三十日内作出裁定，并将裁定书送达社区矫正机构，同时抄送同级人民检察院、公安机关。⑤教育帮扶。其一，有关部门、单位和组织开展职业技能培训、就业指导，帮助完成学业。① 其二，受刑人的监护人和家庭成员、所在单位或就读学校协助教育。其三，社区矫正机构通过公开择优购买社会服务或者委托社会组织，在教育、心理辅导、职业技能培训、社会关系改善等方面为受刑人提供必要的帮扶。其四，国家鼓励有经验有资源的社会组织跨地区开展帮扶交流和示范活动，鼓励企业事业单位、社会组织为受刑人提供就业岗位和职业技能培训，招用符合条件受刑人的企业享受国家优惠政策。其五，受刑人按国家规定申请社会救助、社会保险、法律援助时，社区矫正机构给予必要的协助。⑥社区矫正终止。矫正期满或受刑人被赦免，社区矫正机构发放社区矫正终止证明书，并通知决定机关、所在地的人民检察院、公安机关。受刑人在矫正期间死亡的，其监护人、家庭成员立即报告，社区矫正机构接到报告后及时通知决定机关、所在地的人民检察院、公安机关，决定机关查证属实后作出终止社区矫正的决定。⑦社区矫正解除。其一，撤销缓刑、假释。受刑人在考验期内犯新罪或者发现漏罪没有判决的，由审理法院撤销缓刑、假释，并书面通知原审法院和社区矫正执行机构；其他情形由社区矫正机构向原审法院或执行地法院提出撤销缓刑、假释建议，并说明理由、提供有关证据材料，该建议书抄送同级检察院（受刑人可能逃跑或可能发生社会危险的，可在提出撤销建议时提请法院决定逮捕，法院在四十八小时内作出决定，决定逮捕的由公安机关执行，羁押期不得超过三十日）。法院在收到撤销缓刑、假释建议书后三十日内作出裁定，将裁定书送达社区矫正机构和公安机关，抄送同级检察院；拟撤销缓刑、假释的，听取受刑人的申辩及其委托律师的意见，裁定作出后公安机关将受刑人送交监狱或看守所，执行前被逮捕的羁押一日折抵刑期一日；裁定不予撤销的立即释放。其二，解除暂予监外执行。受刑人具有法定收监情形的，社区矫正机构向执行地或原来的社区矫正决定机关提出收监执行建议，并抄送同

---

① 社区矫正机构协调有关部门和单位，根据受刑人的个人特长，组织其参加公益活动，修复社会关系，培养社会责任感，对就业困难的受刑人开展职业技能培训、就业指导，帮助受刑人中的在校学生完成学业；居民委员会、村民委员会可引导志愿者和社区群众，利用社区资源，采取多种形式，对有特殊困难的受刑人进行必要的教育帮扶。

级检察院。社区矫正决定机关在收到建议书后三十日内作出决定，将决定书送达社区矫正机构和公安机关，并抄送同级检察院。人民法院、公安机关决定收监的，由公安机关立即将受刑人送交监狱或看守所；监狱管理机关决定收监的，由监狱立即将受刑人收监。其三，被裁定或被决定收监的受刑人逃跑的，由公安机关追捕，社区矫正机构、有关单位和个人予以协助。

（4）剥夺政治权利执行程序。单处剥夺政治权利的，法院在裁判生效后十日内，将判决书、裁定书、执行通知书等法律文书送达受刑人居住地的县级公安机关，并抄送其居住地的县级人民检察院。由公安机关执行，执行期满，公安机关书面通知受刑人本人及其所在单位、居住地基层组织。附加刑为剥夺政治权利的，由公安机关从主刑执行完毕之日或者假释之日起开始执行。

（5）财产刑执行程序。我国的财产刑包括罚金刑和没收财产刑，财产刑执行程序主要包括以下内容。①执行主体。一审人民法院是执行主体，被执行财产在外地的可委托财产所在地的同级人民法院执行；在必要时可以会同公安机关执行。②执行内容。判处没收财产的，判决生效后立即执行。罚金在判决规定的期限内一次或分期缴纳，期满无故不缴纳或者未足额缴纳的强制缴纳，经强制缴纳仍不能全部缴纳的，在主刑执行完毕后的任何时候，发现有可供执行财产时予以追缴；行政机关就同一事实已经处以罚款的，判处罚金时予以折抵；因遭遇不能抗拒的灾祸等原因缴纳罚金确有困难，被执行人申请延期缴纳、酌情减少或者免除罚金的，提交相关证明材料，法院在收到申请后一个月内作出裁定，符合法定条件的予以准许，不符合条件的驳回申请。③保留生活必需费用。执行财产刑时，参照被扶养人住所地上年度居民最低生活费标准，保留被执行人及其扶养人的生活必需费用。④民事赔偿责任优先。被执行人被判处财产刑，同时又承担附带民事赔偿责任的，先履行民事赔偿责任。⑤执行异议。当事人、利害关系人认为执行行为违反法律规定，或者案外人对被执行标的提出书面异议的，法院参照民事诉讼法的有关规定处理。⑥终结执行。具有下列情形之一的裁定终结执行：一是据以执行的判决、裁定被撤销；二是被执行人死亡或被执行死刑且无财产可供执行；三是被判处罚金的单位终止且无财产可供执行；四是依法被免除罚金；五是其他终结执行的情形。裁定终结执行后，发现有隐匿、转移财产情形的予以追缴。⑦返还或者赔偿。财产刑全部或者部分被撤销，已执行的财产全部或者部分返还，无法返还的依法赔偿。⑧

法律适用。刑事诉讼法及有关刑事司法解释没有规定的，参照适用民事执行的有关规定。

（6）行刑变更程序。我国的行刑变更程序主要包括减刑、假释程序和暂予监外执行程序两种。①减刑、假释程序。其一，程序启动。受刑人在执行期间确有悔改或有立功表现，由执行机关提出减刑、假释建议书，报请法院审核裁定，建议书副本抄送同级检察院。其二，审理法院和审限。死刑缓期执行①的减刑，由执行地的高院在收到同级监狱管理机关审核同意的减刑建议书后，一个月内作出裁定；无期和有期徒刑的减刑、假释，由执行地的高院和中级法院在收到同级执行机关审核同意的减刑、假释建议书后，一个月内作出裁定，案情复杂或情况特殊的可延长一个月；管制、拘役的减刑，由执行地的中级法院在收到同级执行机关审核同意的减刑建议书后，一个月内作出裁定；社区矫正的减刑，由执行地的中级法院在收到社区矫正机构减刑建议书后三十日内作出裁定。其三，受理与立案。受理后主要审查下列材料：一是减刑、假释建议书；二是原审法院的裁判文书、执行通知书、历次减刑裁定书的复制件；三是证明确有悔改、立功或重大立功表现具体事实的书面材料；四是评审鉴定表、奖惩审批表等；五是假释后对所居住社区影响的调查评估报告；六是刑事裁判涉财产部分、附带民事裁判的执行、履行情况；七是根据案件情况需要移送的其他材料。此外，检察院对报请减刑、假释案件提出意见的，执行机关一并移送。经审查，材料不全的通知执行机关在三日内补送；逾期未补送的不予立案。其四，公示。在立案后五日内对下列事项予以公示：受刑人的姓名、年龄等个人基本情况；原判认定的罪名和刑期；历次减刑情况；执行机关的减刑、假释建议和依据。公示应写明公示期限和提出意见的方式。其五，审理。受刑人积极履行刑事裁判涉财产部分、附带民事裁判确定的义务的，可认定为有悔改表现，在减刑、假释时从宽掌握；确有履行能力而不履行或者不全部履行的，在减刑、假释时从严掌握。合议庭可以采用书面审理方式，但下列案件需要开庭审理：一是因重大立功表现提请减刑；二是提请减刑的起始时间、间隔

---

①　受刑人在死刑缓期执行期间没有故意犯罪的，死刑缓期执行期满后应当裁定减刑；死刑缓期执行期满后，尚未裁定减刑前又犯罪的，应当在依法减刑后，对其所犯新罪另行审判。

时间或者减刑幅度不符合一般规定；三是职务犯罪，或者是组织、领导、参加、包庇、纵容黑社会性质组织犯罪，或者是破坏金融管理秩序犯罪、金融诈骗犯罪；四是社会影响重大或者社会关注度高；五是公示期间收到不同意见；六是检察院提出了异议；七是有必要开庭审理的其他案件。其六，裁定。裁定作出后在七日内送达提请机关、同级检察院以及受刑人；检察院认为裁定不当，可在法定期限内提出书面纠正意见，法院在收到意见后另行组成合议庭审理于一个月内作出裁定。在裁定作出前，执行机关书面提请撤回减刑、假释建议的，由法院决定是否准许。法院发现本院已生效的减刑、假释裁定确有错误的，另行组成合议庭审理；发现下级法院已生效的减刑、假释裁定确有错误的，可以指令下级法院另行组成合议庭审理，也可以自行组成合议庭审理。其七，撤销假释。见上述社区矫正程序中的相关内容。②暂予监外执行程序。其一，决定或者批准机关。被判处监禁刑的受刑人因严重疾病、怀孕或正在哺乳婴儿、生活不能自理的原因，在被交付执行前提出暂予监外执行申请，由一审法院负责鉴别，符合法定条件的制作暂予监外执行决定书，写明基本情况、判决确定的罪名和刑罚、决定的原因、依据等；在交付执行后由监狱或看守所提出书面意见，报省级以上监狱管理机关或设区的市一级以上公安机关批准。其二，重新核查。决定或者批准机关将暂予监外执行决定抄送检察院后，检察院认为不当的，自接到之日起一个月内将书面意见送交决定或者批准机关，决定或者批准机关接到该书面意见后，立即对该决定进行重新核查。其三，移送社区矫正。决定或批准暂予监外执行后，监狱或看守所等机关自收到决定之日起十日内将受刑人移送社区矫正机构；受刑人在暂予监外执行期间死亡的，执行机关应及时通知监狱或者看守所。其四，收监。见上述社区矫正程序中的相关内容。

　　需要说明的是，一般而言，特殊预防目的可通过以下两个途径予以实现：①其一，在特定期限内甚至永久性地剥夺嫌疑人或被告人特定的条件、资格、财产、自由甚至生命，从而排除其再犯可能性，使其不能再犯；二是将犯罪人教育改造成为守法公民，使其不敢甚至不愿再犯。行刑程序，就是特殊预防目的上述这两个实现途径不可缺少的法律机制。同时，管制、缓刑、减刑、假释和

---

　　①　参见阮齐林：《刑法学》（第二版），中国政法大学出版社 2010 年版，第 286-287 页。

暂予监外执行等行刑程序法律制度的适用，还表达了特殊预防目的功利性的追求。因此，特殊预防目的的实现，应该是上述各种行刑程序产生的内在原因。

2. 特殊预防目的实现与更生保护程序产生

受客观环境和自身主观因素的决定，刑释人通常比其他社会人的再犯可能性更大，[①] 因为刑释人即使已经悔过自新，也往往因为诸多生活难题和社会歧视，在一定外因的刺激下难以抵抗再犯诱惑，而深受监狱亚文化影响的出狱人更是如此。[②] 刑满释放的初期，是刑释人再犯罪的集中爆发期，[③] 而社会的接纳能力和接纳程度是其中的核心变量，[④] 此时只有采取必要的法律措施为刑释人解决实际困难和问题，才能助其渡过这段艰难的适应期。这个必要的法律措施，就是更生保护程序。

自英国 1862 年颁布《出狱人保护法》（*Law on Protection of Persons from Prison*）后，许多国家建立和完善了更生保护法律制度，其内容主要包括为刑释人提供临时住所、生活费用和必要的教育、医疗、就业培训等，对刑释人进行生活上的关心、就业上的安置、思想上的帮教、行为上的管理，旨在改善其生活环境，使其成为守法的社会人。[⑤]

不同国家关于更生保护法律制度的称谓和内容有所不同，例如日本称为更生保护，英国称为出狱人保护，美国和德国叫重返社会，我国叫"安置帮教"。在这些不同的称谓中，安置帮教作为我国的更生保护制度，具有显著的"重点控制"和较浓的行政强制色彩等特征，存在贴上"犯罪人"标签的明显弊端，是更生保护制度的初始阶段；重返社会和出狱人保护具有服务性、指导性的特点，适合保障人权和法治的需要；更生保护则是出狱人保护制度的发展和升华，[⑥] 它具有"超过刑罚而保护个人的慈悲精神"和"扶危济困、保护弱者的

---

① 详见于跃江：《论刑罚目的》，载《中国刑事法杂志》2002 年第 6 期，第 30 页。

② 张甘妹：《刑事政策》，台湾地区三民书局 1978 年版，第 281 页。

③ 详见李志鹏：《我国出狱人社会保护境域探析》，载《江苏警官学院院报》2009 年第 2 期，第 120 页。

④ 阎文青：《论出狱人社会保护制度的完善》，载《犯罪研究》2007 年第 4 期，第 54 页。

⑤ 详见郭建安：《西方监狱制度概论》，法律出版社 2003 年版，第 235—255 页。

⑥ 详见何显兵：《社区刑罚研究》，群众出版社 2005 年版，第 426—432 页。

人类爱、慈悲心"。① 而更生保护程序，就是顺序、步骤、方式、方法等在更生保护法律制度中的运用。

研究发现，行刑程序即使已经终结，但刑释人的再犯可能性并不一定消除，特殊预防目的还不能宣告完全实现，而释放初期是刑释人的再犯爆发期，此时如果缺少了更生保护程序来防止再犯，那么特殊预防目的的实现，就只能寄希望于刑释人的行为自律，这通常是不可能的事情。可以说，在前科消灭之前的刑事诉讼程序中，特殊预防目的一直存在，而且至少必须由刑事审前程序、刑事审判程序和刑事审后程序中的行刑程序与更生保护程序的联动运行才能得到完全的实现。因此，实现特殊预防的刑法目的，是更生保护程序产生的内在原因。

（二）报应目的实现与刑事审后程序产生

刑法正是因其报应目的的落实，才获得了社会观念的普遍认可、接纳并最终获得尊严和权威。当然，报应目的必须依靠刑事法律制度及其机制的运行才能得以真正地实现。否则，报应目的就只能是立法者的观念而已。

1. 报应目的实现与行刑程序产生

刑罚以及行刑程序一直是刑事经典理论的主要内容之一。在行刑程序中，报应强调刑罚应当与已然之罪保持等价，如果受刑人在行刑期间为自己过去的犯罪行为已经悔改，说明惩罚和矫正方法合适且刑罚功能收到了积极效果，受刑人应当因此而享有获得减刑和假释的权利——这在一定程度上也实现了"罪刑相当"的报应目的。报应论主张，受刑人刑满释放，意味着报应目的的实现，即实现了与报应相适应的公正性和痛苦性。因此，行刑程序不仅是实现特殊预防这一目的不可或缺的过程，同时也是实现报应目的公正性和痛苦性的必由之路，可见，实现报应目的也是行刑程序产生的内在原因之一。

2. 报应目的实现与前科消灭程序产生

所谓前科消灭制度，是指经过法定程序注销前科人有罪宣告或罪刑记录并

---

① 转引自邵名正：《中国劳改法学理论研究综述》，中国政法大学出版社1992年版，第621页。

恢复其正常人法律地位的一种刑事法律制度。该制度产生于 17 世纪后期的法国，是在君主赦免权基础上发展起来的法律制度,[1] 后来其他国家也相继建立了该制度。[2] 前科消灭制度对国家具有防卫的功能，对社会具有安护、悯恤的功能，对前科者则具有感化、鼓励、调适和有效预防的功能。[3] 当前科被消灭后，前科人员之前被剥夺的权益得到恢复，在法律上被认为没有犯罪，与其他公民在就学、就业时享有同等的待遇，这既可以增加前科人员的就业机会，激发其各种潜能，减少不稳定的社会因素，又可以改善社会环境并减轻前科的不利影响，进而促进正义、平等的实现，体现出刑法的人道性。

既然受刑人在行刑期间通过积极悔改能够获得及时的减刑、假释，那么在行刑完毕后，刑释人如果仍然表现良好，国家就不能因为实现特殊预防目的的需要，一直持续剥夺或者限制刑释人的相关权利和资格，否则，就造成报应目的的无限度延伸，这对刑释人是不公平的。例如我国《刑法》第 100 条规定的前科报告义务，使得刑释人的前科在入伍、就业时无所遁形，虽然保证了单位的知情，但同时也必然导致单位的歧视。由于刑释人的罪行轻重、主观犯意、刑期长短、矫正教育以及释放后生活等情况各有不同，以一刀切的方式规定前科报告义务未免失之公平。因此，在刑罚执行完毕后，如果刑释人不再犯罪，且在一定期限内仍然表现良好并得到社会认可，就应当采取法律措施对前科的事实信息进行限制，帮助前科人员撕去犯罪的标签，减轻甚至是消除前科的不利影响，以体现刑法的谦抑性和公正性。否则，就超过了报应目的的必要限度，导致刑释人一直承受不应有的痛苦，使得报应目的在刑释人身上并没有得到真正的实现。可见，报应目的要素的真正实现，催生了前科消灭程序。而前科消灭程序，就是顺序、步骤、方式、方法等在前科消灭法律制度中的运用。

3. 报应目的实现与刑事附带民事执行程序产生

研究发现，国家根据刑法规定以刑罚方式强制报应犯罪行为人，并不能涵盖被害人希望从被告人处获得民事赔偿的意愿，被告人主动赔偿被害人也好，

---

[1] 见张明楷，《外国刑法纲要》，清华大学出版社 1999 年版，第 373 页。
[2] 详见于志刚：《简论前科消灭的定义及其内涵》，载《云南大学学报（法学版）》2003 年第 4 期。
[3] 详见彭新林：《论前科消灭功能》，载《理论观察》2008 年第 4 期。

国家强制被告人履行赔偿义务也罢，都应该是实现受害人所希望的报应目的的具体体现。也就是说，犯罪人赔偿受害人的相应损失，是实现受害人眼中的报应。可见，报应既表现为刑罚惩罚的痛苦性和公正性——可以满足刑法的罪刑法定原则和罪责刑相适应原则的要求，也表现为履行民事赔偿义务的痛苦性和公正性——可以满足民法的权利义务对等原则的要求。因此，犯罪人承担赔偿受害人相应损失的民事责任，也是刑法报应目的要素的应有之义。在这个问题上，英国学者边沁至少已感觉到了赔偿受害人与报应目的之间的内在联系。边沁认为，民事损害赔偿在刑事案件中看起来不属于刑罚惩罚的主题，但存在这样的民事惩罚，具有给受害人提供赔偿与对罪犯施加相称痛苦的双重作用。[①]

　　由于国家根据刑法规定强制对犯罪行为人进行刑罚制裁，不能完全代表被害人希望从犯罪人处获得赔偿的报应目的，因此，在当代各国的刑事案件中，如果被告人在刑事诉讼中没有及时予以赔偿，那么被害人可以通过刑事附带民事诉讼程序或者按照民事诉讼程序向法院主张赔偿请求权；如果被告人在裁决文书生效之后仍然没有履行赔偿义务，那么被害人可提出申请由国家强制犯罪行为人履行，以实现受害人所希望的报应目的。可见，刑事附带民事执行程序也是实现报应目的不可或缺的法律制度，或者说，实现报应目的是刑事附带民事执行程序产生的根本原因之一。关于刑事附带民事执行程序的具体内容，本书将在下文予以介绍。

（三）恢复目的实现与刑事审后程序产生

　　如上所述，刑法的恢复目的，是指国家希望以立法规定的方式并通过刑事法律程序机制的运行达到恢复被犯罪行为所破坏的社会关系、社会秩序和各种权益的目的。恢复目的的实现，也是刑事审后程序相关制度产生的根本原因之一。

1. 恢复目的实现与刑事附带民事执行程序产生

　　我国的刑事附带民事执行程序，是指法院执行机构依审判机构的移送或者刑事当事人的申请，强制执行生效刑事附带民事裁判文书所确立的义务的程

[①]　参见［英］边沁：《惩罚的一般原理》，邱兴隆译，载邱兴隆主编，《比较刑法（第2卷）：刑罚基本理论专号》，中国检察出版社2004年版，第320页。

序，它所适用的是民事执行程序规则。① 关于执行程序的实施主体，我国虽然存在着另行建立某种行政性质的专门机构的主张，但目前仍设立为法院的职能部门。我国的民事执行程序，大致由执行程序启动、送达执行通知、财产查控、财产处分及权利实现、执行救济、执行终结等内容构成。②

（1）民事执行程序启动。执行程序由债权人提出申请并经法院审查得以启动。启动执行程序的依据是生效的法律文书，包括判决、裁定、仲裁裁决、公证书等，这些法律文书不仅确定了被执行人，还载明待实现的民事权利种类及数额等重要信息，法院审查执行申请的关键性操作，就是核实和确认当事人。当然，债权人希望通过执行程序获得债权清偿，首先要决定向哪一个法院申请执行，即解决"执行管辖"问题，收到执行申请的法院也会对其是否拥有管辖权进行审查。此外，法院以执行依据为对象，审查申请人和被执行人是否适格、待实现的为何种民事权利、具体数额多少及执行时效等问题。在某些案件的执行过程中，有可能变更或追加当事人。值得注意的是，启动阶段所确认的权利种类和数额，对于后续程序的展开，尤其是有关哪些财产可以作为执行标的物的问题，具有十分重要的指引作用。

（2）送达民事执行通知。民事执行程序启动后，由执行员负责实际操作。根据《民事诉讼法》（以下简称《民诉法》）第 240 条规定，执行员向被执行人送达执行通知（也可以立即采取强制执行的相关措施）。向被执行人发出通知，一方面是执行机构以国家强制力和公权力机关的权威为后盾，争取被执行人能够自行履行义务，另一方面也是听取被执行人意见，或者给其表达看法、提出解决方案的机会，表明强制执行程序已经进入执行机构与被执行人直接沟通的阶段。执行机构要求被执行人主动披露自己的财产信息，填写并提交财产申报表，这是被执行人必须承担的程序性义务；如果发生拒不申报或者虚假申报等妨害执行的行为，可能会受到罚款或拘留等民事强制措施的制裁。

（3）财产查控。在发出民事执行通知后或者与此同时，执行机构的一项重要工作就是查找并控制被执行人的财产。对被执行人的存款、股票或基金、股

---

① 见我国《民事诉讼法》第 224 条。
② 详见王亚新：《通过强制执行的权利实现——执行程序的实际操作及其功能》，《当代法学》2018 年第 1 期，第 157-160 页。

权或期货、汽车和船只等价值较大的动产、土地使用权和房屋等不动产的查找，主要通过两种途径：一是网络查询；二是现场调查或搜查。由于网络技术日益发达以及法院整合各种信息资源建立相关网络平台的努力，网络查询方式更为便捷、成本更为低廉，已经成为查找被执行人财产最重要和最关键的方法或途径。为了防止被执行人转移、隐匿财产，对查到的财产需要采取控制措施，这些措施因财产种类的差别而不同。冻结、查封、扣押，是分别针对存款、不动产和动产的典型形态，有的在发出执行通知时就对已知的被执行人财产采取了此类措施。查封可分为档案查封与现场查封两种，前者法院通过发出协助执行通知和不动产管理机关的书面操作即可完成，后者则需要执行人员到不动产的现场采取上锁、贴封条等措施进行。目前，许多法院执行部门利用网络平台开通了执行信息公开的窗口，通过此窗口发布与特定案件执行过程相关的各种信息，当事人可随时上网查看，了解执行程序的进展，这对于提高程序的透明度、满足当事人的知情权具有重要的价值和意义。但是，执行信息的网络公开，目前在各地法院的发展尚不平衡，因而具有很大的改进、完善空间。

（4）财产处分与权利实现。在控制了财产或固定其现状后，主要通过以下方式满足申请执行人的债权。其一，已控制的财产与执行依据上指明的财产相互对应时的执行。执行依据确定的是金钱债权，执行机构找到并冻结了被执行人名下的存款，将其扣划到申请执行人名下即可；执行依据确定的给付内容是某一特定不动产过户，而该不动产又已经被执行机构查封，则向申请执行人发出协助执行裁定，由其持此裁定书去不动产登记机关办理过户手续；执行依据确定的是交付特定动产或是某一种类的动产，而该动产或该种类的动产已被执行机构扣押，则将其直接交付申请执行人即可；执行依据的给付内容还可能要求被执行人必须从事某种行为或不得为某种行为，如离婚的配偶一方允许另一方定期探视尚未成年的小孩等，则由执行机构迫使被执行人履行相应的行为。其二，执行依据确定的债权种类与所控制的财产没有相互对应时的执行。例如执行依据确定的是金钱债权，控制的财产为动产或不动产，这就有必要把该执行标的物予以拍卖或变卖①，通过变现以满足申请执行人的金钱债权。为区别

---

① 变卖指法院执行部门直接将标的物变价为现金，拍卖则是通过多人出价等竞价方式实现的标的物变现。

于《拍卖法》所规范的市场化拍卖，执行程序中的拍卖称为"司法拍卖"，这种拍卖可进一步区分为若干不同类型，如"网络司法拍卖""委托拍卖"等等。其三，某一个特定被执行人财产的执行需要满足不同执行申请人的权利。在这种情况下，被执行人财产所满足的权利人不止一个主体，比较简单的处理是通过"执行竞合"方式予以执行，复杂的处理则是以执行程序上的"参加分配"，甚至是破产清算等制度予以执行。

（5）民事执行救济。被执行人如有合理理由，可以根据《民诉法》第225条提出执行异议，或者根据第237条、第238条等规定申请不予执行。执行机构审查此类异议或申请后，有时可能导致不予执行或执行中止等执行救济的结果。此外，被执行人也可以向执行机构反映自己立即履行义务的困难，并通过执行机构与申请执行人就如何履行义务进行沟通或达成某种妥协性的解决方案，达至"执行和解"或者"执行担保"。

（6）民事执行终结。根据《民诉法》第257条规定："执行终结"既适用于申请执行人撤回申请、作为执行依据的法律文书被撤销、权利人死亡且已无权利实现之必要、被执行人死亡且无遗产、被执行人完全无力清偿债务且既无收入来源又丧失劳动能力等情形，也适用于因执行申请人的权利全部或绝大部分得到实现而结束程序等情形。后者称为"执行完毕"，但由于多种复杂因素的影响，这种理想状态在现阶段难以达成，即以执行完毕方式终结执行案件的比率很低。执行实务中，权利人的权利在并未全部或大部得到满足的情形下，也存在着执行终结的结果，这主要是指"执行不能"；被执行人死亡且无遗产，或者被执行人完全无力清偿债务且既无收入来源又丧失劳动能力，这两种情形是典型的执行不能。此外，还有一种"终结本次执行程序"的执行终结机制，就是法院执行部门在穷尽财产查找措施后仍找不到足以实现权利的被执行人财产等情况下，暂时办理结案手续，一旦发现了被执行人的财产或者权利人提供了相关的财产线索，执行程序通过权利人申请而重新启动。终结本次执行，是执行程序在运行中经过了相当的时间仍不能满足债权人的权利，同时也不符合法定终结执行的条件，因而暂时结束程序但随时可以重新开始的程序退出机制。当然，这种机制能发挥哪些正面的功能以及可能带来怎样的副作用等问题，尚需要继续观察和研究。

值得注意的是，大陆法系国家不仅在其刑事诉讼法典中规定刑事附带民事执行程序适用民事执行程序的规定，而且在其刑事审前程序和刑事附带民事审判程序中也规定很多措施保护被害人的合法权益，例如《日本刑事诉讼法典》（*Code of Criminal Procedure of Japan*）第 2 条规定，私诉是"以赔偿犯罪所损坏及返还赃物为目的"的诉讼，适用民法；其第 4 条还规定，私诉不论金额多少："在公诉第二审判决前"均"得附带于公诉以为之"；该法典第 333 条则进一步规定："凡赔偿及应办济诉讼关系人之诉讼费用及其判决之执行"，均应当适用民事诉讼法的相关规定。① 除此之外，法国②、德国③等国的刑事诉讼法典均有类似规定。英美法系国家虽然没有设立刑事附带民事诉讼程序制度，但其被害人的损失均可通过民事诉讼程序及其执行程序予以解决。

在我国，如果被告人没有或者只部分履行了生效刑事附带民事裁判文书所确定的赔偿义务，那么被害人只能通过申请或者由法院将审判终结的刑事案件通过自行移送的方式进入到刑事附带民事执行程序而获取赔偿，以恢复被犯罪行为所侵害的合法权益。由此可见，实现刑法的恢复目的，也是刑事附带民事执行程序产生的内在原因之一。

2. 恢复目的实现与刑事被害人国家补偿程序产生

刑事被害人国家补偿又叫被害人国家补偿或者被害人救助，④ 是指国家负有保障每个国民基本生存和修复被犯罪破坏的法秩序的义务，在被害人未得到相应赔偿而其基本生活陷入困境时，由国家通过救助以帮助其渡过难关。因此，在刑事附带民事执行程序终结之后，当被害人因遭受犯罪侵害造成了重大损失而又没有获得相应的赔偿且其生活陷入困难的时候，很多国家通过立法规定了刑事被害人国家补偿程序，目的是对上述被害人予以过渡性的经济补偿——补偿的对象和范围的确定，受一国对该制度性质的认识以及立法的理论基础、经济社会状况等因素的影响。

---

① 详见何勤华主持点校整理《新译日本法规大全》第二卷，商务印书馆出版，2007 年版。

② 例如《法国刑事诉讼法典》在卷首就以《公诉和民事诉讼》为名规定了两者的基本关系和民事诉讼的独立性，其后各卷各编几乎都对附带私诉作了特别的规定。参见肖建华：《刑事附带民事诉讼制度的内在冲突与协调》，载《法学研究》2001 年第 6 期，第 58 页。

③ 《德国刑诉法典》第 406 条规定，见［德］罗科信：《刑事诉讼法》，吴丽琪译，法律出版社 2003 年版，第 137 页。

④ ［日］大谷实，黎宏译：《刑事被害人及其补偿》，载《中国刑事法杂志》2000 年第 2 期，第 122 页。

　　历史的演进表明，在国家没有出现的时候，恢复被犯罪破坏的权利和秩序，均通过被害人及其氏族的私力救济方式进行。在国家产生之后，国家既然将全体公民的私力救济权集中行使，就有义务保障全体公民的安全，发生犯罪理应对被害人负责，并采取措施恢复被侵害的秩序和抚慰被害人及其所在社区成员的心理及情感，如果说国家受当事人经济条件的影响对被害人或者其近亲属的经济补偿是具体的和个别的，那么国家对被害人及其所在社区成员的心理抚慰则是普遍的和广泛的。① 需要说明的是，由于我国国家层面的相关立法至今尚未制订，配套的措施也未跟上，因而国家抚慰被犯罪行为所破坏的情感和心理在现阶段还无法做到。

　　刑事被害人国家补偿问题最早由英国治安法官马杰里·弗瑞于 1951 年提出，但是，国家层面的刑事被害人国家补偿程序立法，直至 1964 年新西兰在颁布《新西兰刑事被害补偿法》（*Criminal Victims Compensation Act of New Zealand*）之后，各国才纷纷予以效仿立法。由于该程序是对特定的被害人及其近亲属在不能从犯罪人处获得损害赔偿时，由国家依法对当事人所受损失给予适当经济补偿的一种司法保护制度，② 其设立的目的，就是为了在一定程度上恢复被害人因犯罪行为造成的权益损失，以保障被害人能够维持基本的正常生活。因此，实现刑法的恢复目的，是刑事被害人国家补偿程序产生的内在原因。

　　3. 恢复目的实现与前科消灭程序产生

　　前科消灭程序能够恢复刑释人正常社会人的法律身份，使其与社会形成无缝对接，为刑释人彻底融入社会打下坚实的基础，因此，前科消灭程序是刑释人实现恢复目的要素的不二机制。也就是说，就刑释人而言，恢复目的的实现也是前科消灭程序产生的内在原因之一。

---

① 参见房绪兴、邱志国：《由惩罚犯罪到保障人权》，载《中国人民公安大学学报（社会科学版）》2009 年第 2 期，第 64 页。

② ［日］大谷实：《刑事被害人及其补偿》，黎宏译，载《中国刑事法杂志》2000 年第 2 期，第 122 页。

二、刑诉目的实现与刑事审后程序产生

"实现实体法律一旦被视为法律程序运作的唯一目标，就可能变得具有压迫性，使公民的个人权利让位于普遍的福利或者公共利益"。① 其实，法律程序或者法律实施过程是否具有正当性，并不完全是看它能否有助于产生正确的结果："而是看它能否保护一些独立的内在价值"。② 因此，即使是仅仅适用程序法律规范，也可能会导致实体法发生根本性的变化，例如法庭会因程序原因而判实体法并无规定的结果或者排除违法证据，甚至据此作出无罪裁判，③ 也就是说，刑事审后程序的产生，并不仅仅是为了满足刑法目的实现的需要，同时也是为了满足刑诉目的实现的需要，如果说刑法目的的实现为刑事审后程序的产生提供了实体法意义上的动力和依据，那么刑诉目的的实现则为刑事审后程序的产生提供了程序法意义上的动力和依据。

由于刑诉目的由内在目的和外在目的构成，故下文分别从内在目的实现与刑事审后程序产生、外在目的实现与刑事审后程序产生这两方面进行具体论述。

（一）内在目的实现与刑事审后程序产生

如上所述，刑事诉讼的内在目的是保障人权，问题是，当事人在刑事审后程序中享有哪些人权呢？笔者发现，在刑事审判程序终结之后，受刑人享有的人权主要有人道待遇权、回归社会权和获得救济权。其中，人道待遇权主要包括基于人身权所产生的免受酷刑权与适当生活水准权；回归社会权是受刑人重返社会的权利，主要包括受刑人所享有的诸如参与劳动、接受教育、获得减刑假释、接触外界等各种权利；获得救济权是确保实现人道待遇权、回归社会权

---

① 陈瑞华：《程序正义的理论基础》，载《中国法学》2000年第3期，第45页。
② 陈瑞华：《走向综合性程序价值理论》，载《中国社会科学》1999年第6期，第27—28页。
③ ［日］田口守一：《刑事诉讼法》，刘迪译，法律出版社2000年版，第2页。

所必须享有的程序性权利。① 值得注意的是，在行刑程序终结之后，刑释人重新进入社会，其享有的人权应当主要包括适当生活水准权、更生保护请求权、参与劳动权、接受教育权和前科消灭请求权等。

被害人与犯罪人是"同一枚硬币的两面"。② 保护被害人的意义，虽然在某种角度来看，主要在于维持、确保一国国民对包括刑事法律在内的整个法秩序的信赖。③ 但是，就保障被害人的人权而言，则应当聚焦于被害人损害赔偿请求权的实现上。

笔者发现，只有设立了刑事审后程序，刑事当事人的上述这些人权才能得以真正的保障。也就是说，刑事诉讼程序的内在目的的实现，同样是刑事审后程序产生的内在动力和根本原因。

1. 内在目的实现与行刑程序产生

虽然犯罪人侵害过他人的合法权利，危害过国家或社会，应当受到必要的理性惩罚，但其未被剥夺的权利仍然不可侵犯，这在国际上已经形成了共识。例如不能虐待、侮辱和歧视犯罪人，④ 否则很可能将其再次推向社会对立面。⑤

行刑程序保障受刑人未被剥夺人权目的的实现，至少具有以下四个理由：①从人性的角度看，即使可以根据技艺、德性等因素将人分等评定，但有些权利是属于所有人的，与人的品质、能力毫无关系，⑥ 并不因为道德"恶"和行为"坏"而消灭。如"平等地具有做人的尊严"⑦ 等人权，即使是受刑人也仍然必须享有，不可剥夺。同时，人在"社会互动中形成群体，通过依靠他人来

---

① 冯一文：《中国囚犯人权保障研究——以联合国囚犯待遇标准为参照》，吉林大学 2006 年博士论文，第 34-35 页。

② 转引自刘凌梅：《西方国家刑事和解理论与实践介评》，载《现代法学》2001 年第 2 期，第 152 页。

③ ［日］大谷实：《刑事政策学》，黎宏译，法律出版社 2000 年 11 月版，第 309 页。

④ 如联合国《保护人人不受酷刑和其他残忍、不人道、有辱人格的待遇或刑罚的宣言》《禁止酷刑、其他残忍、不人道、有辱人格的待遇或刑罚的公约》《执法人员行为守则》《世界人权宣言》《公民权利和政治权利公约》等法律文件都规定了禁止不人道待遇条款。

⑤ 力康泰、韩玉胜：《刑事执行法学原理》，中国人民大学出版社，1998 年版，第 102 页。

⑥ 参见［美］范伯格：《自由、权利和社会正义》，王守昌、戴栩译，贵州人民出版社 1998 年版，第 129-130 页。

⑦ ［美］阿德勒：《六大观念》，陈珠泉、杨建国译，团结出版社 1989 年版，第 171 页。

满足自身所有的物质需要和大部分心理需要"，① 这些需要是人的本性，它不断发展且永无止境，因而国家和社会在报应受刑人时，也负有满足其基本人性需要的责任，而满足其最基本人性的需要也就是保障其基本人权的实现。② 从保护弱势群体的角度看，受刑人的权利行使与实现受到诸多限制，其人权也极易受到侵害，属于最弱势群体，木桶由最短的一片决定其容量，最弱势群体人权保障的实现状况是一个国家人权保障水平最为直观的体现。② ③从公民身份的角度看，公权力不得随意进入公民领域——这是现代民主与宪政建设赖以建立的基本原理和法则，③ 由于自然人的国籍不因犯罪而丧失，④ 因此受刑人依然享有未被剥夺的公民权利。当然，人权与公民权利不能混为一谈，如外国人或无国籍人可以享有他国的人权而不享有他国的公民权。⑤ ④从保障人权普遍性的角度看，保障受刑人未被剥夺人权的实现，就是对社会个体的普遍尊重和对社会整体利益的维护，如果容忍随意剥夺受刑人所享有的人权，就可能发展为剥夺在道德上或在行为上有瑕疵的其他人的人权，甚至发展为随意侵犯或剥夺社会任何一个成员的人权，最终造成对社会秩序的毁灭性打击而危及到整个社会的利益和安全。⑥

因此，行刑程序在目的上具有复合性，它除了对受刑人实现报应和特殊预防之外，还保障受刑人未被剥夺的包括人道待遇权、回归社会权等在内的人权，以及为了受刑人未被剥夺的人权的充分实现，还保障受刑人充分享有获得救济权这一程序性权利，以确保受刑人在行刑完毕之后能够顺利地重返社会。也就是说，行刑程序的设立，除了实现报应和特殊预防目的之外，也是为了保护受刑人未被剥夺的人权并为其顺利回归社会做好准备。可见，刑事诉讼内在目的的实现，也是行刑程序产生的内在动力。

---

① ［古希腊］亚里士多德：《政治学》，吴寿彭译，商务印书馆1965年版，第158页。

② 参见吴宁：《社会弱势群体权利保护的法理》，吉林大学2005年博士论文，第87页。

③ 参见齐延平：《论普遍人权》，载《法学论坛》2002年第3期，第35页。

④ 参见鲁加伦主编：《中国罪犯人权研究》，法律出版社1998年版，第39页。

⑤ 见联合国制定的1951年的《关于难民地位的公约》、1954年的《关于无国籍人地位公约》、1961年的《减少无国籍状态公约》、1967年的《难民地位协定书》和1986年的《非居住国公民个人人权宣言》等。

⑥ 参见万国海：《罪犯权利论纲》，载《扬州大学学报》2003年第6期，第61页。

2. 内在目的实现与更生保护程序产生

如上所述，释放初期是刑释人的再犯爆发期，需要通过更生保护程序以实现特殊预防目的。不仅如此，释放初期同时也应该是刑释人希望保障自己回归社会权得到实现的最迫切需求期，国家只有对释放初期的刑释人采取更生保护程序的保护性措施，对刑释人进行生活上、就业上和行为上的安置、关心和管理，使其再社会化从而成为守法的社会人，才能满足保障刑释人享有回归社会并过上普通人正常生活的人权实现的深层次需要。也就是说，刑释人回归社会并过上普通社会人正常生活的人权，必须通过更生保护程序来保障方可得以顺利的实现。因此，保障刑释人以回归社会权为核心的人权的实现，也是更生保护程序产生的内在原因之一。

3. 内在目的实现与前科消灭程序产生

更生保护程序毕竟无法解决刑释人恢复正常"社会人"法律身份的问题，由于刑释人在受刑完毕后应当回归社会过上正常人的生活，并享有未被依法剥夺的一切权利和自由，而"犯罪标签"特别是我国的前科报告制度①，实际上仍然在剥夺刑释人回归社会过上正常人生活的人权。实际上，现在已经有很多国家规定了前科消灭程序，并且通过重新确立真心悔过、弃恶从善者的社会地位和法律身份，为其获得正常生活的权利和公平竞争的机会提供人权保障。

由此可见："前科消灭程序"和"更生保护程序"的设置目的基本相同，都主要是为了帮助刑释人顺利回归社会并过上正常人的生活，它们的产生与发展，不仅是刑法目的观的巨大变革，而且是为了满足实现保障刑释人人权的刑诉目的的客观需要。就是说，保障刑释人顺利过上正常人生活的人权，也是"更生保护程序"和"前科消灭程序"产生的根本原因。

4. 内在目的实现与刑事附带民事执行程序产生

如果被告人未主动履行裁判文书所确定的赔偿义务，那么被害人的赔偿请求权，只能通过"刑事附带民事执行程序"的运行才可能得以实现，因此，除了真正实现刑法目的中的报应要素和恢复要素之外，保障被害人的损害赔偿请求权这一目的的实现，也是刑事附带民事执行程序产生的根本原因之一。

---

① 前科报告制度对前科人的资格剥夺与权利限制没有期限，无异于终生贴上"犯罪标签"。

值得注意的是，无论是量刑，① 还是减刑、假释，② 均应适当减轻积极主动履行民事赔偿义务的被告人的刑事责任。但是，即使被告人不主动履行其民事赔偿义务，也不能因此而加重其既有的刑事责任。理由是：首先，刑事责任的轻重，只能以民事责任在确定时而非履行时的各种因素为考量标准和依据。其次，刑事责任的分配必须遵守罪刑相适应原则和谦抑性原则，不能因犯罪人未主动履行赔偿而增加，否则，就意味着以人的自由或生命来替代民事赔偿，这显然违背了人身权高于财产权的基本法理。③ 再次，被告人可以到执行阶段再履行赔偿义务，这是法律赋予被告人正当的程序权利。最后，刑事立法可以通过从轻或者减轻刑罚处罚的方式，鼓励被告人提前或主动履行赔偿义务，但是，绝对不能在法律规定的范围之外，惩罚被告人行使正常程序性权利的行为。

5. 内在目的实现与刑事被害人国家补偿程序产生

如上所述，被害人在未得到相应赔偿而其基本生活陷入困境时，由国家通过刑事被害人国家补偿程序帮助其渡过难关，故设置"刑事被害人国家补偿程序"，除了满足恢复这一刑法目的要素实现需要之外，也是为了帮助受害人不因犯罪行为的伤害而陷入生活困境，亦即保障受害人能够过上有尊严的生活之人权。就是说，保障受害人的生存和人格尊严权这一内在目的的实现，也是设立刑事被害人国家补偿程序的根本原因之一。

（二）外在目的实现与刑事审后程序产生

如上所述，在刑事审判程序中，刑事诉讼的外在目的主要是解决国家与被告人之间的纠纷和被告人与被害人之间的纠纷；但在刑事审前程序和刑事审后

---

① 《最高人民法院关于适用〈中华人民共和国刑事诉讼法〉的解释》第 194 条规定："审理刑事附带民事诉讼案件，人民法院应当结合被告人赔偿被害人物质损失的情况认定其悔罪表现，并在量刑时予以考虑。"

② 2010 年最高院《关于贯彻宽严相济刑事政策的若干意见》第 34 条规定，对"积极主动缴付财产执行财产刑或履行民事赔偿责任的罪犯"，在适用减刑、假释时"应当根据悔改表现予以从宽掌握。"

③ 牛传勇：《刑事附带民事诉讼内在机理探析——哲学和法理学视角对赔偿范围之审视》，载《理论学刊》2014 年第 7 期，第 110 页。

程序中，刑事诉讼的外在目的则主要是解决刑事问题。例如，行刑程序和行刑变更程序在确认符合法定条件的法律事实后，解决刑罚执行过程中的所有法律问题；更生保护程序和前科消灭程序在确认符合法定条件的法律事实后，解决刑释人顺利回归社会的所有法律问题；刑事附带民事执行程序和被害人补偿程序在确认符合法定条件的法律事实后，解决被害人请求赔偿和请求补偿的所有法律问题。

如果在刑事诉讼程序中缺乏刑事审后程序的加入，那么上述这些刑事问题也就缺少了相关的解决机制，这些刑事问题显然就不可能得以解决。也就是说，受刑人、刑释人和被害人的所有法律问题，只有通过包括行刑、更生保护、前科消灭和刑事附带民事执行、刑事被害人国家补偿在内的刑事审后程序的联动运行，方可得以全部的顺利解决。因此可见，刑事诉讼的外在目的的实现，也是刑事审后程序产生的内在原因。

综上所述，随着历史的发展和刑事法目的理论的更新，只有在刑事诉讼程序的现有框架中加入刑事审后程序，刑事法目的才有可能得以真正地实现。

本章小结

刑事法目的包括刑法目的和刑诉目的，刑事审后程序的产生，既是为了满足预防、报应、恢复这刑法目的三要素共同实现的需要，也是为了满足刑事诉讼内在目的与外在目这两要素共同实现的需要。只有在刑事诉讼程序的现有框架中加入刑事审后程序的全部内容，才有可能使刑事法目的得以真正的全面实现。否则，刑事法目的的实现就缺少了必不可少的法律机制。

那么刑事审后程序怎样界定？其体系该怎么构建？或者说其体系通过怎样的逻辑才能构建而成？刑事审后程序的立法情况如何？其相关立法存在哪些主要问题？应当怎样进行立法完善？更加重要的问题是，刑事审后程序体系构建和立法完善的理论依据是什么呢？等等这些问题，将由下一编——予以回答。

中　编

刑事审后程序的体系构建与立法完善：本体论

　　上编三章，主要探讨了刑事审后程序产生的原因，即全面实现刑事法目的是刑事审后程序产生的根本原因和基本动力。本编也分为三章，主要研究刑事审后程序的本体问题，重点是在界定刑事审后程序的基础上，从体系构建、立法完善及其理论基础等方面对刑事审后程序本身展开具体的分析和研究。上编主要是原因论，本编主要是本体论。

第四章

刑事审后程序体系构建与立法完善的依据

刑事审后程序的体系构建和立法完善是两个密切相关的问题，前者是应然描述，后者是应然设计，两者需要共同的理论基础作为支撑，因为"法律秩序的形成有赖于人们对它们自身所固有的终极正义性的信仰，没有信仰的法律将退化成为僵死的教条"[①]："一项法律制度如果不能从内在理论上说服于人，就会形成影响该法律制度理论和实践运作的天然缺陷"，[②] 而没有基础理论支撑的单纯的应用研究，难免会坠入实用主义的泥坑。[③] 可见，挖掘刑事审后程序体系构建和立法完善的理论依据，是研究刑事审后程序本体时需要首先解决的问题。而界定刑事审后程序，则是探讨其理论依据的前提条件。

一、刑事审后程序的界定

刑事审后程序作为一个全新的概念，目前仅有几位学者使用过，如徐静村教授[④]卞建林教授[⑤]和熊志海教授[⑥]在其论著或者主编的教材中，均使用了刑事审后程序的概念，但是，这些文献均未对其予以界定，而且各有其不同的理

---

① ［美］伯尔曼：《法律宗教》，梁治平译，中国政法大学出版社 2003 年版，第 13 页。
② 杨正万：《论被害人诉讼地位的理论基础》，载《中国法学》2002 年第 4 期，第 166 页。
③ 肖剑鸣：《犯罪学研究论衡》，中国检察出版社 1996 年版，第 7 页。
④ 详见徐静村主编：《21 世纪中国刑事程序改革研究——〈中华人民共和国刑事诉讼法〉第二修正案（学者建议稿）》，法律出版社 2003 年版，第 571-578 页；徐静村：《论我国刑事诉讼法的再修正》，载《现代法学》2003 年第 3 期，第 4-5 页。
⑤ 详见卞建林：《刑事诉讼的现代化》，中国法制出版社 2003 年版；卞建林、刘玫主编：《外国刑事诉讼法》，中国政法大学出版社 2008 年版。
⑥ 详见熊志海、张步文主编：《刑事诉讼法学》，重庆大学出版社 2005 年版。

解：徐静村教授将其等同于行刑程序；卞建林教授论述的美国刑事审后程序所包含的课刑、上诉，都属于我国公认的刑事审判程序的内容；熊志海教授却将死刑复核程序、审判监督程序、执行程序均纳入审后程序，显然扩大了刑事审后程序的内容。

就目前而言，刑事审后程序的明确界定，应该建立在比较研究它与行刑程序、它与刑事审判程序之间异同的基础上，而且至少需从刑事审后程序的概念、基本特征等方面进行进一步的具体分析。

（一）刑事审后程序与行刑程序

一般而言，我国行刑程序的特征主要有以下四个方面①：一是合法性。即被执行对象必须是已经生效的判决、裁定，执行活动必须按照法定程序进行。二是强制性。即已经生效的裁判具有普遍的约束力，任何法人、组织和个人必须执行。三是及时性。即法院裁判一经生效，就要迅速执行，任何法人、组织和个人无权阻止和拖延。四是执行主体的广泛性。即执行生效裁判的机关、单位和组织，在我国除法院以外，还有监狱、公安和社区矫正机构等，检察院还是行刑程序的法定监督机关。行刑程序与刑事审后程序的区别，具体包括以下主要内容。②

1. 程序主体不完全相同

行刑程序的主体有刑罚执行机构及其监督机构和被执行人；而刑事审后程序的主体除行刑程序的主体之外，还包括被害人，以及其他不具有刑罚强制权的部门如负责对被害人发放补偿金的机构等，其主体更加广泛。

2. 程序内容不完全相同

行刑程序的内容主要有两部分：一是将已发生法律效力的裁判所确定的内容付诸实施，二是处理刑罚执行变更等问题；而刑事审后程序的内容除了行刑程序之外，还包括刑事附带民事执行程序、刑事被害人国家补偿、更生保护、

---

① 参见陈光中主编：《刑事诉讼法》，北京大学出版社、高等教育出版社 2002 年版，第 361-362 页。

② 参见陈建军、李立宏：《论刑事审后程序》，《中南林业科技大学学报》，2012 年第 2 期，第 109 页。

前科消灭等程序内容。

3. 程序的原则不完全相同

行刑程序的原则包括强制性、及时性和合法性，具体内容是：刑事判决和裁定一经发生法律效力，便对任何单位和个人都有强制约束力，必须无条件立即交付执行，不能有任何拖延，任何抗拒执行的行为都属违法，都应受法律制裁；交付执行时，必须做到法律文书齐全，变更执行时必须按规定程序报请人民法院裁定，不得随意变更。而刑事审后程序的原则除了执行程序所要求的强制性、及时性和合法性之外，还包括适用对象特定性原则、补偿适当性原则等。适用对象特定性原则要求刑事被害人国家补偿的对象只能是符合条件的被害人或者是其近亲属，更生保护和前科消灭适用的对象只能是符合条件的刑释人；适当性原则要求刑事被害人国家补偿具有及时性和有限性，不能超出被害人所受损害进行无限制补偿。

4. 程序的启动不完全相同

行刑程序一般由国家法定执行机关依法定职权主动启动，有国家的强力保障，除此之外，刑事审后程序中的大多数事项需要当事人申请方可启动，如被害人申请刑事被害人国家补偿、刑释人申请更生保护或者前科消灭，等等。

综上，行刑程序只是刑事审后程序的一个重要组成部分，两者虽然在现阶段通常容易混为一谈，但其实两者之间的区别很大。

（二）刑事审后程序与刑事审判程序

刑事审判程序通常是法院裁决被告人是否承担刑事责任的过程和顺序，它与刑事审后程序主要存在以下两方面的差异。

1. 程序特征上的差异

刑事审判程序具有以下六方面的特征：[①] 其一，和平性和非自助性。所谓非自助性，是指刑事案件不能由当事人自行凭借私力予以解决，而必须由国家专门的司法机构进行处理。所谓和平性，是指刑事案件必须以一种理性争辩与交涉的途径、采取非暴力性的方式进行处理，其过程和结果均必须完全建立在

[①] 详见陈瑞华：《刑事审判原理论》，北京大学出版社2003年版，第7-14页。

事实和法律的基础上。其二，被动性与应答性。与立法机关和行政机关不同，法院从来不主动处理没有被实际提交的事项，在刑事审判程序中，尽管就刑事责任问题作出权威的裁决是法院的职责，但前提是必须有人已经主动提出控告或申请，法院只能被动地予以受理，并且在受理之后还必须对当事人提交的事项做出回答和反应。其三，多方参与性。一般而言，法官进行与其制作实体裁判有关的所有审理和裁判活动，都必须在控辩双方同时参与的情况下才能顺利完成。其四，集中性。这主要表现在以下三个方面：一是审判活动必须在相对集中且不间断的时间内进行；二是审判活动通常是在法庭这一特定场所内进行；三是审判活动必须在法官与控辩双方共同参与下，同时通过一种正式的法定程式进行。其五，非合意性。非合意性包含有以下三方面的意思：一是控辩双方的主张、意见并不能拘束法院在经过审判后所作出的裁判范围；二是法院的审判目的不是做出支持一方、反对另一方的裁决，而是在从实体上解决被告人的刑事责任问题；三是审判结果不是解决控辩双方谁输多少谁赢多少的问题，而是解决被告人有罪或无罪的问题。其六，最终性和权威性。除了法院之外，其他任何机构不得审判刑事案件，而法院一旦对于被提交的刑事案件进行了审判，在作出生效裁决后一般不得重新审理；法院的生效裁决当事人必须服从和遵守，其他人也必须尊重，因为法院的生效裁决对控辩双方乃至整个社会均有法律约束力，而且任何人均有义务确保法院生效裁决的顺利执行。

刑事审后程序作为刑事审判程序的后续程序，虽然在和平性和非自助性、裁判的非合意性及其最终性和权威性等方面的特征基本相同，但刑事审后程序由于不存在发生争议的当事人双方，除非法律另有特别的规定，一般不具有启动的应答性和主体的多方参与性的特点。关于刑事审后程序的基本特征问题，本书将在下文探讨。

2. 基本原则上的差异

世界各国刑事审判程序普遍适用的基本原则主要有：司法独立原则；刑事程序法定原则；无罪推定原则；控审分离原则；平等对抗原则；辩护原则；直接言词原则；公开原则；诉讼经济原则；一事不再理原则。刑事审后程序除了适用其中的部分原则之外，还存在着其特有的基本原则。

（1）刑事审判程序与刑事审后程序共同适用的基本原则。①司法独立原则。该原则一般包含实质独立、身份独立、集体独立和内部独立这四方面的内容。① 司法权的独立行使，意味着司法责任的独立承担。法院在刑事审判中可能受到出于不同目的的主体干预，尤其是具有国家权力、经济实力或舆论力量的单位和个人的干涉。确认并贯彻司法独立原则，有助于抵制不当干预和保障司法公正、防止责任界限模糊，有利于强化司法官的责任感，提高刑事司法质量。我国的司法独立原则建立在人民代表大会制度基础上，各级法院和检察院由人大选举产生，对人大负责并接受其监督。②刑事程序法定原则。在英美法系国家，它称为"法的正当程序"原则，最先由英国 1628 年《权利请愿书》第 4 条规定，后被美国《宪法》修正案第 5 条和第 14 条所承认，其基本含义是：除非经过司法程序，任何人的生命、自由、财产等权利不得被剥夺。在大陆法系国家中，该原则最先由法国 1789 年《人权宣言》第 7 条规定，② 1791年法国宪法将其确认后传至整个欧洲大陆，现已成为国际人权法上的一条基本准则。③ 贯彻该原则以制裁为后盾，制裁方法主要有四：一是排除非法证据；二是立即释放被违法拘捕羁押者；三是宣布程序无效；四是撤销定罪判决，宣告无罪。④ 为保证该原则的遵守，国外通行的监督主要有二：一是检察院监督；二是法院司法审查。⑤ ③诉讼经济原则。它是为实现特定诉讼目的而选择成本

---

① 按照《世界司法独立宣言》和《国际律师协会关于司法独立最低限度标准的规则》所确立的最低限度标准，实质独立是法官、检察官在履行司法职能以及制作司法文书时，只服从法律，保持客观公正的态度；身份独立即法官、检察官执行司法职务的任期和条件应得到充分的保障，以确保不受行政机关控制；内部独立即法官、检察官在执行司法职务过程中应独立于其他同事和上级，不受干涉和控制；集体独立，即法院、检察院作为一个整体不受行政机关对其人身、财政、物资方面的干涉和限制。实质独立、身份独立、内部独立统称为个体独立，它与集体独立一起，共同构成司法独立的基本内容。

② 该条规定："除非在法律规定的情况下，并按照法律所规定的程序，不得控告、逮捕和拘留任何人"。

③ 《公民权利与政治权利国际公约》第 9 条第一款规定："每个人都享有人身自由与安全的权利，任何人不得被任意逮捕或羁押，除非依据法律所规定的理由并遵守法定的程序，任何人不得被剥夺自由"。程味秋、杨诚、杨宇冠编：《联合国人权公约和刑事司法文献汇编》，中国法制出版社 2000 年版，第 90 页。

④ 具体采取何种制裁方法，由各国根据本国占主导地位的诉讼价值观、目的观和刑事程序的特点确定。

⑤ 1998 年生效的《欧洲人权公约》第 11 议定书规定，欧洲四十个国家允许权利受到侵害的公民在穷尽了国内法所有救济渠道后，直接向欧洲人权法院提出申诉，由欧洲人权法院进行司法审查。

最低的诉讼方法和手段的基础性准则，其实质是诉讼的投入产出比，即诉讼方式的经济性选择。该原则要求：其一，尽量缩短诉讼周期。诉讼周期指诉讼程序从发生到终结的时间延续过程。其二，尽量简化程序。简化程序是现代国际刑事诉讼的改革趋势，如不少国家规定的简易程序和速裁程序，都大大简化了诉讼程序。其三，尽量减少诉讼中财力、物力、人力的投入和浪费。其四，节制诉讼手段。在实现特定诉讼目的可供选择的数种手段中，必须采取耗费较少同时给有关当事人损害较小的手段，即刑事手段应与所针对的行为本身的严重性相适应，不能不成比例。① 故该原则也称为"比例原则"或"相应性原则"。诉讼经济与诉讼及时是包含与被包含的关系，后者是前者的重要内容。② 但适用该原则不得损害诉讼程序的公正性和保障人权的目的性。④一事不再理原则。该原则源于古罗马法，英美法系国家称为禁止双重危险原则。我国法学界对此存在三种观点：第一，认为它包括两种含义，"一是诉讼系属效力，即原告不得就已起诉之案件，于诉讼系属中再行起诉；二是判决的既判力，即判决确定后，当事人不得就已经判决的同一案件再行起诉"。第二，认为它"仅适用于法院所作的实体裁判"。第三，认为它"既包括对于法院生效的实体裁判的约束力，还包括对于某些特定的涉及一定实体内容的程序性裁判的约束力。"③ 我们发现，该原则是指除法律另有规定外，法院对同一人的同一行为作出生效裁判后，不得再次对同一人的同一行为进行司法处理。确立该原则具有以下意义：一是确保法院刑事裁判的确定性和权威性。查明真相是刑事诉讼的阶段性目的，但不能为了实现该目的而轻易重复开启程序，否则裁判既判力将荡然无存，法院权威也会受到质疑。二是有利于保障人权。保障人权和限制国家权力，应该是设立该原则最重要的目的。三是有利于节约诉讼成本。一事

---

① 如无逮捕必要不得逮捕；扣押、搜查、查封、冻结不是必要不得采取。手段节制对被害人和证人也适用，如在侦查中的调查询问，要在有准备的基础上争取一次调查清楚，避免三番五次影响其正常工作与生活。

② 如美国宪法修正案第 6 条和日本宪法第 37 条均规定了被告人享有获得及时公开审判之权利。

③ 详见谢佑平主编：《刑事诉讼国际准则研究》，法律出版社 2002 年版，第 538 页，第 394 页；陈瑞华：《刑事审判原理论》，北京大学出版社 2003 年版，第 172-173 页；宋英辉主编：《刑事诉讼原理》，法律出版社 2003 年版，第 153 页。

不再理原则避免同一程序的重复运作，能节省有限的司法资源并及时终结诉讼①。

上述四个基本原则，是刑事诉讼程序的相关主体必须遵守的最低要求，应该适用于包括刑事审后程序在内的整个刑事诉讼程序的全过程。

（2）只适用于刑事审判程序的基本原则。①无罪推定原则。无罪推定首先出现在英国的诉讼理论中，后为美国宪法及其诉讼实务所采用，法国 1789 年《人权宣言》将其确定为一项法治原则②后被世界广泛接受。1948 年和 1966 年联合国大会分别通过的《世界人权宣言》和《公民权利与政治权利国际公约》均确认了该原则，③ 并要求各缔约国将无罪推定作为一项公民权利和政治权利加以保障，为在全球贯彻该原则提供了法律依据。后来，联合国制定的有关刑事司法的标准和规范，均将无罪推定作为国际公认的法律标准。④ 该原则表明：侦查、检察机关在审判前认定嫌疑人或被告人有罪只具程序意义，任何人在法院经审理判决前从法律上被看成是无罪者。⑤ 我国已对国际社会承诺采纳该原

---

① 参见陈建军、李立宏：《刑事诉讼价值论》，中南大学出版社 2006 年版，第 275-276 页。

② 法国 1789 年《人权宣言》第 9 条明确规定："任何人在其未被宣告为犯罪以前，应当被推定为无罪"。

③ 该宣言第 11 条第 1 款规定："凡受刑事控告者，在未经获得辩护上所需要的一切保障的公开审判而依法证实有罪以前，有权被视为无罪"。该公约第 14 条第 2 款规定："凡受刑事控告者，在未依法证实有罪之前，应有权被视为无罪"。

④ 如《联合国少年司法最低限度标准规则》《禁止酷刑和其他残忍、不人道或有辱人格的待遇或处罚公约》《保护所有遭受任何形式拘留或监禁的人的原则》，等等。

⑤ 即使是因为现行行为而被拘捕，在判决确认有罪之前也不能将其当作罪犯对待，不能采取刑讯逼供等非法方法搜集证据，侵犯其人格尊严。由无罪推定原则可引申出三项规则：一是控方承担证明责任，嫌疑人、被告人不因不能证明其无罪而推定其有罪。二是不能以嫌疑人、被告人沉默而认定其有罪。三是疑罪从无。当然，无罪推定只是一种主观判断并非事实本身，它既可以保障人权，也可能导致真正的犯罪人没有受到刑事追究，导致被害人的人权没有得到有效保护，而且因证据不足作出无罪判决时，再次伤害被害人的人权。如何解决这一问题有待于进一步研究。

则。① 此外，一些重要的国际性刑事学术团体、机构和会议也有相关的决议和宣言。② 当然，本书还认为，无罪推定原则也应该适用于刑事审前程序，但最主要的是适用于刑事审判程序。②控审分离原则。该原则有结构和程序两种含义。③ 前者指刑事诉讼的控诉职能与审判职能由不同的国家机关分别承担，检察院独立于法院，检察官不得兼任法官,④ 后者指程序启动"不告不理"以及程序运作"诉审同一";⑤ 前者是组织和体制上的保障，后者是核心，它直接规范和指导程序的实际运作过程，没有不告不理和诉审同一，控审分离就失去了目标和意义。控审分离是近代以来在吸取中世纪纠问式野蛮刑事司法制度血的教训后理性思考的产物，是刑事诉讼进入文明的一个根本标志，已经得到国际社会普遍的认同与遵循。⑥ 世界刑法学协会第十五届代表大会《关于刑事诉讼法中的人权问题的决议》也有类似规定。⑦ ③平等对抗原则。平等对抗是英美法系国家刑事诉讼基本原则之一，大陆法系国家在司法改革过程中正逐步借

---

① 如 1990 年《香港特别行政区基本法》第 87 条第 2 款规定："任何人在被合法拘捕后，享有尽早接受司法机关公正审判的权利，未经司法机关判罪之前，均假定无罪";1991 年全国人大常委会批准加入《儿童权利公约》，对其中第 40 条"在依法判定有罪之前应被假定为无罪"的规定没有声明保留;1993 年《澳门特别行政区基本法》第 29 条第 2 款也有相同规定;1998 年签署了《公民权利与政治权利国际公约》。

② 如 1994 年 9 月 10 日在巴西召开的世界刑法学协会第十五届代表大会上通过的《关于刑事诉讼法中的人权问题的决议》第 2 条规定："被告人在直到判决生效为止的整个诉讼过程中享有无罪推定的待遇。无罪推定也适用于有免责理由或减轻情节的案件"。

③ 详见谢佑平、万毅：《刑事控审分离原则的法理探析》，《西南师范大学学报》2002 年第 3 期。

④ 世界各国设置检察院有两种模式：一是英美法系国家的审检分署制；二是大陆法系国家的审检合署制，即检察机关设在各级法院内，但两者在组织和业务上完全分离。

⑤ 不告不理，是指法官无权自行启动刑事审判程序须以检察院或者自诉人提起控诉为前提；诉审同一，是指在刑事审判过程中，法院审判的对象须与检察院或者自诉人起诉指控的对象保持同一，对于未指控的被告人及其罪行，法院无权进行审理和判决，即使法院在审判过程中发现起诉指控的对象有错漏，也不能脱离起诉指控的被告人或其罪行而另行审理和判决。

⑥ 如《德国刑事诉讼法典》第 155 条第 1 款和《日本刑事诉讼法典》第 249 条的规定。见《德国刑事诉讼法典》，李昌珂译，中国政法大学出版社 1995 年版，第 77 页；《日本刑事诉讼法》，宋英辉译，中国政法大学出版社 2000 年版，第 58 页。

⑦ 如《关于刑事诉讼法中的人权问题的决议》第 4 条规定：必须严格区分起诉职能与审判职能，负责判决的法官不应与接受对嫌疑人的起诉的法官为同一人；第 7 条规定：在确定刑罚时，法庭不得将被告人未经审判正式和认定的其他罪行考虑在内。

鉴和移植，如德国刑事诉讼的"手段同等原则"，要求"对于被告人，在原则上应当如同对刑事追究机关一样，予以平等地对待"。① 我国最早介绍该原则的是王以真教授②，此后左卫民教授③和陈瑞华教授④进一步进行了相关研究。我们在吸收上述成果的基础上认为，该原则是指检察机关、被害人或自诉人与嫌疑人、被告人在诉讼地位平等、权利义务对等的基础上进行利益对抗时所遵循的准则。这包含了三层意思：第一，平等对抗的双方，主要是指作为控方的检察机关、被害人或自诉人与作为辩方的嫌疑人、被告人。第二，双方地位平等，任何一方的权利不能明显优于对方，更不能凌驾于对方之上；即使是同一方的检察机关与被害人，其地位也是平等的，二者是查明案件事实、共同控诉的关系。第三，双方在平等的基础上展开对抗。这主要包括检察机关与辩方的权利义务平等对抗关系，⑤ 以及自诉人、被害人与辩方的权利义务平等对抗关系。平等是双方的静态关系，对抗是双方的动态关系。④辩护原则。辩护是从事实和法律等方面反驳控诉、提出证据和理由证明无罪或罪轻（免除、减轻或从轻处罚）的诉讼活动。辩护原则是指当事人自我辩护以及他人帮助辩护所遵

---

① ［德］约阿希姆·赫尔曼：《〈德国刑事诉讼法典〉中译本引言》，李昌珂译，中国政法大学出版社 1995 年版，第 12 页。

② 详见王以真主编：《外国刑事诉讼法学》，北京大学出版社 1994 年版，第 25 页。

③ 左卫民教授认为该原则的基本内容有二："一是控、辩平等。即控诉方与辩护方在诉讼中法律地位平等，诉讼权利义务相等；二是控、辩双方在平等基础上对抗。即控、辩双方在法庭审判中围绕案件争论点，以平等的姿态运用法律赋予的诉讼权利，展开诉讼攻防活动，论证己方主张，反驳他方主张，力求法官采纳、接受与己方有利的观点"。见樊崇义主编：《刑事诉讼法学》，中国政法大学出版社 1999 年版，第 117 页。

④ 陈瑞华教授认为该原则"要求裁判者在刑事审判过程中给予各方参与者以平等参与的机会，对各方的主张、意见和证据予以同等的尊重和关注"，"由于这一原则是对裁判者在庭审过程中态度的要求，因而又可称为'动态的平等对待'"；并从控辩双方诉讼地位之平衡、被告人获得律师协助的权利、被告人的调查证据请求权、被告人不受强迫自证其罪这四个方面进行了具体阐述。详见陈瑞华：《刑事审判原理论》，北京大学出版社 2003 年版，第 58 页，第 227-245 页。

⑤ 如检察人员有讯问和采取强制措施的职权，辩方享有沉默权、申请回避权、辩护权、要求解除超期羁押权和不受非法讯问权；当事人及其近亲属有聘请律师、委托辩护人的权利，检察机关有告知的义务；检察机关有决定是否起诉的权利，辩方有获知被指控的罪名和理由的权利以及不服不起诉决定的申诉权；检察机关有证实犯罪的义务，辩方享有证明无罪和罪轻的权利；双方都有询问证人以及辩论的权利。见陈建军、李立宏：《刑事诉讼价值论》，中南大学出版社 2006 年版，第 256-266 页。

循的基本准则。在专制的"纠问式"程序中，嫌疑人、被告人是诉讼客体，只有供述的义务，没有辩护的权利。十七、十八世纪的启蒙思想家，高举反封建大旗，提出"陪审""公开""辩护"等主张，以法律形式确立了辩护原则，对国家追诉力量予以了制衡。该原则的确立，是嫌疑人、被告人诉讼地位主体化和刑事制度发展演进的结果，是诉讼民主化的体现，它要求司法机关有义务保障嫌疑人、被告人行使辩护权。在当代，追诉机关虽然应客观公正地关注有罪与无罪、罪重与罪轻的事实和证据，但其追究犯罪的使命和完成使命时所遇到的各种困难及心理因素，又可能使其工作人员产生某种认识上和行为上的偏差，导致关注有罪与罪重的事实和证据多于无罪与罪轻的事实和证据。而辩护原则使辩方能够形成与控方相对抗衡的力量，法院由此兼听控辩双方的意见，在比较、分析、研究的基础上，客观、公正、准确地查明事实，以防主观片面性，避免冤假错案发生。辩护原则中的辩护权与控诉权具有对立统一关系，其统一性表现在它们互为存在条件，并共同服务于保障人权目的；其矛盾性表现在辩护权作为抵御犯罪追究的手段，是对抗控诉权的有效力量。⑤直接言词原则。这是大陆法系国家设置的一项保障供述（又称口供或自白）自愿性与真实性的原则，它产生于 19 世纪的德国，针对封建纠问式的书面、间接审理原则而提出，后被各国广泛采用。该原则包括直接原则①和言词原则②，前者与间

---

① 所谓直接原则，是指只能以在法庭上直接审查过的证据作为裁判基础，它有两方面的含义：一是"在场原则"，即法庭开庭审判时，被告人、检察官以及其他诉讼参与人必须亲自到庭出庭审判且在精神上和体力上均有参与审判活动的能力，不得将证据的调查工作委托他人进行，这又称为"形式的直接审理原则"；二是法院需要将原始的事实加以调查，不得假借证据的代用品代替原始证据，即"实质的直接审理"。

② 所谓言词原则又称口头原则，是指基于口头提供的诉讼材料进行裁判的原则。它有两方面的含义：一是诉讼各方以言词陈述的方式从事审理、攻击、防御，在审判过程中未以言词或口头方式进行的诉讼行为，均视同未发生或者不存在而不具程序上的效力；二是在法庭上提出任何证据材料均以言词陈述的方式进行，诉讼各方对证据的调查、质证以口头方式进行，如以口头方式询问证人、鉴定人、被害人等，以口头方式对实物证据发表意见，任何未经在法庭上以言词方式提出和调查的证据均不得作为法庭裁判的依据。

接原则相对应，后者与书面原则相对应。直接原则与言词原则相通处颇多，①但直接原则强调法官的亲历性和证据的原始性，而言词原则强调证据的提供形式。② 根据该原则，庭前供述不具有证据效力，因为过分依赖供述必然导致采取刑讯等非法手段获取口供。例如在德国，被告人庭外供述无论是侦讯笔录还是自书供词，因与直接言词原则相悖而被法庭所拒斥。③ 该原则还要求证人出庭接受质证和讯问，但我国刑诉法规定的是例外模式，即证人出庭作证是例外，不出庭作证是常态，法院对此享有很大的裁量权；④ 而且警察出具的各种情况说明、审讯证明、抓获经过、结案报告等书面材料，极其简单且不规范，特别是在出现刑讯逼供等指控时，侦查机关出一个"自我证明"便万事大吉，法官对这些书面材料在判决书中的表述也是含糊其辞。值得注意的是，我国学界对该原则研究较少，我国刑诉法也没有规定该原则，在具体法条中既有其精神的体现，⑤ 也有违反该原则的规定，⑥ 而且庭审也还没有实现从"审卷"到"审人"的转变，导致法官无法通过对质观察言行举止，辨析证词的可靠性。当然，在法律规定的情况下，允许采用简洁书面审理的方式，如不需开庭审理的上诉案件没有适用直接言词原则的必要；而简易程序和速裁程序，本为手续简便、成本低廉、追求效率，特殊情况下不遵守直接言词原则也是必须的选

---

① 直接言词原则有以下要求：（1）法官庭前不得知悉卷宗内容，证人、鉴定人或共同被告应接受询问或讯问；（2）审判程序之外获得的所有资料不得作为判决的基础；（3）心证判断传闻证人的证言时应特别留心；（4）书证的影印本只具有较少的证据价值；（5）法官必须时时能够洞悉诉讼过程；（6）形成法官心证的所有证据的调查，应在法庭上以口头方式进行；（7）在审理过程中更换法官，必须重新开始审判程序。

② 英美法系国家的"传闻证据规则"与它有许多相似之处：目的都是为了避免书面审理的弊端而保障诉讼的公正性，都适用于审判程序；但二者在内涵、适用范围、证据效力等方面存在差异。

③ 《德国刑事诉讼法》第250条规定"对事实的证明如果建立在一个人的感觉之上的时候，要在审判中对他询问。询问不允许以宣读以前的询问笔录或者书面证言而代替。"

④ 如《刑诉法》第192条规定：法院认为证人有必要出庭作证的，证人应当出庭作证；法院认为鉴定人有必要出庭的，鉴定人应当出庭作证，经法院通知鉴定人拒不出庭作证的，鉴定意见不得作为定案的根据。

⑤ 如《刑诉法》第61条规定："证人证言必须经过公诉人、被害人和被告人、辩护人双方质证并且查实以后，才能作为定案的根据。法庭查明证人有意作伪证或者隐匿罪证的时候，应当依法处理。"

⑥ 如《刑诉法》第195条规定："对未到庭的证人的证言笔录、鉴定人的鉴定结论、勘验笔录的其他作为证据的文书，应当当庭宣读。"

择。⑥公开原则。该原则应该说是众所周知，故此处不赘述。

由于上述六个基本原则的设立目的，主要是为了实现刑事审判程序的公正与效率价值以及保障嫌疑人、被告人的人权，故均不适用于刑事审后程序。

（3）刑事审后程序独有的基本原则。①职权主义原则。刑事审后程序虽然可以因申请人申请而启动，或者依申请人申请依法准许而撤回，但由于法院或者有关机关裁决的绝大多数事项，既不受当事人意志的左右，也不受当事人请求范围的限制，法院或者有关机关只是主导者而非一般的中立者，并且依职权控制程序的进行，可以变更或超出申请人请求的内容和范围作出裁判，也可以依职权主动收集证据和调查事实，而不受当事人提出的案件事实和证据以及当事人自认的限制。因此职权主义原则贯穿在刑事审后程序的始终。②书面审理原则。刑事审后程序一般不存在权益争议，无对立的双方当事人而只有申请人一方，适用对审原则没有基础，一般也无须言辞辩论，以不直接审判为原则。通常，法院或者有关机关只是对事实证据进行书面审查，并按照程序的具体步骤完成裁决行为。当然，在仅仅依据书面材料无法查清案件事实时，法官为查明案情，也可以询问当事人或其他诉讼参加人，这时候，当事人或其他诉讼参加人应口头陈述或口头作证。因此，刑事审后程序并不绝对排除言辞审理，而是以书面审理原则为主、以言辞审理为辅。③不公开审理原则。刑事审后程序实行不公开审理原则的理由是：其一，公开审理与言辞审理紧密相关，而不公开审理与书面审理密切相连，刑事审后程序无须法庭言辞辩论而多采用书面审理方式进行，原则上无须公开审理；其二，刑事审后程序案件不存在争议的双方，法院或者有关机构只是确认某种事实或权利状态，没有必要通过贯彻公开原则来实现程序正当性；其三，处理刑事审后程序案件要求快捷和经济，一般不适用公开审理。当然，刑事审后程序虽然更强调效率，但决不能认为可以忽视程序公正。因此，为了查明事实、正确裁判，法官可自由裁量是否公开审理；申请人认为公开审理有助于制约法官滥用职权的，也有权请求法院公开审理。

对比上述刑事审判程序独有的基本原则，我们不难发现：以上三项基本原则，基本上不适用于具有三角结构的刑事审判程序，它们为刑事审后程序所独有。当然，由于刑事审前程序与刑事审后程序均属于线性结构，以上三项基本原则应该也适用于刑事审前程序。

（三） 刑事审后程序的概念和基本特征

通过比较分析刑事审后程序与行刑程序、刑事审判程序的关系，刑事审后程序的概念和基本特征可以归纳为以下内容。

1. 刑事审后程序的概念

以上研究表明，刑事审后程序的内涵，应该是指在刑事审判程序终结之后继续保护受刑人、刑释人和被害人的合法权益并解决相应刑事问题的一系列顺序、步骤、方式、方法的总称。其外延按照不同的标准有不同的划分：以时间顺序为标准可划分为"刑事执行程序"和"刑事执行后程序"。"刑事执行程序"包括行刑程序和刑事附带民事执行程序；"刑事执行后程序"包括回归程序和刑事被害人国家补偿程序，而回归程序还可以划分为更生保护程序和前科消灭程序。以刑事当事人为标准：刑事审后程序可划分为"行刑与回归程序"和"刑事审后被害人保护程序"。"行刑与回归程序"包括行刑程序和回归程序；"刑事审后被害人保护程序"则包括刑事附带民事执行程序和刑事被害人国家补偿程序。以国家为标准，刑事审后程序还可以分为我国和外国的刑事审后程序，外国的还可以继续分为英美法系和大陆法系的刑事审后程序，等等。

一个国家的刑事审后程序运行主要保障该国刑事当事人的合法权益，而世界各国的刑事审后程序的正当运行，不仅能够保障其本国的刑事当事人的合法权益，而且可能为全球的秩序稳定提供程序制度的支持。

需要说明的是，再审程序是针对生效裁判而启动的救济程序，仍然按照原一审或二审程序进行审判，并且不必然停止执行，其实质当然是刑事审判程序；死刑复核程序的运行表明相关的死刑判决并未生效还需复核，属于死刑立即执行程序运行前必经的特殊审判程序。因此，审判监督程序和死刑复核程序均应排除在刑事审后程序之外。

2. 刑事审后程序的基本特征

通过以上比较分析刑事审后程序与刑事审判程序的关系可以发现，刑事审后程序的基本特征，主要体现在以下几个方面。

（1）非讼性。刑事审后程序没有对立的当事人就实质问题发生讼争，在一般情况下也不存在相对人，只是由申请人向法院或者有关机关提出申请，请求确认某一事实或者权利，或者由国家专门机构、组织依照法定职责行使权力履行义务，并不存在对立双方的实体权利义务关系争议；即使存在相对人，也不是因为对实体上的权利义务关系发生争议。故刑事审后程序具有非讼性特征。

（2）案件事实的简单性和继续性。在刑事审后程序中，往往需要法院或者其他决定机关，依据案件的实际情况作出权宜性、创设性、展望性的处理或者撤销、变更原裁定，而且刑事审后程序的案件事实简单，容易得到证明。同时，在刑事审后程序中认定的事实具有继续性，往往可能会发生情事变更，而事实的认定又与权利义务关系的形成有直接关系。当然，即使需要认定的事实存在继续性，法院或者决定机关也必须及时作出临时性认定，并尽早创设和形成权利义务关系。因此，法院或者决定机关作出的裁判和决定不具有诉讼裁判性质的羁束力，只要发生情事变更，法院或者决定机关即可对原裁判或者原决定随时作出撤销或者变更。

（3）司法审查性。司法审查作为现代民主法治国家普遍设立的一项重要法律制度，是国家通过司法机关审查行使国家权力的其它机关的活动，对违法活动通过司法行为予以纠正，对由此给公民、法人或者其他组织合法权益造成的损害给予相应补救的法律制度。由于各国的宪政体制、历史和法律文化传统不同，具体行使司法审查权的机关、司法审查的范围、司法审查的任务、司法审查的手段、司法审查的依据、司法审查的程序以及具体的补救方式也不完全相同。就我国刑事诉讼程序而言，司法审查权是法院刑事裁判权的应有之义，符合"人民法院依法独立行使审判权"的宪法规定，虽然刑事审后程序司法审查机制还很不完善，但我们可以健全它。为此，有必要介绍一下西方国家刑事诉讼的司法审查机制。

在西方国家，司法审查贯穿了其现行刑事诉讼程序整个过程：其一，在侦查阶段，西方国家的法院负责对所有涉及人权的事项均进行事先授权、事中监控和事后审查。例如在德国，即使嫌疑人没有申请，法官在一定的时间内也会主动对审前羁押进行司法审查；① 在美国，被捕人需当即被带至最近的联邦治

---

① 参见［德］托马斯·魏根特：《德国刑事诉讼程序》，岳礼玲、温晓洁译，中国政法大学出版社2004年版，第93-95页，第100-103页。

安法官处进行初次聆讯，由治安法官决定羁押与否。① 不服羁押有申请复议和上诉两种救济渠道。② 其二，在公诉阶段，司法审查性质的预审，就是为了阻断不够起诉条件的案件进入庭审，防止草率、预谋、浪费和暴虐的起诉。③ 例如在德国，被害人不服不起诉处分时可向法院申请对之进行裁判，法院在通过预审审查后，认为有足够的理由提起公诉时会命令检察官起诉；④ 在美国，检察官对所有的重罪案件均必须出示充分的证据，使得大陪审团的成员在确信案件存在可能性根据并依法签署起诉书之后方可向法院提起诉讼；由于大陪审团的效率太低，如今美国盛行预审听证，即检察官和被告人及其辩护人在预审法官前进行抗辩后，再由法官裁决案件是否具有可能性根据，从而确定是否启动审判程序；⑤ 总之，美国的重罪案件都要通过大陪审团或预审法官听证进行预审审查，除非被告人明确放弃其权利。⑥ 其三，由于犯罪嫌疑人在刑事审前程序中没有及时申请救济并非怪事，而且法院依职权进行刑事审前司法审查也不是万能的机制，因此，在审判阶段，法院不仅需要作出实体裁判，而且还要对侦查机关和检察机关的追诉活动进行合法性审查，在审判程序中设立司法审查机制，可以给予刑事被告人以最后救济和终局保障，从而彻底清除违法追诉行为对实体结果所造成的影响，并对案件违法行为予以程序性制裁。

所谓程序性制裁，是指违法的侦查、公诉和审判行为在被宣告无效后不再产生所预期的法律后果，⑦ 它不仅对一切程序性违法行为发挥作用，而且可以

---

① 参见《美国联邦刑事诉讼规则和证据规则》，卞建林译，中国政法大学出版社 1996 年版，第 79 页。

② 参见孙长永：《侦查程序与人权——比较法考察》，中国方正出版社 2000 年版，第 222 页。

③ ［美］爱伦·豪切斯泰勒·斯黛丽、南希·弗兰克：《美国刑事法院诉讼程序》，陈卫东、徐美君译，中国人民大学出版社 2002 年版，第 397 页。

④ 陈卫东主编：《刑事审前程序与人权保障》，中国法制出版社 2008 年版，第 118-119 页。

⑤ ［美］爱伦·豪切斯泰勒·斯黛丽、南希·弗兰克：《美国刑事法院诉讼程序》，陈卫东、徐美君译，中国人民大学出版社 2002 年版，第 390-399 页。

⑥ ［美］爱伦·豪切斯泰勒·斯黛丽、南希·弗兰克：《美国刑事法院诉讼程序》，陈卫东、徐美君译，中国人民大学出版社 2002 年版，第 387 页。

⑦ 参见陈瑞华：《程序性制裁理论》，中国法制出版社 2005 年版，第 535 页。

有效消除程序性违法的动机，① 目前，程序性制裁主要包括以下三种方法：②
其一，非法证据排除。这种程序性制裁方式能够削弱控方的指控力量，甚至由
此而导致被告人无罪的结果发生。其二，诉讼行为无效。这是职权主义特有的
程序性制裁方法，是指法院直接宣告严重的程序性违法行为失效，使得受该无
效宣告影响的诉讼行为以及依附于该无效行为的各诉讼行为均失效，并将依据
该无效诉讼行为所制作的诉讼文书均从案卷中撤除，而且诉讼程序必须倒退至
无效行为出现前的状态。诉讼行为无效分为绝对无效和相对无效，相对无效的
诉讼行为可以获得补救。其三，终止诉讼。这种程序性制裁方式是当事人主义
特有的方法，它包括以下两种情况：一是对于一般的滥用诉讼程序行为，即使
诉讼被终止，但检察官在取得法官的同意后可以再次提出起诉；二是当警察、
检察官利用诉讼资源操纵诉讼程序或者侵犯被告人基本权益等严重滥用诉讼程
序行为而被法官决定永久性终止诉讼程序时，相关的审判程序不再继续，起诉
被宣告无效，检察官将永远不能对该案再次起诉，被告人不会再受到刑事
追诉。

　　综上，由于刑事审后程序具有上述基本特征，故决定了人民法院在该程序
中所作出的裁定均应一审终审。

　　以上关于界定刑事审后程序的阐述，是进一步探讨刑事审后程序的理论基
础的前提。

二、现行的理论基础：刑事审后程序个别性理论依据

　　笔者发现，无论是在制度上还是在立法上，本体意义上的刑事审后程序体
系至今尚未形成，只是表现为其"碎片化"的子程序，即行刑程序、更生保护
程序、前科消灭程序和刑事附带民事执行程序、刑事被害人国家补偿程序。所
谓"碎片化"，是指这些子程序基本上处于"各自为政"的状态，分别解决各
自需要解决的刑事问题，并未形成一个共同运行的程序整体。究其原因，应该

---

　　① 　参见陈瑞华：《程序性制裁理论》，中国法制出版社 2005 年版，第 206-210 页。
　　② 　参见陈瑞华：《刑事诉讼的前沿问题》，中国人民大学出版社 2005 年版，第 265-286 页；
　　　　陈瑞华：《程序性制裁理论》，中国法制出版社 2005 年版，第 545-612 页。

是因为刑事审后程序现有的理论基础，还只是处于个别性理论依据的层次。所谓个别性理论依据，是指仅适用于行刑程序、更生保护程序、前科消灭程序、刑事附带民事执行程序或刑事被害人国家补偿程序这些子程序层次的理论依据。具体分析如下。

（一）行刑社会化理论与行刑程序

行刑程序的理论依据很多，最新成果应该是行刑社会化理论。行刑社会化理论是社会化与再社会化理论在行刑程序中的运用，社会化是指自然人通过学习知识、技能和社会规范成为合格社会人的全过程，其成功结果是社会秩序、法律秩序得以形成和维护，[1] 如果社会化失败，就需要再社会化。再社会化有广义和狭义之分，前者指某个人放弃原来的生活方式，自愿或被迫适应另一全新生活方式的过程；[2] 后者专指被迫教化的过程，如改造受刑人即是。[3] 我国行刑社会化理论，主要有以下三种观点。第一种是社会力量参与帮教说，该观点重视社会力量参与，但没有揭示行刑社会化的本质；[4] 第二种是自由社会接近说，该观点注重行刑并看重行刑的改革，但完全只依靠执行机构自身努力并不是真正的"社会化"；[5] 第三种是综合说，该观点整合前两种观点，既揭示了行刑社会化的特征，又兼顾到了行刑机构本身的重要作用，较准确地定义了行刑社会化。[6] 行刑社会化理论认为，行刑程序运行的全过程，实际上就是受刑人再社会化的过程。[7]

（二）出狱人社会保护理论与更生保护程序

出狱人社会保护理论在我国主要包括以下观点。一是社会连带论。该理论认为，犯罪导致社会不安、秩序紊乱以及社会财富的负增长，而犯罪作为一种

[1] 详见程琥等：《法社会学视野中的社区矫正制度》，载《中国监狱学刊》2004 年第 4 期。
[2] 林山田：《犯罪问题与刑事司法》，台湾商务印书馆股份有限公司 1976 年版，第 133 页。
[3] 详见连春亮：《论对罪犯的再社会化》，载《许昌学院学报》，2004 年第 3 期。
[4] 参见陈明华：《刑法学》，中国政法大学出版社 1999 年版，第 331-332 页。
[5] 参见陈兴良：《刑种通论》，中国人民大学出版社 2007 年版，第 185 页。
[6] 陈士涵：《人格改造论（上）》，学林出版社 2001 年版，第 15-16 页。
[7] 欧阳志工：《中外出狱人社会保护制度比较研究》，载《中国监狱学刊》2003 年第 3 期，第 105 页。

社会现象，是犯罪人主观恶念与社会诸多因素相互作用的结果，因此社会负有救助责任，以帮助刑释人快速适应变化的社会生活、防止再犯。① 二是社会综合治理论。该理论认为，更生保护制度的运行是刑释人再社会化的社会接纳过程，应纳入国家的社会综合治理工作中，鼓励全社会参与，通过扫清复杂多变的社会阻力，强化刑释人悔改自新的意愿和自力更生的心理暗示，给与其宽容、信任和积极从善的机会，以实现社会和谐的良性循环。② 三是社会排斥论。该理论认为，在现实生活中，一些个人、群体被全部或部分排除在充分的社会参与之外，③ 这种排斥几乎涉及各个社会阶层，④ 而被贴上"犯罪标签"的刑释人常常被视为危险人物，⑤ 被排斥到群体或社区的边缘，并且是被排斥最严重的群体，应该得到法律制度的特殊保护。出狱人社会保护理论是专属于更生保护程序的正当性依据。⑥

（三）刑罚过剩理论与前科消灭程序

刑罚过剩理论认为：刑罚执行完毕之后，通过一定期限的考察，刑释人如果一直积极悔改、不再有任何危险并得到社会认可，这时候仍然继续剥夺或者限制刑释人的权利、资格，就会造成报应刑的无限度延伸和膨胀，不但没有实际意义，而且对前科人员也非常不公平，甚至会适得其反。由于使犯罪人重返社会是国家和社会的责任，因此，在刑罚收到良好效果的前提下，应当采取法律措施特别是在刑事立法中确立前科消灭制度，依法剔除一切对改过自新并符合法定条件的刑释人产生不利影响的因素，努力让已经"跌倒"而又表现良好

---

① 参见储槐植：《外国监狱制度概要》，北京法律出版社 2001 年版，第 192 页；王志亮：《外刑罚执行制度研究》，广西师范大学出版社 2009 年版，第 454 页。

② 参见欧阳志工：《中外出狱人社会保护制度比较研究》，载《中国监狱学刊》2003 年第 3 期，第 105 页。

③ 参见黄匡时、嘎日达：《西方社会融合概念探析及其启发》，载《理论视野》2008 年第 1 期，第 47-49 页。

④ 详见周林刚：《论社会排斥》，载《社会》2004 年第 6 期。

⑤ 这是标签理论的观点，但标签理论似乎把所有责任都怪罪到贴标签者身上，把被贴标签者视为无辜的受害人，而且该理论还不能说明"同样被贴上了犯罪标签，有的继续越轨（犯罪），有的却安分守己"这个问题。见黄京平、席小华主编：《帮教安置工作理论与实务》，中国法制出版社 2008 年版，第 5 页。

⑥ 参见林纪东：《监狱学》，台湾地区三民书局 1998 年版，第 126 页。

的刑释人重新站起并顺利回归社会。① 刑罚过剩理论至少具有以下三方面的积极意义。

其一，符合刑法谦抑性原则。刑法谦抑性原则又称必要性原则，指用最少量的刑罚取得最大的效应。"要使刑罚成为公正的刑法，就不应当超过足以制止人们犯罪的严厉程度"。②

其二，符合罪责刑相适应原则。该原则的内容是指刑罚的轻重应与犯罪人的罪行和刑事责任相适应。刑事责任决定刑罚适用的现实可能性，是判处刑罚轻重的标准，③ 也是刑罚过剩理论的法律基础。刑罚要体现出正当合理性，既不能过少，也不能过剩，更不应该被无限放大。但是，由于前科制度的影响，即使犯罪人承担了刑事责任，也使得前科像是一种特殊的刑罚，由刑释人继续承受甚至伴其一生。刑罚过剩惩罚的痛苦，贝卡里亚有过经典的描述："对人类心灵发生较大影响的，不是刑罚的强烈性，而是刑罚的延续性，因为最容易和最持久触动我们感觉的，与其说是一种强烈而短暂的运动，不如说是一些细小而反复的印象"；"我们的精神往往能够抵御暴力和极端的但短暂的痛苦，却经不住时间的消磨，忍耐不住缠绵的烦恼，因为，它可以暂时地自我收缩以抗拒暴力和短暂的痛苦。然而，这种强烈的伸缩性却不足以抗拒时间与烦恼的长期和反复的影响。"④ 可见，这种刑罚过剩惩罚的痛苦，与罪责刑相适应原则是背道而驰的。

其三，与犯罪产生的原因相吻合。"每一种犯罪都是行为人的身体状况与社会环境相互作用的结果"，⑤ 或者说是行为人的个人特征与当时周围社会关系的产物。⑥ 实施犯罪既然受环境影响，社会就应对犯罪的发生负一部分责任；刑释人受到了刑罚处罚，为犯罪承受了国家的责难，社会也要想办法为其回归创造良好的条件。

---

① 参见时迎春：《我国前科消灭制度立法建构研究》，烟台大学 2013 年硕士论文，第 12 页。
② ［意］贝卡里亚：《论犯罪与刑罚》，黄风译，中国大百科全书出版社 1993 年版，第 67 页。
③ 参见高铭暄：《刑法专论》，中国人民大学出版社 2006 年版，第 462 页。
④ ［意］贝卡里亚：《论犯罪与刑罚》，黄风译，北京大学出版社 2008 年版，第 66—68 页。
⑤ ［意］菲利：《犯罪社会学》，郭建安译，中国人民公安大学出版社 2004 年版，第 46 页。
⑥ 转引自吴宗宪：《西方犯罪学史》（第二版），中国人民公安大学出版社 2010 年版，第 532 页。

前科制度把犯罪责任全部归因于犯罪人，① 前科的永久存在使得刑释人即使已经身处社会环境中，也无法像正常人一样生活。因此，刑罚过剩理论主张确立前科消灭制度，为已经"跌倒"而又表现良好的刑释人重新站起并顺利回归社会提供必要的途径。

（四）执行力理论与刑事附带民事执行程序

刑事附带民事执行程序的理论依据，目前笔者只发现了执行力理论。② 西方法制史的研究成果表明，早期的诉讼审判只是确认并宣示个人之间的权利义务关系，而权利义务的实际实现需要通过私力救济。不难想象，审判已就具体的权利义务在小规模的社会生活共同体内作出确认宣示，被宣告负有义务的一方要对抗权利方是非常困难的。但是，国家出现以后，逐渐垄断了一切暴力的行使。到国家明确禁止私力救济的阶段，亦是强制执行作为法律制度正式登场之时。与之相应的观念是：诉讼审判对权利义务作为法律状态加以确认和宣示后，败诉方如果不主动履行义务，则国家有责任保证胜诉一方的权利在事实上得到实现，即使是这种实现要通过强制力的行使才能达成。这样的观念认为，强制执行制度是国家授与执行机构，以强制甚或暴力作为后盾，依据经法定程序确认有执行力的文书，对私人间债权债务关系进行清理的制度安排。或者说，这种制度主要指特定的国家机关通过执行权的行使，保证具有执行力的法律文书中确认的财产权利得以实现、强制相关义务得以履行的一整套程序安排。

民事执行程序之所以会产生，就是为了使法律文书的执行力得以实现。所谓"执行力"，首先指包含着给付内容的法律文书所具有的一种法律效力，这种法律效力有两层含义：一是限于法律文书确认的权利中具有给付内容的部分才有这种效果，二是这种效果指给付内容可以由执行机构通过强制执行程序得以实现。前一层含义使执行力区别于既判力、形成力等法律文书具有的其他效力，并大致划定了强制执行的边界，后者的含义意味着国家强制力实际行使的

---

① 李健：《论前科消灭制度及其构建》，吉林大学 2012 年博士学位论文，第 56 页。
② 详见王亚新：《通过强制执行的权利实现——执行程序的实际操作及其功能》，载《当代法学》2018 年第 1 期，第 153-154 页。

方式及其实现私人权利的目的。具有执行力的法律文书又称为执行依据，主要包括通过庭审而形成的判决书、裁定书、仲裁裁决书，以及约定强制执行的公证文书等等。对于执行制度的基础理论而言，必须依据有执行力的法律文书，执行机构才能够正当地行使强制执行权。执行力不仅为执行权的行使提供了据以立足的基础或出发点，也划定了行使这种国家强制力的正当范围或者合理的边界。这种理解，在执行程序中遇到追加、变更被执行人或确定待执行的责任财产范围等场境时，尤其能够显示出其重要意义。民事执行制度的上述基础理论，称为"执行力理论"。

"执行权"与执行力一样，是支撑我国民事执行制度基础理论的一个核心范畴，执行权作为一种合法实施强制的公共权力归属于国家，又由国家授权给特定的机关予以实际行使。我国长期以来一直由法院以"审执合一"的方式在行使这种权力，执行权作为审判权的一部分被视为理所当然，其性质被归属于司法权也就顺理成章。但是，自二十世纪九十年代起，有学者提出了执行权的性质不是司法权而应属于行政权范畴的命题后，在法学理论界引起了很大的争论。由此形成"司法权说""行政权说"和"双重属性说"或者"折衷说"等多种观点，这深化了对我国民事执行制度的认识，也拓展丰富了执行基础理论的内容。当然，基于本书写作的主要目的，对执行权的性质问题不予探讨。

刑事附带民事执行程序适用民事执行程序规则，执行力理论为民事执行程序的确立提供了理论基础，自然也就成为了刑事附带民事执行程序的理论基础。

（五）刑事被害人国家补偿程序的现行理论依据

设立刑事被害人国家补偿程序的理论依据，主要有国家责任理论、宿命说（公共援助说）、社会防卫说和政治利益说等。

1. 国家责任理论

国家责任理论包括社会契约论和保护失败论。社会契约论认为，人们通过社会契约委托国家惩治犯罪和暴力防卫，国家有责任保护每个国民不受犯罪侵害，霍布斯、卢梭等法学名家对社会契约理论进行了非常经典的阐述。[①] 而保

---

① 详见《西方哲学原著选读》（下），北京大学哲学系外国哲学史教研室编译，商务印书馆2004年版，第66-73页。

护失败论则认为，公民受到了犯罪侵害，是因为国家没有尽到责任，因此，国家必须补偿相关损失，否则就是不负责任，而国家救助被害人，不仅是国家责任的真正内涵，而且有利于增强国家的责任感。① 还有不少学者认为，国家负有保护公民责任和免于公民被害义务，虽与国家的发展历史相契合，但完全将发生犯罪归责于国家"有悖现实"，因为这忽视了犯罪人本身的内在原因，还存在着政府以保护国民为由而过分扩大公权力进而侵犯公民自由的危险，所以，大多数国家将要求补偿的权利主体一般限于因暴力犯罪而遭受重大损害的被害人，且无一例外通过立法规定国家在补偿之后有权向犯罪人追偿。②

2. 宿命说（公共援助说）

哥特勒的"犯罪恒常说"、菲利的"犯罪饱和法则"以及迪尔凯姆的"犯罪常态说"，都论证了"犯罪是一种不可避免的社会现象"这一命题。③ 因此宿命说主张，既然犯罪是不可避免的社会现象，那么每个人都是潜在的被害人，未被害的幸运者理应为不幸者分担部分损失。有学者把宿命说称为公共援助说，认为被害人受到犯罪侵害后处于社会不利地位，国家出于人道应当通过补偿形式予以公共援助。④ 宿命说与公共援助说的基本前提一致，其细微区别在于：前者强调未被侵害的幸运者承担补偿责任，后者则要求国家承担补偿责任。

3. 社会防卫说

社会防卫说认为，被害人在得不到赔偿也得不到救济时，其正义理念容易破灭并产生负面情绪，甚至通过实施犯罪报复社会，国家和政府在物质上和精

① 详见赵可：《被害者学》，中国矿业大学出版社 1989 年版，第 217 页；［意］恩里科·菲利：《犯罪社会学》，郭建安译，中国人民公安大学出版社 2004 年第 2 版，第 284 页；董文蕙：《犯罪被害人国家补偿制度基本问题研究》，中国检察出版社 2012 年版，第 47 页；康伟、柳建华：《刑事被害人救助社会福利说之提倡》，载《河北法学》2009 年第 12 期，第 135 页。

② 参见谢协昌：《犯罪被害人保护体系之研究》，中国政法大学 2007 年博士论文，第 52 页；柳建华、李炳烁：《权利视野下的基层司法实践——刑事被害人救助制度研究》，江苏大学出版社 2010 年版，第 60 页；程滔：《刑事被害人的权利及其救济》，中国法制出版社 2011 年版，第 44 页；刘远熙：《刑事被害人国家补偿制度的法理及价值分析》，载《社会科学研究》2011 年第 2 期。

③ 谢瑞智：《刑事政策原论》，文笙书局 1978 年版，第 57 页。

④ 参见许永强：《刑事法治视野中的被害人》，中国检察出版社 2003 年版，第 167 页。

神上弥补、抚慰被害人，有助于消除其报复心理和促进社会和谐稳定；被害人获得国家补偿的前提是积极配合司法机关遏制犯罪，如及时报案、协助抓捕、自愿参与诉讼并提供证据、出庭作证等，这样可以提高刑事法律程序的运行效益，有利于形成一个坚固的社会防卫安全体系。①

4. 政治利益说

政治利益说认为：民众对其成为潜在被害人的危机感越来越明显，而刑法适用泛滥、司法程序烦琐以及刑事执法不力、效率低下等问题，又加剧了民众对政府的不满，如果任其发展，那么将影响到国家的政治利益，因而需要建立廉洁高效、管理科学的服务型政府，使大众感到制度并非只为少数人谋利的工具，从而希望换取民众真心的支持和拥护——这是从功利角度来阐述刑事被害人国家补偿立法的合理性。②

（六）更生保护程序和刑事被害人国家补偿程序共有的理论依据

更生保护程序和刑事被害人国家补偿程序共有的理论依据，目前主要是以下四种理论。

1. 社会保险说

边沁是社会保险说的早期代表人物。③ 社会保险说认为：犯罪是偶然的、不确定的和不可避免的，当犯罪人对被害人赔偿不能时，国家应将税金作为保险费建立社会保险适当补偿被害人（此种保险类似工伤、医疗等社会保险，属于一种附加的社会保险），并由此取得对犯罪人的追偿权；④ 该理论还主张通过保险制度为刑释人解决现实问题，激励刑释人彻底再社会化以遏制再次犯

---

① 参见马嫱云：《和谐社会环境下刑事被害人人权保障的新思路——以刑事被害人救助为视角》，载《辽宁公安司法管理干部学院学报》2011 年第 3 期，第 17 页；赵国玲：《中国犯罪被害人研究综述》，中国检察出版社 2009 年，第 61-62 页。
② 参见董文蕙：《犯罪被害人国家补偿制度基本问题研究》，西南政法大学 2010 年博士学位论文，第 39 页。
③ 详见［英］边沁：《立法理论》，李贵方等译，中国人民公安大学出版社 2004 年版，第 365-368 页。
④ 参见［日］大谷实、齐藤正治：《犯罪被害给付制度》，有斐阁 1982 年版，第 51-53 页。

罪。① 社会保险说是日本刑事被害人国家补偿立法的通说理论，其《犯罪被害人等给付金支给法》（*Victims of crime and other Payments Act*）即以此为理论基础。②

2. 社会福利说

社会福利说认为，无法从犯罪人处获得应有赔偿的被害人和权利缺失严重的刑释人都是特殊的弱势群体，都需要得到国家的特殊保护，而源于国家税收的社会福利作为国家平衡分配的一种手段，则可以减缓市场的作用并保障弱势群体都能享有特殊保护的服务项目。③ 1964 年的《英国刑事损害补偿方案》（*British criminal damage compensation programme*）即采社会福利说，但是，该补偿方案独立于英国的刑事司法制度运行，并没有作出提升犯罪人责任的任何努力。④ 此外，社会福利说认为国家扶助刑事当事人是一种恩惠的观点值得商榷：其一，国家高高在上的恩泽和赐予，很容易使受害人受到第二次伤害，也不利于刑释人再社会化。其二，该观点排斥刑事被害人国家补偿程序和更生保护程序的独立法律地位。⑤

3. 社会公民权论

该理论认为：福利权是全民享有的社会保障最低水平的权利和资格，其主要功能是保护全体成员免于贫困，公民享有国家福利权源于国家的法定义务和责任。⑥ 社会公民权理论主张将福利权上升为公民权，该权利适用于法律程序中的所有弱势群体，包括刑事被害人国家补偿程序中的被害人和更生保护程序

---

① 参见［英］内维尔·哈里斯等：《社会保障法》，李西霞、李凌译，北京大学出版社 2006 年版，第 15–21 页。

② 贾学胜：《刑事被害人国家补偿制度的理论根据研究》，载《河北法学》2009 年第 6 期，第 106 页。

③ 参见［英］内维尔·哈里斯等：《社会保障法》，李西霞、李凌译，北京大学出版社 2006 年版，第 4–15 页。

④ 董文蕙：《犯罪被害人国家补偿制度基本问题研究》，西南政法大学 2010 年博士论文，第 36 页。

⑤ 参见黄富源、张平吾：《被害者学新论》，台湾铭传大学出版社 2008 年版，第 255 页；许启义：《犯罪被害人保护法之实用权益》，（台北）永然文化出版公司 2001 年版，第 28 页。

⑥ 详见［英］内维尔·哈里斯等：《社会保障法》，李西霞、李凌译，北京大学出版社 2006 年版，第 21–39 页。

中的刑释人。

4. 充权理论

充权理论认为：弱势者在社会中感知无权时，一般会承认自己的情感、智力和思想等存在障碍，进而丧失信心，造成真正的失权；但其实每个人都有潜能，无权或弱权完全可以通过努力去改变；充权的目的是帮助无权或弱势者增加其技能、知识与足够的能力并得到发展。[①] 被害人和刑释人均为社会中的典型弱势群体，充权理论既与出狱人保护理论并不因为犯有前科而摒弃刑释人的初衷不谋而合，也为刑事被害人国家补偿程序的合理存在提供了一定的理论依据。[②]

值得注意的是，在上述四种理论指引下建立的更生保护程序和刑事被害人国家补偿程序，似乎只具有社会保障法性质，[③] 而其刑事诉讼法的特质却反而被隐藏或者被屏蔽。

综上所述，由于刑事审后程序现有的理论基础，还只是处于个别性理论依据的层次，因此行刑程序、更生保护程序、前科消灭程序和刑事附带民事执行程序、刑事被害人国家补偿程序这些子程序，基本上处于"各自为政"的"碎片化"状态，只分别解决各自需要解决的刑事问题，并未形成一个共同运行的程序整体。

三、刑事法目的论：体系构建与立法完善的理论依据

所谓"刑事法目的论"，就是专门研究刑事法目的的理论。刑事法律作为一种行为规范，其目的主要是指刑事立法目的，而刑事立法目的主要是指立法者在设立刑事法律制度时希望达到的目标和司法者的目的性解释。笔者研究发现，刑事法目的论包括"刑法目的三元论"和"刑诉目的二元论"，它适用于

---

① 详见赵海林，金钊：《充权：弱势群体社会支持的新视角——基于青少年社区矫正的研究》，载《山东社会科学》2006 年第 2 期。

② 详见许宁：《出狱人保护制度问题研究》，上海大学 2007 年硕士学位论文。

③ 参见［英］内维尔·哈里斯等：《社会保障法》，李西霞、李凌译，北京大学出版社 2006 年版，第 4-39 页；王志亮：《外国刑罚执行制度研究》，广西师范大学出版社 2009 年版，第 434-460 页。

刑事审后程序的所有子程序，故可称之为刑事审后程序的共同性理论依据。如果说刑事审后程序的个别性理论依据已经为刑事审后程序现行子程序的设立提供了理论基础的话，那么刑事法目的论将为刑事审后程序的体系构建和立法完善提供充分的理论依据。具体阐述如下。

（一）刑法目的三元论：体系构建与立法完善的实体性依据

一般而言，当代各种刑法目的理论，均可能受到历史上已有刑法目的理论的影响，而且无论是历史性的刑法目的理论，还是当代性的刑法目的理论，都具有其合理性的一面，也都应该具有其历史局限性。可以肯定的是，刑法目的要素的多元性已成为一个客观事实，任何一种希望通过某一范畴就能全面揭示出刑法目的的想法和努力都可能是徒劳。因为当代的刑法目的，既要报应、矫治、改造和教育犯罪者并最终使其重新顺利回归社会，又要修复被犯罪所破坏的权利和社会关系，这本身就要求刑法目的的要素具有多元性，如法国的"新社会防卫论"认为犯罪者是不适应社会的"病人"，刑法目的是治病并促使犯罪人重返社会，不仅提倡教育与保安刑的理性刑罚，还强调保护人的尊严。[①]所以，本书在接受刑法目的的经典理论的基础上，主张刑法目的多元化，并提出"刑法目的三元论"观点，认为现阶段的刑法目的要素，除了包括预防与报应之外，还应该包括"恢复"这一要素；而且刑法目的三元论应当是刑事审后程序体系构建和立法完善的理论基础之一。该命题虽然在上编已经进行了一定的论证，但还需要进行进一步的阐述和予以理论上的提炼。

1. 刑法目的三元论

刑法目的三元论认为：虽然哈特的并合模式理论在学理上调和了报应与预防的关系，使之在同一理论框架内和谐共存，但报应和预防的目的均只指向犯罪行为人，故两者均未脱离刑罚目的的范围；只有将"恢复"目的加入进来，由报应和预防构成的刑罚目的才可以提升为刑法目的——因为刑罚可以只关注犯罪行为人，而刑法除了关注犯罪行为人之外，还必须关注被害人。因此，报应目的的实现只能显示刑罚的公正性，而报应与"恢复"目的的共同实现，则能够彰显刑法的公正性；与此同时，预防目的只能表达刑罚的功利性，而预防

---

① 参见谢望原：《欧陆刑罚制度与刑罚价值原理》，中国检察出版社 2004 年版，第 342 页。

与"恢复"目的相加，就能彰显刑法的功利性。由此可见，刑法目的具有要素多元化的特征，且目前至少应由"报应""预防""恢复"这三个要素构成，也就是说，不能把"恢复"排除在刑法目的要素之外。如果说公正能够为"恢复"目的提供正当性根据的话，那么功利则可以为"恢复"目的作出合理性说明。

刑法目的三元论发现，多元化的刑法目的要素的全面实现，不仅是现行刑事审后程序各个子程序产生的共同原因，而且也为刑事审后程序的体系构建和立法完善提供实体法意义上的理论基础。

2. 刑法目的实现与刑事审后程序的体系构建及立法完善

刑法目的三元论认为：行刑程序、更生保护程序和前科消灭程序，是主要落实报应目的和预防目的特别是特殊预防目的不可或缺的刑事诉讼程序机制，刑事附带民事执行程序、刑事被害人国家补偿程序，是主要落实恢复目的不可缺少的刑事诉讼程序机制，而刑法目的的实现，应当是报应目的、预防目的和恢复目的三要素的共同实现。因此，只有将上述这些程序的内容结合刑事审前程序和刑事审判程序的内容，并与刑事立法和刑事司法等法律机制联动运行，才有可能完全实现刑法目的。缺少其中的任何一项，均会影响刑法目的三要素的完全实现。

首先，立法者针对可能发生的未然之罪所制定的刑法，不仅是面向所有社会人的宣言，而且也是解决刑事纠纷和刑事问题的实体法裁判规范。所以，刑法立法只有涵盖刑法目的三要素，才能既达到对社会人予以一般预防，也为司法机关解决刑事纠纷和刑事问题提供实体法适用的依据，并且对犯罪人进行报应和特殊预防以及恢复刑事当事人权利等进行前瞻性预测。当然，如果从刑法目的实现的角度来看，刑事立法仅仅只能实现刑法的一般预防目的。

其次，在侦查、起诉、审判的刑事司法阶段，开始了报应目的和特殊预防目的的实现过程；而被害人的赔偿请求权得到法院裁判的支持，自然是实现其恢复目的要素的开始，倘若被告人在该过程中全部履行了赔偿义务，则恢复目的要素在被害人的经济方面得以完全实现；而且在社会一般人的眼里，立法阶段的刑罚宣告在刑事司法阶段已经成为了现实，实现一般预防目的的成果得到了进一步的巩固。

再次，在刑事执行阶段，对受刑人而言，行刑程序的运行仍然是报应和特殊预防这两个目的要素的实现过程，虽然接受刑罚惩罚的痛苦性是犯罪引起的必然结果，但单纯痛苦的报应目的已被抛弃，人道主义精神和社会责任观决定了对犯罪人还要进行教育和矫正，引导犯罪人不再犯罪，从而为特殊预防目的要素的最终实现巩固已有的基础；对被害人而言，如果被告人尚未履行赔偿义务，则需要通过刑事附带民事执行程序的运行实现刑法的恢复目的。而刑事执行程序的终结，对社会一般人来说，立法宣告最终变成了行刑和损害赔偿的事实，遏制社会一般人犯罪欲望、强化其崇尚法律的一般预防目的也得以全部完成。

最后，即使刑事执行程序已经终结，也还应当存在着刑释人回归和被害人救助的阶段。其中，刑释人回归阶段，是实现特殊预防目的必经的最后历程，它以更生保护为重点，以前科消灭为终点，包括更生保护和前科消灭这两个法律程序。而被害人救助阶段，则对被害人来说是实现恢复目的要素的最后流程，它主要以被害人获得必要的刑事被害人国家补偿为标志。

需要说明的是，刑事法学的经典理论和通说理论缺失更生保护制度和刑事被害人国家补偿制度的内容，而缺失更生保护制度和刑事被害人国家补偿制度内容的刑事法学理论是不完善的，因为它使得刑法目的的完全实现缺乏必要的法律机制。这正是本书研究的一种意义所在。

综上，刑事活动可以分为立法、司法、执行、回归与补偿这五大块，其适用对象主要包括犯罪行为人、被害人以及社会一般人这三大类。刑法目的三要素的共同实现，就是刑事法律制度适用不同的对象在不同阶段的整体运行所产生的结果。也就是说，刑事诉讼程序除了需要刑事审前程序和刑事审判程序的系统运行之外，还需要刑事审后程序的加入并共同运作，缺少其中的任何内容，都会影响到刑法目的真正的完全实现。因此，刑法目的三要素的共同实现，为刑事审后程序的体系构建和立法完善提供了实体法意义上的理论依据。

（二）刑诉目的二元论：体系构建与立法完善的程序性依据

刑诉目的理论最基本的内容之一是研究刑诉目的构成，所谓刑诉目的构成，是指刑诉目的的组成要素及各要素之间的有机组合，其基本内容是刑诉目的各组成要素的地位、相互关系及其共同组成刑诉目的的存在状况。《日本刑事诉讼法》（*Code of Criminal Procedure of Japan*）第 1 条规定：本法以"于维护公共福利和保障基本人权的同时，明确案件的事实真相，正当而迅速地适用刑罚法令为目的。"日本学者田口守一提出，实体真实主义和人权保护是刑诉目的，① 我国台湾地区学者黄东熊也认为，刑诉目的是"发现真实、保障人权"，② 这些观点以及《日本刑事诉讼法》第 1 条的规定，都在一定程度上揭示了刑诉目的构成。

如上所述，我国刑事诉讼目的论的现行通说观点认为，刑诉目的体现立法者的刑事诉讼价值观，刑事诉讼价值决定刑诉目的，而刑事诉讼价值由内在价值和外在价值构成，本书在接受该观点的基础上，提出"刑诉目的二元论"，认为刑诉目的应该由内在目的和外在目的构成，全面实现该二元化构成要素的刑诉目的，不仅是现行刑事审后程序各个子程序产生的共同原因，而且也为刑事审后程序的体系构建和立法完善提供不可或缺的理论基础。

1. 刑诉目的二元论

"刑诉目的二元论"认为：刑诉目的由内在目的与外在目的构成，外在目的是解决刑事纠纷和刑事问题，内在目的是保障人权，刑诉目的的实现，是内在目的和外在目的的共同实现，而且内在目的与外在目的通常可以得以同时实现。

"刑诉目的二元论"认为，保障人权作为内在目的具有以下特征：①宪法性。国家要履行保障人权的承诺，就必须保证司法机关依法行使权力，对人权给予必要、必需和全面的尊重、救济，以实现人们对刑事诉讼的合理期望，满足人们追求安全、自由和秩序的本能需要。因此，很多宪法性原则规定了以刑事诉讼程序来保障人权，甚至有些保障人权的宪法条文与刑事诉讼法规定相同：英国 1679 年的《人身保护法》（*Habeas Corpus*）是最早的例证，法国 1789 年的《人权宣言》（*The declaration of Human Rights*）和美国 1791 年批准生效的 10 条宪法修正案即"权利法案"是经典例证。③ ②普遍性。历史已证明，保障

---

① ［日］田口守一：《刑事诉讼法》，刘迪等译，法律出版社 2000 年版，第 9 页。
② 黄东熊：《刑事诉讼法论》，台湾地区三民书局 1984 年版，第 3 页。
③ 参见赵宝云：《西方五国宪法通论》，中国人民公安大学出版社 1994 年版，第 35—37 页。

人权目的中的人权，绝不仅仅是指刑事当事人的人权，更重要的是保障所有人的人权。而保障所有人的人权，主要通过限制国家权力、防止国家机关滥用权力的方式来实现。因为在国家权力面前，任何个人都是潜在的被告人，如果国家权力不受限制，那么任何个人随时都有可能成为被告人，因而在《公民权利和政治权利国际公约》中，见不到嫌疑人、被告人，而是"人人""任何人""被拘捕人""受刑事控告的人"等，这就明确地告诉我们：刑事当事人的人权状况，就是每个人的人权状况。① 因此，保障人权目的具有普遍性。③具体性。各国刑事诉讼法和刑事诉讼国际准则确立了一系列诉讼原则和诉讼制度，为刑事当事人设置了一系列具体的防御性和救济性的诉讼权利，其中，防御性权利是为对抗追诉方的指控、抵消其控诉效果所享有的权利，主要包括被告知权、辩护权、获得律师帮助权、沉默权、质证权、最后陈述权等；救济性权利是对国家专门机关所作的对其不利的行为、决定或裁判，要求另一专门机关或机构予以审查并作出改变或撤销的诉讼权利，主要包括申请回避权、控告权、请求变更或解除强制措施权、上诉权、申诉权等。行使这些具体的诉讼权利，就能够限制国家专门机关的权力。因此，在刑事诉讼程序中，保障人权目的，具体体现在每个刑事当事人行使的每一项诉讼权利中，保障人权目的的普遍性，正是通过保障人权目的的具体性才得以实现。② ④发展性。可以说，刑事诉讼程序的发展史，就是不断实现刑事当事人人权保障目的内容更新的历史。限于历史的原因，刑事诉讼程序保障人权目的的发展，在很长的一段时期内仅仅表现为不断加强犯罪嫌疑人、被告人和受刑人的人权保障，刑罚由重刑主义、刑罚万能迈向轻缓化③和社会化的发展进程就是明证。而过分重视保护犯罪行为人、忽视保护被害人，曾经引起了社会特别是被害人的不满，因此"被害人学"自二十世纪四十年代被创立之后，④ 世界各国开始注重保障被害人人

---

① 参见陈建军、李立宏：《刑事诉讼价值论》，中南大学出版社 2006 年版，第 131 页。
② 参见锁正杰：《刑事程序的法哲学原理》，中国人民公安大学出版社 2002 年版，第 233-241 页。
③ 详见邱兴隆：《嬗变的理性和理性的嬗变——主题报告：刑罚进化论·评论·答辩》，载《现代法学》1999 年第 5 期。
④ 参见董文蕙：《犯罪被害人国家补偿制度基本问题研究》，西南政法大学 2010 年博士学位论文，第 13 页。

权的刑诉目的实现问题，相关的刑事法律制度也得以不断产生和完善。可见，刑事诉讼程序的保障人权目的，具有不断完善的发展性。

"刑诉目的二元论"认为：保障人权作为内在目的，解决刑事纠纷和刑事问题作为外在目的，相互之间是本质和现象的关系，两者是刑诉目的不可分割的两个方面，因为没有本质的现象和没有现象的本质都是不存在的。如果将外在目的与内在目的割裂开来，就不能得出正确的认识结果。外在目的是表现出来的刑诉目的，人们凭感觉可以直接感受到；内在目的是隐藏的刑诉目的，必须依靠理性思维才能把握。因此，内在目的是外在目的的前提和基础，外在目的是内在目的的表现，这种表现不仅是对内在目的的真实表现，也可以是对内在目的的歪曲表现。例如在证据虚假的情况下，虽然解决纠纷不难，但保障人权的刑诉目的基本上不能得以实现。但是，这并不能说明外在目的与内在目的是相互分离甚至是无关的，而恰恰说明内在目的在通过外在目的表现的过程中，还缺乏真实表现的条件，它需要我们努力创设必需的条件，即发现真实的实体事实。

"刑诉目的二元论"还认为：就内在目的与外在目的的地位而言，一般情况下，外在目的必须服从于内在目的，当二者的实现发生冲突时，前者必须让位于后者，形成保障人权优先于解决纠纷、问题的理念，即必须在确保保障人权的前提下解决刑事纠纷和刑事问题，不能为了解决刑事纠纷和刑事问题而不择手段，否则刑事纠纷和刑事问题的解决就可能成为灾难。这虽然可能导致部分确实有罪者逃脱了刑罚制裁，但体现的是对刑事诉讼前提性根本目的的追求。当然，在某些特殊情形下也需要进行平衡处理。例如刑事和解和辩诉交易，均体现的是解决刑事纠纷的外在目的优先。但这只是例外情形，而且不能脱离保障人权这一内在目的的指引和必要的限制。此外，如果在目的上强调保障人权，则必然在诉讼模式和诉讼程序上突出当事人的主体地位；如果在目的上强调纠纷和问题的解决，则必然在诉讼模式和诉讼程序上突出国家机关的主体地位。

2. 刑诉目实现与刑事审后程序的体系构建及立法完善

如上所述，刑诉目的由内在目的与外在目的构成，内在目的是保障人权，外在目的是解决刑事纠纷和刑事问题，刑诉目的的实现，是内在目的和外在目的的共同实现，而且内在目的与外在目的通常可以同时得以实现。具体就刑事审后程序而言，行刑及其变更程序在确认符合法定条件的法律事实之后，既解决刑罚执行过程中的所有法律问题，同时也保障受刑人未被剥夺的人权实现；更生保护程序和前科消灭程序在确认符合法定条件的法律事实之后，既解决刑释人回归社会的法律问题，同时也保障刑释人回归社会权的实现；刑事附带民事执行程序和刑事被害人国家补偿程序在确认符合法定条件的法律事实之后，既解决被害人请求赔偿和请求补偿的所有法律问题，同时也保障被害人赔偿请求权、补偿请求权和生存权、人格权的实现。

由于现行刑事诉讼程序终结于刑事执行程序，而受刑人未被剥夺的人权、刑释人顺利回归社会的人权、受害人在刑事执行程序终结之后所享有的人权，以及行刑程序开始以后出现的所有刑事问题，通过现行的刑事审前程序和刑事审判程序均无法得到保障和解决，仅仅依靠刑事执行程序显然也不能得到完全的保障和解决，只有形成刑事审后程序之后，才有可能使受刑人、刑释人、被害人的人权及其相关的刑事问题均得以保障和解决。也就是说，如果在刑事诉讼程序中缺乏刑事审后程序的加入，那么不仅刑事当事人的人权保障不可能得以完全落实，而且相关的刑事问题也不可能得以完全解决。因此，刑事审后程序只有与刑事审前程序和刑事审判程序一起共同运行，才能真正实现保障人权和解决所有刑事问题的刑诉目的。由此可见，构建刑事审后程序体系，也正是为了满足刑诉目的全面实现的需要。或者说，刑诉目的两要素的共同实现，成为了刑事审后程序体系构建及其立法完善的程序法意义上的理论依据。

综上所述，刑事法目的论是刑事审后程序体系构建和立法完善的共同性依据——关于该命题在下文还有进一步的阐述和论证。此外，由于刑事诉讼解决的核心问题是国家公权与个人私权的平衡问题，需要刑事法特别是刑事程序法对国家权力做出适度限制，对私权做出切实保障，对国家专门机关和当事人的诉讼地位做出合理设置，对违反法律程序、剥夺当事人人权的行为进行救济，[①]

---

① 参见陈瑞华：《法律程序构建的基本逻辑》，载《中国法学》，2012 年第 1 期，第 65 页。

这无不涉及以人民主权论①、法治论②、分权论③为精髓的宪政理论，这些理论对于任何法律制度的设立均具有基础性，因此，人民主权论、法治论、分权论也应该是刑事审后程序体系构建和立法完善的共同性理论依据，但限于本书的写作目的，对此不再予以探讨。

本章小结

行刑程序是刑事审后程序的重要组成部分，但不是其唯一内容，两者在现阶段通常容易混为一谈，其实两者在程序的主体、内容、原则、程序启动等方面区别很大；与刑事审判程序相比较，刑事审后程序不具有启动的应答性和主体的多方参与性的特点，其基本原则具有职权主义、书面审理主义和不公开审理主义等特点。刑事审后程序的基本特征，主要体现在非讼性、案件事实的简单性和继续性、司法审查性这几个方面。刑事审后程序的内涵，是指在刑事审

---

① 卢梭认为国家源于社会契约，"'寻找出一种结合的形式，使它能以全部共同的力量来卫护和保障每个结合者的人身和财富，并且由于这一结合而使每一个与全体相联合的个人又只不过是在服从自己本人，并且仍然像以往一样地自由'这就是社会契约所要解决的根本问题。"主权源于每个社会人权利的让渡，主权享有者只能是人民而非君主，"如果君主居然具有了一种比主权者的意志更为活跃的个别意志，并且他竟然使自己所掌握的公共力量服从于这个个别意志……这时，社会的结合便会立刻消灭，而政治体也便会立即解体。"政府和国家"负责执行法律并维持社会的以及政治的自由。"人民主权论强调，"主权者既然只能由组成主权者的各个人所构成，所以主权者就没有，而且也不能有与他们的利益相反的任何利益。"人民主权论推翻了"君主主权"论，明确区分了主权者与政府、国家，主张主权属于人民，政府和国家只是人民意志的执行者，在理论上防止了利用主权至上为专制政府侵犯人权进行辩护的可能。详见［法］卢梭：《社会契约论》，何兆武译，商务印书馆1980年版，第22-25页，第80页，第76页，第28页。
② 法治理论详见［英］洛克：《政府论》（下），叶启芳、瞿菊农译，商务印书馆1982年版；［法］卢梭：《社会契约论》，何兆武译，商务印书馆1980年版；［美］托马斯·潘恩：《潘恩选集》，马清槐等译，商务印书馆1981年版。
③ 孟德斯鸠指出：立法权、行政权和司法权是国家的三种权力，"一切有权力的人都容易滥用权力……要防止滥用权力，就必须以权力约束权力。"否则，"当立法权和行政权集中在同一个人或者同一个机关之手，自由便不复存在了……如果司法权同立法权合而为一，则将对公民的生命和自由施行专断的权力，因为法官就是立法者。如果司法权同行政权合而为一，法官便握有压迫者的力量。""如果同一个人或者是由重要人物、贵族或平民组成的同一个机关行使这三种权力……则一切便都完了。"详见［法］孟德斯鸠，《论法的精神》（上），张雁升译，商务印书馆1961年版，第154-156页。

判程序终结之后继续保护受刑人、刑释人和被害人的合法权益并解决相应刑事问题的一系列顺序、步骤、方式、方法的总称，其外延按照不同的标准有不同的划分：以时间顺序为标准，可分为"刑事执行程序"和"刑事执行后程序"；以刑事当事人为标准，可分为"行刑与回归程序"和"刑事审后被害人保护程序"；以国家为标准，可分为我国和外国的刑事审后程序，等等。

　　刑事审后程序的理论基础解决的是设立刑事审后程序正当性问题。由于目前的理论基础还处于个别性理论依据的层面，仅适用于刑事审后程序中的行刑程序、更生保护程序、前科消灭程序、刑事附带民事执行程序和刑事被害人国家补偿程序这些子程序，导致刑事审后程序的所有子程序至今一直处于各自为政的状态，无法形成一个程序整体。

　　刑事法目的论包括刑法目的三元论和刑诉目的二元论，由于刑法目的三元论是刑事审后程序体系构建及立法完善的实体法意义上的理论依据，刑诉目的二元论是刑事审后程序体系构建及立法完善的程序法意义上的理论依据，因此刑事法目的论成为构建刑事审后程序体系及其立法完善的共同性理论基础，它为刑事审后程序的体系构建和立法完善提供了充分的理论依据，正因为如此，全面实现刑事法目的，就成为产生和构建刑事审后程序体系的内在动力和根本原因。

　　接下来的问题是，刑事审后程序的体系怎样才能构建而成呢？或者说，刑事审后程序的体系构建具有怎样的外在表现形式呢？这个问题，将由下一章"刑事审后程序的体系构建"予以回答。

第五章

刑事审后程序的体系构建

如上所述，基于刑事法目的论这一理论基础，行刑程序、刑事附带民事执行程序、更生保护程序、前科消灭程序和刑事被害人国家补偿程序可以构成一个相对独立的法律程序整体，这个法律程序整体，就是本书研究的"刑事审后程序"体系。问题是，刑事审后程序的体系怎样才能构建而成呢？

一、递进式刑事审后程序体系的构建

以时序为逻辑，在刑事审判程序终结之后，行刑程序和刑事附带民事执行程序开始运行，这两个程序结合在一起就构成了"刑事执行程序"。在刑事执行程序终结之后，更生保护程序、前科消灭程序和刑事被害人国家补偿程序开始运行，由于这些程序仍然在继续保障刑事当事人的人权并解决相关的刑事问题，也是实现刑法目的不可或缺的机制，所以可以将其归纳为"刑事执行后程序"。如果将"刑事执行程序"和"刑事执行后程序"合并，即为"递进式的刑事审后程序体系"。由此可见，如果以时间先后顺序为逻辑，可以构建"递进式的刑事审后程序体系"，具体内容如下。

（一）刑事执行程序

本书作者经过检索，[①] 发现标题与"刑事执行程序"相关的文献非常少：期

[①] 限于作者 2022 年 1 月通过中国知网检索所得的文献。

刊论文至今只有 8 篇，① 学位论文只有 5 篇，② 发表在报纸上论文只有 2 篇，③ 但是，上述这些文献，无一例外均将刑事执行程序等同于行刑程序，这表明将刑事执行程序与行刑程序混为一谈已成常态。其实，刑事执行程序除了包括行刑程序之外，还应当包括刑事附带民事执行程序，两者缺一不可，理由如下。

　　刑事法目的论认为：在行刑程序中，报应目的强调刑罚与已然之罪保持等价；特殊预防目的则要求刑罚与犯罪人的人身危险性相适应。如果受刑人在行刑期间对过去的犯罪已经悔改，那么受刑人应当因此而获得减刑、假释的权利，并且他们在行刑期间中遇到的各种法律问题也应当得到及时的解决。因此，行刑程序既是报应和特殊预防的刑法目的实现的必由之路，也是保障受刑人人权和解决受刑人各种法律问题的刑诉目的实现的唯一法律机制。与此同时，如果被告人没有或者只部分履行了生效刑事附带民事裁判文书所确定的赔偿义务，那么被害人只能通过刑事附带民事执行程序以实现刑法的恢复目的。由于国家强制以刑罚方式制裁犯罪人并不能完全代表被害人希望从犯罪人处获得民事赔偿，犯罪人赔偿受害人的相应损失，既是恢复被害人被犯罪所侵害的权益，同时也是通过民事赔偿来实现受害人眼中的报应目的。因此，犯罪人承担赔偿受害人相应损失的民事责任，也是刑法报应目的要素的应有之义。而刑

① 杨正万：《论被害人的刑事执行程序参与权》，载《云南大学学报（法学版）》2002 年第 2 期；刘士国、何静：《刑事执行程序中的被害人权利评析》，载《咸宁学院学报》2003 年第 2 期；张其亮、陈红英：《完善刑事执行程序若干问题的探析》，载《河南司法警官职业学院学报》2008 年第 2 期；章礼明、容鹍：《论刑事执行程序中检察院的地位与职能》，载《湖南社会科学》2010 年第 3 期；朱立恒：《刑事执行程序与"宽严相济"的向背及调整》，载《当代法学》2011 年第 2 期；雷连莉、黄明儒：《缺位与还原：被害人在刑事执行程序中的地位探究》，载《湖南科技大学学报（社会科学版）》2012 年第 2 期；陈建军、李立宏：《论刑事审后程序》，载《中南林业科技大学学报（社会科学版）》2012 年第 2 期；吴啟铮：《刑事执行程序中的被害人参与模式探讨》，载《江苏行政学院学报》2016 年第 3 期。

② 刘爽：《法院刑事执行程序中的权力论纲》，西南政法大学 2009 年硕士论文；吴丽芳：《未成年人刑事执行程序研究》，中国政法大学 2009 年硕士论文；王静：《未成年人刑事执行程序研究》，中国政法大学 2010 年硕士论文；张淑梅：《刑事执行程序中被害人权利保护研究》，山东大学 2010 年硕士论文；武金霞：《刑事执行程序回转问题研究》，华东政法大学 2012 年硕士论文。

③ 季忠诚、刘敬东、文柳山：《律师介入刑事执行程序十分必要》，载 2004 年 8 月 1 日《检察日报》；黄礼登：《德国检察机关在刑事执行程序中处于何种地位》，载 2017 年 12 月 26 日《检察日报》。

事附带民事执行程序的有效运行，既能够保障受害人赔偿请求权的实现，也可以解决被害人与受刑人之间所发生的损害赔偿法律问题。

由此可见，如果将刑事执行程序等同于行刑程序，就只能保障受刑人的人权、解决受刑人在受刑期间遇到的各种法律问题，以及部分实现特殊预防和报应的刑法目的，而受害人这一主体的权益、遇到的法律问题和相关的刑法目的则无从得以实现和解决。只有将行刑程序和刑事附带民事执行程序合并为"刑事执行程序"，才可能在真正全面实现报应、特殊预防、恢复的刑法目的的同时，既保障受刑人未被剥夺的人权和受害人的赔偿请求权，又解决受刑人在受刑期间遇到的各种法律问题以及被害人与受刑人之间的赔偿法律问题，使得刑事诉讼的外在目的和内在目的得以共同实现。

值得注意的是，就我国和大陆法系国家而言，虽然行刑程序执行的是刑罚内容，保障对象是受刑人，刑事附带民事执行程序执行的是民事权利内容，保障对象是被害人，但是，行刑程序与刑事附带民事执行程序可能基于同一生效裁判文书而运行，且两者之间相互影响，如《最高人民法院关于办理减刑、假释案件具体应用法律的规定》第 2 条规定，办理符合《刑法》第 78 条第 1 款规定的"减刑"案件时，应综合考察受刑人的犯罪性质和具体情节……生效裁判财产性判项①的履行情况……；其第 3 条第 2 款规定，职务犯罪、破坏金融管理秩序和金融诈骗犯罪、组织（领导、参加、包庇、纵容）黑社会性质组织犯罪等受刑人，如果不赔偿损失则不认定"确有悔改表现"；其第 27 条规定，受刑人确有履行能力而不履行或者不全部履行生效裁判财产性判项的，不予假释。② 只有以刑诉目的二元论为依据，将行刑程序和刑事附带民事执行程序合并为"刑事执行程序"，才能对上述规定作出正确的理解和阐释。

（二）刑事执行后程序

刑事执行程序的终结，似乎表明刑事法目的均已全部实现，这在人们的观念里既普遍存在又根深蒂固，而且符合刑法目的报应论、预防论和综合论的所

---

① 《最高人民法院关于办理减刑、假释案件具体应用法律的规定》第 41 条规定："财产性判项"是指判决被告人承担附带民事赔偿义务的判项等。

② 见《最高人民法院关于办理减刑、假释案件具体应用法律的规定》第 2 条，第 3 条第 2 款，第 27 条。

有观点和假想的所谓"惩罚犯罪"的刑诉目的观点。其实，这些观念和观点具有很大的片面性，因为它忽视了被害人和刑释人的继续存在。不仅如此，笔者还发现，中外几乎所有的刑事法教科书均以犯罪和刑罚作为主体框架内容，将刑释人回归社会和被害人国家补偿的法律制度排除在刑事法律制度之外，致使刑释人回归社会问题和被害人国家补偿问题主要成为社会学而非刑事学科的研究范畴——这是社会学家对刑事学科的发展所作出的贡献，同时也应该是刑事法学家的"失职"。

缺少对被害人和刑释人的应有关注，使得人们都以为刑事执行程序的终结就是刑事法目的的全部实现，导致在世界各国的现行刑事诉讼程序中，缺少了一个必要的法律机制来满足刑事法目的真正地实现，这个必要的法律机制，就是"刑事执行后程序"。

所谓"刑事执行后程序"，是指在刑事执行程序终结后继续保护刑事当事人人权并解决相关刑事问题的顺序、方式和方法的总称。虽然本体意义上的刑事执行后程序至今尚未形成，但其组分已经产生——在现阶段包括更生保护程序、前科消灭程序和刑事被害人国家补偿程序。

1. 更生保护程序

刑事法目的论认为：行刑程序的终结，并不一定意味着刑释人的再犯可能性已经消除，因为释放初期是刑释人的再犯爆发期，此时如果缺少了更生保护程序来防止再犯，那么特殊预防目的的实现，就只能寄希望于刑释人的行为自律，这当然是不可能的；同时，在前科消灭之前，刑释人顺利回归社会过上正常人生活的人权，依然需要更生保护措施予以保障，因为刑释人的生活安置、就业关心、行为管理，以及使其再社会化而成为守法公民等法律问题也一直继续存在，需要国家采取更生保护措施予以解决。因此，实现特殊预防的刑法目的和保障刑释人人权、解决刑释人遇到的各种法律问题的刑诉目的，是更生保护程序产生的根本原因。

但遗憾的是，更生保护程序至今不是刑法经典理论研究的内容，也一直徘徊在刑事诉讼法通说理论的视野之外，这应该是值得刑事法律研究者思考的一个重要问题。尽管如此，西方国家的更生保护制度还是比较完善：如欧洲强调通过保护隐私来保护刑释人，使其获得像正常人一样的尊重和人格尊严，以减少社会歧视和促进平等就业；再如日本的"中途之家"为刑释人提供临时的生活安置、短期的就业培训以及处理人际关系、适应社会生活的训练，以帮助刑释人更好地融入社会，应对未来的社会生活；① 还如美国的"罪犯重返计划"②和澳大利亚的"全程关怀"③ 所提供的更生保护则更加完善。西方国家的更生保护程序，可分解为启动、审查、决定（裁定）和救济等程序性的构成要素。

我国大陆类似更生保护制度的安置帮教制度虽有 60 年历史，④ 但一直很不健全，有学者建议进行立法完善。相关内容详见本节第六章。

2. 前科消灭程序

刑事法目的论认为：已经悔改的刑释人在行刑完毕之后，如果仍然一直表现良好并得到社会的认可，就不能再持续剥夺或者限制其相关的权利和资格，就应当适用前科消灭程序采取法律措施恢复刑释人正常社会人的法律身份，使其享有和承担一般社会人的权利和义务，与社会形成无缝对接从而真正融入社会；否则，不仅超过了刑法报应目的的必要限度，而且使得恢复刑释人正常人法律身份的刑法目的落空，并且还使得刑释人回归社会权得不到保障，刑释人受前科影响的各种法律问题也得不到有效解决。因此，实现报应、恢复的刑法目的，以及实现保障刑释人顺利回归社会的人权、解决刑释人永远受到前科影响的法律问题的刑诉目的，是前科消灭程序产生的根本原因和内在动力。

一般而言，前科消灭程序在西方国家分为法定的、裁判的和赦免的这三种程序，其中的法定前科消灭程序比较简单，它由法律直接规定销毁或者封存相关的犯罪资料即可，而赦免前科消灭程序则更简单，⑤ 它只需要遵循赦免的一般程序就行了，⑥ 因此，值得讨论的应该是裁判的前科消灭程序。

西方国家的裁判前科消灭程序大体一致，而且主要包括以下三方面内容的

---

① 详见张荆：《日本社区矫正"中途之家"建设及对我们的启示》，载《青少年犯罪问题》2011 年第 1 期。
② 详见陆晶：《美国"罪犯重返计划"》，载《人民公安》2007 年第 14 期。
③ 详见司法部帮教安置工作代表团：《澳大利亚刑释人员的过渡性安置及帮教》，载《人民调解》2007 年第 6 期。
④ 详见吴鹏森：《新中国刑释人员社会政策的历史演变》，载《学术月刊》2016 年第 7 期，第 100-108 页。
⑤ 参见彭新林：《前科消灭论》，湘潭大学法学院 2007 年硕士论文，第 44 页。
⑥ 李健：《论前科消灭制度及其构建》，吉林大学 2012 年博士学位论文，第 121 页。

构成要素：其一，申请。申请人一般包括当事人及其近亲属、检察官或者其他社会团体。在法国，当事人除直接向法院申请外，也可以先向居住地的检察官提出，检察官负责收集有关材料，将材料与自己的意见一并交给检察长，再由检察长交给法院；在德国，宣布消除少年的前科记录可以由检察官向法院申请。其二，审查。由法院会同有关部门评审当事人的表现，但不同国家审查的内容不完全相同。其三，裁决。多数国家规定申请人具备法定条件即可裁决消灭前科，有些国家还考虑公众利益，如美国俄亥俄州，只有启动利益衡量机制并得出积极结论后，前科才能消灭。①

我国《刑诉法》虽然已经规定了未成年人犯罪记录封存的法律制度，② 但缺乏相关程序设置的具体规定，而且其适用范围极其有限，应当予以相应的立法完善，相关的完善内容详见本书第六章。

3. 刑事被害人国家补偿程序

刑事被害人国家补偿又叫被害人国家补偿或者被害人救助，是指国家对一定范围内的因犯罪而遭受损害的被害人及其近亲属在不能从犯罪人处获得损害赔偿时，按照法律程序对被害人损失给予适当经济补偿的一种司法保护制度。③ 刑事被害人国家补偿程序与更生保护程序一样，至今也没有成为刑事法律通说理论的研究内容，它一般在社会学特别是社会保障的论题中被研究。这自然也应该值得刑事法律研究者的关注和思考。

刑事法目的论认为，即使刑事附带民事执行程序已经终结，但是，如果被害人权益未能得以完全恢复，那么也不能宣告报应目的和恢复目的真正得以实现，只有通过刑事被害人国家补偿程序的运行，使得受害人既得到物质上的补偿，又能获得情感和心理的抚慰，才能宣告报应目的和恢复目的得以真正地实现，才能宣告真正保障了受害人的人权，并解决了受害人在刑事诉讼程序中遇到的各种相关法律问题。

这里需要说明的是，西方两大法系主要国家的刑事被害人国家补偿程序虽

---

① 参见李健：《论前科消灭制度及其构建》，吉林大学 2012 年博士学位论文，第 121-122 页。
② 见《刑诉法》第 286 条规定。
③ ［日］大谷实，黎宏译：《刑事被害人及其补偿》，载《中国刑事法杂志》2000 年第 2 期，第 122 页。

然差别比较大，但它们均由先行处理程序和司法审查程序这两部分构成，且可分解为以下构成要素：① 其一，申请。由被害人方在法定期限内提出。其二，决定。由相应机构在调查的基础上决定是否补偿以及补偿金额。其三，救济。申请人不服补偿决定可请求救济。例如在英国，刑事伤害补偿局受理申请后，官员通过调查确定补偿金额，申请人不服可申请复议，补偿局安排更高一级官员复查，通过传唤、询问证人和进行鉴定等流程后做出复议决定；不服复议决定仍可向上诉委员会上诉；② 在德国，被害人向当地补偿局提出申请，对结果不服可向邦（州）政府劳工福利部门及其补偿局提出申诉或向法院起诉；③ 在日本，申请人向其住所地的公安委员会提出给付补偿申请，公安委员会经调查核实后做出是否支付补偿金的决定，并根据被害人的伤残程度或者继承人的生活状况决定支付的金额（特殊情况可决定先行支付），不服决定先向国家公安委员会申请复审，仍不服可起诉。④

　　研究发现：犯罪学理论认为，犯罪既是个体自由意志选择的结果，也是社会矛盾冲突的产物，国家和社会对犯罪负有不可推卸的救助责任，而"刑事执行后程序"正是解决国家对犯罪负有救助责任问题的程序，它应该是人权保护观念、人道主义关怀、福利思想等融合的产物，既补偿被害人，也救助刑释人。如果缺少了"刑事执行后程序"这个必要的法律机制，那么在刑事执行程序终结之后，被害人和刑释人的人权保障及其各种刑事问题的解决就永远停留在观念里，刑法目的的三个要素的共同实现也就只是一句空话。

　　综上所述，以时序为逻辑，在刑事审判程序终结之后，需要由行刑程序和刑事附带民事执行程序构成的"刑事执行程序"开始运行；在刑事执行程序终结之后，还需要由更生保护程序、前科消灭程序和刑事被害人国家补偿程序构成的"刑事执行后程序"开始运行。而由"刑事执行程序"和"刑事执行后

---

① 参见王瑞君：《刑事被害人国家补偿研究》，山东大学出版社 2011 年版；赵可：《犯罪被害人及其补偿立法》，群众出版社 2009 年版；陈彬等：《刑事被害人救济制度研究》，法律出版社 2009 年版；田思源：《犯罪被害人的权利与救济》，法律出版社 2008 年版；许永强：《刑事法治视野中的被害人》，中国检察出版社 2003 年版；周欣：《欧美日本刑事诉讼——特色制度与改革动态》，中国人民公安大学出版社 2002 年版。

② 参见赵可：《犯罪被害人及其补偿立法》，群众出版社 2009 年版，第 175 页。

③ 参见田思源：《犯罪被害人的权利与救济》，法律出版社 . 2008 年版，第 90 页。

④ 参见王瑞君：《刑事被害人国家补偿研究》，山东大学出版社 2011 年版，第 98 页。

程序"这两个子程序构成的刑事审后程序体系，在时序上是递进的逻辑关系。

二、并列式刑事审后程序体系的构建

以刑事当事人为逻辑构建的刑事审后程序体系，应该是由"行刑及回归程序"和"刑事审后被害人保护程序"这两个子程序所构成，而且这两个子程序之间具有一种并列的内在逻辑性。刑事法目的论对此能够作出正当性的解释。

（一）行刑及回归程序

刑事法目的论认为：除了实现报应和特殊预防受刑人再犯的刑法目的是行刑程序产生的基本动力之外，保障受刑人未被剥夺的包括免受酷刑权、适当生活水准权、劳动权、受教育权、接触外界权、受减刑假释权等人权的实现，顺利解决受刑人遇到的各种法律问题，也是行刑程序产生的内在原因。在行刑程序终结之后，虽然特殊预防目的依然可能存在，但继续法外报应刑释人已经没有任何法律依据，刑释人反而享有回归社会并过上普通社会人正常生活的人权，而刑释人的这些人权，则只能通过更生保护程序和前科消灭程序来保障实现。因为只有通过更生保护程序和前科消灭程序的运行，才能解决刑释人在生活上、就业上和恢复"社会人"法律身份上等方面存在的法律问题，从而帮助刑释人在受刑完毕后顺利回归社会并过上正常人的生活。

由于更生保护程序和前科消灭程序均主要是为了保障刑释人顺利回归社会的人权而设立，因此可以将其合并为一个程序即"回归程序"；又由于行刑程序的设立目的之一是为了保护受刑人未被剥夺的人权并为其顺利回归社会做好准备，因此可以将行刑程序和回归程序再次合并为"行刑及回归程序"。

"行刑及回归程序"的设立，不仅是报应、特殊预防和恢复的刑法目的共同实现的需要，而且是保障受刑人和刑释人从行刑程序开始到前科消灭程序终结止的人权以及解决该期间所产生的所有法律问题的需要——特别是在实现保障受刑人和刑释人的回归社会权方面更是无可替代。这里的回归社会权，应该主要包括受刑人和刑释人的适当生活水准权、受教育权、劳动权等实体性权利以及更生保护申请权、前科消灭申请权等程序性的救济权。

可见，只有将行刑程序、更生保护程序和前科消灭程序进化为"行刑与回归程序"，方可一体化、全方位和系统性保障受刑人和刑释人的回归社会权，帮助刑释人顺利复归社会、走向新生，同时达到预防再犯、保护社会的目的，受益的将是全体社会成员。

美国的"罪犯重返计划"把出狱前的教育、心理咨询、技能培训、就业指导等准备工作也纳入更生保护之中，[1] 实际上就是"行刑与回归程序"的美国式表达。澳大利亚的"全程关怀"将更生保护思想通过侦查、审判、入狱、出狱、融入社会的全过程来展开，[2] 实际上是把对回归社会权的保护，已经向前延伸至刑事审前程序。由此看来，在澳大利亚，保障犯罪行为人的回归社会权，应该是可以贯穿整个刑事诉讼程序，即从刑事审前程序开始一直延续至刑事审后程序终结为止。因此，建议我国在构建"行刑与回归程序"时，可以充分借鉴美国"罪犯重返计划"和澳大利亚"全程关怀"的相关智力成果。

（二）刑事审后被害人保护程序

如上所述，在很长的历史时期，被害人人权保障缺乏必要的制度予以实现，直到"被害人学"在二战后的西方兴起，被害人的权益才开始日益得到重视，[3] 而且迟至二十世纪中晚期，被害人在刑事诉讼中的独立性和重要性才在世界各国的刑事诉讼立法中达成共识，世界各国才纷纷出台专门保护被害人的法律。[4] 专门的刑事附带民事执行程序和刑事被害人国家补偿程序因此而得以产生。

刑事法目的论认为：被害人人权保障的实现，应该以提升其人格尊严、修复其因犯罪行为而受损的权益为重点，而且在整个刑事诉讼程序的过程中，只要出现符合法律规定的情形，被害人均可及时请求保护自己的合法权益。或者说，在刑事诉讼过程中，以保障人权为核心的被害人保护，其本身可以构成一个自洽的完整程序。因此，刑事诉讼程序保障被害人的人权，既可以在刑事审

---

① 详见陆晶：《美国"罪犯重返计划"》，载《人民公安》2007 年第 14 期。
② 详见司法部帮教安置工作代表团：《澳大利亚刑释人员的过渡性安置及帮教》，载《人民调解》2007 年第 6 期。
③ 参见张剑秋：《刑事被害人权利问题研究》，中国政法大学 2005 年博士论文，第 1-6 页。
④ ［德］汉斯·施奈德：《国际范围内的被害人》，许章润等译，中国人民公安大学出版社1992 年版，第 4 页。

前程序和刑事审判程序中进行——如刑事和解程序或者刑事附带民事诉讼程序①，也可以在刑事审判程序终结之后继续进行——如刑事附带民事执行程序和刑事被害人国家补偿程序。

在刑事审判程序终结之后，如果被告人未主动履行裁判文书所确定的赔偿义务，那么被害人的刑事附带民事赔偿请求权，在我国和西方国家均适用民事执行程序予以实现，如《日本刑事诉讼法》第 333 条规定："凡赔偿及应办济诉讼关系人之诉讼费用及其判决之执行，均从民事诉讼法之规定"；② 德国、法国等国的刑事诉讼法典均有相同的规定。③ 如果执行不能，在被害人的基本生活陷入困境时，国家必须通过刑事被害人国家补偿程序帮助其渡过难关，以保障被害人生存和人格尊严等人权的实现。当然，被害人的权益保护也可以通过与被告人通过诉讼外和解的方式解决。

值得注意的是，我国虽然至今还没有进行刑事被害人国家补偿程序的国家立法，却也在不断加强被害人的权利保障，如最高院在《关于贯彻宽严相济刑事政策的若干意见》中规定，对无法及时获得有效赔偿、存在特殊生活困难的被害人及其亲属给予适当的资金救助，各地法院结合当地实际，在党委、政府的统筹和指导下，落实、执行好刑事被害人救助制度。④ 这里的刑事被害人救助制度，即已涵盖了刑事被害人国家补偿程序的主要内容。

由于刑事附带民事执行程序和刑事被害人国家补偿程序的设立，都是为了保障受害人在刑事审判程序终结之后相关基本人权的实现，因此可以将其概括为"刑事审后被害人保护程序"。当然，也只有将刑事附带民事执行程序和刑事被害人国家补偿程序进化为"刑事审后被害人保护程序"之后，才能在实现

---

① 如《日本刑事诉讼法》第 2 条规定"私诉以赔偿犯罪所损坏及返还其赃物为目的，应从民法，属于被害者"；第 4 条规定"私诉不论金额多寡，在公诉第二审判决前，不拘何时，得附带于公诉以为之。第三者得从民事诉讼法之规定，而参加附带公诉之私诉"。具体条文详见何勤华主持点校整理《新译日本法规大全》第二卷，商务印书馆出版，2007 年版。

② 具体条文详见何勤华主持点校整理《新译日本法规大全》第二卷，商务印书馆出版，2007 年版。

③ 如德国刑诉法典第 406 条规定。见［德］罗克辛：《刑事诉讼法》，吴丽琪译，法律出版社 2003 年版，第 137 页。

④ 见《最高人民法院关于贯彻宽严相济刑事政策的若干意见》第 42 条。

刑法的恢复目的和报应目的的同时，使被害人的人权保障得以充分实现，并顺利解决被害人因遭受犯罪行为侵害而产生的所有法律问题。

综上所述，如果以刑事当事人为逻辑起点，那么构建的刑事审后程序体系由"行刑与回归程序"和"刑事审后被害人保护程序"这两个子程序构成，该两个子程序之间具有并列的内在逻辑性。其中："刑事审后被害人保护程序"包括刑事附带民事执行程序和刑事被害人国家补偿程序，"行刑与回归程序"包括行刑程序和回归程序，而回归程序则包括更生保护程序和前科消灭程序。缺少其中任何内容的刑事诉讼程序，都不能真正地保障刑事当事人的人权和解决他们所遇到的相关法律问题。

三、刑事法目的论与刑事审后程序的体系构建

刑事审后程序体系构建需要以刑事法目的论作为理论依据，可从以下两个方面进行进一步的具体阐述。

（一）刑事法目的论与递进式刑事审后程序的体系构建

刑事法目的论认为：在刑事执行程序中，对于受刑人而言，虽然接受刑罚惩罚的痛苦性是其必然承受的结果，但单纯痛苦的报应目的已被刑事法律所抛弃，因为人道主义精神和社会责任观决定了还要对受刑人进行教育和矫正，引导其不再犯罪，并且为特殊预防的最终实现巩固已有的基础，也就是说，对于受刑人而言，行刑程序的运行主要是报应和特殊预防的刑法目的实现过程；而对于被害人而言，如果被告人尚未履行赔偿义务，则通过刑事附带民事执行程序的运行实现恢复目的。同时，由行刑程序及刑事附带民事执行程序构成的刑事执行程序，在确认符合法定条件的法律事实之后，既解决刑罚执行和被害人请求赔偿的所有法律问题，也保障受刑人未被剥夺的人权实现和被害人赔偿请求权的实现。与此同时，刑事执行程序的终结，对社会一般人来说，立法宣告变成了行刑和损害赔偿的事实，一般预防目的也得以全部完成。

刑事法目的论还认为：在多数情况下，即使刑事执行程序已经运行完毕，但刑事法目的却可能并没有得到完全实现，因而仍然需要由"回归程序"和"刑事被害人国家补偿程序"构成的"刑事执行后程序"的运行去继续实现刑

事法目的。其中，回归程序以更生保护为重点，以前科消灭为终点，是继续实现特殊预防目的、报应目的和恢复目的必经的最后历程；而且回归程序在确认符合法定条件的法律事实之后，既解决刑释人回归社会后所出现的所有法律问题，同时也保障刑释人回归社会权的顺利实现。然而对于通过刑事附带民事执行程序的运行仍未获得赔偿且陷入生活困境的被害人而言，刑事被害人国家补偿程序则是实现恢复目的要素的最后流程，它主要以被害人获得必要的刑事救助为标志，而且在确认符合法定条件的法律事实之后，既解决被害人因请求刑事附带民事执行未果所产生的所有法律问题，也保障被害人赔偿请求权和生存权、人格权等基本人权的真正实现。

综上，刑事法目的的共同实现，就是刑事法律制度的整体运行适用不同的对象在不同程序阶段所产生的结果，而且刑事法目的共同实现的过程，是一项需要社会多方力量共同努力参与的综合性系统工程。即使只是在刑事审后程序中，除了需要刑事执行程序的运行之外，还需要刑事执行后程序的跟进加入并共同运作方可，缺少其中的任何一项程序内容，都会影响到刑事法目的真正的完全实现。由此可见，刑事法目的理论，为递进式刑事审后程序的体系构建提供了充分的理论依据。

（二）刑事法目的论与并列式刑事审后程序的体系构建

刑事法目的论发现：犯罪嫌疑人在经过了刑事审判程序之后，除少数被免于刑事处罚或者无罪释放之外，大多数被处以刑罚；在被处以刑罚的受刑人中，绝大多数需要通过监狱或者社区进行矫正；在经历了行刑矫正之后，受刑人因刑满释放或者被提前释放或者被赦免等而重新回归社会；在回归社会的初期，国家和社会有义务采取更生保护措施帮扶刑释人顺利走向新生；在顺利回归社会一段时间后，符合前科消灭的应当复权，从复权之日起，刑释人才真正成为一个与众相同的社会人。对此可以进行以下形象的描述：犯罪，表明某社会人犯了"病"，刑事诉讼程序就是医治该病人的疗程。其中，有的因犯了"绝症"而被判处死刑立即执行；但绝大多数经过医疗"病愈"后需要重新回归社会，回归者有的终身不再"复发"，也有的再次"复发"或者"病情转移"，不一而足。

由于把人作为最高价值并保护人的全面发展应当是当今社会的共识，因此，在刑事诉讼程序中，除了极少数被判处死刑立即执行或者在行刑过程中死亡的人以外，应当自始至终关注占犯罪人绝大多数的受刑人再次融入社会的问题。可以说，从犯罪行为人的角度来看，刑事诉讼程序是一个起点即终点的"圆"：社会人——犯罪嫌疑人——被告人——受刑人——刑释人——再社会人，即刑事诉讼程序通常应当从社会人涉嫌犯罪开始，直到恢复其社会人身份止才能结束。也就是说，只有经过前科消灭程序恢复其正常"社会人"的法律身份，才是犯罪人真正回归社会的标志，这时候刑释人才真正享有未被法律剥夺的全部人权，其与国家之间的刑事纠纷及其本身涉及的所有刑事问题才算彻底解决，刑法的报应目的、特殊预防目的和恢复目的才得到了真正的实现，刑事诉讼程序才能宣告终结。可见，经过了刑事审判程序之后，适应行刑与回归程序的运行，应当是大多数犯罪行为人的必经之路。

刑事法目的论还发现：从被害人角度来看，对于经过刑事附带民事执行程序的运行仍然没有获得或者没有完全获得赔偿的被害人而言，只有通过刑事被害人国家补偿程序的运行才能充分保障其人权的实现，其与犯罪行为人之间的纠纷所产生的所有法律问题才能彻底解决，刑法的恢复目的和被害人眼中的报应目的才真正得到了实现，刑事诉讼程序也才能宣告终结。

由此可见，如果只有行刑与回归程序的运行，就只能满足国家和犯罪行为人所希望的刑事法目的的实现；如果只有刑事审后被害人保护程序的运行，就只能满足国家和被害人所希望的刑事法目的的实现；只有由"行刑与回归程序"和"刑事审后被害人保护程序"所构成的并列式刑事审后程序体系的运行，才能满足所有刑事主体所希望的刑事法目的的实现。因此，刑事法目的论，为并列式刑事审后程序的体系构建提供了充分的理论依据。

综上所述，刑事法目的论，是构建两种刑事审后程序体系的共同性理论基础。

需要说明的是："刑事法目的""刑事执行后程序""回归程序""行刑与回归程序""刑事审后被害人保护程序"的内容虽然已经是碎片化的客观存在，然而这些概念是本书为了论述的需要而提出的，几乎没有相关的研究成果可以借鉴，本书相关的论述很有可能不到位，因此，本书作者愿意在以后的研究中继续努力予以完善——因为法律概念能够通过以一种一致的和理性的方式界定问题和推导结果，① 而且成熟的学科离不开相对成熟的概念体系作为支撑。②

四、合理配置权力：刑事审后程序体系构建的关键

刑事诉讼程序的运行逻辑就是权力的运行逻辑，程序有序运作逻辑是引导权力运行秩序化和建立权力行使预期机制的基本法理。③ 大多数国家的现代刑事诉讼法典条文众多，④ 体现了刑事诉讼程序的细致和缜密，保证了运行于其中的权力行使都被程序所引导。尽管权力对象也必须遵守程序规定，但法律程序主要是为了规范和引导国家权力。因此，合理配置刑事审后程序中的国家权力，与其程序体系的构建密不可分。我国由于长期重实体轻程序，忽视刑事诉讼程序及其权力运作规律的研究，导致权力配置往往缺乏程序规制，既不在"阳光下"更让人"看不见"，特别是刑事审后程序国家权力的配置更是问题多多：如重视死刑和监禁刑的权力配置，轻视非监禁刑的权力配置，忽视行刑变更的权力配置；重视保护未成年人等特殊弱势群体犯罪人的权力配置，轻视保护被害人的权力配置，忽视保护普通犯罪人的权力配置；再如监狱记分考核是受刑人获得减刑、假释的主要依据，而法院收到监狱分批报送的减刑、假释书面材料后成批书面审核，可能使一些不应当减刑、假释的人获得减刑甚至走出监狱。如此等等。可以说，合理配置国家权力，是构建刑事审后程序体系需要解决的一个核心问题。

（一）刑事审后程序裁判权的合理配置

刑事法律程序的裁判权一般应由法院行使，但在我国现行刑事审后程序

---

① ［美］罗斯科·庞德：《通过法律的社会控制》，沈宗灵、董世忠译，商务印书馆 1984 年版，第 46 页。参见翟志勇主编：《罗斯科·庞德：法律与社会——生平、著述及思想》，广西师范大学出版社 2004 年版，第 171 页。

② 王书成：《合宪性推定与"合宪性审查"的概念认知——从方法论的视角》，载《浙江社会科学》2011 年第 1 期，第 51 页。

③ 参见田心则：《刑事诉讼中的国家权力与程序》，中国人民公安大学出版社 2008 年版，第 110 页。

④ 比如《俄罗斯联邦刑事诉讼法典》第 473 条，《德国刑事诉讼法典》第 477 条，《意大利刑事诉讼法典》第 746 条，《法国刑事诉讼法典》第 803 条。

中，却通过法律授权行政机关也享有很大的裁判权，这样的裁判权配置显然存在问题，应该在构建刑事法律程序体系时进行必要的程序完善并合理配置裁判权。

1. 合理配置行刑变更程序裁判权

司法部《监狱提请减刑假释工作程序规定》第5条规定在监狱成立"提请减刑假释评审委员会"，负责对减刑、假释建议进行评审。该规定存在的主要问题是：其一，其成员全部是监狱有关部门负责人，既不能代表社会的意见，也难以客观审查假释之后是否会带来社会危险性；其二，该规定没有包括暂予监外执行①的情形；其三，在审查时只考虑受刑人在监狱的改造表现，难以体现对被害人的关注。由于减刑、假释、暂予监外执行均为我国的行刑变更形式，它们涉及到"自由"这一基本人权，理应由法院按程序进行裁判，因此，建议将监狱的"提请减刑假释评审委员会"改为省级、地市级和基层司法行政管理机关设立的"提请变更执行评审委员会"② 专门行使行刑变更初查权，在高级法院、中级法院和基层法院成立"行刑变更审判庭"③，专门行使行刑变更裁判权审理行刑变更案件，并对行刑变更程序进行必要的立法完善。

收监显然也涉及到"自由"这一基本人权，理应由法院按程序统一行使裁决权，且其具体程序可完善如下：（1）申请。社区矫正机构发现其监管的受刑人有撤销法定情形的，应在3日内向对应的"提请变更执行评审委员会"提出撤销申请。（2）初查。"提请变更执行评审委员会"在7日内审查认可后，向对应的法院提出撤销建议。受刑人有权发表申辩意见。（3）审理。法院收到撤销建议后，综合考量受刑人发表的申辩意见，在30日内主要以书面审理方式对是否涉嫌违反有关监督管理规定进行审查，并作出是否收监的裁定，该裁定一审终审；涉嫌新罪或漏罪的则按照刑事一审程序审理并作出判决。此外，被害人发现社区矫正的受刑人有履行能力却不履行赔偿义务或违反有关监督管理规定甚至犯有新罪、漏罪的，可向社区矫正机构等报告、举报；社区矫正机构

---

① 这里的暂予监外执行不包括法院在判处刑罚时决定的暂予监外执行。

② "提请变更执行评审委员会"应当以司法行政机关执行人员为主，适当吸收律师、法学家、社会学家、精神病学家、法医、社区矫正工作人员参加。

③ 徐静村：《〈刑事执行法〉立法刍议》，载《昆明理工大学学报》2010年第1期，第18页。

审查属实的，依上述收监程序办理，情况紧急的可以采取强制措施。

2. 合理配置更生保护程序裁决权

刑释人出狱时，安置帮教机构应在第一时间对其生存状态进行评估，根据评估结果确定更生保护的具体措施。更生保护程序一般应由刑释人或其监护人申请启动，帮扶机构也可以依职权启动；更生保护程序启动后，由帮扶机构对所有相关资料进行初步审查，然后作出决定并报其上一级机构备案；刑释人如果不服决定可提起诉讼，由法院裁判。在更生保护程序中，通过法律授权其他机构如帮扶机构具有一定的决定权很有必要，这样可以及时解决刑释人基本人权的保障问题，但刑释人如果不服帮扶机构作出的决定，则不宜作为行政诉讼案件处理，而是应当按照刑事诉讼法的相关规定进行刑事司法审查。

3. 合理配置前科消灭程序裁判权

建议建立"限制性的前科消灭制度"[1]，这样的话80%以上的刑释人将有可能适用前科消灭程序，这对于减少重新犯罪和实现保障人权的法治原则应当均具有重大的理论和现实意义。限制性的前科消灭裁判权可配置给原一审法院刑事审判庭。

4. 合理配置刑事被害人国家补偿程序裁决权

保护、维护被害人的合法权益，不仅体现了司法制度的现代化和优越性，而且有利于缓解被害人及其家属与被告人之间的紧张关系。在刑事审后程序中，刑事附带民事执行程序和刑事被害人国家补偿程序是保护被害人的平台，刑事附带民事执行程序的裁判权已经配置给一审法院，刑事被害人国家补偿程序的裁判权也应当配置给相关法院，即使其它机构依法享有解决刑事被害人国家补偿问题的某些决定权，也必须配置相关法院相应的司法审查权，以保障被害人救济权的真正实现。

另外，建议我国借鉴法国保证劳役金制度，[2] 将受刑人劳动收入的一部分作为赔偿受害人的费用由县级以上政府财政部门保管，并且为原一审法院配置

---

① 参见陈建军、李立宏：《合理配置我国刑事审后程序中的国家权力》，载《云梦学刊》2013 年第 6 期，第 66 页。

② 详见周涛：《关于发达国家罪犯劳动报酬制度的思考》，载《辽宁警专学报》2006 年第 2 期。

被害人申请支付赔偿金的裁判权；被害人没有获得或者没有完全得到赔偿的，在法定期限内向原一审法院提出申请，要求法院裁定将致害人服刑期间的部分劳动收入作为赔偿金支付；法院受理后依法裁定，被害人依据生效裁定向同级政府申请支付；该裁定一审终审。

（二）刑事审后程序执行权的合理配置

我国《刑诉法》规定公安机关和法院均有刑事执行权，刑罚是否实现与侦查机关和审判机关有着事实上的直接关系，这违反现代刑事诉讼的基本规律和原理，应当进行改革和完善并合理配置刑事审后程序的执行权。

1. 合理配置行刑程序执行权

根据现行《刑诉法》《刑法》《监狱法》的相关规定，拘役由公安机关在拘役所或者看守所执行，剩余刑期在 3 个月以下的罪犯由看守所代为执行；未成年犯在未成年犯管教所羁押和执行刑罚。建议在各级司法行政机关设置执行局统一行使刑事执行权，并根据实际需要配备司法警察，管理本辖区内的看守所、拘役所和未成年犯管教所等。除当庭释放执行权仍然配置给法院外，行刑执行权原则上由司法行政机关统一行使。

2. 合理配置更生保护程序执行权

美国"罪犯重返计划"有两种实现途径：（1）通过社区警察因地、因人而异，设计出一项基础性计划，由重返计划小组做好受刑人在出狱前的教育、心理咨询、技能培训、就业指导等准备工作；在出狱后该小组有步骤地通过生活技能培训、职位培训、精神健康咨询等，改变刑释人固有的生活态度与习惯，使其逐渐地融入社会；继续关注和指导已经脱离司法系统监控并与社会建立了联系的刑释人。（2）各机构特别是社会机构通力协作，在刑释人出狱后，提供各种就业岗位，开展技能培训和各方面的辅导工作并进行各种帮助。[1]澳大利亚以参与签订的国际条约及联合国协议、规则等作为法律依据制定了"全程关怀"，由援助中心（联络站）、过渡中心、再安置协会、社区恢复中心等专门机构，负责各个阶段的更生保护：一是组织志愿者制订法庭支持计划，为被

---

[1] 详见陆晶：《美国"罪犯重返计划"》，载《人民公安》2007 年第 14 期。

告人提供全程法律和心理上的咨询和帮助；二是根据风险评估制定个案计划，积极指导受刑人参加劳动，鼓励悔过自新和参加文化课程培训；三是制订过渡性安置计划，在住房、衣食、医疗、就业、心理、技能培训等各个方面帮助和指导刑释人。①

比较而言，我国更生保护程序执行权虽然由安置帮教机构行使，但制度很不完善，建议借鉴美国和澳大利亚的一些成果，规定安置帮教机构在刑释人出狱后的第一时间对其生存状态进行评估，根据计分量化的评估结果确定和实施更生保护措施等级。评估的主要指标至少应该包括前科情况、服刑情况、经济状况和回归后社会联结度等。前科情况包括是否为暴力犯罪、是否故意犯罪、是否累犯、是否有吸毒史、是否有曾受行政处罚的盗窃或诈骗史等；服刑情况包括是否服从矫正管教，是否有减刑、假释情况等；经济状况至少应当包括就业能力、就业情况、家庭经济状况、文化水平、生活来源等；社会联结度主要包括婚姻状况、家庭关系、社交范围、刑释后的人生规划和预期就业情况等。

3. 合理配置前科消灭程序执行权

前科消灭程序执行权应配置给保存刑释人犯罪记录的有关机关，凡保存刑释人犯罪记录的有关机关在收到法院的消灭前科的裁定后，及时涂销刑释人的前科记录，否则承担相应的法律责任。但是，再犯可能性强的刑释人或者有组织犯罪的刑释人应该是例外，因为这些人的社会危险性一直存在，从犯罪的特殊预防目的的实现来看，对他们的监管应该更加严格。

4. 合理配置刑事附带民事执行程序执行权

刑事附带民事执行程序就是民事执行程序，且国外该程序的执行权与裁判权分离，这种分权运行机制有利于执行过程中的相互制衡、监督，这些规定和制度我国虽然或多或少也存在，但比较起来还很不完备很不科学，因为我国该程序的裁判权和执行权均由法院享有和行使，有待于借鉴国外的成功做法予以相应的完善。

5. 合理配置刑事被害人国家补偿程序执行权

建议国家对被害人提供专门的补偿基金，由在司法行政机关中设立的机构

---

① 详见司法部帮教安置工作代表团：《澳大利亚刑释人员的过渡性安置及帮教》，载《人民调解》2007 年第 6 期。

管理国家救助基金并对被害人进行救助的执行，该机构收到法院对被害人予以救助的生效裁决后，按裁决书确定的期限和金额内向被害人一次性支付。

（三）检察机关在刑事审后程序中的权力配置

根据我国现行法律规定，检察机关在刑事执行程序中，可以全面、充分、及时地行使法律监督权。例如检察院如果认为减刑、假释、暂予监外执行等刑罚变更执行不当，在收到裁决书副本后的法定期限内应当提出书面纠正意见。但是，在现阶段检察机关法律监督权的行使还远没有完全覆盖刑事审后程序。因此，可以考虑配置检察院的刑事审后程序异议权：在刑事审后程序中，检察院如果认为法院对被害人和被告人作出的裁决不当，可在送达之日起 10 日内向法院提出书面纠正意见；法院在收到纠正意见后 1 个月内重新组成合议庭进行审理，作出最终裁定。

与此同时，根据《监察法》第 11 条规定，监察委员会的职责是：（1）对公职人员开展廉政教育，对其依法履职、秉公用权、廉洁从政从业以及道德操守情况进行监督检查；（2）对涉嫌贪污贿赂、滥用职权、玩忽职守、权力寻租、利益输送、徇私舞弊以及浪费国家资财等职务违法和职务犯罪进行调查；（3）对违法的公职人员依法作出政务处分决定；（4）对履行职责不力、失职失责的领导人员进行问责；（5）对涉嫌职务犯罪的，将调查结果移送人民检察院依法审查、提起公诉；（6）向监察对象所在单位提出监察建议。由于检察机关在刑事诉讼程序中行使法律监督权，与监察委员会的监察权有部分交叉，因此，关于检察机关在刑事审后程序中的法律监督职能，本书暂时不予进一步的探讨。

本章小结

以时序为逻辑构建的刑事审后程序体系由"刑事执行程序"和"刑事执行后程序"构成，两个子程序之间具有递进的内在逻辑性；"刑事执行程序"包括行刑程序和刑事附带民事执行程序；"刑事执行后程序"包括更生保护程序、前科消灭程序和刑事被害人国家补偿程序。以刑事当事人为逻辑构建的刑事审后程序，由"行刑与回归程序"和"刑事审后被害人保护程序"构成，且两个子程序之间具有并列的内在逻辑性；"行刑与回归程序"包括行刑程序和回归程序，回归程序包括更生保护程序和前科消灭程序；"刑事审后被害人保护程序"则包括刑事附带民事执行程序和刑事被害人国家补偿程序。刑事法目的论是上述两种刑事审后程序体系构建的共同性理论基础。其中，刑法目的三元论为"刑事审后程序"体系构建提供了实体性依据，刑诉目的二元论则为"刑事审后程序"体系构建提供了程序性依据。

合理配置国家权力，是构建刑事审后程序体系中的一个核心问题。但是，在现行刑事审后程序的运行中，行政机关享有很大的裁判权，而公安、法院又具有刑事执行权，这违反现代刑事诉讼的基本规律和原理，应当进行合理配置国家权力的改革，即裁判权一般由法院行使，执行权原则上由司法行政机关统一行使。此外，检察监督权的行使还远远没有完全覆盖到刑事审后程序。因此，可以考虑配置检察院的刑事审后程序异议权。

接下来的问题是，刑事审后程序的体系构建和国家权力的合理配置，应当需要怎样的立法予以设计呢？这个问题，将由下一章"刑事审后程序体系的立法完善"予以回答。

第六章

刑事审后程序体系构建的立法完善

研究发现，本体意义上的刑事审后程序体系不仅在事实上尚未形成，而且在立法上至今也未形成，均只是表现为其"碎片化"的子程序即行刑程序、更生保护程序、前科消灭程序和刑事附带民事执行程序、刑事被害人国家补偿程序。因此，在描述、评析刑事审后程序体系"碎片化"立法现状的基础上，以刑事法目的的实现为灵魂，研究在立法上如何将"碎片化"的子程序提升为刑事审后程序体系，应该具有相当的积极意义。

一、碎片化的存在：刑事审后程序体系的立法现状

从现实情况来看，由于刑事审后程序在立法上至今只表现为其"碎片化"的子程序，因此探讨刑事审后程序体系的立法现状问题，只能以其"碎片化"子程序的立法情况为研究对象，而综合描述刑事审后程序子程序的立法情况，也就是描述刑事审后程序体系的立法现状。笔者认为，一叶知秋，综合描述刑事审后程序子程序的立法情况，具体可从典型国家的立法现状和刑事诉讼国际准则的立法现状这两个层面展开。

（一）典型国家的立法现状

众所周知，英美法系国家和大陆法系国家的法律在全球的影响最大，因而本书主要以英美法系和大陆法系的典型国家以及我国的相关立法现状，作为典型国家立法现状的描述对象。需要说明的是，在本书中，英美法系典型国家一般是指英国和美国，大陆法系典型国家一般是指法国、德国和日本。

1. 我国的相关立法

我国《刑诉法》第四编和《社区矫正法》具体规定了行刑程序；① 《刑诉法》第五编的第286条②规定了类似前科消灭程序的未成年人犯罪记录封存制度，③《刑法修正案（八）》第19条规定了免除未成年人的前科报告义务；④2012年《监狱法》第36条至38条⑤原则性规定了类似更生保护程序的刑释人安置帮教程序，但在实践中，该程序主要按照政府文件规定的政策来运行；⑥2015年《民事诉讼法》第224条规定了刑事附带民事诉讼的判决内容是申请启动执行程序的法律依据，这实际上是指刑事附带民事执行程序适用民事执行程序的规定进行操作。⑦

另外，我国具备建立刑事被害人国家补偿程序的宪法依据⑧，相关的立法建议稿和地方性立法也早已完成：2008年最高人民检察院已将《关于建立刑事被害人国家救助制度的调研报告》《刑事被害人国家救助法（建议稿）》报送有关部门，⑨ 2009年最高人民法院发布《人民法院第三个五年改革纲要（2009—2013）》，提出研究制定救助刑事被害人细则，⑩ 同年国务院《国家人权行动计划（2009—2010年）》也表明要推动刑事救助制度立法工作，而全

---

① 详见《刑诉法》第248-265条规定和《社区矫正法》全文。
② 《刑诉法》第286条规定：犯罪时不满十八周岁，被判处五年有期徒刑以下刑罚的，应当对相关犯罪记录予以封存；犯罪记录被封存的，不得向任何单位和个人提供，但司法机关为办案需要或者有关单位根据国家规定进行查询的除外；依法进行查询的单位，应当对被封存的犯罪记录的情况予以保密。
③ 前科消灭程序与犯罪记录封存制度两者都有消灭前科的法律效果，故相似。
④ 《刑法》第100条第2款规定："犯罪的时候不满十八周岁被判处五年有期徒刑以下刑罚的人，免除前款规定的报告义务。"
⑤ 《监狱法》第36-38条规定：刑释人凭释放证明书办理户籍登记，当地政府帮助安置其生活并救济丧失劳动能力又无基本生活来源者，刑释人依法享有与其他公民平等的权利。
⑥ 如1999年中央社会治安综合治理委员会、司法部、公安部、民政部《关于进一步做好服刑、在教人员刑满释放、解除劳教时衔接工作的意见》；2009年司法部《进一步加强刑释人员安置帮教工作的意见》等。
⑦ 见我国《民事诉讼法》第224条第1款以及民事诉讼法关于执行程序的规定。
⑧ 如《宪法》第33条"国家尊重和保障人权"和第45条弱势群体有从国家和社会获得物质帮助权等规定。
⑨ 杜萌：《刑事被害人补偿救助呼唤国家立法提速》，载2009年6月15日《法制日报》。
⑩ 周世雄、段启俊、王国忠：《刑事被害人救助机制研究》，载《湖南社会科学》2010年第2期，第68页。

国第一部关于刑事被害人国家补偿的地方性法规，即《无锡市刑事被害人特困救助条例》，也于同年10月1日起施行。① 此后，虽然涵盖刑事被害人国家补偿程序的被害人救助制度的地方性立法、司法解释和司法实践在不断增多，然而至今仍然尚未完成该程序的国家立法。

2. 大陆法系法国、德国和日本的相关立法

《法国刑事诉讼法典》（*French Code of Criminal Procedure*）第5卷规定了行刑程序、更生保护程序等内容，② 第4卷第14编规定了刑事被害人国家补偿程序，且补偿对象适用有关国际公约的相关规定，③ 其复权程序（即前科消灭程序）在其刑事诉讼法典和刑法典（*French Penal Code*）中均有规定。④

《德国刑事执行法典》（*German Code of Criminal Enforcement*）专门规定了行刑程序；⑤ 德国的《重返社会法》（*Reintegration Act*）专门规定了更生保护程序；德国的《消除犯罪记录法》（*Law on the Elimination of Criminal Records*）和《中央犯罪登记簿和教育登记簿法》 （*Law on Central Crime Registers and Education Registers*）专门规定了前科消灭程序，《少年法院法》（*Juvenile Courts Act*）规定了未成年人的前科消灭程序；⑥ 德国的《暴力犯罪被害人补偿法》（*Act on compensation for victims of violent crime*）专门规定了刑事被害人国家补偿程序，其补偿对象适用欧洲公约和与德国有互惠关系的条约。⑦

《日本刑事诉讼法典》（*Japanese Code of Criminal Procedure*）规定了行刑程

---

① 蒋德：《无锡刑事被害人特困救助将"不差钱"》，载2009年5月30日《法制日报》。
② 详见《法国刑事诉讼法》，罗结珍译，中国法制出版社2006年版，第548-603页；谭桂秋：《民事执行原理研究》，中国法制出版社2001年版，第115页。
③ 详见陈彬、李昌林等：《刑事被害人救济制度研究》，法律出版社2009年版，第45页；王瑞君：《刑事被害人国家补偿研究》，山东大学出版社2011年版，第84页。
④ 见《法国新刑法典》，罗结珍译，中国法制出版社2003年版，第47-48页；《法国刑事诉讼法典》，余叔通译，中国政法大学出版社1998年版，第95页。
⑤ 详见司绍寒：《德国刑事执行法律概览》，载《德国研究》2007年第3期。
⑥ 详见［德］弗兰茨·玛·李斯特：《德国刑法教科书》，徐久生译，法律出版社2000年版，第513页。
⑦ ［德］施奈德：《国际范围内的被害人》，许章润译，中国人民公安大学出版社1992年版，第3页；王瑞君：《刑事被害人国家补偿研究》，山东大学出版社2011年版，第85页。

序,①《日本更生保护法》（*Japanese Rehabilitation Protection Act*）专门规定了更生保护程序,②《日本刑法典》（*Japanese Penal Code*）在第6章中规定了前科消灭程序;③ 日本的《犯罪被害人给付金支付法》（*Law on Payment of Victims of Crime*）、《犯罪被害人等给付金支付法施行令》（*Enforcement Order of the Payment Law for Victims of Crime*）、《犯罪被害人等给付金支付法施行规则》（*Rules for the Implementation of the Law on Payment of Payment for Victims of Crime*）、《犯罪被害人基本法》（*Basic Law for Victims of Crime*）、《援助犯罪被害人基本纲要》（*Basic Outline of Assistance to Victims of Crime*）和《严重伤害和疾病补偿金》（*Compensation for Serious Injuries and Illness*）等均对刑事被害人国家补偿程序进行了详细的规定。④

需要说明的是：大陆法系国家普遍在《刑事诉讼法典》中规定了刑事附带民事诉讼程序和保障被害人获得赔偿的民事执行程序。⑤ 也就是说，在大陆法系国家中，包括我国，被害人获得赔偿除了适用刑事附带民事诉讼程序进行维权之外，均由民事执行程序替代刑事附带民事执行程序予以保障。

3. 英美法系英国和美国的相关立法

英国《刑事司法法》（*Criminal Justice Act*）和《监狱规则》（*Prison Rules*）均规定了行刑程序;⑥ 其《出狱人保护法》（*Law on Protection of Persons from Prison*）、《前科消灭法》（*Criminal Records Elimination Act*）、《刑事伤害补偿法》

---

① 详见《日本刑事诉讼法》，宋英辉，中国政法大学出版社2000年版。
② 详见郭华、刘志荣：《日本更生保护的立法演变和发展》，载《中国司法》2011年第12期；参见杨殿升等王编：《中国特色监狱制度研究》，法律出版社1999年版，第372-373页。
③ 见《日本刑法典》，张明楷译，法律出版社1998年版，第18-19页。
④ 见王瑞君：《刑事被害人国家补偿研究》，山东大学出版社2011年版，第80页，第86-98页。
⑤ 见［德］罗克辛：《刑事诉讼法》，吴丽琪译，法律出版社2003年第1版，第137页；严军兴、管晓峰主编：《中外民事强制执行制度比较研究》，人民出版社2006年版，第225页，第228页；谭兵主编：《外国民事诉讼制度研究》，法律出版社2003年版，第411-412页。
⑥ 见翟中东主编：《自由刑的变革：行刑社会化框架下的思考》，群众出版社2005年版，第10页；王志亮：《英国近期重新打造刑罚体系》，载《安徽警官职业学院学报》2007年第5期，第94页。

（*Criminal Injuries Compensation Act*）分别专门规定了更生保护程序、前科消灭程序和刑事被害人国家补偿程序，其刑事被害人国家补偿程序还适用《欧洲人权公约》（*European Convention on Human Rights*）。[1]

美国没有统一的《刑法典》《刑事诉讼法典》《刑事执行法典》，其行刑程序和前科消灭程序分别规定在彼此独立的 50 个州及哥伦比亚特区和联邦共 52 个刑事法律系统之中；《美国联邦在监人重返社会法》（*Federal Rehabilitation of Incarcerated Persons Act*）统一规范了更生保护程序；虽然各州因传统、人口、犯罪率、资源以及理念基础不同而导致其刑事被害人国家补偿程序各异，但《美国联邦犯罪被害人法》（*United States Federal Crime Victims Act*）在补偿项目、补偿资金来源等方面规定的实施，使其刑事被害人国家补偿程序正在走向统一。[2]

需要说明的是：其一，英美法系国家刑事被害人的损害赔偿问题普遍由民事诉讼程序和民事执行程序解决；其二，判例法虽然也是英美法系国家主要的法律渊源之一，但由于与本书研究没有很直接的关系，因此本书主要是对其相关的成文法规定展开讨论。

（二）刑事诉讼国际准则的立法现状

刑事诉讼国际准则，是指联合国及其下属机构为各成员国创制建立的刑事诉讼程序最低标准，是各成员国在求同存异后达成的"共识"，属于一种包容性法律制度框架。它确立了现代刑事诉讼最基本、最优先的规则，为实现正义提供了不可突破的底线，是法治国家刑事诉讼程序不可或缺的行为规则，不认可它就难以在国际交往中为其他法治国家所认同和接纳。当然，刑事诉讼国际准则并不妨碍各国追求更高的标准，各国可以在此基础上设计更加公正、科学、民主的程序和制度。[3]

---

[1]　详见曲涛：《刑事被害人国家补偿制度研究》，法律出版社 2008 年版，第 69-77 页；赵可：《犯罪被害人及其补偿立法》，群众出版社 2009 年版，第 17 页；陈彬等：《刑事被害人救济制度研究》，法律出版社 2009 年版，第 35 页；王瑞君：《刑事被害人国家补偿研究》，山东大学出版社 2011 年版，第 74-84 页。

[2]　参见周欣、袁荣林：《美国刑事被害人补偿制度概览》，载《中国司法》2005 第 2 期，第 96-98 页。

[3]　参见谢佑平主编：《刑事诉讼国际准则研究》，法律出版社 2002 年版，第 74-75 页。

刑事诉讼国际准则包括国际公约和国际习惯法。刑事诉讼国际公约具有国际法效力，已经签署和批准的国家必须遵守；刑事诉讼国际习惯法是联合国各成员国刑事经验的基本总结，体现了各成员国在刑事司法中的基本共识，对各成员国的相关立法与司法发挥着很大的指导和影响作用，① 因此，刑事诉讼国际习惯法也具有国际法效力，也应当得到世界各成员国的普遍遵守，而且大多数国家已将其融入到本国的立法和司法实践之中。② 另外，控制犯罪和建立稳定的社会秩序通常不得以牺牲司法公正和威胁基本人权为代价——这是国际社会公认的基本原则。③

1. 刑事诉讼国际公约

现行的刑事诉讼国际公约，主要包括以下规范性法律文件：《经济、社会和文化权利国际公约》（*The International Covenant on Economic, Social and Cultural Rights*）④、《禁止酷刑和其他残忍、不人道或有辱人格的待遇或处罚公约》（*Convention against Torture and Other Cruel, Inhuman or Degrading Treatment or Punishment*，简称 CAT）⑤ 以及《公民权利和政治权利公约》（*International Covenant on Civil and Political Rights*，简称 ICCPR）⑥。其中，我国 1997 年签署的《经济、社会和文化权利国际公约》由全国人民代表大会常务委员会于 2001 年

① 参见吴宗宪：《当代西方监狱学》，法律出版社 2005 年版，第 434 页。
② 参见郭建安：《联合国监狱管理规范概述》，法律出版社 2001 年版，编写说明第 2 页。
③ 陈光中主编：《联合国刑事司法准则与中国刑事法制》，法律出版社 1998 年版，第 4 页。
④ 联合国大会 1966 年 12 月 16 日通过。其第 5 条第 2 款规定："对于任何国家中依据法律、惯例、条例或习惯而被承认或存在的任何基本人权，不得借口本公约未予承认或只在较小范围上予以承认而予以限制或克减。"
⑤ 1987 年生效的 CAT 在第 2 条第 1 款中规定："每一缔约国应采取有效的立法、行政、司法或其他措施，防止在其管辖的任何领土内出现实行酷刑的行为。"
⑥ ICCPR 在序言中指出，各缔约国"考虑到各国根据联合国宪章负有义务促进对人的权利和自由的普遍尊重和遵行，认识到个人对其他个人和对他所属的社会负有义务，应为促进和遵行本公约所承认的权利而努力……"。其第 2 条第 1 款规定："本公约每一缔约国承担尊重和保证在其领土内并受其管辖的一切人享有本公约所承认的权利，不分种族、肤色、性别、语言、宗教、政治或其他见解、国籍或社会出身、财产、出生或其他身份等任何区别。"其第 7 条规定："任何人均不得加以酷刑或施以残忍的、不人道的或侮辱性的待遇或刑罚。特别是对任何人均不得未经其自由同意而施以医药或科学试验。"其第 10 条第 1 款和第 3 款分别规定："所有被剥夺自由的人应给予人道及尊重其固有的人格尊严的待遇"；"监狱制度应包括以争取因犯改造和社会复员为基本目的的待遇。少年罪犯应与成年人隔离开，并应给予适合其年龄及法律地位的待遇。"

批准生效，1998 年签署的 ICCPR 正待批准。需要说明的是，ICCPR 是联合国在"二战"后将《国际人权宣言》中的公民权利和政治权利单独制定而成，我国虽然还不是缔约国，但我国政府在 1997 年 6 月 20 日给联合国的照会中明确表明从香港主权于 1997 年 7 月 1 日回归之日起，该公约适用于香港的部分将继续适用，而且《香港特别行政区基本法》第 39 条也明确规定：公约适用于香港的有关规定继续有效，并"通过香港特别行政区的法律予以实施"。① 此外，《联合国宪章》（*Charter of the United Nations*）②、《世界人权宣言》（*Universal Declaration of Human Rights*）③ 等一系列国际人权法规则也视为刑事诉讼国际公约，我国已经签署了其中的 21 个国际人权法规则。④

2. 刑事诉讼国际习惯法

刑事诉讼国际习惯法，主要包括规则、原则和建议、决议等，如：《囚犯待遇最低限度标准规则》（*Standard Minimum Rules for the Treatment of Prisoners*）⑤、《保护所有遭受任何形式拘留或监禁的人的原则》（*Body of Principles for the Protection of All Persons under Any Form of Detention or Imprisonment*）⑥、《有效防止和调查法外、任意和即决处决的原则》（*Principles on the Effective Prevention*

---

① 林峰：《〈公民权利和政治权利国际公约〉与香港行政长官选举》，载《清华法学》2015 年第 5 期，第 112 页。

② 《联合国宪章》在序言中开门见山："我联合国人民同兹决心欲免后世再遭今代人类两度身历惨不堪言之战祸，重申基本人权，人格尊严与价值，以及男女与大小各国平等权利之信念……"。

③ 《世界人权宣言》第 1-9 条明确规定：人人生而自由，在尊严和权利上一律平等；人人有资格享受本宣言所载的一切权利和自由，不分种族、肤色、性别、语言、宗教、政治或其他见解、国籍或社会出身、财产、出生或其他身份等任何区别；人人有权享有生命、自由和人身安全；一切形式的奴隶制度和奴隶买卖，均应予以禁止；任何人不得加以酷刑，或施以残忍的、不人道的或侮辱性的待遇或刑罚；人人在任何地方有权被承认在法律前的人格；法律前人人平等，并有权享受法律的平等保护，不受任何歧视；人人有权享受平等保护，以免受违反本宣言的任何歧视行为以及煽动这种歧视的任何行为之害；任何人当宪法或法律所赋予他的基本权利遭受侵害时，有权由合格的国家法庭对这种侵害行为作有效的补救；任何人不得加以任意逮捕、拘禁或放逐。

④ 见王明星：《刑法谦抑精神研究》，中国人民公安大学出版社 2005 年版，第 184 页。

⑤ 在 1955 年日内瓦第一届联合国防止犯罪和罪犯待遇大会通过，由经济及社会理事会以 1957 年 7 月 31 日第 633C（XXIV）号决议和第 2076（LXII）号决议予以核准，全面规定了各会员国应遵守的各项原则和制度。

⑥ 1988 年 12 月 9 日联合国大会通过。

and Investigation of Extra-*legal Arbitrary and Summary Executions*)①、《囚犯待遇基本原则》（*Basic Principles for the Treatment of Prisoners*）②、《联合国少年司法最低限度标准规则》（*United Nations Standard Minimum Rules for the Administration of Juvenile Justice*）③、《执法人员行为守则》（Code of Conduct for Law Enforcement Officials）④以及人权事务委员会通过的关于 ICCPR 第 7 条、第 10 条的第 20/44 号、第 21/44 号决议等。

3. 刑事诉讼国际准则关于刑事审后程序的相关立法

刑事诉讼国际准则很多内容规制的是行刑程序，限于篇幅对此不予展开。但是，介绍刑事诉讼国际准则保护受害人的相关程序和更生保护程序、前科消灭程序的相关规制，则应该很有必要。

（1）保护受害人的相关程序规制。联合国大会 1948 年通过的《世界人权宣言》和 1966 年通过的《公民权利和政治权利国际公约》《经济、社会、文化权利公约》，均要求缔约国确保任何人的人权得到保障并在受到侵害后能够获得有效救济。⑤ 联合国 1985 年批准的《为罪行和滥用权力行为受害者取得公理的基本原则的宣言》规定：各国设立专门基金解决受害者补偿问题，确保受害人通过"迅速、公平、省钱、方便的正规或非正规程序获得补救"，其第 12 条明确指出，各国应设法向无法得到充分赔偿的下列人提供金钱补偿："遭受严重罪行造成的重大身体伤害或身心健康损害的受害者；由于这种受害情况使受害者死亡或身心残障的受扶养人。"⑥ 上述公约和宣言，或者以规定保护每个人人权的方式来保障被害人人权，或者直接规定赔偿和补偿被害人，世界各国有的直接遵照适用，有的将其转化为国内法予以实施。

（2）更生保护程序和前科消灭程序的规制。1950 年在荷兰海牙召开的第 12 届国际刑法及监狱会议专题讨论了"更生保护"问题，成立了国际释囚协会，并决定将会议改名为联合国预防犯罪和罪犯待遇大会，每 5 年举行 1 次国

① 1989 联合国经济与社会理事会第 65 号决议通过。
② 1990 年 12 月 14 日 A/RES/45/111。
③ 1985 年 12 月 10 日联合国大会通过。
④ 1979 年 12 月 17 日联合国大会通过。
⑤ 详见谢佑平：《刑事诉讼国际准则研究》，法律出版社 2002 年版，第 81-82 页。
⑥ 参见谢佑平：《刑事诉讼国际准则研究》，法律出版社 2002 年版，第 299-308 页。

际会议，研讨更生保护并做出相关规定由各国共同遵守与执行。① 1955 年日内瓦第 1 届联合国预防犯罪和罪犯待遇大会通过了《囚犯待遇最低限度标准规则》，其第 64 条规定，社会责任并不因囚犯出狱而终止，应有公私机构向出狱人提供有效的善后照顾，以减少公众的偏见，便利他们恢复正常社会生活。② 1960 年伦敦联合国预防犯罪和罪犯待遇第 2 届大会做出如下决议：更生保护的目的是使受刑人恢复自由的社会生活并给与其必要的支援，设法解决刑释人的衣、食、住、行及证明文件、情绪安慰、谋职援助等实际需要；确保适当的更生保护工作是国家的基本责任，国家应支持、促进更生保护之事项、舆论及研究计划，向一般雇主示范不拒绝刑释人担任某种特殊职业，强调政府机关与民间机构协力合作的必要性和社会工作者的重要性；媒体不宜集中其注意力于刑释人，但可利用媒体培育并启发关于刑释人需要社会协助之舆论。③ 上述规定旨在为真心悔过者提供撕掉罪犯标签的机会，让其真正感受到国家和社会的宽容，为其不受社会歧视提供人权保障，助其重新融入社会。大多数国家根据上述规定，竞相根据国情制定或修改更生保护和前科消灭的相关立法，并在理论研究上和司法实践中取得了相当的成就。④

二、模式、特征与问题：刑事审后程序体系立法现状评析

以上关于英美、大陆两大法系的典型国家和我国以及刑事诉讼国际准则的刑事审后程序体系立法现状的描述，为进一步对其予以评析和进行立法完善思考均提供了现实基础。而评析刑事审后程序体系的立法现状，具体可从立法模式、立法特征和存在的主要问题这三方面来展开。

（一）以单独的专门立法规定为主的模式

立法模式是对立法现象的宏观把握和规律性描述。就刑事审后程序体系而

---

① 详见王志亮：《外国刑罚执行制度研究》，广西师范大学出版社 2009 年版，第 63—67 页。
② 转引自杨殿升等主编：《中国特色监狱制度研究》，法律出版社 1999 年版，第 366 页。
③ 参见杨殿升等主编：《中国特色监狱制度研究》，法律出版社 1999 年版，第 366—367 页。
④ 详见汪伟人：《市场经济条件下预防重新犯罪的思考》，载《中国监狱学刊》2000 年第 1 期。

言，无论是国家立法还是国际立法，在现阶段均只存在其子程序层面的立法模式，而且以单独的专门立法规定为主。具体情况概述如下。

1. 以单独的专门立法规定为主的国家立法模式

从国家立法层面来看，除法国主要采用《刑事诉讼法典》规定的模式之外，大多数国家主要采用单独的专门立法规定的模式。（1）行刑程序立法模式。大致有三种：一是《刑事诉讼法典》规定模式，以法、日为代表；二是专门制订《刑事执行法典》规定模式，德国是典型国家；三是刑事实体法和刑事程序法综合规定模式，以英国、美国和我国为代表。[①]（2）更生保护程序立法模式。除法国由《刑事诉讼法典》规定外，其他国家均采取单独的专门立法规定模式。（3）前科消灭程序立法模式。主要有两种：一是刑事实体法和刑事程序法综合规定模式，例如法国和我国；二是多数国家所采取的单独的专门立法规定模式。（4）刑事附带民事执行程序立法模式。大陆法系国家均采《刑事诉讼法典》和《民事诉讼法典》结合规定模式。[②]（5）刑事被害人国家补偿程序的立法模式。除法国由《刑事诉讼法典》规定外，其他国家均采单独的专门立法模式。

2. 以单独的专门立法规定为主的国际准则立法模式

就刑事诉讼国际准则立法而言，无论是国际公约还是国际习惯法，均以通过单独专门立法方式来规定当事人的实体性权利和程序性权利，因此，其采取的是实体法和程序法融为一体的单独专门立法规定模式。之所以采取这样的模式，可能的理由应该是：其一，因为需要规范解决的主要是具体的专项法律问题；其二，应该是在考量不同国家文化背景和不同法律传统等特殊需求后的去异存同——因为不同的国家无论是具有怎样的文化背景和法律传统，均存在着实体法和程序法。

---

① 参见王志亮：《外国刑罚执行制度研究》，广西师范大学出版社 2009 年版，第 146-148 页。

② 需要注意的是，无论是大陆法系国家还是英美法系国家，被害人获得赔偿普遍由民事执行程序予以保障，而且大陆法系国家是由刑事诉讼法典和民事诉讼法典结合起来予以规定，英美法系国家则是专门由民事诉讼法进行规定。

（二）形式散且规范对象层次低的特征

可以说，由于立法模式以单独的专门的立法规定为主，从而决定了当今世界刑事审后程序体系现行立法的主要特征是：形式散且规范对象层次低。

1. 形式散

当今世界刑事审后程序子程序的立法形式多样且名称各异。例如，刑事诉讼国际准则的法律渊源，既有国际公约也有国际习惯法；在国家立法中，除法国之外，各国往往分别在不同性质的法律领域进行单独立法，有的表现为刑事程序法性质，有的表现为刑事实体法性质，有的则表现为社会保障法性质，而且名称各异。具体而言，各国的行刑程序普遍由刑事诉讼法典或者专门的刑事执行法予以规范，而且普遍适用民事执行程序来保障被害人的权益实现；绝大多数国家的前科消灭程序由不同名称的刑事实体法来规范；西方国家的更生保护程序和刑事被害人国家补偿程序大多由各种名称的社会保障法予以规范。

值得注意的是，西方国家更生保护程序的相关立法主要反映了社会福利主义思想，① 例如在美国、英国等个体主义文化影响较深的英美法系国家，非政府组织在更生保护中发挥着重要作用，而在德国、日本等群体主义文化影响较深的大陆法系国家，国家和政府在更生保护中的作用更重要，如德国将更生保护纳入了国家失业救济计划，日本的有关国家机构对得不到亲友援助的刑释人会及时进行积极救助，等等。②

2. 规范对象层次低

虽然更生保护程序和前科消灭程序可结合成"回归程序"，回归程序和刑事被害人国家补偿程序可结合成"刑事执行后程序"，而刑事执行后程序与刑事执行程序再结合，其提升的结果就是"刑事审后程序"，但是，现行立法只有关于行刑程序、刑事附带民事执行程序、更生保护程序、前科消灭程序和刑事被害人国家补偿程序这些最低或者较低层次的单独立法："回归程序""刑事执行程序""刑事执行后程序"层面的立法还没有产生，更不必说"刑事审后程序"层面的立法了。因此，刑事审后程序体系的立法尚未形成，只是停留在

---

① 参见夏宗素：《罪犯矫正与康复》，中国人民公安大学出版社 2005 年版，第 6 页。
② 黄京平等：《帮教安置工作理论与实务》，中国法制出版社 2008 年版，绪论。

规范其子程序的低层次立法层面上。

（三）存在的主要问题

世界各国刑事审后程序体系现行立法存在的主要问题，集中表现在以下两点：其一，很难将刑事审后程序作为一个整体来认识和研究；其二，难以识别刑事审后程序的刑事诉讼法性质。

1. 很难将刑事审后程序作为一个整体来认识和研究

如前所述，除了法国之外，其他国家基本上对刑事审后程序的子程序采取专门立法规定模式，而且立法规范的对象停留在较低层次的程序上，相互之间缺乏照应，彼此之间没有桥梁沟通，无法形成一个整体性的程序系统。即使是将刑事审后程序的子程序均规定在刑事诉讼法典中的法国以及均规定在国际公约或者国际习惯法中的联合国，也并未在立法上将刑事审后程序作为一个整体来看待，更谈不上在理论上对其进行系统性的研究。可以说，形式散、规范对象层次低的立法特征，使得人们对刑事审后程序的认识只能处于"碎片化"的感性认识阶段，很难将刑事审后程序作为一个整体来认识和研究。

2. 难以识别刑事审后程序的刑事诉讼法性质

刑事审后程序运行于刑事审判程序终结之后，主要规范的是国家刑事机关或者有关组织的权力和刑事当事人的行为，保障的是刑事当事人的人权，解决的是一系列的刑事问题，所以，刑事审后程序及其子程序不管以怎样的立法模式和怎样的法律渊源来表达，其具有刑事诉讼法的法律性质是一个客观的事实。正因为如此，法国才将其子程序全部规定在《刑事诉讼法典》之中吧。

但是，除法国以外的其他国家，基本上采取单独立法模式，其法律渊源包括宪法、法律、判例、国际公约、国际条约和国际习惯法等，呈现出五花八门、名称各异的模样，而且大多只以刑事实体法和社会保障法的面目出现。即使是刑事诉讼国际准则，也是将其以刑事实体法和刑事程序法的形式进行规制。这样的立法现状，使得刑事审后程序的各个子程序像珍珠一样散落在不同的法律渊源之中，缺乏一根金色的丝线贯穿其中，无法形成一个闪闪发光的程序整体，不仅不能凸显其刑事诉讼程序法的属性，反而让人们容易忽视其刑事诉讼程序法的法律属性。因此，刑事审后程序至今在刑事诉讼程序中仅以一个尚未成形的"新大陆"的面目而存在，成为刑事诉讼法学理论研究的一个"盲区"。

研究发现，造成上述刑事审后程序现行立法主要问题的根本原因，应该是由于缺乏共同性的理论基础以及立法不完善所致。因此，问题的解决，不仅需要挖掘出刑事审后程序立法完善的理论基础予以指引，而且需要在体系构建的设计上完善相关立法。理论基础的阐述详见本书特别是其中第四章的相关内容，此处需要论述的主要是立法完善问题。

三、立法系统化：刑事审后程序体系的立法完善

刑事审后程序体系的立法完善虽然可能应该是世界各国均需考虑和进行的事项，但本书在此仅探讨我国刑事审后程序体系的立法完善问题。就我国的现实情况而言，必须围绕刑事法目的的实现，通过立法系统化方式，在完善刑事审后程序子程序相关立法的基础上，再进行刑事审后程序体系构建的立法设计。

立法系统化的方法，主要包括法律清理和法律编纂这两种。法律清理是特定机关按照法定程序审查一定时期和一定范围的生效法律并重新确定其效力的活动，它包括对法律文件进行审查、清理、整理和重新确定其效力的行为，能够导致法律被废止或者被修改，它是立法活动的延续。① 法律编纂即法典编纂，是整理、审查、修改、补充散见于不同法律渊源中属于某一部门法的全部法律，制定成具有特定结构的法典的活动。②

（一）以修正案规定的方式完善现行子程序的立法

建议以刑事法目的论为指引，清理和加工大量分散在法律、法规、规章和司法解释中的刑事审后程序子程序的现有内容，统一以《刑事诉讼法》修正案规定的形式，完善刑事审后程序子程序的相关立法。

---

① 参见姚建宗主编：《法理学》，科学出版社 2010 年版，第 60 页。
② 参见周永坤：《法理学——全球视野》，法律出版社 2010 年版，第 299 页；姚建宗主编：《法理学》，科学出版社 2010 年版，第 60-61 页。

1. 完善行刑程序的立法

如上所述，我国行刑程序的立法重惩罚轻保障，权力配置分散、失衡甚至违背法理，① 并且缺乏必要的程序规制，例如受刑人获得减刑、假释的主要依据是监狱记分考核，② 而法院收到监狱分批报送的书面材料后成批书面审核，等等。这样的立法不利于刑事法目的的实现，应该进行相应的完善，特别是需要完善以下立法内容。

（1）完善减刑、假释程序相关立法的以下内容。③ 其一，启动与初查。行刑机构主动介入或者在受刑人申请后，向"提请减刑假释评审委员会"提交有关材料由其初查；认可初查材料并评估受刑人的社会危险性后，向法院提交减刑、假释建议书，并在 3 日内通知相关检察机关；初查认为不符合条件的决定退回，受刑人不服退回的可申请法院审查。其二，审理与裁定。法院在收到建议书及相关材料或者受刑人不服退回的申请后，依法公示并在法定期限内审理，书面审理的须听取检察机关的意见，但有六类案件④应当开庭审理。开庭时，受刑人先陈述申请及事实理由；然后由"提请减刑假释评审委员会"宣读建议书或者退回决定书并提交相关证据材料；再由检察机关发表意见。期间"提请变减刑假释评审委员会"可书面提请撤回建议，是否准许由法院决定。合议庭在评议后可当即宣告结果。该裁定为一审终审。其三，送达。裁定在作出之日起 7 日内送达有关执行机关、检察院和受刑人。

（2）完善暂予监外执行⑤程序的立法。如前所述，作为行刑变更程序表现形式之一的暂予监外执行，与减刑程序和假释程序一样，均涉及到"自由"这一基本人权，理应由法院按程序行使司法审查权，但我国法律却规定在交付执

---

① 参见杨兴培：《刑事执行制度一体化的构想》，载《华东政法学院学报》2003 年第 4 期，第 55-62 页。

② 各省、市、自治区都制定了《罪犯计分考核奖惩办法》，由于负责计分的监狱干警"自由裁量权"过大，"以钱买分"现象较多，使不少受刑人合法权益没有得到保障。

③ 参见《最高人民法院关于办理减刑、假释案件具体应用法律若干问题的规定》第 24 条和第 25 条规定，《最高人民法院关于适用〈中华人民共和国刑事诉讼法〉的解释》第 533-541 条规定。

④ 一是因罪犯有重大立功表现提请减刑的；二是提请减刑的起始时间、间隔时间或者减刑幅度不符合一般规定的；三是在社会上有重大影响或社会关注度高的；四是公示期间收到投诉意见的；五是人民检察院有异议的；六是人民法院认为有开庭审理必要的。

⑤ 这里的暂予监外执行仅指在行刑过程中的变更，不包括法院在判处刑罚时决定的变更。

行后省级以上监狱管理机关或者设区的市一级以上公安机关可以直接批准暂予监外执行①，而且这种行政性审批决定具有最终效力，缺乏司法审查的必要监督，建议参照减刑假释程序予以立法完善。

（3）完善行刑执行权的立法。依据我国现行《刑诉法》的相关规定，无罪、免除刑事处罚、死刑立即执行和罚金、没收财产的案件执行权均配置给法院，被判处拘役、剩余刑期在三个月以下和剥夺政治权利的罪犯以及未成年犯均由公安机关执行。可见，我国《刑诉法》规定公安机关和法院均有刑事执行权，这不仅违反现代刑事诉讼的基本规律和原理——刑罚是否实现与侦查机关和审判机关有着事实上的直接关系，而且容易损害刑事当事人的人权，应当完善相关立法，即由地方各级司法行政机关根据实际需要配备司法警察人数，管理本辖区内的看守所、拘役所和未成年犯管教所等，除当庭释放执行权②仍然配置给法院外，其他行刑执行权包括财产刑和剥夺政治权利的执行权，均应当从法院和公安机关剥离出来，统一由司法行政机关执行，例如由受刑人所在地或居住地的社区矫正机构宣布剥夺政治权利的判决内容，负责考察和监管，在执行期满后宣布剥夺政治权利终结。③

只有完善以上相关立法内容，明确规定各行刑机关或者组织的职能、责任和权力行使程序等，充分赋予刑事当事人的程序权利，这样的行刑程序才能成为刑事审后程序的有机组成部分，从而为刑事法目的的实现提供必要的平台。

2. 完善刑事附带民事执行程序的立法

就刑事附带民事执行程序而言，国外的执行权与裁判权是分离的。例如德国由相互间没有隶属关系的执行法官、司法助理员与执行员各自行使相关权力，三者分工明确，执行法官负责制作执行裁判和执行命令，司法助理员和执行员承担具体工作；司法助理员依据《司法助理员法》产生，其地位与执行法官平等；执行员由州司法部长任命，地位相对独立，执行法官指导其工作，对其有行政处分权。再如法国由执行法官与执达员分工行使执行的裁决权和实施

---

① 见《刑诉法》第 265 条第 5 款规定。
② 法院宣判后应当庭释放被告人，并当即将裁判文书送达羁押机构办理相关的释放事宜。
③ 夏尊文：《刑事政策视野中的社会管理创新——以社区矫正为视角》，载《云梦学刊》2015 年第 2 期，第 115 页。

权。执行法官的裁决权有：涉及执行依据及执行程序的纠纷；许可保全，许可动产转移，许可罚款和执行清算等；发布执行命令，命令妨碍执行时债权人、债务人或第三人承担损害赔偿责任；依法发布暂缓执行命令。① 执达员是法院专门从事送达法律文书和实施民事执行行为的公务员，拥有查封、冻结动产不动产等职权，有资格请求执行法官给予批准或命令；采取措施强制债务人履行义务，必要时有权要求检察院和其他公共力量单位协助。② 日本设立独立的分工明确又互相协助的执行法院和执行官，执行法院是对不动产、涉及法律判断或者可能发生新纠纷的事件做出执行行为以及协助、监督执行官进行执行的法院；执行官主要是法院快要退休的书记官，由地方法院任命并受其监督，具有相对独立性，其性质近似于警察，他们以自己的名义履行执行工作，不从国家领取报酬，而是收取当事人的手续费，手续费达不到一定数额的由国库补足，其办公机构设在地方法院内部。③

国外上述分权运行机制有利于刑事附带民事执行程序中国家权力的相互制衡、监督，这些制度我国虽然或多或少也存在，但比较起来还很不科学，因为我国刑事附带民事执行程序的裁判权和执行权均由法院执行局完全享有和行使，因此建议借鉴国外的成功做法予以相应的立法完善，重点是将刑事附带民事执行程序的执行权配置给司法行政机关。

如果以《刑事诉讼法》修正案规定的形式，完善了刑事附带民事执行程序的上述相关立法之后，就可以将其与行刑程序或者刑事被害人国家补偿程序相结合，分别提升为"刑事执行程序"或者"刑事审后被害人保护程序"，从而为真正实现刑事法目的提供必要的较高层次的法律程序机制。

3. 完善更生保护程序的立法

我国的安置帮教制度类似于更生保护制度，该制度虽有 60 年历史，但存在以下主要问题：其一，法律规定很不完善。现有法律仅《监狱法》第 36-38

---

① 参见严军兴、管晓峰主编：《中外民事强制执行制度比较研究》，人民出版社 2006 年版，第 225 页；谭兵主编：《外国民事诉讼制度研究》，法律出版社 2003 年版，第 411-412 页。

② 参见谭桂秋：《民事执行原理研究》，中国法制出版社 2001 年版，第 115 页。

③ 严军兴、管晓峰主编：《中外民事强制执行制度比较研究》，人民出版社 2006 年版，第 228 页。

条进行了如下规定：刑释人由公安机关凭释放证明书办理户籍登记，当地政府帮助其安置生活，丧失劳动能力又无法定赡养人、扶养人和基本生活来源的由当地政府予以救济；刑释人依法享有与其他公民平等的权利。但实践中，主要依靠各级政府或有关机关制定和发布的规章、意见来操作，没有统一标准，弹性太大。其二，监狱教育片面化。当前中国的监狱教育片面强调劳动改造和政治教育，对受刑人生存能力的提高和心理健康状况重视不够，其实，刑释人的心理状态在很大程度上决定了其融入社会的状态。相关调查显示，在某监狱150 名即将释放人员中，存在躯体化、强迫症状、焦虑、抑郁及精神病等方面心理问题的检出率均为 30% 以上，心理健康状况较差。[1] 其三，刑释人就业极少有保障。[2]

　　为了提高刑释人的生存能力，帮助刑释人尽快融入社会，有学者建议进行以下程序方面的立法完善：其一，一般由刑释人或其监护人申请启动，安置帮教机构也可依职权主动启动；其二，安置帮教机构审查所有的相关资料；其三，安置帮教机构决定是否需要对刑释人予以更生保护；其四，刑释人不服决定的可向安置帮教机构的上一级机构申请复议；其五，建立刑释人再犯风险评估制度与更生保护程序相配套，并完善更生保护程序的国家立法。[3] 笔者在同意上述建议的同时还认为：在完善我国更生保护程序立法的过程中，通过法律授权安置帮教机构一定的决定权很有必要，但如果刑释人不服安置帮教机构作出的决定，则应该由法院行使最终的司法审查权，这样可以及时解决相关的法律问题。由于更生保护程序保障的是刑释人的基本人权问题，故此类纠纷如果起诉到法院，不宜作为行政诉讼案件处理，而是应当按照刑事诉讼法的规定由法院予以刑事司法审查。建议设计程序做如下完善：帮扶机构作出更生保护决定后，需要报上一级机构备案；不服帮扶机构更生保护决定的，可向作出决定机构所在地的基层法院提起诉讼；法院受理后进行司法审查并作出裁定；该裁

---

① 详见缪文海：《罪犯刑满释放前的心理特征及心理矫治策略》，载《贵州警官职业学院学报》2010 年第 2 期。

② 刑释人就业问题是当今中国一个重大的社会难题，因为没有真正的相关制度予以保障。

③ 详见吴照美、张作山：《刑释解教工作机制的不足及完善建议》，载《云南警官学院学报》2014 年第 2 期；霍珍珍：《刑释解教人员社会保障的现状原因及对策》，载《中国司法》2012 年第 5 期。

定一审终审。

笔者还建议我国借鉴美国和澳大利亚的相关成果，根据满足刑事法目的实现的需要，修改《刑法》《监狱法》《刑事诉讼法》等法律的相关内容，解决《监狱法》只原则性规定更生保护制度而造成各地执行混乱、工作随意性大的问题，在现行相关法律和政策的基础上，以《刑事诉讼法》修正案的形式规定刑释人的权利义务，突出诸如消除社会歧视和维持刑释人的最基本生活、鼓励刑释人改过自新并帮助其顺利回归社会的内容，完善更生保护程序的立法。

需要说明的是，我国的安置帮教制度如果不进行上述立法完善，它就几乎不能融入到刑事审后程序之中，因为现行的安置帮教制度与刑事诉讼程序没有任何关联，相互之间没有通道可以连接。

4. 完善前科消灭程序的立法

如上所述，我国《刑诉法》虽然规定了未成年人犯罪记录封存制度，但缺乏程序设置的具体规定，根据我国实际和满足刑事法目的实现的需要，借鉴国外的成功经验，建议清理《刑法》《监狱法》《未成年人保护法》《预防未成年人犯罪法》《刑诉法》等法律的相关内容，以《刑诉法》修正案规定的形式，在现阶段建立"限制性的前科消灭制度"，理由如下。

汇总最高法院 2003 年、2008 年、2018 年这三次总结前五年工作和 2009 年至 2013 年这五次总结前一年工作的《工作报告》，以及 2008 年、2009 年、2011 年这三年《全国法院审理刑事案件被告人判决生效情况表》和《全国法院审理青少年犯罪情况统计表》的相关数据，制作了下表：

1998—2017 年全国被刑事判决人员的情况表

年份	被刑事判决的被告人总人数	五年以上至死刑人数	未成年人人数	五年以上所占比例	五年以下所占比例	未成年人所占比例
1998—2002	322 万	81.9 万	不详	25%	75%	不详
2003—2007	418 万	76 万	不详	18.18%	81.82%	不详
2008	100.7304 万	15.902 万	88891	15.787%	84.213%	8.82%
2009	99.6466 万	16.2675 万	77604	16.609%	83.391%	7.79%

续表

年份	被刑事判决的被告人总人数	五年以上至死刑人数	未成年人人数	五年以上所占比例	五年以下所占比例	未成年人所占比例
2010	100.6420 万	不详	不详	不详	不详	不详
2011	104.0747 万	14.9452 万	67280	14.475%	85.525%	6.46%
2012	118.4	不详	不详	不详	不详	不详
2013—2017	607 万	不详	不详	不详	不详	不详

　　该表显示：其一，自 1997 年刑法开始实施的 20 年间我国共刑事判处 1870 多万人，犯罪总人数一直呈上升趋势。而被判处五年以下有期徒刑至免予刑事处罚的所占的平均比例约为 82.189%，且基本上呈上升趋势。其二，未成年人所占比例的平均数为 7.69%，不仅所占比例很小，而且总人数一度呈下降趋势。此外，由于众所周知的原因，我国大陆的无罪判决极其稀少，如自 2013 年以来，平均比例约为 0.016%。①

　　我国刑事诉讼法目前只规定了未成年人犯罪记录封存制度，而未成年人所占刑释人的平均比例仅有 7.69%，加上无罪判决极其稀少，导致 90% 以上的刑释人将终身带上犯罪标签，因此，应当在现阶段建立"限制性的前科消灭制度"，即 5 年以上有期徒刑的犯罪和法定的特殊犯罪排除适用前科消灭制度。之所以限定于 5 年以上有期徒刑的犯罪，是因为上述数据显示，自 1997 年刑法开始实施的 20 年间被判处五年以下有期徒至免予刑事处罚的所占的平均比例约为 82.189%，且基本上呈上升趋势。而所谓的法定的特殊犯罪，主要包括恐怖活动犯罪、黑社会性质组织犯罪、毒品犯罪、强奸犯罪以及累犯、惯犯等，因为这些犯罪或者犯罪人很容易再犯，故应在现阶段排除适用前科消灭程序。对上述之外的犯罪，在释放时或者释放后的法定期限内，在相关机构评估后，应将符合条件②的刑释人予以前科消灭。这样一来，应当有 80% 以上的刑释人

---

① 2016 年 11 月 5 日上午，时任最高检检察长曹建明在十二届全国人大常委会第二十四次会议上作《关于加强侦查监督维护司法公正情况的报告》时透露的一组数据显示，自 2013 年以来，无罪判决率为 0.016%。

② 申请前科消灭的条件应当由刑事法律作出明确规定。

在回归社会之后将有可能适用前科消灭程序，这对于减少重新犯罪和实现保障人权应当具有重大的积极意义。

限制性的前科消灭程序建议具体设计如下：其一，申请。由本人或者其法定代理人提出书面申请，法律规定的其他人①也可以代为书面申请;② 同时，必须提供法律规定的有关机构③出具的改造表现良好的证据。其二，法院审查受理之后，④ 确定听证日期。⑤ 其三，听证。⑥ 其四，裁定。⑦ 该裁定一审终审。其五，送达。⑧ 一经送达当即生效。确有错误的可申请复议或者申请再审。

前科消灭程序执行权应当配置给保存刑释人犯罪记录的有关机关。凡保存刑释人犯罪记录的有关机关在收到法院的消灭前科裁定后，及时清除刑释人的前科记录，否则承担相应的法律责任。但再犯可能性强的刑释人或者一些有组织犯罪的刑释人应该是例外，因为这些人的社会危险性一直存在，从犯罪的特殊预防目的的实现来看，对他们的监管应该更加严格。值得注意的是，前科消灭与犯罪记录封存虽然操作方式有一定的差别，但法律效果一样，无论选择哪一种方式都可以实现相应的刑事法目的，而且将两者结合起来也是可以考虑的选择，如再犯可能性很小的可适用前科消灭的方式，再犯可能性较大的则适用犯罪记录封存。

需要说明的是，我国未成年人犯罪记录封存制度如果不进行上述立法完善，它就永远只能是刑事诉讼程序中保护未成年人的特别程序内容，刑事审后程序的体系构建就不可能得以真正地实现。

5. 完成刑事被害人国家补偿程序的立法

如上所述，虽然我国不少学者在理论上对建立刑事被害人国家补偿程序进

---

① 如近亲属或者申请人所在单位或申请人所在的基层自治组织或者当地民政部门甚至检察机关。
② 书面申请确有困难的，由受理法院代其填写相关文书后，由本人或上述人员签名。
③ 如服刑监管场所或者释放后所在单位等。
④ 法院认为符合申请条件的予以受理，认为不符合申请条件的予以驳回。
⑤ 确定听证日期后，应当在 3 日前通知监管机关和申请人。
⑥ 先由申请人宣读申请书；再由监管机关就申请人改造表现发表意见，同级检察院进行法律监督。
⑦ 在听取相关意见后评估风险，认为符合条件的裁定消灭该前科，认为不符合条件的则裁定不予消灭。
⑧ 裁定除送达当事人本人外，还应当及时送达有关单位或者机构。

行了诸多探讨，而且在实践中也已经探索多年，但至今仍然没有国家层面上的立法，这对于被害人的权益保护而言不能不说是个遗憾。本书根据我国的现实情况并借鉴国外的经验，建议在配置刑事被害人国家补偿机构依法行使解决刑事被害人国家补偿问题决定权的同时，将刑事被害人国家补偿程序的司法审查权配置给法院，以保障被害人救济权以及刑法恢复目的的真正实现。具体程序的立法建议设计如下：

其一，申请。被害人一方在法定期限内向县级政府的司法局提出申请。其二，决定。司法局在调查的基础上决定是否补偿以及补偿金额。其三，救济。被害人一方不服司法局作出的刑事被害人国家补偿决定，可向作出决定的司法局所在地的基层法院提起司法审查；法院受理后予以司法审查并作出裁定；裁定补偿的，被害人凭法院的生效裁定书到同级司法局一次性领取补偿金；该裁定为一审终审。

需要说明的是，国家对被害人提供专门的补偿基金，应由在政府机关中设立的司法局予以管理和对被害人进行补偿的执行；基金的资金来源渠道应该是多方面的，可以实行国家财政拨款与社会捐助相结合的方式，也可以规定由司法行政机关按照一定的比例收取受刑人的劳动收入后注入该基金，犯罪所得、罚金和没收财产被执行到位之后，也应全额注入补偿基金的国家账户，作为被害人国家补偿基金的重要资金来源。① 基金管理机构收到予以补偿的生效裁决后，应当按照裁决书确定的期限和金额向被害人一次性支付。

综上，如果不在国家立法层面进行刑事被害人国家补偿程序的上述相关立法，那么"刑事执行后程序"或者"刑事审后被害人保护程序"就无法建立，刑事法目的真正地实现就会缺少不可或缺的较高层次的法律程序机制。

（二）以制定法典的方式完善体系构建的立法

如上所述，由于刑事审后程序各子程序大多分散在不同的法律领域中，相互之间缺乏照应，彼此之间没有桥梁，处于一种游离的状态，无法构成一个有机的程序体系，导致人们不仅几乎不能将其作为一个整体来认识和研究，而且

---

① 参见陈彬等：《刑事被害人救济制度研究》，法律出版社 2009 年版，第 119 页，第 302—303 页。

难以识别其刑事诉讼程序的法律性质。因此，必须通过法律清理和法律编纂的方式，在立法设计上将这些"碎片化"的子程序"进化"为"体系化"的刑事审后程序。

为了充分满足刑事法目的实现的需要，应当首先对现行刑事审后程序子程序的法律文件进行归类、整理、加工并有序排列，发现立法的缺陷和空白，消除其中的矛盾和冲突，明确哪些继续有效或者已经失效以及哪些应该废止、修改、补充或者重新制定，并在具体完善这些子程序的立法之后，继续以刑事法目的论为理论指引，以《刑事诉讼法》修正案规定的形式，完善刑事审后程序体系中较高层次程序的立法。这些较高层次程序，在现阶段包括"回归程序""刑事执行程序""刑事执行后程序"和"刑事审后被害人保护程序"。

在将来，我国应当以刑事法目的论为理论依据，由立法者在研究全部法律规范的基础上进行有序的排列组合，通过编纂《刑事诉讼法典》的方式，建构一个层次清晰的刑事诉讼程序立法体系，从更高的层次上完善刑事审后程序的系统性立法，例如可先从以下两方面予以进一步的立法完善：一是完善递进式的刑事审后程序体系的立法，二是完善并列式的刑事审后程序体系的立法。只有这样，才能既使得其子程序相互之间衔接顺畅，又可以通过其整体运行来兼顾各方刑事当事人的合法权益，从而构建合理逻辑结构的刑事审后程序，使之成为具有内在联系的统一整体即法典的有机构成部分。这显然是一项浩大的立法系统化工程，需要进行充分的准备和不懈的努力方可完成。

值得注意的是，由于我国特殊的历史原因和司法实践惯性，司法机关在一定程度上承担了立法职能，这在新中国成立后至《刑法》《刑诉法》《监狱法》等出台之前具有现实合理性和正当性，而且其中大量具有立法性质的司法解释发挥了重要作用。[1] 但随着社会发展，司法机关继续行使抽象性司法解释权进行司法式立法在很大程度上已经脱离了制度现实，[2] 甚至在规范及学理上具有一定的违宪性。[3] 从目前的司法制度运作来看，可以尝试建立最高院和高院的两级案例指导制度，既可以保证案例的指导性功能在法治轨道内有效发挥，也

---

① 详见陈兴良：《司法解释功过之议》，载《法学》2003 年第 8 期。

② 李林：《中国立法未来发展的主要任务》，载 2009 年 3 月 4 日《北京日报》。

③ 林峰、王书成：《司法式立法及制度反思——以《劳动合同法》等法律的实施为分析样本》，载《法学》2012 年第 3 期，第 127 页。

给地方司法实践存在的差异性保留了制度空间,① 并建立专门机构负责案例的遴选、审核以及发布，科学合理地设计案例遴选程序，确保其高效、有序进行。② 经过各方面的努力，最高院的案例指导制度已经进入正常运行的轨道。因此，在规制刑事审后程序体系的国家立法没有完善之前，运用案例指导制度解决在实践中出现的新问题，显然是一个比较好的选择。

本章小结

现阶段只存在刑事审后程序子程序层面的立法，其基本模式是单独的专门立法规定，其主要特征是形式散且规范对象层次低；其主要问题是很难将其作为一个整体来认识和研究且难以识别其刑事诉讼程序法律的性质，造成这些主要问题的根本原因，是由于缺乏共同性的理论基础以及立法不完善所致。因此，问题的解决，不仅需要挖掘出刑事审后程序体系构建的理论基础，而且需要完善相关立法。完善立法的基本路径是立法系统化，具体方法包括法律清理和法律编纂。

我国通过立法系统化构建刑事审后程序体系，必须围绕刑事法目的的实现而进行，且首先应通过修正案方式完善其子程序的立法。将来，我国应以编纂《刑事诉讼法典》方式，从更高层次上对刑事审后程序体系予以立法完善。

紧接下来的问题是，刑事审后程序是不是一个系统呢？如果是，它是怎样的系统呢？它的构成要素是什么呢？等等。这些问题将在下一章予以解决。

---

① 林峰、王书成：《司法式立法及制度反思——以《劳动合同法》等法律的实施为分析样本》，载《法学》2012 年第 3 期，第 127-130 页。

② 参见苏泽林、李杆：《论司法统一与案件指导制度的完善》，载《中国司法》2009 年第 12 期。

下　编

刑事审后程序系统与刑事一体化：系统论

　　上编和中编各分三章，上编主要探讨刑事审后程序产生的原因，即全面实现刑事法目的是刑事审后程序产生的根本原因和基本动力。中编主要研究刑事审后程序本身，包括刑事审后程序的界定、体系构建、立法完善及其理论基础等。本编也分为三章，主要是在论证刑事审后程序是一个系统的基础上，研究其系统涌现性问题，以及探讨刑事审后程序系统构建与完善刑事一体化理论的关系问题。上编主要是原因论，中编主要是本体论，本编主要是系统论。

第七章

系统论与刑事审后程序系统

以上无论是探讨刑事审后程序产生的原因，还是研究刑事审后程序的本身，都主要从静态角度出发。从本章开始，则以系统论的动态理念为指引，集中对刑事审后程序系统及其涌现性等问题展开分析。本章主要解决以下三个基本问题：其一，什么是系统、社会系统与法律系统？其二，刑事审后程序是一个系统吗？如果是，那是怎样的系统？其三，怎样理解刑事审后程序系统的构成要素？

一、系统、社会系统与法律系统

专门研究系统的理论是系统论，系统论是关于过程的科学而不是关于状态的科学，是关于演化的科学而不是关于存在的科学。社会系统主要由社会系统理论予以研究，法律系统则主要由法律系统理论展开探讨。

（一）系统论与系统

二十世纪初，美国生物学家贝塔朗菲提出"运用'整体'或'系统'概念来处理复杂性问题"，① 并于二十世纪四十年代创立了"适用于综合系统或子系统的模式、原则和规律"的系统论。② 到二十世纪六十年代，学者们不断

① ［美］冯·贝塔朗菲：《一般系统论：基础、发展和应用》，林康义、魏宏森等译，清华大学出版社 1987 年版，第 2 页。
② 详见冯·贝塔朗菲：《一般系统论的历史与现状》，王兴成译，载《国外社会科学》1978年第 2 期。

取得实质性研究进展，形成了几种系统论，① 系统论开始在现代科学中占据主导地位。② 系统论认为，生成演化是宇宙最普遍的现象和规律。演化观虽然在西方可上溯至古希腊，在中国能追寻到几千年前的《周易》《道德经》《庄子》，③ 但这些演化思想却从未成为过主流。系统论的产生，导致了研究范式的巨变，而范式变化，"通常决定问题和解答的正当性的标准，也会发生重大改变……科学家由一个新范式指引，去采用新工具，注意新领域……他们会看到新的不同的东西"。④

　　系统论发现：系统是由若干相互联系相互作用的要素（元素）或组分（部分）按一定结构组成具有一定新功能的有机整体，⑤ 一般具有整体性、开放性、自组织性和动态性等特征。其中，整体性不仅指"1+1>2"，更多的是指系统与各部分、各部分与各部分以及系统与外界之间的相互作用；开放性是指系统不断与外界进行着物质、能量或信息的交换，以保持系统自身的动态稳定；自组织性表明系统的结构或功能以及系统本身都在自动演化，每个系统都以更大系统为其演化的条件和背景；动态性是指系统通过自组织性的涨落达到异于前状态的新的有序结构，并因开放性又一次进入另一种无序，实现系统的不断进化。⑥

　　系统有多种分类，这里只简要介绍德国社会学家卢曼的分类。

　　卢曼将系统分为机器、有机体、社会、心理四种系统类型，其中，机器是

---

① 赵凯荣：《复杂性哲学》，中国社会科学出版社 2001 年版，第 2 页。

② 朴昌根：《系统学基础》，上海辞书出版社 2005 年版，第 54 页。

③ 周易所谓"乾知大始，坤作成物"；"大哉乾元，万物资始"；"至哉坤元，万物资生"。乾元即创生万物之源，乾元之"元"意味创造；坤元为万物诞生之母，坤元之"元"代表生之完成。见《周易》，马恒君注释，华夏出版社 2001 年版，第 92 页，第 104 页。老子明确指出："道生一，一生二，二生三，三生万物。""天下万物生于有，有生于无。"见老子：《道德经》，辜正坤译，北京大学出版社 1995 年版，第 189 页，第 183 页。庄子说："其分也，成也；其成也，毁也。"见（宋）林希逸：《庄子卢斋口义校注·齐物论》，中华书局 1997 年版，第 26 页。

④ ［美］库恩：《科学革命的结构》，金吾伦、胡新和译。北京大学出版社 2003 年版，第 100-101 页。系统论的产生和发展，详见叶立国南京大学 2010 年博士论文"系统科学理论体系的重建及其哲学思考"。

⑤ ［美］冯·贝塔朗菲：《一般系统论的历史与现状》，三兴成译，载《国外社会科学》1978 年第 2 期，第 3 页。

⑥ 详见储槐植：《再说刑事一体化》，载《法学》2004 年第 3 期。

人为建构的系统，有机体是特别复杂的物理和化学系统，而心理和社会都是以"意义"① 作为基础的系统，意义是连接这两个系统的基础性机制，根据是选择意识还是选择沟通作为运作形式，心理系统和社会系统得以区分。"意义能够将自己插入这样一个序列中：与个体感受相关，这时就表现为意识，也有可能包含其他人的理解，这时就表现为沟通。"任何事物都有意义，意义表现在可能性和现实性之间的落差，意义过程是潜在性持续的现实化过程；意义帮助系统捕捉和化约世界的复杂性和偶然性，提供沟通话题的一切可能途径，把所有的具体项目置入进一步可能性的视域之内，最后又将其置入全部可能性的世界之内；任何实际事件都指向其他可能性，指向进一步可能性的是与之相关联的行动与经验，每一个有意义的项目都根据现实性与可能性的差异来重构世界。②

卢曼描述系统间以及系统与环境间的关系，最早使用的是"相互渗透"③概念，后来改为物理学概念"共振"④，在 1990 年后采用"耦合"⑤，并区分了运作耦合与结构耦合。运作耦合以运作为单位，包含自创生、同时性这两个变量，是系统运作和系统分配到环境中的运作之间即时性的耦合。由于事件不断发生又不断消逝，故运作耦合不能长期存续。而结构耦合能克服该缺点，它保证了系统与环境在既定事件中的同步性，描述了各个功能系统如何在维持自

---

① 该"意义"概念源于胡塞尔的现象学哲学，胡塞尔认为意义是现实性与潜在性的综合，世界以未实现的可能性呈现在主体面前，一旦某些方面被实现，其他可能性就成为潜在，但并没有从世界中被清除出去。

② 详见 Niklas Luhmann. Social System. Stanford：Stanford University Press，1995，p. 2，p. 59，p. 98；Wei-san Sun. Observation：the Theory of Niklas Luhmann. Dissertation of Ohio State University for Doctor's degree，2002；Niklas Luhmann. Society，Meaning，Religion：Based on Self-Reference. Sociological Analysis，Vol. 46，No. 1，1985.

③ 卢曼认为"渗透"是指一个系统使其复杂性能够为其他系统的建构所用，"相互渗透"则是这种渗透关系的相互性。Niklas Luhmann. Social System. Stanford：Stanford University Press，1995，p. 213.

④ 共振指两个振动频率相同物体中的一个发生振动时引起另一个振动的现象。现代社会系统以内在的循环式结构将自我再生产与环境分隔，例外情况下，在其他的实在层次上系统才会被环境所激扰、摇晃或处于振荡的状态，这就是共振。［德］卢曼：《生态沟通：现代社会能应付生态危害吗》，汤志杰、鲁贵显译，台北桂冠图书股份有限公司 2001 年版，第 27 页。

⑤ 所谓耦合，指两个以上的体系或运动形式通过各种相互作用而形成影响以至联合的物理现象。

身同一性的前提下回应相互影响，它既减少环境对系统的影响，也便利环境以某种特定方式影响系统，就像细胞通过其细胞膜只接受钙和纳等特定离子，这种对可能性的削减其实是产生影响的必要条件。结构耦合能刺激、扰乱系统，这种激扰是系统内的感知形式，表现出系统对激扰的反应速度，而反应速度基于系统结构以及不同系统各自的历史。结构耦合的关键是自我指涉和悖论以不同形式呈现在系统中，打开自我指涉和消解悖论都必须由结构耦合机制调节。总之，系统及其次系统是运作封闭的自创生系统，相互之间通过结构耦合而联结。没有结构耦合就没有激扰，系统就没有机会通过学习并改变结构以适应环境的变化，系统就会崩溃。①

（二）社会系统理论与社会系统

广泛而深入研究社会系统的理论，可能是形成于 20 世纪 80 年代中期的卢曼的社会系统理论，它主要在批判美国社会学家帕森斯社会系统理论基础上，通过移植智利生物学家马图拉纳等人在 20 世纪 70 年代创立的自创生理论②而形成。

1. 卢曼的社会系统理论

帕森斯认为社会系统分为有机体、人格、社会和文化四个次系统，③ 它是行动者的互动系统，行动者的身份即社会地位，角色是通过与身份相应的规范行为所塑造的形象，集体由一系列互动角色组成，社会制度是制度化了的身份

---

① 参见 Niklas Luhmann. Operational Closure and Structural Coupling：The Differentiation of the Legal System. Cardozo Law Review，Vol13，No. 5 ，1992 . Niklas Luhmann. Law as a Social System. Oxford：Oxford University Press，2004，p. 383，p. 385，p. 409.
② 马图拉纳和瓦列拉的神经生物学理论发现：通过外部媒介输入的基本化学材料帮助，细胞通过对自身构成要素的生产而生产了细胞自身，这是生命体与非生命体的根本区别。
③ 其中，有机体系统与行动者的生物学有关；人格系统组织着个人行动者的习得性需要、要求和行动抉择；社会系统组织着个人或群体的社会互动；文化系统由规范、价值观、信仰及其他与行动相联系的观念构成，是一个具有符号性质的意义模式系统。这四个次系统都有维持和生存边界，相互依存、相互作用。

与角色的复合体，它由价值观和规范构成；社会系统的存续须满足 4 种功能①即 AGIL 功能模式的要求。帕森斯以封闭系统为模型，以社会整体为分析单位，以系统内部的均衡与协调为核心，以 4 对变项②为工具，着重分析各组分间以及组分与整体间的结构功能关系，提出结构是构成整体的各部分间相对稳定的关系，是不变的、预先给定的条件，功能是各部分对整体具有的积极作用，结构需要功能维持，而功能是否被满足将导致结构的维持或崩溃。③卢曼发现，帕森斯理论难以有效解释社会的冲突和变迁，且系统不是先有结构而后决定功能，而是先有功能运作才产生系统结构，④并在修正帕森斯理论时⑤引入开放系统理论，将系统与环境作为主导性区分，从而完成了其理论的"第一次范式转换"。⑥

卢曼 1984 年出版的代表作《社会系统》引入自创生⑦理论，认为：自创

---

① 这 4 种功能是：①适应（A）。指社会系统能确保从环境获得系统所需要的资源并在系统内分配。②目标达成（G）。指社会系统能制定系统目标和确立各目标间的主次关系，调动资源和引导社会成员实现目标。③整合（I）。指社会系统能使系统各部分协调成为一个起作用的整体。④潜在模式维系（L）。指社会系统能维持价值观的基本模式并使之在系统内保持制度化，处理行动者的内部紧张和行动者之间的关系紧张问题。

② 这 4 对变项是：①普遍主义与特殊主义。即行动者是按普遍的规则行事，还是按自己的某种特殊参照方式行事。②成就表现与先赋性质。即行动者是注重他人的效绩或能力，还是注重某些先赋性质，如性别、年龄、种族、种姓等。③情感与非情感。即行动者是按满足当下情感行事，还是在行事时保持情感中立性。④专门性与扩散性。即行动者是限制在特定的具体范围里，还是处于宽泛、松散的范围中。其中，第一、二对变项涉及行动者自己对他人的界定方式，第三、四对变项涉及行动者自己对他人的取向方式。

③ 参见［美］帕森斯：《论社会的各个分支及其相互关系》，载苏国勋、刘小枫主编：《二十世纪西方社会理论文选 Ⅱ：社会理论的诸理论》，上海三联书店 2005 年版，第 3-17 页。

④ 高宣扬：《鲁曼社会系统理论与现代性》，中国人民大学出版社 2005 年版，第 95 页。

⑤ 详见肖文明：《观察现代性——卢曼社会系统理论的新视野》，《社会学研究》2008 年第 5 期。

⑥ 范式是科学家集团共同接受的一组假说、理论、准则和方法的总和，它为某种科学研究传统的出现提供了模型。详见［美］托马斯·库恩：《科学革命的结构》，金吾伦、胡新和译，北京大学出版社 2003 年版。

⑦ 自创生具有运作递归的循环性，如"事件的流动决定词语、手势，并且活动由象棋游戏按照可以从中得出一个'走法'序列的方式来'组织'。一步通过打开一个有限数量的可能性产生另一步。在此语境中的自生产就是基本要素'步'的组成，经由第一步的下一步的生产，以及这些'步'结合成具体的象棋游戏系统本身。"Gunther Teubner. Law as an Autopoietic System. Oxford：Blackwell Publisher, 1993, p. 22.

生是特定的组织①、结构②的递归③过程，组织确定系统的身份，结构确定系统各部分间的天然联系（组织和结构的本质是整体与部分），环境中发生的事件能引发系统中的结构变动；自创生系统即循环系统，它具有自治性、自我生产（系统的一切如顶端、边界及剩余物等都被包容在自我生产中）边界性、抗扰性（被独立事件扰动后经内部结构变化抵消扰动）等特性。此后，卢曼从关注设计、控制转变成关注自治、演化和环境敏感性，从关注结构的稳定转变成关注动力学的稳定，并承认有非生命的自创生系统，更新了对社会各次系统的分析，从而建立了认识社会的新理论模型，这是其社会系统理论的第二次范式转换。④

2. 社会系统的构成要素

社会系统构成要素问题见仁见智，以前的主流理论将其视为个人的行动，如韦伯主张社会的独特性在于人的行动由行动者赋予一定的意义，该意义由行动者不断行动而构成一个联系的系列；帕森斯和哈贝马斯也提出社会由"单位行动"或"沟通行动"构成。卢曼则认为：人类是由心理系统引导的有机体，社会虽然通过个人间的互动形成，但社会一旦形成就产生了自身的逻辑，不能再还原为个人的心理或意识活动，而且社会还具有超越个人的性质，如果把行动视为社会系统的构成要素，就无视其超个人的特质。个人其实是社会系统的环境，社会系统不是由人类的身体或心智建造而成，它的构成要素只能是沟通，模式是表达-信息-理解：只有当人们意识到了被表达的某种信息，且确认自己是该信息的接收者，并理解了（包括误解）该信息才能沟通。沟通模式的这三部分均为选择过程，它作为一个整体，标示了沟通与行动的联系与根本区别：沟通必须化约为行动才能被直接观察，但沟通不等于行动，沟通过程也不

---

① "组织"是发生于部件间稳定的抽象关系，通过指定一个区域发生相互作用，具有不可分解的整体属性。

② "结构"是构成部件及其关系，它有可能随着要素的变化而变化，须满足于所属的组织的抽象关系，并决定了部件之间相互作用而扰动的空间区域，但没有决定它作为一个实体应该具有哪些属性。

③ 递归本是数学术语，通常指函数、过程或子程序在运行过程中直接或间接调用自身而产生的重入现象。

④ ［德］卢曼：《社会系统的自我再制》，汤志杰、邹川雄译，载《思与言》（台北）1994年第 32 卷第 4 期。

是一个行动链。① 理由如下。

沟通只有在两个以上主体相遇时才能发生，但不能把沟通简单理解为主体间的互动以及个体意识在此互动中的相互传递，甚至也不将其视为最终达到基于共识的相互理解。"两个以上的行动者所形成的社会互动，一旦从其个人意识中区分出来，要求使意识符合社会需求的共同协议部分，就脱离个人意识的控制而在社会互动所造成的社会系统中记录和留存下来⋯⋯社会系统就被个人的心理系统所渗透，但同时保留其自律性。"② 故沟通不是意识或主体性的事件，不存在主体间性的问题；它只是从诸多可能性中偶然实现了一种，只要可能性持续存在，沟通就可以持续，共识的出现即表明沟通的结束；社会系统在两个以上意识系统的碰撞过程中形成，但它不能被还原为意识系统的行为，而是一种新的系统。

3. 社会系统的内部分化

涂尔干认为：古代社会靠"机械团结"维系，同样的习俗、图腾和谋生手段，使成员们共同意识同属一个集体，该集体基于相同的血缘、地缘、宗亲而组成。到了近代，社会发展日益增大了人们意识、信仰上的差异，分工观念逐渐取代了共同意识，社会由分工不同的部门构成，而不同部门各有其特殊功能，它们集合成体系，谓之"有机团结"。现代社会是分化的社会，这既表现为宗教、政治、法律等领域逐渐分离，也表现为个人以职业为中介联在一起；要想实现和维护分化过程，社会这个有机体就须由一个独立的器官来代表，这就是国家或政府。③

卢曼吸收涂尔干的观点后认为：社会系统有古代社会、前现代高等文化社会以及现代社会这三种不同形态的存在形式，而且即使生存于现在的社会系

---

① Niklas Luhmann. Social System. Stanford：Stanford University Press，1995，pp. 137 - 174；Niklas Luhmann. A Sociological Theory of Law. London：Routledge & Kegan Paul plc.，1985，pp. 104-105；Niklas Luhmann. Modes of Communication and Society. in his Essays on Self-reference，New York：Columbia University Press，1990，p. 100.

② 转引自高宣扬：《鲁曼社会系统理论与现代性》，中国人民大学出版社 2005 年版，第164 页。

③ ［法］涂尔干：《社会分工论》，渠敬东译，生活·读书·新知三联书店 2000 年版，第33-92 页，第318 页。

统，如果表现出古代或前现代特征，其形态也应是古代或前现代系统。社会分化有区隔分化、阶层分化和功能分化三种形式，① 其区别在于产生社会次系统的方式不同，而且该三种社会分化形式可以共存，即在最简单的社会中存在着功能分化（如年龄和性别），在最复杂的社会中存在着区隔分化（如家庭）。功能分化中的每个次系统，都要考虑其与整个社会的关系以及与其它次系统的关系，任何一个子系统都不可能占有中心位置，也不再有超越所有子系统的共有的价值信念和道德共识的判断；每个子系统都是任意一个给定子系统环境的一部分，环境发生变动时系统也相应变化，每个系统改变导致它之外系统的环境改变，从而构成了循环往复的互动关系。就是说，每一个功能系统的存在都依赖于其他功能系统对于其他功能的承担，功能分化导致了次系统间依赖性与独立性的同时增长，它们虽然相互依赖或者耦合，但不能相互取代。②

（三）法律系统理论与法律系统

现行法律系统理论应该可以分为宏观和微观这两个层面，其中的宏观理论以社会系统为背景，微观理论则以法律系统为背景。微观理论将在下文中再探讨，这里只介绍宏观理论中的以下内容。

1. 宏观的法律系统理论

笔者发现，卢曼的法律系统理论通过批判吸收多种理论而形成，应该是宏观法律系统理论的主要代表，故本书主要介绍卢曼的法律系统理论。通常认

---

① 这三种形式具体如下：（1）社会系统因血缘或地缘不同产生区隔分化。区隔分化形成若干相同的关系平等的次系统，如部落或家族，亲属关系具有基础性地位。（2）社会系统因其规模和复杂性不断增加产生了阶层分化。阶层分化将系统与环境的不对称以及平等与不平等的不对称相结合，产生出上、下区别的次系统，次系统间是统治与被统治的不平等关系，但其中的同一阶层却遵循平等原则，不同阶层按有序位阶整合，阶层分化也预设了不同阶层间的低度沟通，这就化约了复杂性。（3）社会围绕需要满足特定功能组织沟通产生了功能分化。社会被分化成不同的功能系统，由于所有的功能都需要被满足，且这些功能都相互独立，因此社会无法给予其中某个功能以完全的优先性，功能分化塑造了一个多中心的社会，每个次系统都能容忍更加开放的和变动的环境，可以处理更高的复杂性。Niklas Luhmann. The Differentiation of Society. In The Differentiation of Society, New York：Columbia University Press，1982，pp. 232–237.

② 参见 Niklas Luhmann. Social System. Stanford：Stanford University Press，1995，p. 7；Niklas Luhmann. Law as a Social System. Oxford：Oxford University Press，2004，p. 89.

为，以吸收自创生理论为界，卢曼的法律系统理论可分为前期理论和后期理论。

卢曼的前期理论发现：无论是梅因的从身份到契约，还是涂尔干的从压制性法到恢复性法，或是韦伯的从实质性法到形式性法，都缺乏一套适当的概念来抽象讨论社会发展和法律发展间的联系，均流于片面分析而各自为政。由于现代社会复杂性和偶然性不断增加，内在要求法律实证化①，故自然法学衰落而实证主义法学兴起。十九世纪第一次通过立法改变法律虽然催生了法社会学，但当时并未研究法律创制与法社会学间的关系，② 后来的法社会学理论，也主要是从关注其存在的必要性和研究对象到注重用经验方法论证理论的正确性，③ 而"法律"在研究成果中被置换成"与法律有关的现象"，形成"没有法律的法律社会学"，④ 研究进路缺乏内在一致性，观察的只是一些非常初步的关联。

卢曼的前期理论还发现，因为他人的行为能否被期待为可确定的事实必须考虑选择，而选择又依赖于对他人的预期结构，故"双重偶然性"⑤ 需要复杂的预期结构即"预期的反身性形式"，也就是说必须考虑"对他人预期的预期"以及对预期的预期的预期等。预期包括满足或失望，对于失望，至少要提供改变预期或维持预期这两种选择。预期分为认知的预期和规范的预期："认

---

① 实证化法律有以下六个特征：（1）存在特定的立法程序；（2）法律规范的有效性是基于在不同的规范性提议中的选择性决定；（3）法律被解释为是永远可变的；（4）立法成为常规；（5）法律手段能够引起社会变迁；（6）合法的立法的基本模式是对法律创制程序的合法律性的信念。详见 Hubert Rothleutner. A Purified Sociology of Law: Niklas Luhmann on the Autonomy of the Legal System. Law & Society Review, Vol. 23, No. 5, 1989.

② Niklas Luhmann. A Sociological Theory of Law. London: Routledge & Kegan Paul plc., 1985, pp. 10–20.

③ 孙文恺：《社会学法学》，法律出版社 2005 年版，第 228 页。

④ 具体表现为三种研究路径：一是关注焦点从法律转移到法律人，二是主要关注司法机关的行为，三是关注对法律的意见。这仅能回答已被先行确定的问题，而没有获得真正的意见，更不用说获得对行动的准备。Niklas Luhmann., A Sociological Theory of Law. London: Routledge & Kegan Paul plc., 1985, pp. 3–5.

⑤ 双重偶然性，即自我行动的偶然性与他人对自我行动选择回应的偶然性。〔美〕塔尔科特·帕森斯：《论社会的各个分支及其相互关系》，载苏国勋、刘小枫主编：《二十世纪系统社会理论文选 II——社会理论的诸理论》，上海三联书店 2005 年版，第 9 页。韦伯认为："习俗""习惯""惯例""法律"等是规律性反复出现的固定模式，为人们预期提供了条件。详见郑戈：《迈向一种法律的社会理论》，北京大学 1998 年博士学位论文。

知的预期"是在失望中适应现实；"规范的预期"是对反事实有效性的预期。社会系统对于失望的监管和疏导"不仅是要有效强制正确的预期（如法律规范），而首先是为了创造反事实的、准备好失望的、规范的预期的可能性"。为了让不同行动者获得预期上的一致性，预期及其反身性需要被"一般化"，卢曼在从时间、社会和事物这三个维度进行相关的阐明后，指出法律是"规范性行为预期一致的一般化"，它最主要的作用是稳定预期，即使是远古社会的血亲复仇，其主要目的也并非惩罚有罪一方，而是坚定维护受伤害人的预期。卢曼的前期理论，使人们对法律以及法律与社会的关系等传统疑难问题获得了新的认识。①

　　二十世纪八十年代中期，卢曼将自创生理论应用到法律系统分析中，在开放系统理论模式基础上，提出了法律的规范封闭和认知开放等观点，建立了其后期理论。1994 年出版的《社会的法》，是卢曼后期理论最集中、最全面的体现，该书对法律系统与社会系统进行了新阐述，引发了法学界许多的分析与探讨。

　　卢曼的后期理论发现：法律系统的存在，必须基于其它功能次系统各自特定功能的实现。② 社会系统及其次系统既是与环境进行交换的开放系统，也是自我指涉、递归运作的封闭的自创生系统，具有在较大系统中存在着较小系统的嵌套性。自创生法律系统通过法律沟通再生产法律沟通，虽然运作在封闭中，但在物质上需要"物质连续统"的外部供给，物理、化学的构成物如人类，是社会系统最基本的物质连续统，社会系统又是法律系统的物质连续统的一部分。卢曼从二阶观察立场将法律系统描述为基于特定功能、使用特定符码的运作封闭系统，认为系统"在自我指涉的运作模式中，封闭是拓宽可能的环境接触的形式，封闭增加了可以提供给系统的环境复杂性"。③ 法律系统只有在封闭的同时对环境开放，接受环境中的各种刺激，并通过自身运作化约环境

---

① 详见 Niklas Luhmann. A Sociological Theory of Law. London：Routledge & Kegan Paul plc.，1985，pp. 26-80. Thomas Barton. Expectation, Institutions, and Meanings. California Law Review，Vol. 74，1986.

② 如法律判决的执行需要政治系统内国家强制力的保障，法律机构的运作需要经济系统提供资金流转等。

③ Niklas Luhmann. Social System. Stanford：Stanford University Press，1995，p. 37.

带来的各种复杂性，才能解决各利益诉求、各领域纠纷以及个人的思想与行动的不确定性。外部事实只能作为系统内部所生产的信息而起作用，法律虽然能接受道德或其他社会领域的规范，但必须通过明确的转换。

受卢曼的启发，图依布纳①于 1988 年出版的《作为一个自创生系统的法律》也是自创生法律系统理论的重要著作，该书早于卢曼的《社会的法》出版，在一些问题上也与卢曼存在差异，故在此有必要与卢曼的理论进行简要的比较。

图依布纳与卢曼的理论差异，集中体现在以下三个方面：（1）法律的自创生是否存在不同阶段。图依布纳引入艾根的"超循环"理论②，提出"三阶段论"，认为法律从与其他社会次系统混同到成为一个自创生系统，经历了三个发展阶段的长期过程。③ 而卢曼却认为自创生是一个"全有或全无"的过程，即一个系统要么是自创生，要么不是，不存在部分的或逐步的自创生。（2）法律在自创生情形下能否调整其他社会次系统。图依布纳发现：法律、政治、经济都从社会系统内部分化出来，具有一些共通之处④，社会沟通将其形成一个

---

① 图依布纳 1944 年生于德国，曾在哥廷根、伯克利和图宾根等多所著名大学学习法律，取得法学博士学位，曾执教于法兰克福、布莱梅等大学。图依布纳涉猎领域广泛著述颇丰，并获得过欧洲学术奖（Academia Europaea）、法律与社会奖（Prize in Law and Society）等多项学术大奖。

② 德国科学家艾根（Manfred Eigen）在 20 世纪 70 年代提出的超循环理论认为，生命起源是超循环形式的分子自组织过程，且存在不同的循环等级：首先是反应循环，即如果反应序列中每一步形成的产物都是先前某一步的反应物；然后是催化循环，即反应循环中至少有一个中间产物是催化剂。由催化循环所构成的循环称为超循环，超循环是通过循环联系把自催化或自复制单元连接起来的系统。详见苗东升，《系统科学原理》，中国人民大学出版社 1990 年版，第 633—640 页。

③ 这三个阶段是：（1）"社会弥散法"的初始阶段。该阶段的法律行为等同于一般社会行为，法律规范等同于社会规范，法律程序等同于解决冲突的一般程序，不存在严格意义上的法律系统。（2）"部分自治法"的发展阶段。哈特的"次级规则"代表了法律在规范上的自治，但它还不能说明法律能进行彻底的自我再生产。（3）"法律自创生"的形成阶段。法律的要素、结构、过程、特性、边界、环境、功能等组成部分经过反身性的沟通（自我观察）自我指涉的界定后，获得了渐增的自治，自治程度决定于是否使用这些自我观察在系统内运行（自我构成），依赖于组成部分是否在一个超循环中相互连接并在一个交互的基础上生产彼此。参见 Gunther Teubner. Law as an Autopoietic System. Oxford: Blackwell Publisher, 1993, pp. 27-38.

④ 其共同之处主要有三：第一，使用同样的基本材料即意义；第二，基于相同要素的运作即沟通来发展它们的系统；第三，所有专门化沟通形式同时也是一般社会沟通的形式。

分立的统一体，相互之间由某些特定符码进行区别，而且同一个事件因其指涉的系统不同，其意义也发生改变；"法律通过规制自己来规制社会"，即法律规制社会建立在系统的反身性基础上，是"反身法"。① 这虽然与卢曼的系统"耦合"相似，但卢曼否认"规制"，他认为：系统对自身的规制并不能预测到在其他系统中带来的可能后果，法律针对的应当是过去而并非将来，法律系统以"条件程式"为基本模型，其反身性规制首先受到法律符码的严格限制，这使得有意识的规制可能无法实现；即使是政治系统，也只能借助于系统与环境的差别进行调节，但这已不再是规制，也不可能是规制。② 关于"法律符码""条件程式"问题将在下文再探讨。（3）作为法律自创生理论的倡导者，卢曼恪守自创生概念的原有含义，坚持纯粹解释性立场，通过理论说明"发生了什么"；而图依布纳则通过引入新的理论资源建立了新模型："越来越感兴趣于寻找提升法律系统的表现的途径"。③

2. 法律系统与其他社会次系统的关系

社会功能次系统都在运作上封闭，均无法进入他方的运作，各个次系统都是相互环境中的一部分，一个系统的变化构成其他系统的环境变化，回应这种变化又构成其他系统的环境变化，次系统间是互为环境、相互激扰的关系。④

（1）法律系统与经济系统。卢曼认为：在前现代社会中，土地是经济、政治和法律的综合代表，法律与经济的关系可描述为决定/被决定模式。但是，在现代社会中，经济系统以货币为沟通媒介，以支付为最终构成要素，发展出支付/不支付的二元符码，该二元符码确定哪些沟通属于经济系统，并根据该区分进行运作。法律系统与经济系统间的结构耦合机制，使二者既保持独立又得以连接。如财产所有权在经济系统中，必须区分谁有权处分特定财产，这样支付才有可能进行，而财产所有权在法律系统中是法律权利，通过财产所有权

---

① 详见 Gunther Teubner. Law as an Autopoietic System. Oxford：Blackwell Publisher, 1993, pp. 70-89.

② ［德］卢曼：《社会的经济》，余瑞先、郑伊倩译，人民出版社 2008 年版，第 234 页。

③ Michael King. What's the Use of Luhmann's Theory. In Michael King and Chris Thornhill, Luhmann on Law and Politics, Hart Publishing , 2006, p. 45.

④ Niklas Luhmann. Law as a Social System. Northwestern University Law Review, Vol. 83, No. 1&2, 1988—1989.

这一结构耦合机制，经济系统的运作激扰法律系统，法律系统的运作激扰经济系统，但并不影响各自的运作封闭，二者并行不悖。而且所有权不是唯一的结构耦合机制，因为财产可以流转，财产流转在经济系统中称为交换，它以追求利润为目标，在法律系统中则叫契约，它以实现正义为目的，财产流转耦合通过"契约自由制度"实现。法律系统服务于经济系统又不能被带入到经济系统之中，当法律回应经济的要求和利益时，它已是在二阶层面上处理经济问题了。①

（2）法律系统与政治系统。十七世纪的霍布斯通过界定国家和主权建构了一个包含法律与政治的统一体，② 二十世纪的批判法学重述过这种观点，卢曼对此提出两点质疑。其一，法律与政治不是天然的共同体。现代政治国家在十六世纪以后才逐渐产生，而习惯法、神法、教会法等却早已存在，且法律系统的一些领域如仲裁还可以不需要政治。其二，政治与法律结合具有特定历史阶段性。政治与法律虽然基于主权和法治国观念而统一，但它们在获得足够发展后开始分化，在现代社会中已分化为两个分立的、运作封闭的自创生系统，各有其功能、符码、程式。③ 卢曼发现：立法作为平衡的角色，使得这两个系统的时间差异不会断裂，政治民主化和法律实证化只有通过互为条件和相互激励才能继续发展，宪法则是两者结构耦合的首要机制，它既限制政治系统与法律系统的相互影响，又增加这种耦合的可能性，即二者通过宪法相互影响的可能性提高。宪法在法律系统中是最上位规范，在法律论证过程中，法院必须区分宪法与其他有效的实证法，把宪法作为所有其他法律的判断标准，合宪/违宪是法律判断的起点；而在政治系统中，宪法运作必须符合法律的要求。这种结构耦合把政治系统的运作转变成对法律系统的激扰，把法律系统的运作转变成对政治系统的激扰，但又不影响各自运作的封闭性："宪法为法律系统的自我

---

① Niklas Luhmann. Law as a Social System. Oxford：Oxford University Press, 2004, pp. 390-399.

② 霍布斯称这样的国家为"利维坦"，即《圣经》中威力无比的巨兽。参见［英］托马斯·霍布斯：《利维坦》，黎思复、黎廷弼译，商务印书馆1985年版，第153-154页，第206页。

③ 如法律系统以合法/非法为符码，政治系统以统治/反对为符码；法律系统主要采用条件程式，政治系统主要使用目的程式。二者各有其运作方式，对外部事件的反应也不一致，现代政治系统对政治问题必须快速反应；而法律系统的反应则缓慢许多，如改变法律规范需要经过较长的特定程序，并需要证明其准确性。

指涉问题提供了政治的解决之道，而为政治系统的自我指涉问题提供了法律的解决方法。"①

（3）法律系统与道德系统。卢曼发现：正义是法律与道德的结构耦合机制，但正义在法律理论中是"解决偶然性的公式"，即正义在法律系统中不是绝对的价值判断，而是克服系统偶然性的工具，自然法正义②观念的条件虽已消失，却发展出以"公平"为判准的法律正义原则（类似于经济系统的稀缺性原则）："如果说'有效性'是系统中循环性的象征，在运作之间建立连接，并唤起运作的结果以备进一步的递归使用，那么正义则与系统的自我观察和自我描述有关。"③ 就是说，正义既是道德系统运作的自我观察和自我描述，同时也是法律系统运作的自我观察和自我描述。好/坏与善/恶是道德系统的符码，可以评价一切社会现象，但道德沟通无法假设道德共识存在。道德可以批评法律但不能要求法律服从，道德评价也不能导向即刻的法律后果；法律与道德各有其符码、逻辑，它们必然分离，这种分离不是法律无视道德，而是道德沟通不能取代法律沟通，只能激扰法律系统并引起某种反应（但须在二者运作封闭的基础上进行），道德符码也不能取代合法/非法的法律符码，而且法律符码为不道德行为留出了广阔的存在空间。

3. 法律系统的规范封闭与认知开放

法律系统的"规范封闭"指只有法律能够决定或改变法律，只有法律系统才能授予其元素以法律的规范性，并把它们作为元素建构起来，法律之外的知识都不能直接在法律系统中有效。就是说："规范封闭"是法律系统运作上的自我指涉，即系统的运作递归地将规范问题的处理指向下一个规范问题的处理，将法律沟通连接到下一个法律沟通，不与法律外的运作关联。法律系统的"认知开放"，指系统在外部指涉中生产相关信息并将该信息与其环境的差异联系起来。法律系统的运作依赖于政治、经济、宗教、家庭等事实，裁判案件也

① 详见 Niklas Luhmann. Operational Closure and Structural Coupling：The Differentiation of the Legal System. Cardozo Law Review, Vol. 13, No. 5, 1992; Niklas Luhmann. Law as a Social System. Oxford：Oxford University Press, 2004, pp. 357-380, pp. 473-475.

② 正义在自然法理论中是最高原则，它由一些外在于法律的标准构成，法律须按这些外在标准建立、运用。

③ Niklas Luhmann. Law as a Social System. Oxford：Oxford University Press 2004, p. 213.

必须了解案件事实，故法律系统必须保持开放的态度，从不断变动的社会事实中学习，通过程式使其自身依赖于事实，并在事实压力中改变程式。法律系统中的任何运作、信息的任何处理，都需要同时采取规范和认知的取向，其中，规范服务于系统的自创生，即其在与环境的区分中自我存续；认知服务于这一过程与系统环境的调和。① 规范封闭与认知开放，就是法律系统的自我指涉与外部指涉，分别通过相应的符码与程式来表达，而符码与程式的区分，解决了法律系统不变性与可变性的矛盾。

合法/非法的法律符码具有不变性，它维持法律系统的运作封闭，在系统中要么存在要么不存在，但仅有该符码不能生产法律系统运作所需要的信息，仅靠该符码法律系统也无法适应环境，而且法律符码会带来"究竟是合法还是不合法"的悖论（该悖论是法律系统的观察盲点），法律系统运作上的封闭，就是法律符码去悖论的过程，通过程式来判定是否正确使用法律符码，能避免这一悖论。程式是运作选择正确性的判断标准，它不仅使某些对功能系统提出特定要求的"具体化"成为可能，而且在一定范围内维持系统的可变性，使得系统可以改变结构而不会丧失它通过符码所确立的统一性，并激发其学习能力。②

程式有条件程式和目的程式之分。"条件程式"以"如果、那么"的形式化约复杂性，能把高度复杂性转化成一致可预期的决定并简化决策程序，决策者只需关注给定条件、根据相关信息做出决定即可，不用考虑判决后可能受到的评价等，伦理、功利的目的都作为元素表现出来。条件程式具有技术上的适宜性，能指示自我指涉和外部指涉间持续的连接，是保持运作封闭时向环境开放的基本条件，运用条件程式能容纳更多的复杂性，使法律系统较好的控制变化，承受更高的不稳定性。而"目的程式"以目的为导向，由于达致某个法律目标存在着多种方法而面临选择，这种选择有可能造成法律案件大量积压，更重要的是，"目的并不能正当化手段"，目的正确并不能保证手段也正确，而且不同方法还可能产生不同的副作用。因此，"手段/目的图式给法学家造成了困

---

① 参见 Niklas Luhmann. The Unity of Legal System. In Gunther Teubner, Autopoiesis Law: A New approach to Law and Society. Berlin: Walter de Gruyter, 1987, p. 20.

② 参见 Niklas Luhmann. Law as a Social System. Oxford: Oxford University Press, 2004, pp. 111-118, p. 191.

难，因为他们面临着法律的稳定性和判决的可计算性的要求，而目的并不能解决这一问题。"目的程式虽然能更好地证明意识形态正当，而更适合法律系统的是条件程式。法律系统以合法/非法符码维持其自身统一性，通过条件程式引入开放性和可变性，从而获得了"同时作为一个既封闭又开放的系统来运作"的可能性。①

4. 法律系统的演化与分化

卢曼发现：法律与社会间是相互影响相互作用的"共同演化"过程，该演化不是在开始就能预测到结果，而是具有一定的偶然性："法律既是原因又是结果"，甚至可能以"漠视"态度阻碍社会演化。② 卢曼吸收达尔文的演化观③，认为社会与法律的演化是一个由变异-选择-稳定所构成的整体，④ 与社会系统演化的三种形态相对应，法律系统演化也分为古代法、前现代高等文化的法以及现代社会中的实证法三种。其中，古代法存在于区隔分化社会中，报复和相互性是其产生的原因，因为报复维持预期，相互性维持平等，如复仇与邻里互助即使在某个时间点上不平等，但它们使得个人行为成为可预期。在以等级制度为核心的阶层分化社会中，社会复杂性比古代有了很大增加，前现代高等文化的法在该框架中展开，它产生的法律程序和行政机构能在较高的复杂性、抽象性程度上解决法律争议，特别是法律程序在分化后相对自治，能促进参与和承认，可避免古代法通过复仇维持预期的副作用。但这种法律仍较多的

---

① Niklas Luhmann. A Sociological Theory of Law. London：Routledge & Kegan Paul plc., 1985, pp. 160-176；Niklas Luhmann. Positive Law and Ideology. In Niklas Luhmann. The Differentiation of Society. New York：Columbia University Press, 1982, p. 111.

② Niklas Luhmann. A Sociological Theory of Law. London：Routledge & Kegan Paul plc., 1985, p. 227.

③ 达尔文的变异-选择-遗传模式演化观认为，变异和选择是两个基本机制，变异发生于生物的每个世代，包括基因重组或基因突变等原因，而选择则是在诸多变异中只有少部分能存活下来，被选择的物种通过遗传机制稳定化。演化并不是趋于不断完善、进步，而是一个无法预测的过程，因为有时看起来是最好的生物，骤然就在一次大灾难中消失殆尽，而演化仍会继续。详见［英］达尔文，《物种起源》，舒德干译，北京大学出版社2005年版。

④ Niklas Luhmann. The Differentiation of Society. In The Differentiation of Society, New York：Columbia University Press, 1982, p. 252.

在描摹真理或自然秩序，无法真正满足更多可变行动的需求。① 随着功能分化的增加，法律逐渐实现了"实证化"，实证法是"自我合法化"的，因为"直接受决定影响的人认知地准备好接受作为规范性预期的决策者的沟通。"卢曼还区分了个别接受和一般接受，认为国家暴力和程序参与这两种机制相互补充、共同作用，能够达致个别接受和一般接受，形成了在"对预期的预期"这一层面上的合法性。②

韦伯认为："法律与诉讼的一般发展，按照理论上的'发展阶段'整理的话，是从'法先知'的卡理斯玛法启示，发展到法律名家的经验性法创造与法发现（预防法学与判例的法创造阶段），进而发展到世俗的公权力与神权政治的权力下达法指令的阶段，最后则为接受法学教育者（专门法律家）体系性的法制定、与奠基于文献和形式逻辑训练的专门的'司法审判'阶段。"③ 昂格尔提出法律演化分三种类型：习惯法（或相互作用的法）、官僚法（规则性法）以及法律秩序。④ 卢曼也主张三种演化形态，但认为只有功能高度分化社会中的法才是实证法，即使是当代社会的某些法律，也有可能被归入古代法或前现代高等文化的法，故法律演化类型并非简单按时间先后进行的划分。上述观点尽管都赞同法律演化形态与一定的社会条件相联系，但韦伯和昂格尔认为法律演化是被动的过程，而卢曼却认为它与社会演化是交互的过程，这是卢曼法律演化理论的价值所在。

卢曼发现：法律系统内部分化不是法律体系的分类，如公法与私法的划分，因为分类不能为法律系统提供复杂性。法律系统内部分化标准是中心/边

---

① Niklas Luhmann. A Sociological Theory of Law. London：Routledge & Kegan Paul plc.，1985，pp. 121–128，p. 168.

② Niklas Luhmann. A Sociological Theory of Law. London：Routledge & Kegan Paul plc.，1985，p. 201.

③ ［德］马克斯·韦伯：《韦伯作品集Ⅸ：法律社会学》，康乐等译，广西师范大学出版社2005年版，第319页。

④ 其中，习惯法由公认的惯例组成，所有的交往和交换都在惯例的基础上进行，这种法律是建立在重复出现的惯例基础之上的个人和群体之间相互作用的模式；官僚法由具有政府特征的组织确立和强制的公开规则组成，是政府强加而不是社会自发形成的；法律秩序不仅意味着立法、行政和司法的分立，而且蕴含着政治和行政服从于立法的普遍性目标和判决的一致性目标，它是少数社会所具有的法律形态。［美］R. M. 昂格尔：《现代社会中的法律》，吴玉章、周汉华译，译林出版社2001年版，第47–50页。

缘的区分。由于法案可能被否，契约可能无法订立，但法院却必须给案件做出决定（即使难以决定），故法院处于法律系统的中心，其他领域则处于法律系统的边缘。边缘部分无需强迫性运作，对环境更加开放，各种利益类型都在这里呈现并加以执行；而处于中心位置的法院则需要封闭性，需要边缘的保护，即使在受到社会各种激扰时也无须必然做出回应。中心/边缘的区分并不是描述中心重要、边缘不重要，而是说明了法律系统的内部与作为其环境的社会之间的差异性，法院在较高程度认知的自我封闭的层面上运作且做出决定，使得法院制度与法律系统的其他制度区分开来，法律系统的悖论因此而可以得到解决。①

卢曼还发现，随着社会系统的贸易、媒体、科技等多方面全球化，全球不同地方均可区分法律问题与其它问题，法律规则也能进行移植，人们在不同地域中都不必担心丧失法律地位，况且全球“对侵犯人权问题的关注度”也在不断增加，因而法律“同样是世界范围的功能系统”。卢曼从各国参与全球法程度进行观察，以纳入/排除的区分解释不同国家法律的差异，认为仅谈论以国家为主体的实证法已经不够，因为实证法可能掩盖侵犯人权或破坏国际法，而许多国际性法律规则建立在承认和同意的基础上，故法律必须增加认知的成分，规范性预期可能不再是基本的形式。② 卢曼虽然没有深入论述法律系统与全球社会问题，但其理论洞见启发了其他学者，如图依布纳在此基础上进一步探讨了法律全球化和多元化等问题，提出了一些新的见解。③

通过上述介绍与探讨，我们对于系统、社会系统、法律系统等已经有了一定的了解，这为下文研究刑事审后程序系统及其构成要素奠定了必要的基础。

---

① Niklas Luhmann. Law as a Social System. Oxford：Oxford University Press，2004，p. 285，p. 293.

② Niklas Luhmann. A Sociological Theory of Law. London：Routledge & Kegan Paul plc.，1985，pp. 256－260；Niklas Luhmann. Law as a Social System. Oxford：Oxford University Press，2004，p. 481，p. 486.

③ 图依布纳关于法律全球化的论述，详见张嘉尹：《介于内国法与传统国际法的法秩序如何可能？——系统理论对于“法全球化”的考察》，载王鹏翔：《2008 法律思想与社会变迁——法学专书系列之七》，台北中研院法研所筹备处 2008 年版；周晓虹：《透视全球化背景下的法律多元论》，吉林大学 2006 年博士学位论文。

二、刑事审后程序系统

刑事审后程序作为本书研究的核心概念，它是不是一个系统呢？如果是，又是一个怎样类型的系统呢？下面以系统理论作为分析工具进行初步的探讨。

系统论认为，具备以下两项基本条件就能成为系统：一是对象集之中至少包含两个不同的对象；二是对象集之中的对象按一定的方式联系在一起。刑事审后程序作为对象集，包括刑事执行程序、刑事执行后程序，或者包括行刑与回归程序、被害人审后保护程序这些不同的对象，这些对象相互之间体现出递进式或者并列式的逻辑关系，而且其本身又有较为复杂的组成部分，如刑事执行程序由行刑程序和刑事附带民事执行程序这两个组分构成，而刑事执行后程序则由更生保护程序、前科消灭程序和刑事被害人国家补偿程序这三个组分构成。由于这些组分按照一定的方式联系在一起，故刑事审后程序是一种"系统"。那刑事审后程序除了属于社会系统中的法律系统的子程序之外，还会属于什么类型的系统呢？

（一）系统的两种常见类型

系统虽然有多种分类方式，但对本书研究具有重要价值的，除了上文介绍的分类之外，应该主要包括以下两种常见的类型。

1. 构成性系统与生成性系统

以能否进行分割以及分割后是否损害系统的整体作为标准，系统分为"构成性系统"和"生成性系统"。其中，分割不损害整体的系统即"构成性系统"，① 而不能分割或者分割后损害整体的系统即"生成性系统"。

（1）构成性系统。美国学者欧阳莹之的"综合微观分析法"是研究构成性系统的代表性理论。该理论认为：解释组分有利于解释系统，组分的微观解释受到系统的宏观约束，系统的宏观解释须考虑组分的微观机制；在关节处切割整体，可形成自上而下的整体性分解而不损害整体，如分析一个语句的含

---

① ［美］司马贺：《人工科学——复杂性面面观》，武夷山译，上海科技教育出版社 2004 年版，第 183 页。

义，恰当的分割是止于单词与词组，而不是字母或笔画。① 构成性系统具有以下特征：一是有界性。构成性系统作为相互关联组分之上的整体，是更大整体的部分，具有相对性；有限的边界意味着问题域的封闭性，这是系统论方法得以实施的基础。二是非加和性。构成性系统超越了其组分的个体结构、属性和功能的加和或集总，具有其组分所没有的结构、属性与功能；对整体的理解必须依赖于对整体层次上规律的认识，随意分解与重构会损害整体。② 三是结构性。"结构首先是，并且主要是一束转换关系……结构只代表这些运算的组成规律或平衡形式；结构并不是等于它们或高于它们的为它们所依靠的实体"；③对结构更深的认识，需要突破静态的实体论视野，把结构视为组分间稳定的相互联系与相互作用。④

（2）生成性系统。生命的诞生、成长、死亡与组织的创生、壮大、注销，这些演化表现出的系统即生成性系统。中西古代演化思想、柏格森的生命哲学、怀特海的过程哲学、莫兰⑤和玻姆⑥的整体观等，均为研究生成性系统的理论资源，以此解决问题的系统论是"生成系统论"。该理论认为，经典科学以精确的语言极不精确地描述世界，因为宇宙的很多系统在原则上是不可分的："分"只是为了研究的方便，而且"分"以破坏研究对象的整体性为代价。我国学者李曙华融合东西方哲学理念，创造了"生成元"概念，认为生成元不是"质料因"而是"动力因"和"目的因"，它不是既存的而是生成的，其本质是过程；生成元是整体而不是部分，部分由分化生长而成，具有整体性与分形性；生成元相对不变或稳定的属性是生成规则，实体则不断生长变化，

---

① 详见［美］欧阳莹之：《复杂系统理论基础》，田宝国等译，上海科技教育出版社 2002年版，第 59-63 页。

② ［美］D·C·菲立普：《社会科学中的整体化思想》，吴忠等译，宁夏人民出版社 1988 年版，第 32-37 页。

③ ［瑞士］皮亚杰：《结构主义》，倪连生、王琳译，商务印书馆 1984 年版，第 124 页。

④ ［美］贝塔朗菲：《一般系统论—基础发展和应用》，林康义等译，清华大学出版社 1987年版，第 50 页。

⑤ 埃德加·莫兰认为整体效应是双义的，既有可能是优于部分的"涌现"，也有可能是对部分的"约束"。

⑥ 物理学家玻姆提出"未分割的整体"和"隐缠序"，认为应以事物"流"的方式来洞察世界，见［美］玻姆：《整体性与隐缠序——卷展中的宇宙与意识》，洪定国等译，上海科技教育出版社 2004 年版，第 12 页。

决定生成元生长的是信息。① 在生成性系统中，整体是动态的、有生命的，从生之时就是整体，生与成联在一起，成长壮大……部分只是整体在一定情形下的显现、表达与展示，部分作为整体的具体表达而存在，而不仅仅是整体的组成成分；整体以部分的形式连续不断地显现其自身。② 生成性系统的基本特征如下：一是不可分割性。整体不能被分解为"部分"。二是自组织性。系统实体或关系意义上的"结构"在不断演变，而机制意义上的"结构"即自组织机制（内部演化规则）却具有高度稳定性和自我同一性。三是边界开放性。系统的生长是不断与外界进行交流的过程，唯有开放的边界才能保持物质、能量与信息的持续供给，维持系统机制的运行。四是时间性与过程性。系统的实体或关系随时间而变化，空间构形的变化是对时间演化的反映；系统不是由静态的不变性所构成，而是过程与演化的显现。

需要注意的是，系统类型的界定，还取决于问题解决的需要。如生命体，构成性系统探索使我们已经认识了其基本组件，现在则转向对其基因开关、基因表达规则等演变行为的生成性系统属性进行研究。③ 再如司法机关既可从构成性系统的视角来分析其基本结构，也可从生成性系统的角度揭示其运行过程。

2. 简单系统、随机系统与复杂系统

以要素、组分间的联系和关系频繁度为标准，系统分为简单系统、随机系统和复杂系统这三类，这是最通俗的划分。（1）简单系统的特点是要素、组分特别少，相互之间的作用弱，是没有进化、可以控制、可以预见、可以还原解构的线性系统，它可用较少的变数描述，能以牛顿力学等简单方法来研究。（2）随机系统的特点是组分、元素和变量非常多，耦合性很微弱，一般以统计方法去分析，例如中彩票。（3）复杂系统是由多个要素、组分有机联系所构成的含有等级结构和独立功能的动态体系，其特点是组分、元素相互之间存在强

---

① 详见李曙华：《系统科学——从构成论走向生成论》，载《系统辩证学学报》2004 年第2 期。
② 详见金吾伦：《生成哲学》河北大学出版社 2000 年版；金吾伦、蔡仑：《对整体论的新认识》，载《中国人民大学学报》2007 年第 3 期。
③ 详见［美］肖恩·B·卡罗尔：《基因开关调控物种进化》，载《环球科学》2008 年第6 期。

烈的耦合性，内部有多个子系统，子系统间相互依赖、共同进化，每个系统可划分为大小不同的很多层次，其个体元素和各个组分具有一定的智能性，可根据所处环境通过自己的规则进行智能的判断或决策，如动植物组织中的细胞、刑事诉讼程序中的当事人。

由于复杂系统难以理解，故有必要从以下三方面做进一步介绍。（1）定义。复杂系统的定义已多达 30 多种，① 而且迄今为止仍众说纷纭。（2）主要的基本原理。①整体性原理。该原理是指不能仅将研究对象分成若干部分分别研究后再综合，而必须从总体上把握系统。②动态性原理。复杂系统与时间变量有关，没有时间变化就没有复杂系统演化。③宏观与微观相统一原理。复杂系统宏观变量的大波动来自于系统内一些元素的小变化，而且非线性机制要求宏观与微观相统一。（3）几个相关的基本概念。①随机。随机是复杂系统内涵不确定而外延确定的现象，随着时间演化，对系统起支配作用的将是非线性机制，而非随机因素。②模糊。模糊是复杂系统内涵确定而外延不确定的现象，运用模糊数学的方法可减少外延的不确定性。③简单性。不少复杂的事物或现象背后存在简单性的规律或过程，人们也喜欢把复杂现象还原成更简单的组分或过程，但大量复杂系统的事物和现象不能用简单性的还原论方法处理。

需要说明的是，系统与体系是区别很大的两个概念，体系是复杂系统的高级甚至是最高级的层次，如法律体系就是法律系统最高级的层次。所谓法律体系，指一国现行全部法律规范按照不同法律部门②组成的一个多层次的有机统一体。它有以下特征：一是地域性，即法律体系是一个国家的现行法律整体，只包括现行国内法和被本国承认的国际法。二是整体性，即法律体系是由法律部门组成的整体。三是协调性，即法律体系结构严谨，各法律部门不存在明显

---

① 主要有如下定义：①它就是混沌系统。②它是自适应能力的演化系统。③它是包含多个行为主体具有层次结构的系统。④它是包含反馈环的系统。⑤它是不能用传统理论与方法解释其行为的系统。⑥它是动态非线性系统。⑦它是客观事物某种运动或性态跨越层次后整合的不可还原的新性态和相互关系，可继续分为运动复杂性和结构复杂性两种，它们都具有跨越层次的特征，表现为嵌套、相互连结、相互影响和作用等。⑧它是对客观复杂性的有效理解及其表达。等等。

② 法律部门即部门法，是指按照法律规范性质、调整社会关系领域和方法所划分的同类法律规范的总和。参见张文显主编：《法理学》，高等教育出版社、北京大学出版社 2003 年版，第 103 页。

冲突。四是主、客观统一性。体系的形成由客观事实决定，但离不开人的意志，故各国的法律体系呈现不同的模式。①

（二）刑事审后程序系统的类型分析

对于刑事审后程序系统，我们既可从构成性系统的视角来分析其基本的结构，也可从生成性系统的角度揭示其内在的过程，还可以研究其复杂性和系统涌现性，等等。这里仅从以下三方面简要探讨刑事审后程序的系统类型。

1. 刑事审后程序系统是一个构成性系统

刑事审后程序系统之所以是一个构成性系统，是因为它具有构成性系统的有界性、非加和性和结构性的特征。其一，在一定条件下，刑事审后程序及其各个组分的内涵和外延都可以确定下来，这已在上文中进行了相关的具体分析，因此，刑事审后程序作为一个系统，其有界性特征很明显。其二，刑事审后程序具有其组分所没有的结构、属性与功能，这具体表现为刑事审后程序系统保障人权和解决相关法律问题的"兼顾性"和"均衡性"上，这是各个子程序不可能具有的特质。就是说，刑事审后程序具有"系统涌现性"，该问题将在下文展开具体阐述。故其非加和性的特征也具备。其三，刑事审后程序各个组分间的相互联系与相互作用是稳定的，其结构性特征也具备。该问题也将在下文具体阐述。

2. 刑事审后程序是一个生成性系统

刑事审后程序符合生成性系统的基本特征。其一，该程序的各个组分程序具有一定的不可分割性。也就是说，该程序的各个子程序及其构成要素紧密相连、相互依赖，若强行进行随意分割，则整个程序机制无法正常运行。其二，该程序及其各个组分具有自组织性。刑事审后程序及其各个组分之间关系的不断演变，源于其自组织机制即内部演化规则。所谓内部演化规则，就是必须遵循的相关法律规范和合法/非法的法律符码，它们不仅具有高度的稳定性，而且是刑事审后程序系统保持程序有效运行及其性质不变的内在根源。其三，该程序及其各个组分的边界具有开放性。该程序及其各个组分的边界一直开放

---

① 参见张文显主编：《法理学》，高等教育出版社、北京大学出版社 2003 年版，第 99 页。

着，其各个程序主体相互之间也一直保持信息在一定范围内持续供给、接收和互换，从而维持着程序机制的通畅运行。其四，刑事审后程序及其各个组分具有时间性和过程性。刑事审后程序系统与各个组分及其相互关系均随时间的流逝而变化，遵循时间性因果关联和顺序，是一个生成与演化的过程，而不是一种静止的状态。

3. 刑事审后程序是一个复杂系统

刑事审后程序还应该属于复杂系统，理由是：其一，该程序具有智能性和自适应性。刑事审后程序每个组分都有程序主体这一智能个体的参与，所有主体的行为均必须遵循法律规则和法律原则以及法律符码，而且各个程序主体彼此之间以及主体与周围环境之间持续交换信息，各程序主体不仅可以进行必要的法律沟通，而且能够根据环境和接收的信息来调整自身的状态和行为。其二，该程序具有信息处理局部性与整体涌现性。在刑事审后程序中，没有哪个主体（包括法官）能够完全知道其他所有主体的状态和行为，都只能从一个相对较小的范围中获取信息，通过处理局部信息做出相应决策，而该程序系统的整体行为所产生的效果，是通过每个主体之间的相互竞争、协作等局部相互作用涌现出来的。关于其整体涌现性将在下文专门予以探讨。其三，该程序具有秩序性与混沌性。刑事审后程序必须按照法定的顺序、方式和方法运行，各个程序主体的行为也都应该在法律的框架中进行，通过程序主体各自的智能行为，在整体上显现出更高层次、更加复杂、更加职能协调的有序性。同时，刑事审后程序中的复杂行为，是由多个独立主体的相互作用形成的，而每个独立主体的想法有时候不可捉摸，甚至是通过扭曲的方式表现出来，故必然显示出一定的混沌性和模糊性。其四，该程序具有自相似性与可预测性。刑事审后程序的每次运行都按照相同的程序规则进行，具有自相似性，而且其程序主体都有其行为目的作为行为动力，有案情事实和法律规定作为依据支撑，故刑事审后程序的运行结果具有可预测性。由此可见，刑事审后程序符合复杂系统的基本特征，当然也就是一个复杂系统。

刑事审后程序既然是一个系统，那么它是由什么要素构成的呢？

三、刑事审后程序系统的要素

笔者认为，刑事审后程序系统的要素问题，可从宏观和微观两个层面来分析。所谓宏观层面，是指法律系统以社会系统为背景的运行过程层面，所谓微观层面，是指法律系统以自身为背景的系统结构层面；其相应的法律系统理论，则分别是宏观法律系统理论和微观法律系统理论。

（一）法律规范：刑事审后程序系统结构的要素

微观法律系统理论认为，法律系统由若干不同层次的子系统组成，低层次隶属于高层次，高层次以低层次为基础，每个层次都具有相对独立性，也都自成系统，都有其特殊的结构和性能。其中，法律概念和法律技术有机组合构成法律规范，法律规范有机组合构成法律制度，法律制度有机组合构成法律部门，法律部门有机组合构成法律体系，故在法律系统结构中，法律概念和法律技术是最基本的"材料"，法律规范是要素，法律制度、法律部门和法律体系分别是低级层次、中级层次和高级层次，① 属于法律系统结构中不同层次的子系统。

由于刑事审后程序系统是刑事程序在特定范围内的法律制度子系统，其要素问题即为法律要素问题。关于法律要素问题，中外均有不同理论予以研究。

1. 西方主要的法律要素理论

研究发现，在西方的法律要素理论中，影响大的应该是以下四种理论。

（1）奥斯丁的"命令"理论。奥斯丁认为法律要素是命令：法律是强制约束人的命令，且命令一方在自己要求没有被服从时，可以对对方施加不利的后果或痛苦，并具有施加的力量；国家在制定法中明确规定习惯的，是以直接形式确定习惯法，司法机构适用习惯解决纠纷的，是以间接方式确立习惯法，实际上是立法机构以含蓄默认的方式，认可了习惯可以转变为法律规则的

---

① 参见周永坤：《法理学——全球视野》，法律出版社 2010 年版，第 81 页。

命令。①

（2）哈特的"规则"理论。该理论在全面批判"命令"理论的基础上，认为法律要素是初级规则和次级规则的组合。"初级规则"科以义务、规范行为，它适用于因血缘、共同情感和信念而紧密结合的稳定的小型社群，其缺陷有三：一是它没有共同标识，只是一批个别独立的标准，不会形成体系；二是它只具静态性格，既不能取消旧规则或引进新规则，也没有适应环境变动而变更规则的方法；三是它的惩罚由受害之个人或集体来执行，效率不高效果也不好。"次级规则"是授予公共或私人权力、创设责任或改变义务的规则，它包括承认规则、变更规则、裁判规则三种。其中，"承认规则"补救初级规则的不确定性，它将具有相应特征的规则作为群体行动的指示，并运用群体压力支持规则；"变更规则"补救初级规则的静态特质，它授予某个人或一些人引进新的初级行为规则或废止旧规则，这些规则除了规定谁是立法者之外，还界定立法程序；"裁判规则"弥补初级规则的第三个缺陷，它授权某些人在特定场合中，对是否违反初级规则做出权威性判定，同时界定裁判者必须遵循的程序。② 总之："规则"理论认为，法律要素是初级规则与次级规则结合构成的规则体系。

（3）德沃金的"规则、政策、原则"模式。该理论认为：①法律要素包括规则、原则和政策。政策通常是规定实现的目标，一般是关于经济、政治或社会问题的改善；原则不仅促进或保证被认为合乎需要的经济、政治或社会形势，而且"是公平、正义的要求，或者是其他道德层面的要求。"②规则与原则主要有两点不同。第一，规则"以完全有效或完全无效的方式"，适用的条件和法律后果明确；而原则的适用条件和法律后果是模糊的，甚至没有包含使原则非实施不可的条件。第二，原则具有规则所没有的深度（分量、重要性），冲突的两原则可以都有效，裁判案件运用哪条原则，是因为该条原则分量更重。但是，当两条规则相抵触时，一条规则因其性质自然取代另一条规则；如果两条规则相冲突，其中一条就不可能有效，决定哪条有效、哪条予以抛弃或

---

① ［英］约翰·奥斯丁：《法理学的范围》，刘星译，中国法制出版社 2002 年版，第 17-41 页。

② 参见［英］哈特：《法律的概念》，许家声、李冠宜译，法律出版社 2011 年版，第 29-87 页。

重定，须考虑的因素在规则之外。③原则和政策的主要差别有三。一是目的不同。政策是功利思想在法律中的体现，把社会整体利益作为实践目的；原则是自由思想在法律中的体现，主张尊重、保障权利是实践目的。二是产生方式不同。政策是权威者出于改善某些经济、政治和社会问题的目标而制定，原则是源于在相当长的时间里形成的一种职业和公共正当意识而产生，政策相对原则而言，具有阶段性和相对不稳定性。三是司法裁判地位不同。原则是关于"宪法制度下人民拥有什么权利的判决"，而政策是关于"总体福利如何才能得到提升的判决"。①

（4）庞德的"法令、技术、理想"模式。庞德认为，法律要素包括法令、技术和理想三种，并以"社会控制"将其统一。①法令。法令由各种规则、原则、标准和概念组成。规则是对确定的具体事实状态赋予一种确定的具体后果，这是法令的最初形式；原则是进行法律论证的权威性出发点；标准是法律所规定的行为尺度，人们离开这一尺度，就要对所造成的损害承担责任，或者其行为在法律上无效；概念是可以容纳各种情况的权威性范畴，它将某些案件归于一个适当的范围内，并找出可供适用的某些法规、原则以及标准来。②技术。法律据以发展和适用的权威性程序也是法律的一个组成部分，权威性程序相当于发展和适用法令的技术，正是这种技术成分，足以区别两大法系。③理想。在复杂社会中，各种欲望、要求不断增加，需要调整的欲望和要求彼此间矛盾和重迭也不断增加，价值尺度就成为必要，它存在于社会与法律的公认理想中，其权威性不亚于法规、原则、概念、标准以及发展和适用它们的权威性程序，它们在法的发展、解释和适用中可能起着关键性的作用。②

2. 我国主要的法律要素理论

我国最初的法律要素理论是"法律规范说"，它深受苏联的影响。③ 苏联的阿列克谢耶夫认为：法律规范是"国家颁布和受国家保护的、有普遍约束力

① ［美］德沃金：《认真对待权利》，信春鹰、吴玉章译，上海三联书店2008年版，第41-47页；［美］德沃金：《原则问题》，张国清译，江苏人民出版社2008年版，第85页。
② 参见［美］罗斯科·庞德：《通过法律的社会控制》，沈宗灵、董世忠译，商务印书馆1984年版，第21-24页，第99-101页。
③ "法律规范说"的"理论源头是西方的命令说和规则说。"张文显主编：《法理学》，高等教育出版社、北京大学出版社2007年版，第113页。

的行为规则，它赋予社会关系的参加者以某种权利，并给他们规定法律义务"；
"'规范'的概念反映规范性的一切表现，反映法律体系的规范性内容的各个方面"。① 后来，我国学者又提出了"四要素说"② 和"三要素说"③："三要素说"是目前的通说，以下从基本内容、理论基础和缺陷三方面予以简要介绍。

（1）基本内容。"三要素说"主张法律要素包括法律规则、法律原则和法律概念。①法律规则。法律规则是对事实状态赋予确定后果的各种指示和规定，核心是法律权利义务和后果的设置。它以形式为标准，分为规范性规则和标准性规则；④ 以内容为标准，分为义务性规则和授权性规则；⑤ 以功能为标准，分为调整性规则和构成性规则。⑥ ②法律原则。法律原则是规则的基础性或本源性的原理和准则，具有宏观的指导性、较宽的覆盖性、较强的稳定性，不规定具体的权利、义务和后果，发挥指导制定法律规则、调整法律机制、解决疑难案件等功能。法律原则以内容为标准，分为政策性原则和公理性原则；⑦ 以地位为标准，分为基本原则和具体原则。⑧ ③法律概念。法律概念是概括相

---

① ［苏］阿列克谢耶夫：《法的一般理论》（下册），黄良平、丁文琪译，孙国华校，法律出版社 1988 年版，第 395，399 页。

② "四要素说"认为，法律由法律概念、法律原则、法律技术性规定和法律规则四个要素所构成。参见李龙主编：《法理学》，武汉大学出版社 1996 年版，第 70 页；乔克裕主编：《法律学教程》，法律出版社 1997 年版，第 44 页；孙国华、朱景文主编：《法理学》，中国人民大学出版社 1999 年版，第 291 页。

③ "三要素说"认为，技术性规定是法律的表现形式而非法律本身，故主张法律要素分为法律原则、法律规则、法律概念三种。参见张文显：《法哲学范畴研究》，中国政法大学出版社 2003 年版，第 48-49 页。

④ 规范性规则明确、具体，可直接适用且无需解释；标准性规则具有一定的伸张性，蕴含的尺度可随时间和地点而变易，适用时需要根据具体情况或特殊对象加以解释。

⑤ 义务性规则明确而肯定的要求人们为或不为，不允许随意变更或违反；它又分为命令式规则和禁止式规则，前者要求必须作出某种行为，后者是禁止作出某种行为。授权性规则指示人们可为的事项，赋予建立或改变法律地位和法律关系的们权利。

⑥ 调整性规则控制人们的行为，使之符合规则的行为模式；构成性规则组织人们按授权去行为。

⑦ 政策性原则是国家关于必须达到的目的或目标，或完成某一时期、某一方面的任务而作出的政治决定；公理性原则是从社会关系的本质中产生出来的、得到广泛承认并被奉为法律的公理。这与德沃金的政策和原则有相当的重合。

⑧ 基本原则体现法的本质和根本价值，是整个法律活动的指导思想和出发点，决定着法的统一性和稳定性；具体原则是基本原则的具体化，构成某一法律领域或某类法律活动的指导思想和直接出发点。

关法律事实后抽象出共同特征而形成的权威性范畴。法律概念虽然不规定具体的事实状态和法律后果，但有其确切的法律意义和应用范围，可以确定事件、行为、物品、关系等法律事实的"法律性质"，为人们认识和评价法律事实提供思路。以内容为标准，它可分为涉人概念、涉事概念和涉物概念。①

（2）理论基础。"三要素说"以系统论为理论基础来探讨法律内部的微观结构，它认为：系统具有一种新质，这是各要素分别存在时没有的或全部要素机械拼凑后形成不了的属性和功能，整体对系统的性能起着主要的决定的作用，规定和支配着各要素的性能，各要素的性能服从、服务于整体统一性的要求，也反过来影响系统的性能，关键性要素在一定条件下也能起决定性作用；要素只存在于系统中，脱离了系统就不称其为要素，系统之所以成为整体，不仅由于要素同整体的联系不可分割，还由于各要素间按照整体的统一要求和一定秩序相互作用、协调一致，共同发挥系统的性能；法律要素具有个别性、局部性、多样性、差别性、整体性和不可分割性的特征，它与法律系统相对应。②"三要素说"还吸收了庞德、德沃金和哈特的理论成果，③ 虽然这些成果更多的是从本体论角度回答"微观上的法律是什么"的问题，研究的主要是法律的本质和特征。④

（3）缺陷。其一，在逻辑上，法律概念是构成法律规范（法律规则和法律原则）的基本元素，两者不在同一层面，故"三要素说"逻辑错误。其二，在功能上，法律规范具有确定性、可操作性、可预测性和裁判依据性等功能，而法律概念不具有这些功能，它只是通过法律判断和法律思维，把特殊事实概括到普遍范畴中，帮助确立法律规范。其三，在性质上，法律规范把事实和价值结合在一起，使其成为一个整体；⑤ 而"法律概念及规范语句仅仅构成认识和

---

① 其中，涉人概念是关于人的概念，涉事概念是关于法律事件和法律行为的概念，涉物概念是具有法律意义的有关物品及其质量、数量、时间、空间等的概念。
② 参见张文显：《法哲学范畴研究》，中国政法大学出版社 2003 年版，第 48 页。
③ 但是，哈特的"规则模式"强调法的逻辑结构和确定性，由于它把法看作一个封闭的体系，容易走上法律条文主义和自由裁量两条极端之路；庞德的"法令、技术、理想模式"，有助于克服概念主义、条文主义或教条主义，增强法的弹性，使法律适应不断变化的社会需要和形形色色的案件，如果运用不好，就可能导致混淆法与非法的界限，抹煞法的确定性，为法官自由裁量大开方便之门。
④ 参见徐永康主编：《法理学》，上海人民出版社 2003 年版，第 27 页。
⑤ 参见周静：《法律规范的结构》，知识产权出版社 2010 年版，第 45 页。

追寻法律规则之意义和性质的'语义框架'"，它可以反映法律本质，但不等于法律本质。①

"三要素说"的上述缺陷显然需要修正。笔者主张，法律系统结构意义上的法律要素，只包括法律规则和法律原则，不包括法律概念。因法律规则和法律原则均为法律规范，故可称为"新法律规范说"。

3. 新法律规范说

新法律规范说认为，法律系统结构意义上的法律要素是法律规范，它由法律规则和法律原则构成。法律规则具有严密的逻辑结构，是法律规范最普通、最标准的式样。我国通说认为，法律规则由假定（行为发生的时空、条件等事实）、行为模式（权利和义务）和法律后果（否定或肯定的评价）三部分构成，也有学者认为，行为模式和法律后果才是法律规则不可或缺的要素，② 如果具备了这两种要素，法律规则就能发挥指引、预测、裁判等功能。③ 当然，人们在服从法律规则的同时，也必须按照法律原则行事，法律原则还具有证明违反法律规则为正当的作用。④ "法律原则通过自身的协调反映了我们的道德情感，使法律获得了道德特征，获得了道德权威"，因此人们遵守法律不仅是因为法律背后的强力，而是因为能感到法律是正确的，甚至在知道遵守法律并不利于自身利益时，还感到有责任去遵守法律。⑤ 在法律规范中，法律规则直接规定人们如何行为及其法律后果，而法律原则不确定人们具体行为的界限，主要是表达一种理想的状态，宣示法律的理念、目的、价值，说明什么样的行

---

① 舒国滢：《法哲学沉思录》，北京大学出版社 2010 年版，第 124-125 页。
② 参见沈宗灵主编：《法理学》，北京大学出版社 2003 年版，第 35 页。
③ 其中，指引功能是指法律规则通过确定权利义务以及特定法律后果而成为人们为或不为的理由，为人们提供确定的行为指南；预测功能是指人们根据法律规则对权利义务及相应后果的确定性规定，可预见到他人将会怎样行为，并事先估计将要发生的行为所带来的后果；裁判功能是指司法机关只要发现案件符合法律规则所规定的情形，可运用三段论将该法律规则作为大前提，将认定的案件事实作为小前提，继而得出演绎推理的结论，即裁判。
④ 参见［英］米尔恩：《人的权利与人的多样性——人权哲学》，夏勇、张志铭译，中国大百科全书出版社 1995 年版，第 15-31 页。
⑤ ［美］德沃金：《认真对待权利》，信春鹰、吴玉章译，上海三联书店 1998 年版，第 20-21 页。

为及其结果是应当达到的目标。①

法律规范与法的形式、渊源以及法条既有联系也有区别。简要分析如下。

（1）法律规范与法条。法律规范中的法律原则与法条的关系较为单一，即一个法条通常表达一个法律原则，而法律规范中的法律规则与法条的关系则多样化，有时候一个法条表达一个完整的法律规则，有时候几个法条表达一个完整的法律规则。此外，表达法律原则的法条，通常集中在法律文件中的第一部分，而表达法律规则的法条，则分散于法律文件的各章节中。

（2）法律规范与法律渊源。法律渊源概念源自西方，至今尚未统一认识。庞德认为，法律渊源研究法律规范通过谁形成、从哪里获得内容，包括惯例、宗教信仰、道德和哲学的观点、判决、科学探讨、立法这六个方面。② 我国有学者认为，法律渊源包括实质渊源、形式渊源、材料渊源和效力渊源，它由资源、进路和动因构成。其中，资源是指法由什么样的原料构成，即法的内容来源；进路是指法的形成是基于立法、行政、司法还是国际交往等，即法的效力来源；动因是指法是为了满足日常社会生活、社会发展的需要，还是因经济、政治、文化、历史等原因而产生，即法律形成的原因和动力。法律渊源只是法的半成品而不是法本身，法律规范才是法律的既成品，是法律渊源在升华后的成果。③

（3）法律规范与法律形式。法律形式是法律规范依据一定结构、效力等级而排列的一系列组合。法律形式不是法律规范简单的统称，而是法律的外部表现形态，是区分法律与其他社会规范的重要标志。④ 庞德认为，法律形式包括立法、判例法和教科书法。⑤ 英国法学家戴维·沃克认为，法律形式包括以下五种：一是习惯法，这是最早的法律形式；二是司法判例，它既是对习惯的宣示，又可能是对习惯的创造；三是制定法，它是立法者有意识创制的规范，以

---

① 参见舒国滢：《法哲学沉思录》，北京大学出版社 2010 年版，第 139 页。

② 详见［美］罗斯科·庞德：《法理学》（第三卷），廖德宇译，法律出版社 2007 年版，第 287 页。

③ 参见周旺生：《重新研究法的渊源》，载《比较法研究》2005 年第 4 期，第 1-3 页；周旺生：《法的渊源与法的形式界分》，载《法制与社会发展》2005 年第 4 期，第 128 页。

④ 参见张文显主编：《法理学》，高等教育出版社、北京大学出版社 2003 年版，第 72 页。

⑤ 详见［美］罗斯科·庞德：《法理学》（第三卷），廖德宇译，法律出版社 2007 年版，第 316 页。

补充、修改习惯规范或提供全新的规范；四是协约法，协议对当事人有约束力；五是教科书法，即法学家在研究的基础上提出一些基础理论，如自然法理论等。① 我国自古至今形成了以成文法为主的法律形式，现行成文法包括宪法、法律、行政法规、特别行政区法、地方性法规、自治法规、国际条约和惯例、行政规章，以及党内法规、军事法规、监察法规等；不成文法是补充，主要包括政策、习惯、指导案例。

4. 法律规范：刑事审后程序系统结构的要素

刑事审后程序系统作为法律系统结构中的一个微观子系统，其要素当然也就是其法律规范，具体包括相应的法律规则和法律原则。由于刑事审后程序系统的法律规则内容太多，限于篇幅本书对此不予讨论，只是在与刑事审判程序法律原则进行对比分析的基础上，初步探讨刑事审后程序中的法律原则的相关问题。

如前所述，世界各国刑事审判程序普遍适用的基本原则主要有：司法独立原则；刑事程序法定原则；无罪推定原则；控审分离原则；平等对抗原则；辩护原则；直接言词原则；公开原则；诉讼经济原则；一事不再理原则。刑事审后程序除了适用其中的部分原则之外，还存在着其特有的法律原则。简要阐述如下。

首先，司法独立原则、刑事程序法定原则、诉讼经济原则和一事不再理原则这四个原则，是刑事诉讼程序的所有相关主体必须遵守的最低要求，这四个原则均应贯穿于刑事诉讼程序的始终，因此是刑事审判程序、刑事审前程序与刑事审后程序共同适用的基本原则。也就是说，这四个原则不仅是刑事审后程序系统结构的要素，而且是刑事诉讼程序整个系统结构的要素。

其次，无罪推定原则、控审分离原则、平等对抗原则、辩护原则只适用于刑事审前程序和刑事审判程序；直接言词原则、公开原则只适用于审判程序。因为这六个基本原则的设立目的，主要是为了实现刑事审判程序的公正与效率以及保障嫌疑人、被告人的人权，故均不适用于刑事审后程序。也就是说，这六个原则是刑事审前程序和刑事审判程序系统结构所共有的要素，但不是刑事

---

① 参见［英］戴维·沃克：《牛津法律大辞典》，李双元等译，法律出版社 2003 年版，第436 页。

审后程序系统结构的要素。

最后，职权主义原则、书面审理原则、不公开审理原则这三项基本上不适用于具有三角结构的刑事审判程序，它们为具有线性结构的刑事审前程序与刑事审后程序所共有。就是说，这三个原则应该是刑事审后程序与刑事审前程序系统结构所共有的要素，但不是刑事审判程序系统的结构要素。

（二）法律沟通：刑事审后程序系统运行的要素

如上所述，在微观法律系统理论中，法律规范是刑事审后程序系统结构中的要素，那么在宏观法律系统理论中，刑事审后程序系统的要素又是什么呢？

法学界的早期学者们，运用永恒法、自然法、实证法这些不同法律渊源效力上的区分来建构具有统一性的法律体系，这些法律理论中的"体系""法律系统"常指称一套法律规则或者法律制度结构，并且注重分析法律规则,① 并未充分注意到法律运行。只有在法社会学产生之后，才开始深入探究法律运行问题，但是即使是法社会学家，也仅对法律和非法律变量之间的关系感兴趣。而且这些理论都以阶层化的社会系统和等级结构等社会条件作为基础，当条件不再或者条件被改变时，就要寻求新的途径来说明法律的统一性问题。

在卢曼看来，规则或规范仅是法律系统的结构成分，它不解释法律系统的动态情形，只有法律作为封闭运作系统并自我再生产其构成要素时，才能建立自身的统一性，该统一性的生产和维持就是其自我再生的过程。所谓统一性，是指系统自身边界及其次系统的区别，即系统的边界，它是区分法律系统与其他社会次系统之间差别的依据。卢曼以"运作"概念弥补原有理论的不足，认为如果将关注重点从结构转移到运作，那么基本问题就不再是法律系统如何建立一套连贯的规则体系，而是运作如何生产系统与环境间的差异，以及如何区分哪些运作属于系统而哪些运作属于环境。当然，结构并非不重要，因为运作必须依赖于结构，它需要结构来特定化，但结构只有通过运作才能被建立或改变。"法律系统通过自身的运作创造了自己的版图……系统的统一性是由系统的运作来生产和再生产的"，"并非受任何稳定观念所赐"，故真正划分

---

① 如凯尔森和哈特，凯尔森认为应把研究中心放在法律规范的应当上，而哈特的承认规则所关注的也是法律的结构。

法律系统边界的是运作，运作是短暂的，它是不断产生并消失的"事件"，没有持续性也不能被改变。自创生通过一个运作生产另一个运作，运作以结构为取向并充实和确定结构，而且运作必须是封闭的，没有封闭，系统无法将其运作与环境中的运作区分开来。法律作为一个自创生系统，其运作封闭主要体现在法律沟通的内部性上，并且在法律系统中，法律沟通总是指向下一个法律沟通，这种自我指涉性使得法律能够实现运作上的封闭。①

卢曼发现，法律系统实现运作封闭须基于一定的条件，其中最重要的条件是以下两个。其一，功能特定化。系统运作以功能为导向，运作在执行哪一项功能就决定了它属于哪一个系统，由于维持规范性预期的稳定性是特定化了的法律系统功能，故维持规范性预期稳定性的运作属于法律系统。其二，运作符码化。观察符码可识别某个沟通运作是否属于特定的功能系统，从而克服通过职业、机构或其他标准可能带来的问题，因为个人可能同时在多个系统中承担角色，很难清楚标明其行动究竟属于哪个系统，而符码为系统提供了与沟通相联结的确定系统边界的方法。合法/非法是法律系统运作的符码，是判别法律系统的核心依据之一，它在逻辑上排除第三值，只要是合法/非法的运作，法律系统就承认，并将其整合到进一步运作的递归的网络中。

卢曼结合功能特定化和运作符码化，树立了法律系统封闭运作自创生观念，重构了法律系统的"有效性"概念，认为有效性是"对沟通的接受的象征"，代表着法律系统沟通的自创生"是法律系统的一个特征值"。法律系统只有借助法律沟通才能有效运作，法律沟通是法律系统运行的要素。而且法律沟通作为一种社会沟通，必须遵循社会沟通的限制，如使用正确的语言，预先确定语词的原初意义。意义总是在沟通中把握，沟通由认知场域和记忆来支撑，

---

① Niklas Luhmann. The Unity of Legal System. In Gunther Teubner. Autopoietic Law – A New Approach to Law and Society. Berlin: Walter de Gruyter, 1987, p. 13, p. 19; Niklas Luhmann. Law as a Social System. Oxford: Oxford University Press, 2004, p. 73, p. 78. 有研究者对自我指涉性已进行了阐述，如 Alf Ross 在 1969 年就讨论了宪法中的自我指涉问题，详见 Alf Ross. On Self-Reference and a Puzzle in Constitutional Law. Mind, New Series, Vol. 78, No. 309, 1969. 哈特也曾专门撰文对 Ross 的这篇文章进行了评论，详见 [英] H. L. A. 哈特：《自我指涉性法律》，载哈特《法理学与哲学论文集》，支振锋译，法律出版社 2005 年版，第 181–192 页。图依布纳也发现："法律渊源的等级制度只是一种不充分的企图，即企图通过逐级堆叠变为层面来避免这种最初的自我旨涉，变位层面的顶层与底层是一回事。" Gunther Teubner. Law as an Autopoietic System. Oxford: Blackwell Publisher, 1993, p. 4.

经历和看法的不同可能会导致误解产生。沟通分为三种类型：一是语言；二是传播媒介（如文字、广播等）；三是"符号一般化的沟通媒介"（如真理、爱、货币、权力或法律、信仰、艺术和基本价值等）。语言受时空限制，借助传播媒介能扩大沟通范围，而"符号一般化的沟通媒介"既可大大减少沟通中误解的可能性，也能确保提出的选择被接受。①

　　卢曼将法律描述成一个运作封闭的系统，容易使人认为他更注重法律系统的内部运作机制，而不是法律与社会的关系。如哈贝马斯表示：法社会学的反思破坏了契约主义理论的规范主义和理性主义的社会观，使法律这个社会理论的中心范畴从总体上身价跌落，卢曼的法社会学"指派给法律以一种边缘性地位，并在客观主义描述中将可以从内部把握的法律有效性这种现象加以中立化……这种漫长的社会科学祛魅过程的结果，是系统理论消除了理性法的规范主义的最后一丝痕迹。被圈进一个自控系统的法律，在旁人化的社会学眼光之下，被剥去了一切规范性的、归根结底涉及法律共同体之自我组织的含义。在自控系统的描述之下，顾影自怜地边缘化了的法律能做出反应的，只是他自己的问题，外部对这些问题最多起一种触发的作用。因此，对于整个社会系统所承受的问题，它既感受不到，也处理不了。"② 这应该是对卢曼理论的误解，因为卢曼一直强调法律对环境特别是社会环境的依赖性，正如卢曼自己所说："我们绝非愚蠢地认为法律可以离开社会、离开人、离开我们星球上特定的物理和化学条件而存在，然而，与环境的关系只有在系统内部活动的基础上才能建立起来，通过执行其自身运作，只有通过我们称之为封闭的循环连接才可能。"③

　　综上所述，就法律系统而言，不同的语境有不同的构成要素，其中，法律沟通是法律系统运行过程的构成要素，法律规范则是法律系统结构的构成要

---

①　详见 Niklas Luhmann. Law as a Social System. Oxford：Oxford University Press，2004，pp. 80-174；Niklas Luhmann. A Sociological Theory of Law. London：Routledge & Kegan Paul plc.，1985，pp. 281-288；Niklas Luhmann. Law as a Social System. Northwestern University Law Review，Vol. 83，No. 1&2. (1988—1989)；Niklas Luhmann. Social System. Stanford：Stanford University Press，1995，p. 161.

②　［德］哈贝马斯：《在事实与规范之间——关于法律和民主法治国的商谈理论》，童世骏译，生活·读书·新知三联书店 2003 年版，第 64 页。

③　Niklas Luhmann. Law as a Social System. Oxford：Oxford University Press，2004，p. 105.

素。刑事审后程序作为法律系统中的一个微观子系统，法律规范和法律沟通也分别是其系统结构和运行过程的构成要素。

本章小结

系统论是专门研究系统的理论，其本质是一种关于过程的科学而不是关于状态的科学，是关于演化的科学而不是关于存在的科学，它主要包括整体观、要素论、联系观（关系论或结构论）、动态发展观以及和谐一致观等基本理念。本章运用系统论，重点探讨了刑事审后程序是不是一个系统以及是一个怎样的系统的问题，并且发现刑事审后程序既是一个复杂性系统，又是一个构成性系统和生成性系统。本章还运用法律系统理论，着重分析了刑事审后程序系统的要素问题，认为法律规范是其系统结构的构成要素，而法律沟通是其系统运行的构成要素。上述这些分析，为我们进一步认识刑事审后程序提供了一个新的角度。

紧接下来的问题是，刑事审后程序作为一个系统，具有怎样的涌现性呢？也就是说，刑事审后程序体系的构建，除了因为其具有共同性的理论基础即刑事法目的论之外，其作为一个系统，还可以基于什么理由而存在呢？这个问题由下一章予以解决。

第八章

刑事审后程序的系统涌现性

系统论旨在打破生命与非生命之间的鸿沟，探索微观、宏观和宇观世界生成进化的普遍规律，其关注重点是系统的涌现性，[1] 可以说，系统论就是关于涌现性的理论。[2] 涌现性作为系统论的重要概念和研究的根本问题，一般表现为要素或组分通过有机组合形成新结构并实现新功能的过程，或者是因组分之间的局部交互而产生宏观的系统全局行为，而全局行为特征是微观组分所不具有、只能通过整体才能表现出来。因此，研究包括刑事审后程序系统在内的任何系统，均应探讨其系统涌现性问题。

一、研究系统涌现性的主要成果介绍

中外学者对系统的涌现性问题进行过海量研究，相关的智力成果非常丰富，本书主要介绍以下内容。

（一）涌现性的概念与特征

"涌现性"简称"涌现""突现"，其概念虽然在十九世纪中后期才被创造出来，但它在大自然系统中普遍存在，涌现思想也早在古希腊就已萌芽。如诺芝提出：任何距离都可以分割成无穷个小的距离片断，而经过无穷个小片段需要无限的时间，但越过确定的距离只需要有限的时间，这就是诺芝悖论。亚里士多德回答说：一个长度首先是一个整体，这个整体确实能分成无穷个部分，

---

① 李曙华：《从系统论到混沌学》，广西师范大学出版社 2002 年版，第 200-203 页。

② 苗东升：《系统科学精要》，中国人民大学出版社 2006 年版，第 56 页。

但该整体在本质上却不可还原为这些部分："整体大于部分之和"由此而来。但这里的"整体"是预设的，其中也没有蕴涵动态观念——这正是涌现不可或缺的内容。

随着科学的不断进步，涌现观念发展为理论，该理论始于穆勒关于物理合成与化学反应的区分，并被其学生兼同事刘易斯用术语"涌现"表达，后经亚历山大、摩尔根、布罗德等人发扬光大，于二十世纪二十年代创建"涌现进化论"。此前，有两种理论解释生命、意识：一是机械论，它把生命、意识等解释成物理-化学过程；二是活力论，它认为生物体内存在的活力是生物之所以成为生物的原因。而涌现进化论认为，生物中的高层过程虽然均由低层的物理-化学过程产生，但作为结果而发生的过程绝不只是那些生发它们的低层过程，而是在结果中包含的总是比前提中包含的更多。该理论将层次观和动态生成观赋予涌现概念中，再加上以前的整体观，涌现的内涵已基本形成。但是，该理论对于涌现何以能够发生并未给出合适的解释。

"涌现进化论"在二十世纪三十年代开始渐渐衰落，而不久后的四十年代，贝塔朗菲提出一般系统论后，涌现在系统科学特别是其中的复杂性理论中被赋予了新的生命，各种复杂性理论基本上围绕涌现何以能发生以及如何发生而展开，如复杂适应系统理论、非线性动力学理论、协同学、远离平衡热力学（耗散结构理论）等均认为，涌现的产生需要系统满足以下特征：非线性、自组织性、远离平衡性、吸引子，等等。这些成果虽然对涌现的解释向前推进了一大步，但至今仍有许多问题没有得到解决。[1] 也就是说，涌现概念及其特征的相关研究，仍然一直还在不断地完善。

1. 涌现概念的理解

贝塔朗菲最早科学阐明了涌现性原理，因而涌现性原理又称为贝塔朗菲原理。[2] 贝塔朗菲将涌现性简单明了解释为"1+1>2"，认为不能用系统孤立部分的特征来解释整体的特征，因为系统特征是"新加的"。[3] 在英国，艾什比于

---

① 参见 Goldstein J. Emergence as a Construct：History and Issues. Emergence，No. 1，1999，PP. 49-72；Eronen M. Emergence in the Philosophy of Mind . 2004，pp. 6-20.

② 参见张华夏：《物质系统论》，浙江人民出版社 1987 年版，第 199 页。

③ ［美］贝塔朗菲：《一般系统论——基础发展和应用》，林康义、魏宏森译，清华大学出版社 1987 年版，第 64-69 页。

1956 年发现，突现这一概念从来没有人明确下过定义，但以下例子可以作为讨论的基础：（1）氨是气体，氯化氢也是气体，这两种气体组合在一起结果得到固体，这是两种反应物原来都没有的性质。（2）碳、氢、氧结合形成一种具有甜味的特定化合物"糖"，这甜味是原来的三者都没有的。（3）细菌体内 20 种左右的氨基酸都没有"繁殖"的性质，但它们合在一起（再加上一些别的物质）后，却具有了这种"繁殖"的性质。① 后来，美国的拉兹洛认为：构成整体的各个部分在相互依赖的基础上形成了整体的某种定形的结构，在各个部分的相互交流中，产生了超出原有各部分属性简单相加的某种新性质。例如一对恋人虽然是爱情关系的拥有者，但个体相加并不具有他们关系的全部性质，因为这些关系不仅包括其彼此的爱情，还包括"俩人的爱情"，即两人所组成的整体通过两人间相互依赖、联系、交流而涌现出的新质，这种新质正像浪漫主义文学永不倦怠的述说那样，是"超出我们俩人的某种东西"。② 欧阳莹之指出：在一些具有很强内部联系的系统中，对几个组分的轻微扰动可以无阻碍地传播，从而导致系统范围的大变化，使得这些系统的行为更复杂多变、不稳定和惊人，这就是涌现的特性与过程；涌现来自事物的某些变换："只有系统的额外特征才有资格称为涌现"，就像我们退后一步，从整体上再来欣赏由一些颜料涡旋形成的一幅图，会发现这是一幅非常有意义的画一样。③

二十世纪九十年代中期，美国的圣塔菲研究所明确意识到，系统理论"实质上就是一门关于突现的科学……就是如何发现突现的基本法则"，④ 该学派代表性学者霍兰的观点表达了其共识：涌现不可能只是服从一种简单的定义，它至少具有以下几个特征：（1）普遍性。从无生命世界到生命世界，从自然界到人类社会，从社会活动到精神活动，涌现无处不在。（2）系统性。发生涌现的事物不仅包含大量组分，而且都涉及组分的相互作用，属于系统现象和系统

---

① 转引自庞元正、李建华：《系统论控制论信息论经典文献选编》，求实出版社 1989 年版，第 474 页。

② ［美］欧文·拉兹洛：《用系统论的观点看世界》，闵家胤译，中国社会科学出版 1985 社年版，第 23 页。

③ ［美］欧阳莹之：《复杂系统理论基础》，田宝国等译，上海科技教育出版社 2002 年版，第 180-182 页。

④ ［美］米歇尔·沃尔德罗普：《复杂——诞生于秩序与混沌边缘的科学》，陈玲译，三联书店 1997 年版，第 115 页。

特性。（3）恒新性。难以预料、出其不意是涌现的重要特征，涌现是大来自于小，多来自于少，复杂来自于简单。①

　　在我国，颜泽贤等认为突现是系统新质作为整体的突然出现的过程；② 魏宏森和曾国屏指出：要素一旦组成系统，就具有要素所不具有的性质和功能，不仅不等于各个要素的性质和功能的简单加和，而且会制约要素。③ 李志勇、田新华发现：涌现是普遍存在的现象，例如一粒种子或一个受精卵逐步发育成一个成熟的有机体，一组棋类游戏规则衍生出极其复杂的棋局；涌现是一个描述复杂系统层次所呈现的模式、结构或特征的科学概念，既不可从部分本身预测、推断，也不能反推断出部分。④ 许国志提出涌现性有两种解释：一是整体涌现性。"系统与组分或者子系统相比有质的提升……系统科学把这种整体才具有、孤立的部分及其总和不具有的特性，称为整体涌现性"。二是层次涌现性。"高层次拥有低层次所没有的特性，新层次根源于出现了新的涌现性……每经过一次涌现形成一个新的层次，从元素层次开始，由低层次到高层次逐步整合、发展，最终形成系统的整体层次。层次是系统由元素整合为整体过程中的涌现等级，不同性质的涌现形成不同的层次，不同层次表现不同质的涌现性"。⑤ 苗东升对涌现问题展开了多方面论述：涌现分平庸和非平庸两种，后者是异质的涌现，涌现出部分没有的新东西，即异质的现象、异质的事物、异质的特性、异质的逻辑联系等等，不能与部分作数量的比较；前者是同质的涌现，部分与整体具有同质的功能，涌现性表现为数量的额外增减，整体不等于部分之和，例如以镰刀割麦，10 人单干与集体干的功效是同质的，组织得好，集体功效大于单干功效之和，反之亦然，功效的增减量就是系统在整体层次上涌现的结果；因此"涌现首先是个定性问题，实质指整体具有部分或部分之总

①　[美] 约翰·H. 霍兰：《涌现——从混沌到有序》，陈禹等译，上海科学技术出版社 2001 年版，第 4 页。

②　详见颜泽贤：《复杂系统演化论》，人民出版社 1993 年版，第 192-198 页。

③　见魏宏森、曾国屏：《试论系统的整体性原理》，载《清华大学学报（哲学社会科学版）》1994 年第 3 期，第 57-59 页。

④　见李志勇、田新华编：《非线性科学与复杂性科学》，哈尔滨工业大学出版社 2006 年版，第 152 页。

⑤　见许国志：《系统科学大辞典》，云南科技出版社 1994 年版，第 501 页；许国志：《系统科学》，上海科技教育出版社 2000 年版，第 20-22 页。

和所没有的性质、特征、行为、功能等，称为整体质或系统质"。①

涌现性的一个显著特点就是，系统内个体遵循简单的规则，在通过局部的相互作用构成一个整体时，一些新的属性或者规律就会突然在系统的层面上诞生。例如积木作为儿童玩的益智玩具，在设置成为房子、汽车等模型的过程中，儿童运用标准物件组合成新的形体，这个过程就体现了涌现性特征。可见，涌现性是组成成分（组分）按照系统结构方式相互作用、相互补充、相互制约而激发出来的，它比单个组分的简单叠加要复杂得多，而一旦把系统整体分解成它的组分，这些特性就不复存在了。

值得注意的是，涌现概念的一般涵义虽然已经基本确定，但是，它具体的内涵和外延则相当模糊，对涌现的理解也是见仁见智，学者们分别从多角度对"涌现"进行了深入的思辨性探讨。从这些讨论中可以总结出涉及理解涌现性的几个关键问题：其一，涌现发生在什么事物之间，或涌现所涉及的是哪些事物之间的关系；其二，这些关系满足什么条件或判据，涌现才成其为涌现；其三，作为修饰语，涌现所修饰描述的是关系中的哪一方，通常指称的是哪些事物。另外，涌现是客观存在的，还仅仅只是一个主观认识问题。对上述问题的不同认识，产生了对涌现的不同理解。因此，上述这几个问题也可以作为理解涌现概念的一个认识框架。②

2. 涌现的特征

有学者提出涌现学说分为弱涌现论、共时涌现论、历时涌现论这三种不同的理论，其中，弱涌现论包括"物理一元论论题""系统整体特性论题"和"共时决定性论题"，满足这三个论题是一个特性之所以成为涌现特性的最低条件，它是其他两种涌现理论的基础；共时涌现论在弱涌现论的基础上增加了"不可还原性论题"，历时涌现论则增加了"新奇性论题"和"结构不可预测性论题"。这些涌现学说发现，涌现主要有以下几方面的基本特征：（1）微-宏观效应。指系统低层微观活动产生高层宏观性质、行为、结构、模式等，这

---

① 见苗东升：《论系统思维（六）：重在把握系统的整体涌现性》，载《系统科学学报》2006 年第 1 期，第 2 页；苗东升：《系统科学精要（第 2 版）》，中国人民大学出版社 2006 年版，第 54-56 页。

② 参见黄红兵：《基于涌现视角的多 Agent 系统分析研究》，国防科学技术大学研究生院 2009 年博士学位论文，第 23-26 页。

是涌现最重要的特征。（2）双向关联。指从微观到宏观产生微-宏观效应，从宏观到微观则出现微-宏观效应的结果对微观组分及其活动产生影响。（3）分散控制。指系统没有指导其宏观行为的集中控制部分，只是利用局部的机制影响全局行为，即系统中的个体没有全局图景，其影响和作用是局部的。（4）完全新奇性。指系统的全局行为相对于微观层次的个体行为而言是新奇的，即微观个体没有全局行为的显式表示。（5）一致相关性。指组分之间逻辑一致的关联关系。这种相关性约束着低层分散的组分，并使得它们相互关联起来，形成一个高层整体；从而使得涌现特征以一个和谐整体呈现出来，并表现出相对持久的模式。①

3. 与涌现相关的几个概念

"任何意义的确定只能在比较的差别中存在，任何一个概念如果不与其他概念相对比就没有什么确切意义。"② 由于研究的开放性，试图为涌现给出一个精确而普适的定义并不现实。所以，通过对比几个易混淆的相关概念，可以从其异同来进一步把握涌现概念。这些相关概念主要包括：总成、综合和自组织。

（1）涌现与总成。涌现与总成都是指称系统的微-宏观效应的概念，在认识两者时往往难以区分，甚至会混淆。穆勒针对其区别给出了涌现的三个判据：一是一个整体的涌现特征不是其部分的特征之和；二是系统涌现特征的种类与系统组分特征的种类完全不同；三是涌现特征不能从独立考察组分的行为中推导或预测出来。这三个判据也称为不可加性判据、新奇性判据，但往往被解释成涌现特性的不可解释性或神秘性。其实，涌现和总成都具有一定的微观可解释性，但总成特性可从独立组分的特性或行为推导或预测出来，不需要考察组分之间的联系；而涌现特性必须结合组分和它们之间的关系才能得到解

---

① Stephan A. Varieties of Emergentism. Evolution and Cognition, No. 1, 1999, pp. 49-59; Goldstein J. Emergence as a Construct：History and Issues. Emergence, No. 1, 1999, pp. 49-72; Wolf De T, Holvoet T. Emergence Versus Self Organisation：Different Concepts but Promising When Combined . In Brueckner S, Di Marzo Serugendo G, Karageorgos A, Nagpal R. Engineering Self Organising Systems：Methodologies and Applications. Berlin：Springer-Verlag, 2005, pp. 1-15.

② 转引自秦晖：《传统十论：本土社会的制度、文化及其变革》复旦大学出版社 2003 年版，第 241 页。

释。例如一个函数程序的代码量可以说是总成的，而函数功能则是由指令涌现出来的。①

（2）涌现与综合。综合是指将组分或元素按照一定的结构组成一个整体，它表征的也是系统特性的微-宏观效应。在综合中，组分之间的关系是静态的结构、时序、逻辑关系等，一般只有微观到宏观的效应，产生的宏观特性往往确定不变。而在涌现中，组分之间的作用关系是动态的，其微观和宏观的关联（或循环因果）是双向的：一方面，微观组分及其相互作用产生宏观特性（模式、结构、行为等）；另一方面，产生的宏观特性反过来影响微观组分以及其关系，成为它们的约束或动因。这种双向关联使得系统具有一定的动态性和鲁棒性。也正是这种双向关联使得涌现似乎很神秘。如果说一个系统特性是综合的，那么它满足的是不可加性和新奇性，这是综合与总成的区别。而综合与涌现的区别在于系统微观和宏观之间的作用。涌现特性只有通过要素或者组分之间的关系才能得到解释，即涌现特性是要素或者组分之间相互作用的结果。当然，在一定的情况下，综合也可以用来指称简单涌现。②

（3）涌现与自组织。涌现与自组织都是指称复杂适应系统动态性的概念，都具有鲁棒性和动态性，但它们描述的是系统的不同特征，其差别主要表现在以下三个方面：其一，涌现强调的是一致性宏观特性的产生；而自组织强调的是内部结构的动态、适应、自发的变化；其二，一个自组织系统不一定产生涌现特性。如一个分布式问题合作求解系统，可通过自发、动态的调整其结构以完成问题求解，但该系统进行问题求解并不新奇，即这个系统不一定具有涌现性。其三，一个具有涌现性的系统不一定是自组织的。如在仅由空气组成的热力学系统中，气体体积和温度是气体分子运动及其相互作用产生的涌现特性，但该系统并不是自组织的系统。当然，在实际的复杂系统中，涌现和自组织往往纠缠在一起，统一在同一过程中。所以在实践中，对两者的关系存在三种看

---

①　Goldstein J. Emergence as a Construct：History and Issues. Emergence，No. 1，1999，pp. 49-72；[美] 欧阳莹之：《复杂系统理论基础》，田宝国等译，上海科技教育出版社 2002 年版，第 180-186，59-72 页。

②　Ueda K. Synthesis and Emergence：Research Overview. ArtificialIntelligence in Engineering，No. 4，2001，pp. 321-327；[德] 赫尔曼·哈肯：《大脑工作原理：脑活动、行为和认知的协同学研究》，郭治安、吕翎译，上海科技教育出版社 2000 年版，第 39-51 页。

法：其一，自组织是涌现产生的原因；其二，自组织是涌现的结果；其三，自组织是涌现的一种特殊形式。如果将自组织看成是微观机制和动态过程，则一般持第一种看法；将自组织看成是系统的一种性质或能力时，往往会产生第二种看法；而结合前两种看法或对涌现和自组织在概念上不加区分时，就会得到第三种看法。①

综上，涌现概念在漫长的历史沿革中，被赋予了整体观念、层次观念和动态生成观念。这些观念构成涌现概念的基本内涵，成为理解涌现概念的基础。

（二）涌现性判据

涌现所涉及的关系和指称的对象虽然都具有客观实在性，但人们对这些关系和对象的认识是不同的，对这些关系和对象的规定性即涌现性判据的认识和界定，更是见仁见智，主观性很大。这种主观性还存在两种较为极端的形式：一是与涌现性判据本身的内容和认识相关。例如将"不可还原性"和"不可预测性"解释为人类已有知识的局限性，或认为判据本身就是个人主观体验即"惊奇"。二是将观察者引入对涌现的理解，使观察者构成了涌现所涉及关系的第三方。此时，观察者成为涌现性的检测者或判断者，甚至是参与者（如社会系统中的涌现）。因此，对涌现性判据的认识虽然不能摆脱主观规定性，但是其内容却是客观的，特别是关于涌现性判据的一些定量化研究，更强化了这种客观性，例如将系统的复杂性或系统熵的变化作为涌现性判据。② 涌现性判据决定了关系双方及关系本身满足何种性质时，涌现才成其为涌现。对此本书主要介绍以下内容。

1. 层次涌现观的涌现性判据

有学者站在经典层次涌现观的角度，认为在最弱的涌现意义上，涌现所涉及的关系的双方（系统和系统的要素或者组分）应满足以下判据：（1）物理

---

① ［南非］保罗·西利亚斯：《复杂性和后现代主义》，曾国平译，上海世纪出版集团、上海科技教育出版社 2006 年版，第 123-154 页；黄红兵：《基于涌现视角的多 Agent 系统分析研究》，国防科学技术大学研究生院 2009 年博士学位论文，第 30 页。

② 李德毅、刘坤等：《涌现计算：从无序掌声到有序掌声的虚拟现实》，载《中国科学 E 辑：信息科学》2007 年第 37 卷第 10 期，第 1248-1257 页；黄红兵：《基于涌现视角的多 Agent 系统分析研究》，国防科学技术大学研究生院 2009 年博士学位论文，第 24-25 页。

一元论。它指明了系统及其要素或者组分的本体论基础，即系统的要素或组分是物质的，系统中不存在超自然实体。（2）系统整体特性。所谓系统整体特性，就是只有系统具有这种特性而其各要素或者组分均不具有。（3）共时决定性。该特征表明，一个系统所能表现的特性取决于它的微观结构，即其要素或者组分的特性及其排列。但是，如果向较强的意义发展，对涌现特征的界定应满足以下两方面的判据。（1）继续从系统及其组分之间的关系来界定涌现特征，如增加不可还原性。一个系统整体特性之所以不可还原，一是因为其行为无论在微观上还是在宏观上都不可分，二是因为系统组分的特定行为即系统特性伴随这些行为而产生，而不能从这些组分的孤立活动或处于其他（简单）格局中的行为得出。（2）站在系统演化的时间轴上，从系统的发展来界定涌现的特征。这可以增加两种特征：一是新奇性。也就是说，在系统演化过程中，已经存在的组分会产生新的格局；新的结构会构建具有新特性和新行为的新实体。二是结构不可预测性。如果新奇结构的形成由确定性混沌规律决定，那么新奇结构的出现原则上是不可预测的；同样，由这些结构体现的任何新奇特性也是不可预测的。Stephan 正是在上述这些涌现性判据的基础上，给出了相互关联的、强弱不同的涌现论。①

2. 因果关系涌现观的涌现性判据

有学者将系统层次之间的关系界定为因果关系，即上向因果和下向因果。上向因果性和共时决定性相对应，即下一层是上一层的原因。下向因果指的是系统的上层对下层组分产生影响和作用，成为它们的约束或动因。Fromm 就是根据系统层次之间不同的反馈类型和因果关系，将涌现分为四类：其一，简单涌现。它只包含上向因果关系，而无下向因果；其二，弱涌现。它只包含简单的上向因果和下向因果；其三，多重涌现。它存在多个因果循环，同时还包含了学习和适应；其四，强涌现。它表现为在高层组织中出现了涌现结构或产生了体现不可还原性新性质的复杂性。②

---

① Stephan A. Varieties of Emergentism. Evolution and Cognition, Vol. 5, No. 1, 1999, pp. 49-59；Stephan A. Emergentism, Irreducibility, and Downward Causation. Grazer Philosophische Studien, Vol. 65, No. 1, 2002, pp. 77-93.

② 参见黄红兵：《基于涌现视角的多 Agent 系统分析研究》，国防科学技术大学研究生院 2009 年博士学位论文，第 26 页。

3. 系统涌现性的度量

要深入理解和分析系统涌现性判据，就有必要测度系统的涌现强度。对于该问题，Mnif 等学者借用"熵"① 的概念来度量系统涌现性的强度，提出尽管熵不能与涌现等同，然而系统涌现的强度则依赖于系统运行过程中熵的有序增加或者递减。故系统的涌现强度，可以理解为：某一系统运行过程开始时和结束时之间熵的差值，即系统涌现强度＝系统运行开始时点的熵值－系统运行结束时点的熵值。② 由于涌现性一般与复杂性有着天然的联系，因而在涌现性判据中引入复杂性是非常自然的事，Bonabeau 和 Dessalles 就是利用复杂性的变化来判断涌现是否发生，也有学者利用统计力学的方法来研究群体一致性意见的涌现问题。度量涌现性的方法，迄今为止主要是侧重实际应用性。如 Crutchfield 基于系统的内部模型，通过形成内在涌现过程和内部涌现模式来度量系统的涌现现象；Shalizi 通过计算预测效率来判断在系统中是否有涌现过程产生，并把预测效率作为评估指标以测度系统的涌现性；Stephan 提出了弱涌现和强涌现的理论，弱涌现描述对象主要是系统的微-宏观关系（效应），即特定的微观机制怎样产生相应宏观现象；强涌现强调宏观特性的新奇性和不可还原性，它只属于整体或集体。在 Stephan 的基础上，Bar-Yam 依据多标准和多样化的度量指标，提出在界定弱涌现和强涌现的前提下，用以表征系统整体性的度量指标之间的相关性在一定程度上可以表征强涌现，并且这种分析思路和方法可以为测度系统涌现强度提供新模型，即利用多尺度多样性为强涌现给出了一种数学理论。就是说，Bar-Yam 认为强涌现应通过系统特性在不同尺度上（或不同分辨率下）的约束（或依存关系）来体现，进而通过计算系统特性的多尺度多样性可以确定是否存在这些约束，从而确定系统特性是否是强涌现。③

---

① 熵是德国物理学家克劳修斯于 1865 年提出的概念，它在化学及热力学中指的是测量在动力学方面不能做功的能量总数。熵亦被用于计算一个系统中的失序现象，它还是一个描述系统状态的函数，经常用其参考值和变化量进行分析比较。

② Mnif M, Müller-Schloer C. Quantitative emergence. In Proceedings of the 2006 IEEE Mountain Workshop on Adaptive and Learning Systems (SMCals 2006), Piscataway：IEEE Press, 2006, pp. 78-84.

③ 黄红兵：《基于涌现视角的多 Agent 系统分析研究》，国防科学技术大学研究生院 2009 年博士学位论文，第 26-27 页。

（三）系统涌现性的产生

在以前的研究中，自组织与涌现的产生密不可分，甚至将它等同于涌现。普里戈金等指出，自组织发生在由非线性相互作用的元素组成的远离平衡态开放系统中，它可以等同于涌现性现象。哈肯认为：开放中的远离平衡是自组织的基本条件和原始动力；只有在开放环境中，才能输入物质、能量和信息；只有在远离平衡的压力下，才能形成系统内的张力，促使其元素或组分自发活动；非线性相互作用是自组织的一般化机制，但是并非所有的非线性相互作用都能产生自组织。故哈肯强调了非线性相互作用的具体形式即竞争性协同。还有学者基于对生命的认识，认为自组织的根本所在是能量释放约束的产生，而能量的约束释放允许能量被控制和引导，以产生有用功；这些有用功反过来可用于构建更好和更有效的能量释放约束；约束或控制能量释放的能力，可能使得一个系统展现的行为和它在无组织状态展现的完全不同，这种能力也能够为自组织系统提供成功适应性选择行为。① 约翰·霍兰将涌现的微-宏观机制看成是受限生成过程，由它可以产生范围很广的涌现模型。"由于生成的模型是动态的，所以我称之为'过程'；支撑这个模型的机制'生成'了动态行为；而事先定义好的机制间的相互作用'约束'或'限制'了这种可能性，就像游戏的规则约束了可能的棋局一样"。受限生成过程是涌现研究的一个普适框架，而在具体问题或应用中，需要确定这一具体过程。②

苗东升认为，组分效应、规模效应、结构效应和环境效应共同造就了涌现，③ 该理论观点具有一定的创建性，简要介绍如下。（1）组分效应。组分效应也叫构材效应，是指要素或组分的基质、特点、长处和短处是产生涌现性的实在基础。系统由要素或组分构成，涌现必定受到要素或组分特性的制约，例如氢原子和氧原子可合成水而不能合成盐；另选 20 个汉字写首五言诗，无论

---

① 详见［比］G·尼科利斯、I·普里戈金：《非平衡系统中的自组织》，徐锡申等译，科学出版社 1986 年版；［德］H·哈肯：《协同学导论》，张纪岳等译，西北大学科研处 1981 年版。

② 详见［美］约翰·霍兰：《涌现：从混沌到有序》，陈禹等译，上海世纪出版集团、上海科技教育出版社 2006 年版。

③ 参见苗东升：《论系统思维（六）：重在把握系统的整体涌现性》，载《系统科学学报》2006 年第 1 期，第 2-4 页。

怎样遣词造句、谋篇布局，其意境、艺术感染力肯定与李白的《静夜思》不同。（2）结构效应。在要素或者组分一定的情况下，其相互作用、相互激发、相互制约、相互补充产生不同的涌现性，这就是结构效应。例如化学的同分异构现象（石墨和金刚石）和物理学的超导现象，即要素或组分没有增减，仅仅改变原子或电子的微观组织方式，呈现的宏观整体特性就截然不同。（3）规模效应。规模效应是指系统规模影响系统的属性和行为，规模的大小会带来不同的涌现，① 如一个小社区可能只涌现物业这一种服务设施，而一个庞大的社区群，还会涌现出超市、银行、医院、健身中心等多种服务设施。（4）环境效应。环境效应是指系统与环境交换物质、能量、信息的渠道和方式制约着系统的行为。② 涌现性的产生，总是带有环境的深刻烙印。

二、刑事审后程序的系统涌现性研究

由于行刑程序、更生保护程序、前科消灭程序、刑事附带民事执行程序和刑事被害人国家补偿程序至今处于一种"各自为政"的"碎片化"状态，因此这些程序只能保障单方当事人的基本人权和解决单方当事人的刑事问题，而不能同时保护另一方当事人的基本人权和解决另一方当事人的刑事问题，更谈不上均衡、全面、充分地保护和解决。例如更生保护程序和前科消灭程序基本上不与被害人发生联系，而刑事被害人国家补偿程序同样与致害人无关，上述这些程序如果只单独存在，那么它们在保障人权和解决问题方面均具有片面性，用一个歌名来表述就是"我的眼里只有你"，用哲学上的通俗说法就是"头痛医头脚痛医脚"，"只见树木不见森林"，因而根本无法发挥其系统功能对受刑人、刑释人和被害人等当事人的人权进行全面、充分和均衡的保护，也不能同时解决刑事当事人的刑事问题。而研究刑事审后程序的系统涌现性，则是专门解决上述问题的不二法门。

---

① 参见钱学森等：《论系统工程（增订本）》，湖南科学技术出版社 1988 年版，第 270 页。
② 参见魏小猛：《联合作战体系的整体涌现性》，载《国防科技》2010 年第 2 期，第 59－61 页。

（一）刑事审后程序系统涌现性的产生

按照苗东升的观点，系统涌现性的产生，源于组分效应、结构效应、规模效应和环境效应，刑事审后程序作为一个系统，其涌现性的产生当然也不例外，它也应该是产生于这四个效应。下面本书尝试以该理论来展开分析。

1. 组分效应是刑事审后程序系统产生涌现性的基础

如上所述，刑事审后程序系统的要素，在微观层面是法律规范，在宏观层面是法律沟通，刑事审后程序系统的组分，是其不同层次的子程序系统。这些法律规范、法律沟通要素与不同层次子程序系统组分具有的特性、长处和短处，是刑事审后程序系统涌现性产生的现实基础。就是说，只有通过这些法律规范要素与不同层次子程序系统组分的有机组合，才能构成刑事审后程序系统的结构；只有通过这些法律沟通要素与不同层次子程序系统组分的有机组合，才能导致刑事审后程序系统的运行。缺少其中的任何子程序组分或者要素及其各自的正常运行，刑事审后程序系统的涌现性就不可能产生。

2. 结构效应产生刑事审后程序系统不同类型的涌现性

综观刑事审后程序的整体结构，行刑程序、更生保护程序和前科消灭程序三者之间，刑事附带民事执行程序与刑事被害人国家补偿程序两者之间，它们在时序上的衔接一目了然，在逻辑上的联系也非常清晰。而此外的子程序与子程序之间的联系则好像比较松散，或者不明显，甚至看不到有何联系。但是，事实上，刑事审后程序系统的各种信息构成了一张巨大的网，它大到最高层次的整体系统、小到各个要素，整个刑事审后程序系统及其要素和组分，都与这张信息"网"相连，而且任意两个以上子程序主体之间均可以通过法律沟通而实现信息的互联、互通。该信息网络打通了刑事审后程序各子程序、各要素在结构上和运行中的通道，使其各种涌现性的产生由可能变为现实，而且因为各个程序主体的介入，使得刑事审后程序系统成为一种具有自组织、自协同、自选择和自修复等特性的系统结构，而各个子程序在运行过程中相互作用、相互激发、相互制约和相互补充，产生出不同的涌现性。

也就是说，刑事审后程序系统在组分或者要素一定的情况下，基于组分或者要素相互作用、相互激发、相互制约和相互补充的方式不同，将会产生不同的涌现。例如"并列式刑事审后程序"和"递进式刑事审后程序"的体系构建，就是结构效应所产生的显然不同的涌现性现象。这些不同的涌现，可以为解决相对应的刑事问题和保障当事人的相关人权并同时实现报应、预防和恢复的刑法目的提供程序机制，使得这些程序机制共同发挥出刑事审后程序系统结构的全面性和均衡性的整体效能。对该整体效能的具体分析详见下文，此处不赘述。

3. 规模效应产生刑事审后程序系统不同层次的涌现性

刑事审后程序的系统规模的大小带来不同层次的涌现性，具体阐述如下。

（1）低层次涌现性。行刑程序、更生保护程序和前科消灭程序这三个基本程序的产生，是其法律规范与法律沟通的要素有机结合后的涌现，而且这三个基本程序分别具有使得受刑人依法服刑及其刑满后顺利回归、恢复刑释人正常社会人身份的功能，这些功能是这些基本程序的构成要素本身所不具有的，也是这些基本程序相对于其要素而言所出现的涌现现象。同样，刑事附带民事执行程序和刑事被害人国家补偿程序这两个基本程序的产生，也是其法律规范与法律沟通的要素有机结合后的涌现，而且这两个基本程序具有保障被害人的合法权益并让受害人过上有尊严生活的功能，这些功能是这两个基本程序的要素本身所不具有的，也是这两个基本程序相对于其要素而言所出现的涌现现象。上述这些由要素的有机结合而涌现出来的若干基本程序，如行刑程序、更生保护程序、前科消灭程序、刑事附带民事执行程序和刑事被害人国家补偿程序，都是刑事审后程序低层次涌现性的表现。

（2）中层次涌现性。上述各个独立的若干基本程序相互联系、相互作用，使得其中的各种信息均开始具有共享的特性，在被信息网络耦合成较大规模的系统整体后，该较大规模的系统整体机制可在特定条件下自组织、自协同地运行，从而显现出刑事审后程序的中层次涌现特征；而且这些基本程序间的连接渠道及其实现自身功能的方式并不唯一，也就是说，当某种连接渠道被堵塞或某种功能方式丧失时，涌现出的较大规模的中层次系统会发挥其自选择功能以寻求替代，进而修复局部缺陷。例如从当事人角度来看，就被害人而言，刑事附带民事执行程序和刑事被害人国家补偿程序这两个基本程序的有机结合，会涌现生出全面保障被害人的合法权益并让受害人过上有尊严的生活的"被害人

256

审后保护程序"，在"被害人审后保护程序"系统的运行中，如果刑事附带民事执行程序执行不能，发挥不了其权利恢复功能，那么就会激活刑事被害人国家补偿程序的救助功能，而刑事被害人国家补偿程序的继续运行，仍然能够保障被害人的合法权益并让受害人过上有尊严的生活。就犯罪行为人而言，更生保护程序和前科消灭程序的有机结合，会涌现出以保障刑释人顺利回归社会为核心的"回归程序"；由于回归程序以行刑程序为基础，它们的有机结合会涌现出"行刑与回归程序"。在"行刑与回归程序"系统的运行中，具有矫正、惩罚受刑人功能的行刑程序一旦终结，在一定的条件下，其会自动激活更生保护程序和前科消灭程序的相关救助功能和恢复功能。

再如从时间顺序角度来看，行刑程序和刑事附带民事执行程序有机结合后，会涌现出"刑事执行程序"；当"刑事执行程序"终结后，如果刑事法目的没有得以完全实现，就会激活更生保护程序、前科消灭程序和刑事被害人国家补偿程序这三个基本程序的运行，而这三个基本程序的有机结合，会涌现出"刑事执行后程序"，这样才可能使刑事法目的得以真正的全面实现。这些由基本程序的有机结合后涌现出的较大规模的程序系统，如"被害人审后保护程序""行刑与回归程序""刑事执行程序""刑事执行后程序"等，都是刑事审后程序系统中层次涌现性的表现，产生这些具有中层次涌现性的较大系统，是实现刑事法目的不可或缺的程序机制。

（3）高层次涌现性。较大系统有机结合后再向上进化，就会涌现出高层次的系统整体。例如"行刑与回归程序"和"被害人审后保护程序"的有机结合，其结果就是涌现出"横向式的刑事审后程序体系"，而"刑事执行程序"和"刑事执行后程序"的有机结合，其结果就是涌现出"纵向式的刑事审后程序体系"。高层次系统是由低层次系统相互作用、相互激发而涌现出来的，如果还原到低层次，则高层次具有的特质则不复存在，即刑事审后程序系统整体所具有而还原到中、低层次的系统就不复存在的属性、特征、行为和功能，这集中表现为刑事审后程序系统可以使刑事法目的得以共同实现上。具体阐述详见下文。

4. 环境效应制约或者激发刑事审后程序系统涌现性的产生

刑事审后程序系统的环境是指与系统运行相关的一切外部因素的总和，包括当事人情况、法治环境、政治环境、经济环境、文化环境和舆论环境等。这些环境因素都制约着刑事审后程序系统的整体涌现性，同时也为刑事审后程序系统出现各种涌现性提供动力，激发刑事审后程序系统各种涌现性的产生。

总之，刑事审后程序系统各种涌现性的产生，归结于组分、规模、结构和环境四者效应机制的共同作用。

（二）刑事审后程序系统涌现性的消涨

涌现产生与信息运动是同一个问题的两个方面，涌现的生灭不会使世界的物质能量增减，却能产生新信息或消除原信息；部分整合成系统改变的只是事物间联系的方式和紧密的程度，即改变信息的类型和数量，涌现的结果总是产生新质的信息、改变事物的信息结构、增加世界的信息总量；整体信息不等于部分信息之和，而是在整合部分所有信息的基础上涌现出新质的信息，以及消除不合时宜的旧信息，新信息一经涌现就会反映在每个部分，使整体中的部分不同于游离于整体之外的事物，而且系统的部分必定包含其整体的信息，因此了解部分有助于了解整体。整体信息以特殊方式曲折反映于不同的部分，部分包含整体信息并非把整体信息简单分配给部分，所有的部分信息加起来不可能得到整体信息。涌现的形成有突变也有渐变，例如一句话所要表达的意思是其涌现性，但话未说完听者往往已经明白——突然性并非渐变式涌现的特征。系统涌现新性质需要付出代价，部分在独立状态下呈现的许多特征在整合进系统后就会被屏蔽，只有解构系统将其还原为部分才能释放出来，有所屏蔽才有所涌现，屏蔽是涌现现象产生所付出的代价。①

涌现是系统的灵魂，信息运转方式则是涌现的灵魂，系统论解决问题，主要是着眼于信息。②"涌现性的来源和奥秘正在于信息可生可灭这种不守恒性，系统各种涌现特性的呈现和消失仅仅是信息的创生传送、转换、增殖、损耗、消除的结果，宇宙的物质、能量虽然没有生灭增减，但整合、组织、转换、利用它们的方式改变了，因而出现了新组分、新结构、新属性、新功能、新系

---

① 苗东升：《论系统思维（六）：重在把握系统的整体涌现性》，载《系统科学学报》2006年第1期，第4页。

② 魏宏森：《系统科学与社会系统》，吉林教育出版社1990年版，第146页。

统。"① 因此，刑事审后程序的组分之间、环境之间信息的创生、传送、转换、增殖、损耗、消除，是其系统涌现性消涨的基础。涌现现象虽然源于组分和要素，但其消涨不能通过要素或组分来预测、推导。

就刑事审后程序本身而言，信息在法律规范与法律沟通的要素层面具有独享的特性，在其他的任何程序系统的层次中均具有信息共享、信息协同甚至信息同步的特性，而且层次越高，信息共享越多，对信息协同和信息同步的要求越强烈。就刑事审后程序主体而言，所有的相关主体在刑事审后程序系统的要素层面具有感知信息独享的特性，在其他任何程序系统的层次均具有感知信息共享、希望信息协同甚至同步的特性，而且系统的层次越高，感知的信息共享越多，希望信息协同和信息同步的要求越强烈。因此，刑事审后程序系统涌现性的消涨，取决于信息共享、信息协同和信息同步的传播效率和途径。

改善信息共享、信息协同和信息同步的传播效率和途径，关键不是简单加强信息传播的总量，也不是简单加大信息传播的密度和强度，而是要切实站在信息接收方的角度看待问题，只有及时分享的信息才是有效的信息。因此，刑事审后程序系统的设置，不仅要着眼于刑事当事人长远的发展，亦应关注刑事当事人当下的利益，想刑事当事人之所想、急刑事当事人之所急。在一个高效能的刑事审后程序系统中，各个系统层次的程序主体具有一种相对平等的信息交互地位，能在彼此之间和外部环境之间进行开诚布公的信息交流和法律沟通，权力主体只有愿意倾听刑事当事人的个人意见，才能达到有针对性解决问题的目的。

刑事审后程序的涌现性，最集中的体现应该是刑事审后程序的整体效能，而刑事审后程序的整体效能，建立在各个子系统程序的个体效能的基础上，并且以每个程序主体的素质为基础。虽然程序主体的整体素质越强，越有利于增效涌现性的提升和减效涌现性的降低，但是，如果只将单因素措施或单因素措施的简单合集作为增强整体效能的唯一途径，那么是不符合系统学逻辑的。因为刑事审后程序系统之所以能发挥重要作用，其内核就在于有效信息在各个程序主体之间的互享和共鸣。因此，必须在信息互动和法律沟通上多下功夫。关于刑事审后程序的整体效能，在下文再予以阐述。

---

① 　见苗东升：《系统科学精要》，中国人民大学出版社 2006 年版，第 133 页。

（三）刑事审后程序系统涌现性的基本内容

刑事审后程序系统，是国家专门机关或者机构在刑事诉讼程序中处理被害人、受刑人、刑释人相关法律事宜而形成的有机互动的一个程序整体。既然"涌现性"是整体才具有、孤立的部分及其总和均不具有的特性，那么刑事审后程序的系统涌现性，可以主要理解为系统本身具有的而其各要素、各子系统及其简单之和所不具备的整体效能的特性。因此，笔者认为，刑事审后程序系统涌现性的基本内容，至少应该从以下三个方面来理解。

1. 刑事审后程序系统涌现性的基本内涵

刑事审后程序的系统涌现性，既是其本身独有而子系统组分或者要素不具有的结构特征和体系表征，也是不同层次的系统整体生成及运行过程中呈现出的功能属性和机制效能的新特质。其中，结构特征和诉讼模式是刑事审后程序系统各个层次涌现性的形态，往往能够量化，如系统规模和效果评估等等，它源于组分或者要素的性质、规模和结构，以及刑事审后程序系统各个主体与社会环境的交互作用等。功能属性和机制效能的新特质是刑事审后程序系统各个层次整体生成及运行过程中呈现出的涌现性，这些新特质具体表现为保障人权和解决刑事问题以及刑法目的的共同实现的"兼顾性"和"均衡性"上，这是各个子程序、各个要素以及它们的加和都不可能具有的特质，是难以测量的，这些新特质源于系统主体的价值取向、信息交换、子系统组分或者要素的联系方式和运行规律等。

2. 刑事审后程序系统涌现性的具体表现

刑事审后程序的系统涌现性，具体表现在以下两个方面。

（1）刑事审后程序的系统涌现性主要表现在程序主体能力（思维能力、活动能力和产出能力）的"双重涌现"上。刑事审后程序主体不仅包括法院、监狱等专门的机构和组织，而且包括受刑人、刑释人、受害人等刑事当事人以及其他程序参与人，他们均各自构成一个主体系统，且具有智能性和自适应性，在正常状态下，他们都具备一定的排除干扰的自我调整能力。刑事审后程序各组分子系统所具有的稳定的程序结构，不仅使程序主体能形成自我强化、自我组织的循环系统整体，而且各个主体之间共同的法律认同感、民俗乡情与相互信息交流，使每位程序主体自身形成了一种无形的规则，并根据需求与环境变化灵活调整自身行为，从而进行自我督促、自觉遵守、主动规范。程序主体系统正是在这种自组织的作用下，推动刑事审后程序系统从无序到有序、从低级到高级的不断演化。程序主体能力具有如下的"双重涌现"性。①"一阶涌现"。"一阶涌现"出现在要素层向基本程序的系统层发展的过程中。在要素层面中，程序主体通过法律规范或者法律沟通的相互影响、相互作用，涌现出基本程序的子系统，且各要素主体思维能力受其掌握信息和认知方式等因素的影响，其活动能力、产出能力受要素主体间协力合作程度的影响。②"二阶涌现"。"二阶涌现"出现在基本程序的子系统层向中、高层次的程序系统层发展的过程中。子系统层程序主体的思维能力、活动能力和产出能力通过相互影响、相互作用，涌现出中、高层次的程序系统层程序主体能力。也就是说，各个层次的程序主体在程序运行过程中会产生大量的思维，这些思维会推进程序系统由低层次向高层次的推进，从而推动子系统层向主系统层发展，而这种程序的推进能有效实现程序进化。③"一阶涌现"和"二阶涌现"的"双重涌现"产生于法律沟通。法律沟通不是法律主体的意识或主体性的事件，而是在诸多可能性中偶然实现了一种，只要可能性持续存在，沟通就可以持续，共识的出现即沟通的结束；刑事审后程序系统及其子程序子系统都是在两个以上程序主体意识系统的碰撞过程中形成，但它们不能被还原为程序主体意识系统的行为，而是一种新的系统。

（2）刑事审后程序的系统涌现性集中体现为高层次具有而还原到低层次后就不复存在的属性、特征、行为和功能。①刑事审后程序系统的每种涌现，都是从要素或者低层次组分的相互作用中提升结构层次而激发出来的。例如，刑事审后程序程序的法律规范相互作用，涌现出行刑程序和刑事附带民事执行程序，或者涌现出更生保护程序、前科消灭程序和刑事被害人国家补偿程序；而行刑程序和刑事附带民事执行程序两个子系统的相互作用，涌现出中层次的刑事执行程序；更生保护程序和前科消灭程序两个子系统的相互作用，涌现出中层次的回归程序，回归程序和刑事被害人国家补偿程序两个子系统的相互作用，涌现出中层次的刑事执行后程序；刑事执行程序和刑事执行后程序两个子系统的相互作用，涌现出了高层次的"纵向式刑事审后程序"。②层次是刑事审后程序系统由局部整合为体系过程中的涌现等级，不同质的涌现形成不同的层次，不同层次表现出不同质的涌现。例如，在刑事审后程序的要素层面不能实现人权保障，在各个基本程序层次，要么受刑人或者刑释人的人权得到保障，要么被害人的人权得到保障；当基本程序层次向上进化为中间层次如刑事执行程序或者刑事执行后程序之后，人权保障开始具有共享、协同的特性，即刑事当事人的人权均可得到不同程度保障的复合性特性；当中间层次再向上进化为整体层次即两种模式的刑事审后程序之后，人权保障开始具有同步的特性，即具有同时均衡保护被害人、受刑人或者刑释人人权的特性。人权保障由独享到共享、协同进而到同步，就是在不同层次由低向高的涌现结果，高层次特性是由低层次的组成部分相互作用、相互激发而涌现出来，如果还原到低层次，则高层次的涌现性特质则不复存在。③刑事审后程序的系统涌现性，是刑事审后程序系统具有而还原到低层次就不复存在的属性、特征、行为和功能，从刑诉目的实现的角度看，集中表现为刑事审后程序系统既可以"全面""完整""均衡"地保障受刑人、刑释人和受害人的合法权益，也可以及时解决受刑人、刑释人和受害人的所有相关法律问题。

需要说明的是，将涌现简单描述为"整体大于部分之和"即 $1+1>2$ 并不准确，因为系统不仅可能产生 $1+1>2$ 的增效涌现性，也可能产生 $1+1<2$ 的减效涌现性，而且增效和减效不仅体现于量的增减，亦表现为质的优劣，运行良好的系统整体性在量上可以远远超出子系统单体效能的总和，在质上可以产生出衍生的、辐射的新功能。因此，无论系统处于何种状态，其增效和减效的涌现性都可能同时存在，两者之间的综合效应决定着系统的整体效能。就刑事审后程序系统来说，高素质的主体、科学的体系、充足的时间、积极的行为、灵活的方式和优良的外部环境等共同作用，会产生增效涌现性，反之，则产生减效涌现性。

3. 研究刑事审后程序系统涌现性的意义

运用系统涌现性原理研究刑事审后程序系统涌现性，其实质就是在系统层面研究如何认识、解构和提升刑事审后程序整体效能的问题，而刑事审后程序的整体效能，聚焦于刑事目的的共同实现上，即通过妥善处理刑事问题和保障刑事当事人的人权，达至报应、预防和恢复的刑法目的的共同实现。具体而言，好的刑事审后程序运行，不仅能公正、高效处理刑事问题，成为保障人权的重要制度力量，而且更能为刑法目的的共同实现提供平台；而差的刑事审后程序运行，其系统绩效水平在量上低于其潜在能力，甚至低于每个子系统的运作效能，就质而言，这种状况的刑事审后程序系统不仅难以共同实现报应、预防和恢复的刑法目的，难以解决刑事问题和保障当事人人权，而且很有可能引发新的问题和矛盾，甚至是侵害当事人的人权。

如上所述，本书需要回答的一个核心问题是：行刑程序、更生保护程序、前科消灭程序、刑事附带民事执行程序和刑事被害人国家补偿程序均已存在，它们在运行中均能各自解决其相应的现实问题，有必要将其整合为所谓的刑事审后程序吗？通过上述研究发现，由于现行刑事审后程序处于一种"碎片化"状态，其"各自为政"的子程序只能实现部分的刑事目的，而"刑事审后程序"的系统涌现性，对刑事当事人人权的均衡保障和相关刑事问题的妥善解决，对达至报应、预防和恢复的刑法目的的共同实现，在功能上可以产生"整体大于部分之和"的质的飞跃。因此，很有必要将行刑程序、更生保护程序、前科消灭程序、刑事附带民事执行程序和刑事被害人国家补偿程序整合为刑事审后程序。

当然，系统的涌现问题是一类特别复杂的问题，而学界对刑事审后程序涌现性的研究才刚刚起步，处于初步探索研究阶段。本书的研究只能在某种程度上起到一种抛砖引玉的作用，相关的很多问题值得进一步研究探讨。

本章小结

本章集中对刑事审后程序的系统涌现性展开具体分析。首先介绍了关于涌现的主要智力成果：涌现概念在漫长的历史沿革中，被赋予了整体观念、层次观念和动态生成观念，这些观念构成涌现概念的基本骨架和基本内涵，成为理解涌现概念的基础。同时，以涌现性判据为重点，回答了界定涌现概念所涉及的相关要素，为理解涌现概念提供了一个认识框架，并遵循主流涌现观的理解，将涌现作为表征系统特殊微-宏观联系的范畴，与总成、综合和自组织这几个易混淆的相关概念进行比较，进一步明确了涌现概念的内涵与外延。其次，在对涌现概念相关内容进行介绍的基础上，具体探讨了刑事审后程序系统中的涌现性。刑事审后程序的系统涌现性，是指各要素、各子系统或要素、子系统简单之和所不具备的整体效能，主要表现为程序主体能力的"二次涌现"上，集中表现为刑事审后程序系统既可以全面、完整、均衡地保障受刑人、刑释人和受害人的合法权益，也可以及时解决受刑人、刑释人和受害人的所有相关法律问题。刑事审后程序不同系统层次，会产生不同质的涌现性，刑事审后程序系统的每种涌现，都是从要素或者低层次组分的相互作用中提升结构层次而激发出来的新的属性、特征、行为和功能。刑事审后程序系统涌现性的产生依赖于其组分效应、结构效应、规模效应和环境效应。信息打通了刑事审后程序系统各子程序、各要素结构之间的通道，各程序主体的参与使得刑事审后程序成为一种具有自组织、自协同、自选择和自修复等特性的开放复杂系统，刑事审后程序系统之所以能发挥重要作用，就在于有效信息在程序主体之间的来回传送和共鸣。研究刑事审后程序系统涌现性的实质，就是在系统层面下如何认识、解构和提升刑事审后程序整体效能的问题：优秀的刑事审后程序不仅能公正、高效处理刑事问题，更能成为保障人权的重要制度力量；反之，不仅不能解决刑事问题和保障当事人人权，而且可能引发新的问题和矛盾，甚至是侵害当事人的人权。由于"刑事审后程序"的系统涌现性，对受害人、受刑人和刑释人的人权保障和相关刑事问题的解决，在整体效能上产生"整体大于部分之和"的质的飞跃。因此，将行刑程序、更生保护程序、前科消灭程序、刑事附带民事执行程序和刑事被害人国家补偿程序整合为刑事审后程序完全是有必要的。

由于刑事审后程序是刑事一体化系统的微观子系统，因此接下来需要解决的问题是：在系统论的分析框架中，研究刑事审后程序的构建与刑事一体化理论的完善有着怎样的关系呢？这个问题将在下一章即第九章予以解决。

第九章

研究刑事审后程序与完善刑事一体化理论

中国刑事学科的通说理论体系，主要是以犯罪行为和犯罪行为人为中心而构建，在体系上缺失被害人和刑事环境这两大要素，例如刑事实体法学理论忽视被害救助、权利恢复和权益保护以及刑事环境治理等问题的研究，刑事程序法学理论不仅很少探讨过刑事环境治理问题，而且也未系统研究过被害人的赔偿、恢复、补偿和刑释人的顺利回归的问题；刑事政策学理论虽然蕴含了保护被害人和治理刑事环境的相关内容，但这只是一种反向的治标之策，重点还是在研究惩罚犯罪，对被害预防、被害赔偿、被害补偿、恢复被犯罪侵害的权益以及治理刑事环境的战略、举措等缺乏应有的关注。这与现代刑事法目的的要求并不匹配，需要在理论上予以突破，在法律制度上予以完善。刑事一体化理论因此应运而生。

刑事一体化是一个系统。就其实体与程序而言，刑事一体化系统包含着实体理性化与形式理性化这样两个相互冲突、相互依存、交互前进并且互为因果的方面，[1] 强调实体与程序之间的互相反馈、照应。从其制度与规范来看，刑事一体化考虑两者的兼容性，主张制度不能肢解规范，虽然法律规范"形式结构中固有的刚性因素"是难以避免的弊端。[2] 就政策与规范来看，刑事政策对规范的形成具有牵引作用，虽然政策在弥补陈旧、过时的规范时也会冲击规范的稳定性和权威性，甚至可能给擅断带来余地。总之，刑事一体化超越刑事法的旧有观念，从实体、程序、制度、政策和规范的整体上研究刑事问题，透视

---

① 郑永流：《法哲学与法社会学论丛（二）》，中国政法大学出版社 2000 年版，第 100 页。
② ［美］E·博登海默：《法理学——法律哲学与法律方法》，邓正来译，中国政法大学出版社 1999 年版，第 402 页。

内耗性的环节和关系，化解和消除摩擦，"在刑法之上和刑法之外"研究刑法。①

刑事一体化是一个机制。刑事司法体制是刑事一体化系统机制的有机构成部分，如何设计和运作刑事司法系统，以求得刑事司法体制运行功能的效应最大化，是刑事一体化系统机制研究的重点之一。任何机制都是人制，如果刑事一体化机制不能有效引入公正的刑事司法技能者，机制肯定是低效的；如果刑事司法技能者规避刑事司法机制，或者机制是扭曲的，甚至产生刑事司法腐败，就会使得刑事系统机制的运行与其目的背道而驰。

刑事一体化是一个过程。在刑事诉讼的全过程中，立案、侦查、起诉、审判、执行、回归和补偿等重要节点之间的衔接应当顺畅、有致、有力，避免程序与实体、政策与制度之间的冲突，刑事法学界应当时刻关注多变的和多元的现实，不能为设计的理想而置客观于不顾，仅仅进行学究般的模型化研究。在刑事诉讼的全过程中，既要保护犯罪嫌疑人、被告人、受刑人和刑释人，也要保护被害人和刑事环境。

现行刑事一体化理论，主要包括"发展演化论""整体范围论""学科组分论""结构关系论""功能机制论"这"五论"，而这"五论"相互之间有着内在的紧密关联，它们组合为一个有机整体，共同构建出研究刑事一体化的大体蓝图。② 其中："发展演化论"发掘刑事一体化思想及理论的产生及其发展趋向；"整体范围论"抽象出了犯罪人、被害人和刑事环境这三个刑事学科的核心要素，勾勒了刑事学科的整体范围包括刑事事实学、刑事对策学和刑事哲学这三个基本层面；"学科组分论"对刑事学科系统整体进行相应的合理划分与组合，形成了不同层次的组分；"结构关系论"梳理了整个刑事学科系统的内外关系脉络，指出了刑事一体化的宏观结构，描述了刑事一体化的微观结构；"功能机制论"在系统目的的指引下，以系统整体为基本范围，以系统结构为基本线索研究整个刑事学科的动态功能表现形式，使刑事一体化的系统机制的功能在理性、动态、循环的运动过程中不断进化。

本章主要从完善刑事一体化的组分理论、内部结构理论、机制理论和补白

---

① 陈兴良：《刑事法评论（第 2 卷）》，中国政法大学出版社 1998 年版，前言。
② 参见高维俭：《刑事学科系统论》，载《法学研究》2006 年第 1 期。

刑事一体化的系统涌现性研究这四个方面，具体分析研究刑事审后程序系统与完善刑事一体化理论的关系。

一、完善刑事一体化组分理论

刑事一体化理论主要关注刑事学科群的整体与部分、部分与部分之间的关系以及系统的结构和机制，主张从刑事学科群系统的高度把握各刑事学科的内在规律，通过全面、动态的研究促进整个刑事学科的和谐发展。但是，刑事一体化理论研究要引向深入，既需要将各刑事部门学科置于刑事学科整体背景下进行研究，也需要将刑事学科群作为一个整体与各刑事部门学科联系起来进行研究。① 因此，深入研究包括刑事诉讼法学在内的刑事法学，是进一步研究刑事一体化理论的客观需要。而研究刑事审后程序系统，既为深入研究刑事法学提供了"新大陆"，也为深入研究刑事一体化提供了必要的组分和微观子系统。

（一）刑事一体化组分理论

亚里士多德早在两千多年前就将整体与组分的关系描述为1+1>2，但这样的描述太简单。系统论认为，宇宙万物都是由各种要素、组分构成的系统，要素、组分在构成事物时相互之间发生一定的作用，这种作用使事物的各组分及其各要素形成一定的结构，从而使事物在整体上呈现出与各要素、各组分原有性质不同的功能。整体与组分是有机联系的，整体依赖于组分；组分也因与整体的其他组分相互作用而存在，脱离整体的组分不再是整体意义下的组分。系统的整体之所以具有新质特性，就是因为各组分及其要素之间相互联系、相互作用，限制、削弱、增强、消除或改变了各个组分及其要素单独存在时的性能，并在此基础上形成系统的新性能。②

整体与组分是刑事一体化理论中的一对基本范畴，就目前而言，犯罪学、刑事侦查学、刑法哲学、刑法学、刑事政策学、刑事被害人学、刑事诉讼法

---

① 高维俭：《刑事一体化思想若干问题研究》，载《当代法学》2006年第2期，第7页。
② 钱学森：《大系统理论更新——系统工程理论与实践》，中国工程出版社1986年版，第1页。

学、监狱学、法医学等等具有内在关联的众多具体学科，共同构成了一个刑事学科系统的整体。而刑事事实学、刑事对策学和刑事哲学，则是刑事学科系统整体的最高级组分。刑事审后程序系统，只是刑事学科系统在诸多层次组分划分之后的一个微观组分而已。

1. 刑事一体化的系统整体

刑事一体化整体论强调以宏观、整体、全面、扩展、联系的方法来研究刑事学科，认为凡是涉及到人们关于刑事问题的认识、实践及系统反思的所有学科，都可以归入刑事一体化的整体范畴。① 刑事一体化整体论以系统论作为理论依据和方法论指导，不仅研究刑事学科系统及其组分，而且整合刑事立法、刑事司法、刑事执行等内容，使其尽量为保障人权、解决刑事纠纷和刑事问题，以及为预防犯罪、报应犯罪和恢复被犯罪破坏的各种权益、社会关系、社会环境等刑事目的做出最大贡献。

（1）刑事一体化系统整体的核心要素。犯罪人、被害人和刑事环境，是刑事一体化系统整体的核心要素。缺失被害人和刑事环境这两个要素，是刑事一体化前期理论在研究视角上存在的主要问题。被害人学的诞生，既意味着学界对"犯罪中心主义"理念的根本性反思，也标志着刑事学科研究的基本视角开始从"犯罪人中心"转向"犯罪人和被害人中心"；而包含着犯罪人、被害人及其相互作用这三位一体的犯罪事件论的提出，表明刑事学科研究的基本视角已经由"犯罪人和被害人中心"转向"犯罪人与被害人互动模式中心"。"同其他任何社会事件一样，犯罪事件的发生也有其背景和环境。其环境是由居民和社会的特点、文化观念、对被害危险的认知以及其他间接影响犯罪事件的因素组成的。被害人和犯罪人与这些环境因素相互作用并受环境的影响……自20世纪70年代以来，犯罪学理论出现了重大变化，其中一个明显的发展就是关于犯罪的情境性研究和情境研究方法的出现。"② 由此可见，现有的理论研究表明，犯罪人、被害人及刑事环境已经构成了刑事一体化系统整体的三个核心要素。

（2）刑事一体化系统整体核心要素之间的关系。犯罪人、被害人和刑事环

_____

① 参见高维俭：《刑事学科系统论》，载《法学研究》2006年第1期，第19-21页。

② 参见郭建安主编：《犯罪被害人学》，北京大学出版社1997年版，第129-130页。

境这三者之间是互动的关系，即犯罪人和被害人存在刑事主体之间的互动关系，且该双方主体均与刑事环境之间存在着互动关系：首先，刑事环境作为犯罪人和被害人人格形成的环境，均与犯罪人和被害人互动着，具体由刑事主体与周围人的互动活动组合而成，具有一种由近及远、由强及弱的层次结构，犯罪人和被害人的人格就在这种互动关系的层次结构中逐渐形成；其次，刑事环境是犯罪人和被害人互动行为发生的具体情境，学界将其称为"犯罪场"，它存在于潜在犯罪人、被害人的体验中，促成犯罪、被害的原因实现为犯罪、被害的行为。①

（3）刑事一体化系统的整体范围。以"事实认识－对策实践－哲学反思"的人类学科基本思维过程为线索，人们在认识、协调、改造和反思刑事问题全过程中的所有学科均可归入刑事一体化系统的整体范围，这包括反映人类认识刑事活动的事实学科、反映人类刑事实践活动的对策学科和反映人类系统反思刑事活动的哲学学科，即刑事事实学、刑事对策学和刑事哲学。其中，刑事事实学是研究刑事现象及其原因、特点而形成的知识系统，它反映了人们对刑事问题的认识；刑事对策学是在认识、研究刑事事实学科的基础上形成协调、解决刑事事实问题的知识系统，它反映了人们在认识刑事问题的基础上制定并实施相应对策的实践活动；刑事哲学是人们对刑事事实及刑事对策进行系统反思，其内容包括刑事哲学的本体论基础、刑事认识论及实践论的基本过程及其规律、刑事学科的基本体系构架、刑事哲学方法论等。

2. 刑事一体化的系统组分

刑事一体化的系统组分，是从其系统整体中合理划分出来的部分。刑事一体化系统整体的最高层次组分，是刑事事实学、刑事对策学和刑事哲学。该三个组分按照一定的标准，均可继续往下划分，形成不同层次的次级组分。② 本书根据需要，一般只对刑事一体化系统组分向下作两三个层次的划分。

（1）刑事事实学组分。刑事事实学的唯一目的，就是在科学认识客观事实及其规律的基础上进行准确描述。以刑事一体化的核心要素为标准，刑事事实学可划分为犯罪学、被害人学和刑事环节学这三个次级组分；以刑事现象和刑

---

① 参见储槐植：《刑事一体化》，法律出版社 2004 年版，第 70 页。

② 参见高维俭：《刑事学科系统论》，载《法学研究》2006 年第 1 期，第 25–27 页。

事原因的逻辑关系为标准，刑事事实学可划分为刑事现象学和刑事原因学这两个次级组分。限于掌握的资料，以下仅对刑事现象学和刑事原因学继续划分。①刑事现象学。由于刑事现象由犯罪人、被害人和刑事环境三者的情况及其互动关系组成，故刑事现象学又派生出犯罪现象学、被害现象学和刑事环境现象学的次级组分。系统把握刑事现象，需要借助社会学和统计学等学科的理论和知识。②刑事原因学。它以刑事现象学为基础，通过系统、宏观的分析，探究掩藏在现象背后的机理及本质原因，这仅凭直观感受是难以发现的，需要通过宏观、抽象的哲学思维方可，故刑事原因学的研究，需要借助于生物学、心理学、政治学、社会伦理学和哲学等方面的理论和知识。刑事原因学也可以派生出犯罪原因学、被害原因学和刑事环境原因学的组分。

　　（2）刑事对策学组分。①以生成为标准，刑事对策学分为刑事政策学和刑事法学。刑事政策学又可分为解决犯罪人问题的政策学、解决被害人问题的政策学和解决刑事环境问题的政策学。批判性与建构性是刑事政策学的学科使命和生命力所在，刑事政策作为国家应对刑事问题的政治策略，① "已逐渐突显出其政策性格背后的刑法理论、刑法契机及对于犯罪之实证效应的探讨，而充当着刑法与犯罪学领域的桥梁"，② 良性的刑事政策既反映符合犯罪规律即符合犯罪控制与犯罪原因变化的内在关系，又反映政治民主、权力监督、社会正义、人权和人道的政治文明。刑事政策学完成后，基于法治理念抉择的法学方法，会建立相应的刑事法学体系，使之成为刑事事实学和刑事哲学之间的中介。刑事法学和刑事政策学的研究目的，均为合理、有效解决刑事预防、犯罪处置和赔偿、补偿刑事被害人等问题，两者具有严整的对应性。③ 如刑事法学分为刑法、刑诉法、刑事证据法、刑事执行法、刑事被害人国家补偿法等，刑事政策学则可对应划分为犯罪和刑罚政策、刑事诉讼政策、刑事证据政策、刑事执行政策、刑事被害人国家补偿政策等。刑事政策学既是理解刑事法学的重要思路和解释刑事法律的理论根据，也是刑事法学空白处的必要补充，并在合适的时机将补充内容法学化。②以运作为标准，刑事对策学分为刑事治理对策

---

① 参见梁根林：《刑事政策：立场与范畴》，法律出版社 2005 年版，序一第 2 页，第 49 页。
② 苏俊雄：《刑法总论》（上），台湾大地印刷厂股份有限公司 1998 年版，第 94 页。
③ 参见刘仁文：《刑事政策初步》，中国人民公安大学出版社 2004 年版，第 29 页以下。

学、刑事控制对策学和刑事司法对策学。刑事事件的发生具有现实可能性，必须利用社会控制的策略、方法和举措，有效控制潜在犯罪、潜在被害和刑事环境；① 刑事治理对策学和刑事控制对策学强调一般预防，刑事司法对策学则强调特殊预防。刑事治理对策学"防患于未然"，它通过协调社会关系建立健全刑事治理对策经验的反馈机制，促进其他社会政策及相应法律制度的完善，减少刑事矛盾，最终促成法治体系建构；② 刑事控制对策学"防患于未乱"，它通过疏通或阻隔刑事矛盾，避免刑事矛盾激化。刑事司法对策学"治患于已乱"，并研究如何应对已经发生的刑事事件，通过公正程序合理修复被破坏的社会关系，具有修复性和弥补性。此外，以内容为标准，刑事司法对策学还可以分为刑事侦查学、刑事程序法学和刑事实体法学。③

（3）刑事哲学。刑事哲学是对刑事问题的已有认识、对策和思想进行系统反思，并从宏观、系统的观念出发来解决所发现的问题，具有思辨性。从目前学界的著述及相关论述来看，我国现阶段的刑事哲学，主要包括犯罪学哲学、刑法哲学、刑事诉讼法哲学以及刑事法哲学等。④ 其实，由于整个刑事学科系统可相对分为若干个层次的子系统，故通过宏观反思这些子系统，刑事哲学同样可派生出若干个层次的子系统。在最高层次，刑事哲学包括刑事事实哲学和刑事对策哲学。而刑事事实哲学又分为刑事现象哲学和刑事原因哲学或者犯罪学哲学、被害学哲学和刑事环境哲学，刑事对策哲学又分为刑事政策哲学、刑事法哲学或者刑事治理对策哲学、刑事控制对策哲学和刑事司法对策哲学……

---

① 刑事控制对策法律制度主要分为三种：一是控制犯罪边缘者的保安处分法律制度，二是控制潜在被害者的弱势、高危人群保护的未成年人保护法、妇女权益保障法等，三是控制刑事环境的特别场所管理法律制度，如戒严法、机场航空、车站码头等特殊公共场所的安全管理法等。

② 社会政策及其相应的法律制度大多吸取了刑事治理对策的经验，如议会制、选举制等是防止权力腐败刑事案件的基本策略，公平的经济分配制度、社会保障制度等是防止贫富分化、极端贫困现象所引发的刑事案件的基本策略，财务会计、审计制度即为防止贪污、职务侵占、偷税等刑事案件的重要策略。

③ 其中，刑事实体法学主要由犯罪惩治法学、被害救偿法学和刑事司法建议制度等组成，而犯罪惩治法学还可以进一步划分为刑法学、监狱学等；刑事程序法又由刑事侦查程序、刑事检察程序、刑事审判程序、刑事审后程序和刑事证据等规则组成。

④ 参见储槐植、许章润等：《犯罪学》，法律出版社 1997 年版，第 6 页；陈兴良：《刑法哲学》，中国政法大学出版社 2000 年版；锁正杰：《刑事程序的法哲学原理》，中国人民公安大学出版社 2001 年版；刘远：《刑事法哲学初论》，中国检察出版社 2004 年版。

有多少个具体的刑事学科，就可能有多少个刑事哲学的子系统，如刑事诉讼哲学、刑罚哲学、刑事证据哲学等等。与其他系统的母子关系一样，刑事哲学的所有子系统都必须与其系统整体保持协调一致性，并援引系统整体的理念及方法论；而且每个刑事学科的研究都可以援引系统中其他学科的知识、理论和观念等，例如刑事诉讼学研究，可以援引刑事侦查学、刑事证据学、刑事政策学、刑事诉讼哲学、宪法学、刑法学、犯罪学、被害人学、社会学的知识、理论和观念等等。

（二）研究刑事审后程序与完善刑事一体化组分理论

如上所述，从横向角度看，关于犯罪者、被害者、刑事环境以及三者之间互动关系的知识体系都可归入刑事学科的范畴；从纵向角度看，以人类基本思维过程即"事实认识-对策实践-哲学反思"为线索，人们在认识、协调、改造和反思刑事问题全过程中的所有学科，均可归入刑事一体化系统的整体范围，包括刑事事实学、刑事对策学和刑事哲学。如果从系统的角度看，由于刑事诉讼法是刑事法学的主要组分之一，而刑事审后程序规则又是刑事诉讼法的组分，故刑事审后程序系统只是刑事一体化系统中的一个微观子系统，因而研究刑事审后程序及其规则，就是研究刑事一体化系统组分的微观子系统不可或缺的内容。进一步说，我们在研究刑事审后程序时，必须在刑事一体化系统的整体框架中思考问题，并且需要联系刑事一体化系统的其他组分予以展开。

1. 刑事事实学组分与刑事审后程序

通过研究刑事审后程序的事实，笔者发现，现行刑事事实学重视认识和描述犯罪、刑罚和被害的现象和原因，轻视认识和描述刑释人回归和被害人权利恢复的现象和原因，忽视认识和描述刑事环境的现象和原因。因此，刑事事实学不仅需要将犯罪人学再细分为犯罪嫌疑人学、被告人学、受刑人学和刑释人学等内容并展开研究，而且需要构建刑事环境学，还需要在刑事现象学及其原因学中加入刑事恢复现象学及其原因学和刑事环境现象学及其原因学的内容，对刑释人回归、被害人权利恢复、刑事环境的现象和原因进行研究。只有通过研究刑事审后程序中的行刑程序、刑释人回归程序、刑事附带民事执行程序和刑事被害人国家补偿程序，才能为受刑人学、刑释人学、被害人学和刑事环境学提供相应的刑事事实和刑事环境基础。

另外，就刑事现象学和刑事原因学而言，只有通过被害、刑事环境、刑事恢复的现象和原因研究，才能描述刑事审后程序中受刑人和刑释人、被害人、刑事环境、刑事恢复的情况及其互动关系，并且通过系统、宏观的分析，揭示出掩藏在这些刑事现象背后的机理和本质原因，从而为实现保护刑事当事人的人权和解决刑事问题的刑诉目的，为实现报应犯罪、预防犯罪和恢复被犯罪破坏的社会关系与当事人相关权益的刑法目的，提供坚实的刑事事实基础。也就是说，通过刑事审后程序的事实研究，可以填补刑事一体化刑事事实学组分的一些空白。

2. 刑事对策学组分与刑事审后程序

如前所述，刑事对策学分为刑事政策学和刑事法学两个次级组分。刑事政策学又分为解决犯罪人问题的政策学、解决被害人问题的政策学和解决刑事环境问题的政策学，或者分为刑事治理对策学、刑事控制对策学和刑事司法对策学三个次级组分。刑事对策学组分与刑事审后程序的关系，主要可以从以下两方面进行分析。其一，刑事法学又分为针对犯罪人、被害者、刑事环境的实体与程序以及行政与司法等方面的法学。在刑事法学中，犯罪预防法、刑法、刑事诉讼法、刑事证据法和刑事执行法、刑事被害人国家补偿法等主要为刑事审后程序的建立和运行提供实体法规范和程序法规范；而刑事政策学则成为理解这些刑事法学的重要思路以及解释刑事法律的理论根据，并在刑事法规定的空白处提供必要的补充。其二，刑事治理对策学"防患于未然"，刑事控制对策学"防患于未乱"，两者强调一般预防的刑法目的；刑事司法对策学"治患于已乱"，则强调特殊预防的刑法目的。如果说刑事治理对策学和刑事控制对策学主要为刑事审后程序的立法提供刑事政策支持的话，那么刑事司法对策学则为刑事审后程序的运行提供具体的思路和方法。刑事司法对策学主要由刑事程序法学和刑事实体法学组成，其中，刑事程序法学的研究对象是刑事审前程序、刑事审判程序、刑事审后程序等，就是说，刑事审后程序也是刑事对策学不可缺少的研究对象。

由此可见，刑事对策学无论是分为刑事政策学和刑事法学这两个次级组分，还是分为刑事治理对策学、刑事控制对策学和刑事司法对策学这三个次级组分，刑事审后程序都应该是其中不可缺少的研究对象。但是，如前所述，现行刑事事实学重视认识和描述犯罪、刑罚和被害的现象和原因，轻视认识和描述刑释人回归和被害人权利恢复的现象和原因，忽视刑事环境学的研究，虽然以犯罪和刑罚为主体的犯罪学和刑法学、终结于刑事执行程序的刑事诉讼法学、监狱法学以及被害人学可能比较完善，然而关于刑释人回归、被害人权利恢复和刑事环境的刑事对策理论研究则相当缺乏，并且相应的刑事法律规范也缺失很多，例如中国至今未能进行刑事被害人国家补偿程序的国家立法就是明证。因此，通过刑事审后程序的对策研究，可以填补刑事一体化刑事对策学组分的一些空白。

3. 刑事哲学组分与刑事审后程序

如前所述，刑事哲学的最高组分层次包括刑事事实哲学和刑事对策哲学，而且有多少个具体的刑事学科，就可能有多少个刑事哲学的分支组分，所有这些分支都不能离开刑事哲学的系统整体，必须与之保持协调一致性，援引系统整体的理念及方法论，并且每个刑事学科的研究，也可以援引系统中其他学科的知识、理论和观念等。由于刑事诉讼法学跨及刑事侦查学、刑事证据学、刑事政策学、刑事诉讼哲学、宪法学、刑法学、犯罪学、被害人学、社会学等诸多学科，因此，研究刑事审后程序，既离不开刑事哲学及其组分如刑事诉讼哲学等的理论指导和方法指引，也需要援引刑事哲学系统之外的其他刑事学科的相关知识、理论和观念等。反过来说，刑事诉讼哲学或者其他相关刑事学科的研究，如果缺少了对于刑事审后程序的关注，那么其研究也必定是片面的或者残缺不全的。

综上，刑事审后程序是刑事一体化系统在诸多层次划分后的一个微观组分，研究刑事审后程序系统，可以进一步完善刑事一体化系统的组分理论。

二、完善刑事一体化内部结构理论

系统在与环境的物质、能量交换过程中产生动力，可以按照当时的条件变化其状态，又不需要随着每次环境条件的改变而马上完全改变系统的结构，而且它在环境改变时自己调整内部的组织，而不是被外界因果地限制着以及单线地被规定;① 一个系统的结构和过程只有在与环境的关联中才有可能存在，而且只有在这样的关联中考虑才有可能被理解……系统就是它与它的环境之间的关联，或者说系统就是系统与环境之间的差异，系统与环境相互依存，系统也只有通过指涉环境才能建构；在环境中存在许多其他系统，这些系统之间均构成互为环境的关系。但是，这并不是说系统内部的问题不再重要，而是说系统内部问题应该置于系统与环境的关联中来考虑。② 结构是系统的关系模式，往往具有立体性。对系统结构的描述，离不开系统组分。

刑事一体化的结构理论认为：刑事学科的结构包括内部结构和外部结构，外部结构是指刑事学科与相关学科之间相对稳定的关系模式，主要研究刑事学科在整个人类学科体系中的定位和相互关系；如果把整个人类学科体系比作是一块多层蛋糕，那么刑事学科就是以"刑事"为刀所切下的一个横切面，呈现的是刑事学科与人类学科交叉的众多层面，例如，法学是由宪法学、刑事法学、民事法学、行政法学、国际法学、法史学以及法哲学等组成的学科群，刑事学科与法学进行交叉的重合部分是刑事法学；刑事学科与自然科学二者发生交叉的重合部分则是法医学、犯罪生物学等。③ 刑事学科的外部结构，为研究刑事一体化系统提供了极为广阔的空间，但基于本书的写作目的，对此不作讨论。

刑事学科的内部结构，是指刑事学科群的整体结构、刑事学科群整体与组分之间以及组分与组分之间、基础组分各要素之间的相对稳定的关系模式。刑事一体化作为包含犯罪人、被害人和刑事环境这三个基本要素的有机系统，其内部结构基于事实—对策—反思的基本逻辑而展开，并派生出宏观结构和微观结构这两个组分。刑事审后程序系统的结构，是刑事一体化微观结构中的组分之一。

（一）刑事一体化内部结构理论

迄今为止，我国研究刑事一体化系统内部结构的理论，主要包括"关系刑

---

① ［德］克内尔、纳塞希：《卢曼社会系统理论导引》，鲁贵显译，台北巨流图书公司 1998 年版，第 26 页。

② Niklas Luhmann, The Differentiation of Society, In The Differentiation of Society, New York: Columbia University Press, 1982, p. 257.

③ 参见高维俭：《刑事学科系统论》，载《法学研究》2006 年第 1 期，第 24 页。

法论"①"关系犯罪论"②"刑事三元结构论"③。这些理论在宏观和微观的角度研究刑事一体化系统的内部结构，开启了运用系统论研究刑事一体化内部结构的探索之路。

1. 刑事一体化系统的宏观结构

刑事三元结构论是研究刑事一体化宏观结构的理论。该理论认为，所有的刑事问题及其解决均具有刑事三元结构，而刑事三元结构包括刑事事实的三元结构和刑事对策的三元结构。

（1）刑事事实的三元结构。刑事事实三元结构指刑事事实由刑事环境、犯罪人和被害人及其互动关系构成，并统一于刑事矛盾关系之中。在刑事事实三元结构的主体中，犯罪人是刑事事件和刑事损害的直接制造者，被害人是刑事损害的直接承受者，而刑事环境是社会化、刑事化的社会环境，它不是单纯的自然环境，而是从刑事问题认识的角度看待犯罪人和被害人所处的对刑事事件形成和发生起作用的环境因素。在刑事主体互动关系的现实情状即刑事场中，存在着犯罪人和被害人之间、犯罪人和刑事环境之间和被害人和刑事环境之间的三对基本互动关系，这三对基本互动关系以空间为坐标而展开，存在着某种内在的规律性和机制性，构成刑事事实三元结构的横向结构，并成为刑事现象理论研究的内容。与此同时，犯罪人具有犯罪人格，被害人具有被害人格，刑事环境也具有社会文化人格，它们以时间为坐标而展开，三者之间相互作用、相互影响、相互塑造，构成刑事事实三元结构的纵向结构，并成为刑事原因理论研究的内容。上述刑事事实三元结构中的横向结构和纵向结构，是刑事事实三元结构的具体展开。④

需要说明的是，蕴涵着历史变化性和地区（人群）差异性的社会伦理及人

---

① 详见储槐植：《刑事一体化》，法律出版社 2004 年版。

② 详见白建军：《关系犯罪学》，中国人民大学出版社 2005 年版；储槐植：《犯罪在关系中存在和变化——关系犯罪观论纲，一种犯罪学哲学》，载《社会公共安全研究》1996 年第 3 期。

③ 参见高维俭：《刑事三元结构论——刑事学科研究范式的理论》，北京大学 2004 年博士学位论文；高维俭：《刑事三元结构论——刑事哲学方法论初探》，北京大学出版社 2006 年版。

④ 参见高维俭：《刑事学科系统论》，载《法学研究》2006 年第 1 期，第 21–22 页。

性，具有抽象的一致性，这种抽象的一致性是人类社会赖以存在的基本价值基础，构成一定的社会成员之间互动行为的是非标准及心理基础，而"常识、常理、常情"和"良心"，则是一个社会最基本伦理要求的形式和特定社会中人性最本源的形态，① 如果严重违背它们就必然会产生刑事社会矛盾关系，进而导致刑事事件的发生。因此，基本伦理及人性是把握刑事矛盾关系、刑事事实发生规律、刑事防治对策以及刑事责任考量等刑事问题的"执一"之道："道执一而驭万"。②

（2）刑事对策的三元结构。刑事对策三元结构是指在刑事事实三元结构的基础上，以国家为主导解决国家与犯罪人、被害人、刑事环境之间，以及犯罪人、被害人、刑事环境相互之间的刑事问题和刑事纠纷并实现社会正义的结构。③ 它主要包括以下三个部分的内容：①针对犯罪人的刑事对策。具体而言，就是根据犯罪人的人格责任给予其相应的刑罚非难，对其进行相应程度的隔离、控制，并进行相应的人格矫治并保护其顺利回归社会等。②针对被害人的刑事对策。就是根据被害人所受损害及其相应责任等情况，进行合理的赔偿、补偿、服务以及相应的保护、教育、治疗等。③针对刑事环境的刑事对策。这是根据刑事环境在刑事事件中表现出来的有关问题，以刑事司法建议的形式进行查究，消除有关的不良因素，弥补有关的管理缺漏，追究其他有关人员的相应责任等。

刑事对策的手段主要包括以下三个：其一，预防。所谓预防，就是通过化解、协调和疏导，避免刑事社会矛盾关系的形成。其二，控制。这是通过对存在于社会环境中潜在的犯罪人、被害人之间对抗性矛盾施加外在压力，以避免矛盾演变为破坏法律秩序的刑事事件。其三，恢复。这主要是通过报应犯罪人、救偿被害人和查究刑事社会环境，从而恢复被犯罪破坏的法律秩序，帮助刑事当事人有尊严的生存。这三个刑事对策手段，与中国学者的"三道防线的犯罪预防体系"理论④以及西方学者提出的"三级预防模式"⑤ 理论有很大的

---

① 参见陈忠林：《刑法散得集》，法律出版社 2003 年版，第 37 页以下。
② 吕嘉戈：《中国哲学方法——整体观方法论与形象整体思维》，中国文联出版社 2003 年版，第 52 页。
③ 参见高维俭：《刑事学科系统论》，载《法学研究》2006 年第 1 期，第 22-23 页。
④ 详见赵国玲：《刑事法学三论》，警官教育出版社 1998 年版，第 160 页以下。
⑤ 参见储槐植、许章润等：《犯罪学》，法律出版社 1997 年版，第 293 页以下。

不同，因为这些理论的提出者主要是站在犯罪中心主义的基本立场，而没有以犯罪人、被害人和刑事环境的三元关系为基本立场。

2. 刑事一体化系统的微观结构

刑事三元结构论研究的是刑事一体化系统的宏观结构，"关系刑法论"和"关系犯罪论"则研究刑事一体化系统的微观结构。其中："关系刑法论"强调"刑法存活于关系中""刑法学研究应当突破单向、片面、孤立和静态思维模式，确立由刑法之中研究刑法、在刑法之外研究刑法和在刑法之上研究刑法组成的多方位立体思维"等观念；① "关系犯罪论"强调"犯罪在关系中存在和变化"。② 需要说明的是，在不同的组分及其不同的层次、基础组分各要素之间，刑事一体化系统的微观结构还有很多，但相关的研究至今却非常欠缺。因此以下通过应用"关系刑法论"的研究成果，从刑法关系和刑法结构这两个方面，对刑事一体化系统的微观结构进行必要的描述。③

（1）刑法关系。"关系刑法论"认为，刑法在关系中存在和变化，刑法学也在关系中发展，此处的"关系"是指刑事法律的内部关系和外部关系。内部关系主要包括罪刑关系以及刑法与刑事诉讼的关系。外部关系包括前后关系和上下关系：前者指刑法之前的犯罪状况和刑法之后的行刑情况；后者主要包括刑法之上的社会意识形态、政治体制、法文化、精神文明等和刑法之下的经济体制、生产力水平、物质文明等。例如作为资产阶级反封建政治产物的刑事古典学派，奠基于犯罪学研究成果的刑事实证学派，在刑事政策化潮流中产生的现代刑法，这些都是刑法在关系中生存和变化的事例，再如"在对法律规范的解释方面，法院不是选择对被告人最为有利的解释，而是选择正确的解释"，④而"正确解释"的答案，并不总在刑法里，其根据往往在刑法之外。

（2）刑法结构。事物的结构决定其性质。自古以来，犯罪与刑罚均为刑法的相同要素，但因结构不同，所以出现了不同类型的刑法。刑法结构指犯罪圈大小与刑罚量轻重的不同比例搭配和组合。犯罪圈大小即刑事法网的严密程

---

① 储槐植：《刑事一体化》，法律出版社2004年版，第582页。
② 详见储槐植：《犯罪在关系中存在和变化——关系犯罪观论纲，一种犯罪学哲学》，载《社会公共安全研究》1996年第3期。
③ 有关关系刑法论的具体论述，详见储槐植：《刑事一体化》，法律出版社2004年版。
④ ［德］耶赛克等：《德国刑法教科书》，徐久生译，中国法制出版社2001年版，第190页。

度，刑罚量轻重即法定刑苛厉程度。通常，法治水平较高国家的刑法结构，属于严而不厉的类型，并具有以下两个主要特点。①刑罚轻缓。这具体表现在三个方面：其一，死刑削减。这是刑罚轻缓的核心问题，十九世纪中期开始的废除死刑运动一直在延续，至今全球废除死刑的国家和地区已超过100个。其二，增加适用罚金刑。当今社会的罚金刑在相当程度上已经取代了监禁刑的地位。其三，非罪化。在第二次世界大战后，经济发达国家面对犯罪高涨压力，普遍采取"轻轻重重"的刑事政策，对一些轻微罪行予以非罪化。②法网严密。法网有整体法网和刑事法网两层，整体法网泛指国家管理社会事务的法律系统，它是刑事法网的基础；刑事法网包括刑事实体法、刑事程序法以及相关的行政法，是整体法网最强大的部分。就刑事实体法而言，现代刑法理念由结果本位转向行为本位，立法者用行为本位模式设置法条以加强刑法的预防功能，严密了刑事法网；而刑法立法技术的不断提高，对严密法网也具有不可忽视的作用，例如有组织犯罪的个人责任往往难以分清，因而在立法上创制了"组织罪"，以解决在个人责任难以分解情况下而不使犯罪人逃脱刑事法网的问题。就刑事程序法而言，二十世纪九十年代美国出现的正当程序反革命，实质是出于严密严重犯罪法网的社会需要。例如规定有组织犯罪的窃听证据符合一定要求就合法，再如对特定类型的犯罪人采取剥夺自由的保安处分。就行政法而言，自"9·11"事件发生后，为了预防和处理恐怖犯罪，世界各国均通过行政立法扩张警察执法权来严密刑事法网。如美国的"爱国法案"不仅规定加大警方的自由裁量权，冻结恐怖组织及其成员的银行资金以断绝其经济来源，而且规定必要时国会有权动用军队以战争方式反恐——虽然战争的传统属性是超法律的国家行为，但恐怖主义作为有组织犯罪的极端形态，往往具有以战争形式实施刑事犯罪的特征。①

（二）研究刑事审后程序与完善刑事一体化的内部结构理论

刑事审后程序系统是刑事诉讼程序的子系统，它与刑事审前程序和刑事审判程序共同构成刑事诉讼程序系统，而刑事诉讼程序系统是刑事诉讼法学的研究对象，因此，刑事审后程序作为刑事诉讼程序的系统组分，其层次结构也是

---

① 详见储槐植：《再说刑事一体化》，载《法学》2004年第3期，第74-77页。

刑事一体化内部结构的微观结构之一，只是刑事审后程序的微观结构与刑事一体化系统的整体结构之间需要跨过诸多层次而已。但是，研究刑事学科微观结构的"关系犯罪论"和"关系刑法论"，对于刑事审后程序系统结构的大部分内容却均未论及。笔者发现，研究刑事审后程序系统的结构，可以从结构分解、结构归纳和结构层次三个方面展开。

1. 刑事审后程序的结构归纳

刑事审后程序的结构归纳，就是按照一定的标准将要素或者子程序向上进行多次归纳，一直归纳到刑事审后程序这一最高层次。归纳方式分为横向和纵向两种，而且这两种归纳方式并非绝对，它们往往交织在一起，只是有着为主为辅的区别而已。这些内容虽然前面已经探讨过，但此处需要进行必要的重述。

（1）纵向式归纳。以时间顺序为标准，在刑事审判程序终结之后，由行刑程序和刑事附带民事执行程序所构成的"刑事执行程序"继续运行；当刑事执行程序终结后，还可能需要更生保护程序、前科消灭程序和刑事被害人国家补偿程序（以下可以简称刑事补偿程序）继续运行，由于这些程序是实现刑事目的不可或缺的机制，因此可以将其归纳为"刑事执行后程序"。如果将"刑事执行程序"和"刑事执行后程序"再次进行归纳，其结果也是"刑事审后程序"。上述以时间顺序为标准的多次归纳，即为刑事审后程序的纵向归纳。

（2）横向式归纳。以刑事当事人为标准，由于更生保护程序和前科消灭程序均以保障刑释人顺利回归社会为核心目的，因而可将其归纳成"回归程序"；将回归程序与行刑程序向更高层次再归纳，其结果可称之为"行刑与回归程序"。由于刑事附带民事执行程序与刑事补偿程序的核心目的均为保护被害人的人权，因而可将其归纳成"被害人审后保护程序"。如果将"行刑与回归程序"和"被害人审后保护程序"再次向上进行归纳，其结果就是"刑事审后程序"。上述以刑事当事人为标准的多次归纳，即为刑事审后程序的横向归纳。

2. 刑事审后程序的结构分解

刑事审后程序的结构分解，就是将刑事审后程序向下还原，一直还原到其最低层次的程序为止。分解方式也有横向式和纵向式两种。

（1）纵向式分解的结构。纵向式分解的结构，是指主要以时序为标准将刑事审后程序体系进行分解后所呈现出来的结构，它可以清晰地展示出递进式刑事审后程序体系的内在逻辑性。具体而言，以时序为标准，"刑事审后程序体系"可分解为"刑事执行程序""刑事执行后程序"；以刑事当事人为标准，刑事执行程序可分解为"行刑程序""刑事附带民事执行程序"；"刑事执行后程序"可分解为"回归程序""刑事补偿程序"；而以时序为标准，"回归程序"又可以分解为"更生保护程序""前科消灭程序"。为了达到直观的效果，本书将刑事审后程序的纵向式分解结构以图表方式表现出来，见图9-1。

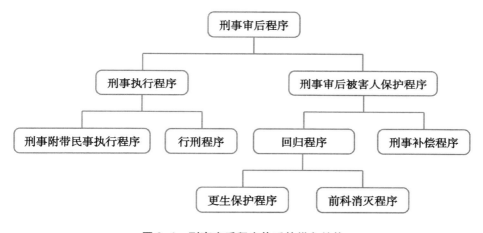

图 9-1　刑事审后程序体系的纵向结构

（2）横向式分解的结构。所谓横向式分解的结构，是指主要以刑事当事人为标准分解刑事审后程序体系后所呈现出来的结构，它清晰地体现出并列式刑事审后程序体系的内在逻辑性。具体而言，以致害人和受害人为标准，"刑事审后程序"可分解为"行刑及回归程序""刑事审后被害人保护程序"；以受刑人、刑释人以及以时序为标准，"行刑及回归程序"可分解"行刑程序""回归程序"，而以时序为标准，"回归程序"还可分解为"更生保护程序""前科消灭程序"；同时，以受害人以及以时序为标准，"刑事审后被害人保护程序"则可以分解为"刑事附带民事执行程序""刑事补偿程序"。为了达到直观的效果，本书将刑事审后程序体系的横向式分解的结构也以图表的方式表现出来，见图9-2。

需要说明的是，横向式和纵向式这两种结构分解也不能绝对分离，它们往

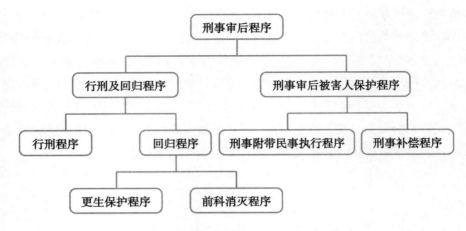

图9-2　刑事审后程序体系的横向结构

往交织在一起，只是有着为主为辅的区别而已。也就是说，在以横向式分解结构为主的结构中，仍然存在着为辅的纵向式分解的结构。反之亦然，即在以纵向式分解结构为主的结构中，也仍然存在着为辅的横向式分解的结构。

3. 刑事审后程序的结构层次

刑事审后程序体系结构通过整合刑事审后程序横向结构和纵向结构的内容，可以划分为以下三级层次和基本程序的构成要素。

（1）第一级层次。以时序为标准，刑事审后程序的第一级层次包括"刑事执行程序""刑事执行后程序"；以刑事当事人为标准，刑事审后程序的第一级层次包括"行刑与回归程序""刑事审后被害人保护程序"。

（2）第二级层次。以当事人为标准，"刑事执行程序"可再次划分为"行刑程序""刑事附带民事执行程序"；"刑事执行后程序"可再次划分为"回归程序""刑事补偿程序"。以时序为标准，"行刑及回归程序"可再次划分为"行刑程序""回归程序"；"刑事审后被害人保护程序"可再次划分为"刑事附带民事执行程序""刑事补偿程序"。其中，"行刑程序""刑事附带民事执行程序""回归程序""刑事补偿程序"作为刑事审后程序第一级层次程序的子程序，均属于刑事审后程序第二级层次的程序，而且"行刑程序""刑事附带民事执行程序""刑事被害人国家补偿程序"均属于刑事审后程序的基本程序。

（3）第三级层次。"回归程序"还可以再次划分为"更生保护程序""前科消灭程序",其划分标准不仅是时间顺序,而且也包括保障人权的具体内容,前者主要应该是保障刑释人重返社会的生存权,后者主要应该是保障刑释人的人格权和身份权。"更生保护程序""前科消灭程序"是刑事审后程序第三级层次的程序,也是刑事审后程序最低层次的基本程序。

(4)构成要素。在刑事审后程序的第二级层次和第三级层次中,每个具体的基本程序均可继续往下划分为程序的构成要素。如上所述,刑事审后程序的构成要素是法律规范或者是法律沟通。该问题上文已阐述清楚了,此处不赘述。当然,构成要素还可以往下继续进行划分;而且根据不同的标准,刑事审后程序还可以作其他的层次划分,但限于本书的写作目的,对此不再进行探讨。

综上,刑事审后程序是刑事诉讼程序系统的组分,与刑事审前程序和刑事审判程序共同构成刑事诉讼程序系统;刑事诉讼程序又是诉讼程序系统的组分,而诉讼程序是法律制度系统的组分,法律制度又是人类社会系统的组分,而人类社会则是整个宇宙系统的组分。由此可见,通过适当的途径和方法,宇宙系统中的万事万物都可以联系起来。由于刑事审后程序系统结构是刑事一体化微观系统结构中的组分之一,因此,分析研究刑事审后程序系统的结构,可以完善刑事一体化的内部结构理论。

三、完善刑事一体化机制理论

结构是相对静止的立体构架,机制是动态的系统运行,静态结构和动态机制,构成了研究刑事一体化系统的两个基本维度。机制作为关系的动态形式,展示的是功能实现过程的规律。系统机制,是以一定的组织结构为存在基础并通过组织结构各部分之间以及与外部环境之间的信息、能量交换来实现其系统功能的动态、循环过程及内在统一的工作方式。系统机制具有组织结构性、动态变化性、内在功能性、循环往复性等特性。研究系统机制,"意味着对它(系统)的认识从现象的描述进到本质的说明"。[①]

---

① 《辞海》(缩印本),上海辞书出版社 1989 年版,第 1408 页。

（一）刑事一体化机制理论

现阶段，刑事一体化的机制理论主要包括"机制论"和"刑事学科系统机制论"。

1."机制论"

"机制论"是刑事一体化早期的机制理论。该理论认为：刑法结构是刑法机制的组织基础，刑法结构合理与否的标准，是刑法功能的实现程度以及是否易于协调实践中可能出现的法与情的冲突，刑法结构合理的实现有赖于刑法机制的顺畅；纸上的良法只有通过有序运作才可成为生活中的良法，恶法不可能通过运作变成良法；刑法机制是刑法运作和刑法结构产生功能的方式和过程，公正高效是刑法运作的基本价值；内外刑事司法环境对刑法运作效果至关重要，内部环境主要指诉讼诸阶段的实际情景和相互关系；外部环境主要包括公共权力体制、权力与法律的关系（人治还是法治）、文化传统、社会信用状况和犯罪态势等，它对刑法运作起着深层制约作用。①

"机制论"关注"刑法运作方式与过程"，"探讨刑罚功能实现过程的规律"，提出"健全的刑事机制应是双向制约的：犯罪情况、刑罚-行刑效果"，认为解决刑法问题往往不在于刑法本身，而在于刑法之外、之前、之后、之上和之下。②"机制论"主要体现在刑法学领域，主要研究刑罚机制和刑法机制，以及刑罚和刑法运作的方式与过程的规律，其特点主要表现在以下几个方面③：

（1）以刑罚为中心。"机制论"体现的是刑罚手段，仅仅将刑罚机制、刑法机制或者刑事机制一体化，没有将控制犯罪场、化解及协调社会矛盾因素等解决刑事问题的其他手段纳入其中。

（2）刑法的运作方式与过程是"犯罪情况→刑罚←行刑效果"。其中："犯罪情况"是人们对犯罪现象和犯罪原因的认识；"刑罚"是人们关于犯罪的对策，包括刑罚政策和刑罚立法、刑罚裁量；"行刑效果"主要指刑法功能的实现程度，即刑法在执行中、执行后的效果；"→"表示根据犯罪情况制定

---

① 参见储槐植：《再说刑事一体化》，载《法学》2004年第3期，第78页。
② 参见储槐植：《刑事一体化》，法律出版社2004年版，第194页，第426页，第605页。
③ 参见高维俭：《刑事学科系统论》，载《法学研究》2006年第1期，第28页。

刑罚；"←"表示根据行刑效果的反馈信息来调整、修正刑罚。可见，刑法的运作过程及方式是：从认识犯罪情况、确立刑罚政策、制定刑罚、适用刑罚、执行刑罚，一直到通过行刑效果的信息反馈，再影响作用于刑罚，如此周而复始、不断演进。

（3）强调刑罚功能的实现。"机制论"强调刑罚功能的实现，即强调惩罚功能、威慑功能和矫正功能（教育、改造）的实现，而对被害者救偿和刑事环境治理的功能实现缺乏必要的关注，其全面性显然还有待于进一步发展，因为刑罚只是解决刑事问题的一种重要手段而已。刑事问题的多层次原因结构理论以及相应的刑事对策理论表明，健全的刑事机制，应当具备全面、有效控制和解决所有刑事问题的功能。

2. "刑事学科系统机制论"

高维俭博士在《法学研究》上发表的"刑事学科系统论"一文中，提出了"刑事学科系统机制论"，认为：刑事一体化机制的设定目的是解决、协调、控制刑事问题，整个系统机制的功能通过运行方式及过程得以体现。从横向维度来看，因其组织结构的三元性，其系统机制也相应包含了犯罪人、被害人和刑事环境三个基本要素及其统一体，而且系统机制的每个纵向环节都应当体现这种三元性，如此方能保持其全面性、互动性、科学性以及和谐性。从纵向维度来看，以人们认识以及社会实践活动的过程为基本线索，刑事一体化系统机制可以分为若干基本环节，每个基本环节的相互关联、之间的信息和能量的相互传递，以及整个流程的循环、持续发展中，刑事一体化系统的功能得以体现，其机制的整体得以形成。① 可见，"刑事学科系统机制论"是"机制论"的理论发展。"刑事学科系统机制论"进一步提出，动态的机制，通常以系统纵向流程的各个基本环节为主要表现形式，而刑事一体化系统机制，可分为以下四个基本环节：

（1）以刑事现象学为主的认识机制环节。认识机制环节以刑事现象为基本的研究和认识对象，刑事现象是犯罪现象、被害现象和刑事环境现象三者的统一体。（2）以刑事原因学为主的分析机制环节。分析机制环节基于对刑事现象的系统认识，经过由表及里、由现象到本质（原因）的分析过程深化认识，系

---

① 高维俭：《刑事学科系统论》，载《法学研究》2006 年第 1 期，第 28-30 页。

统把握犯罪原因、被害原因和刑事环境原因三方面的原因因素，以及三者的辩证统一体即刑事原因。（3）以刑事政策学为主的对策机制环节。对策机制环节通过系统深入分析犯罪、被害和刑事环境等方面的刑事原因，以及对整个社会运行机制以及相关资源、因素的考察，经过对有关问题的系统化探寻，全面、科学、合理地把握解决刑事问题的系统方略。（4）以刑事法学为主的解决机制环节。解决机制环节基于刑事政策的有关思想、观念，科学、系统地制定并实施有关的刑事法律，以协调、解决刑事问题。刑事法学以明确性、规范性、稳定性为主要特征，其内容既包含了惩治犯罪者的法律、救偿被害者的法律和治理刑事社会环境的法律，也包含了刑事实体法和刑事程序法，还包含了刑事立法、刑事司法和刑事执法等。经过刑事法律的实施，以及相应社会效果等方面反馈信息的收集、整理和分析，系统机制又再次进入第一个环节……如此周而复始，形成循环。①

笔者发现"刑事学科系统机制论"存在以下问题：刑事一体化系统在经过了认识机制、分析机制、对策机制和解决机制这四个基本环节之后，不应当立即循环进入下一轮的第一个环节即认识机制，而应当在收集、整理和分析系统机制的运行情况及其社会效果等反馈信息的基础上，进行刑事哲学层面理性思辨的反思，只有经过了刑事哲学层面的反思并修正、解决已经存在的刑事问题这个环节即第五个环节之后，方可循环进入下一轮的第一个环节，如此循环，不断演化，并不断解决新出现的问题。因此，"刑事学科系统机制论"还需要修正——应当将该第五个环节纳入其中。

（二）研究刑事审后程序与完善刑事一体化机制理论

刑事系统涉及基本人权、保护与惩罚以及机关、部门的权力分配等诸多问题，而多元社会格局下存在多元价值，这正是刑事一体化产生的必要前提，但也喻示着刑事一体化进程的艰难。失却一体化的刑事设计和操作，其机制势必混乱、无序、低效、高耗。刑事一体化的机制系统，为统摄刑事系统提供了动力性因素。以下以修正的"刑事学科系统机制论"的五个基本环节为视角，简要分析刑事一体化系统机制与刑事审后程序之间的相关问题。

---

① 参见高维俭：《刑事学科系统论》，载《法学研究》2006年第1期，第29页。

1. 刑事一体化的认识机制与刑事审后程序

刑事一体化的认识机制以刑事现象学的知识体系为主，它以刑事现象为基本研究对象，而刑事现象在刑事审后程序中，主要包括以下三个方面内容：一是受刑人在行刑程序中的情况和刑释人在回归程序中的情况；二是受害人的赔偿执行情况和国家补偿情况；三是受刑人、刑释人和被害人所处的刑事环境现象。如果缺少了刑事审后程序的这些刑事现象，那么刑事一体化认识机制的研究对象显然就会不周全。

2. 刑事一体化的分析机制与刑事审后程序

刑事一体化的分析机制以刑事原因学的知识体系为主，研究刑事现象发生的原因即刑事原因。在刑事审后程序中，只有基于对受刑人的受刑情况、刑释人的更生保护和前科消灭情况，受害人的赔偿执行情况和国家补偿情况，以及受刑人、刑释人、被害人所处的刑事环境现象等相关刑事现象的系统认识，经过由表及里、由现象到本质（原因）的认识深化过程，才能系统把握刑事现象的刑事原因。如果缺少了关于刑事审后程序的刑事原因分析，那么刑事一体化分析机制的研究对象显然也不周全。

3. 刑事一体化的对策机制与刑事审后程序

刑事一体化的对策机制以刑事政策学的知识体系为主，研究解决刑事问题的国家政治方法、策略和举措。只有将刑事审后程序加入到刑事诉讼程序中之后，关于受刑人、刑释人的回归政策、关于被害人的赔偿、补偿政策和关于刑事环境的相关政策，才能成为刑事一体化对策机制中不可或缺的内容。如果缺少了这些内容，那么刑事一体化的对策机制就是残缺不全的机制。

4. 刑事一体化的解决机制与刑事审后程序

刑事一体化的解决机制以刑事法学的知识体系为主，研究以法律规范的方式来贯彻刑事政策思想观念，并借此解决刑事问题。在刑事审后程序中，包含了刑事执行法律、刑事被害人国家补偿法律和治理刑事环境的法律，这些法律规定，应当在刑事一体化的解决机制中予以适用，以解决受刑人在行刑程序中和刑释人在回归程序中的法律问题，解决受害人的赔偿执行和刑事补偿问题以及受刑人、刑释人和被害人所处的刑事环境问题。如果不适用刑事审后程序的相关法律，刑事一体化的解决机制就不可能解决在刑事审后程序中出现的这些刑事问题。

5. 刑事一体化的反思机制与刑事审后程序

国家专门机关在通过收集、整理和分析刑事一体化系统的认识机制、分析机制、对策机制和解决机制这四个基本环节的运行情况及其社会效果等反馈信息的基础上，其反思机制会进行刑事哲学层面的反思，并在解决系统机制已经存在的问题之后，循环进入下一轮的第一个环节即刑事一体化的认识机制。很显然，刑事审后程序的反思机制与刑事一体化的反思机制应当以同样的方式和过程运行，否则，认识、分析和解决受刑人在行刑程序中和刑释人在回归程序中的法律问题，受害人的赔偿执行和刑事补偿法律问题以及受刑人、刑释人和被害人所处的刑事环境法律问题，均不能通过反思机制而得以不断的解决。

综上，刑事一体化系统涉及生命、自由、尊严、财产等基本人权以及国家刑法权力分配等问题，刑事一体化的机制系统为统摄刑事系统提供了动力。虽然刑事审后程序这个微观子系统距离刑事一体化系统非常遥远，其机制运行似乎微不足道，但"蝴蝶效应"告诉我们，绝对不能轻视任何细微的存在，因为蝴蝶翅膀在美洲森林中的轻柔颤动，可能会引起万里之远的太平洋上的狂暴飓风。值得注意的是，现在已有学者开始对更生保护程序的机制运作过程进行研究了。①

四、补白刑事一体化的系统涌现性研究

如上所述，刑事审后程序的系统涌现性，是其各要素、各子系统及其简单之和所不具备的整体效能，刑事审后程序系统的每种层次涌现，都是从要素或者低层次组分的相互作用中提升结构层次而激发出来的新的属性、特征、行为和功能。刑事审后程序系统涌现现象的出现，源于组分效应、结构效应、规模效应和环境效应这四个方面。信息的共享、协同和同步的传播效率和途径，决定了刑事审后程序系统涌现性的消涨，刑事审后程序系统之所以能发挥重要作用，内核就在于有效信息在程序主体之间的来回和共鸣。研究刑事审后程序系统涌现性的实质，就是通过系统角度如何认识、解构和提升刑事审后程序整体

---

① 详见王华菊、才凤伟：《诊断、干涉和重塑：安置帮教工作的运行逻辑》，载《中国人民公安大学学报（社会科学版）》2015 年第 4 期，第 28-32 页。

效能的问题：优秀的刑事审后程序不仅能公正、高效处理刑事问题，更能成为保障人权的重要制度力量；反之，不仅不能解决刑事问题和保障当事人人权，而且可能引发新的问题和矛盾，甚至是侵害当事人的人权。

刑事审后程序是刑事一体化系统的微观子系统，研究刑事审后程序的系统涌现性问题，有利于刑事一体化理论的系统涌现性研究。由于刑事一体化理论对于刑事学科系统涌现性的研究还是一个空白地带，因此上述关于刑事审后程序系统涌现性的探讨，至少能够起到刑事学科系统涌现性研究的"补白"作用。

本章小结

就现实而言，犯罪学、刑事侦查学、刑法哲学、刑法学、刑事政策学、刑事被害者学、刑事诉讼法学、监狱学、法医学等等具有内在关联的众多学科，共同构成了一个刑事学科系统整体。刑事一体化以普遍联系和动态发展为基本观念，运用系统论对刑事学科系统进行探索，在研究刑事事实、刑事对策和刑事反思的基础上，形成有机统一的刑事学科系统整体，并围绕人权保障和解决刑事纠纷或者问题以及预防、减少犯罪等目的，通过刑事立法、刑事司法、刑事执法及其系统机制，努力达至刑事活动产生最佳效应。在刑事一体化系统机制中，刑事立法是刑事司法和刑事执法的基础和依据，刑事司法和刑事执法是对立法正确性的检验，同时就其在实践中所遇到的问题向刑事立法提出要求，推动刑事政策和刑事法律的制定、修改或者废除。

本章主要探讨了研究刑事审后程序与完善刑事一体化理论之间的关系：如果要将刑事一体化的理论研究继续引向深入，既要将刑事学科群作为一个整体来深入研究，也要将各刑事部门学科分别联系起来深入研究，更要将各刑事部门学科本身置于刑事学科整体的背景下进行深入研究。因此，深入研究刑事诉讼法学，是进一步研究刑事一体化的客观需要。而刑事审后程序，是刑事一体化系统整体的一个微观组分，是刑事一体化系统结构的一个微观层次，是刑事一体化系统机制的一个微观环节，因此，研究刑事审后程序问题，不仅为深入研究刑事诉讼法学提供了"新大陆"，而且也为深入研究刑事一体化提供了必要的微观子系统。本书正文部分的写作到此全部完成，接下来是本书的结语部分。

结　语

本书的结语，包括结论和展望两个部分。

一、结论

刑事审后程序是指在刑事审判程序终结后继续保护刑事当事人合法权益并解决相应刑事问题的一系列顺序、步骤、方式、方法的总称，它是刑事诉讼程序的新大陆，产生的原因是为了实现不断发展的刑事法目的，研究刑事审后程序系统，可以完善刑事一体化理论。

（一）实现刑事法目的是刑事审后程序产生的根本原因

如上所述，在刑事诉讼程序中产生出刑事审后程序的根本原因，是为了满足不断发展的刑事法目的实现的需要。刑事法目的包括刑法目的和刑诉目的，刑事法目的的实现，既是刑法目的的实现，也是刑诉目的的实现。

1. 满足刑法目的实现的需要

刑法目的的实现，是报应、预防和恢复这三个目的要素的共同实现。其中的报应目的要素，既表现为刑罚惩罚的痛苦性和公正性，也表现为犯罪行为人对被害人予以损害赔偿的痛苦性和公正性，前者可称之为"刑事报应"，它能够满足刑法的罪刑法定和罪责刑相适应原则的要求，后者可称之为"民事报应"，它能够满足民法的权利义务责任对等原则的要求。如果缺少了刑事审后程序的运行，刑法目的的实现就缺少了必不可少的法律机制。具体而言，行刑程序、更生保护程序和前科消灭程序是主要落实报应目的和预防目的特别是特

290

殊预防目的的刑事诉讼程序机制,刑事附带民事执行程序、刑事被害人国家补偿程序是主要落实恢复目的的刑事诉讼程序机制,只有将这些刑事程序机制结合刑事审前程序和刑事审判程序的机制,并与刑事立法和刑事司法等法律机制联动运行,才有可能完全实现刑法目的。缺少其中的任何一项,均会影响刑法目的的完全实现。而行刑程序、更生保护程序、前科消灭程序和刑事附带民事执行程序、刑事被害人国家补偿程序等这些机制,既是相对独立的法律制度,又是一个程序整体不同层次的构成部分,这个程序整体,就是本书系统研究的"刑事审后程序"。

2. 满足刑诉目的实现的需要

刑诉目的由内在目的与外在目的构成,是两者的辩证统一,内在目的是保障人权,外在目的是解决刑事纠纷和刑事问题,刑诉目的的实现,是内在目的和外在目的的共同实现。具体而言,无论是由行刑及其变更程序和更生保护程序、前科消灭程序构成的行刑与回归程序,还是由刑事附带民事执行程序与刑事被害人国家补偿程序构成的刑事审后被害人保护程序,均存在一根红线贯穿其中,这根红线,就是保障刑事当事人人权和解决刑事问题的刑诉目的的实现。因此,从实现刑诉目的的角度来看,这些程序显然应该构成一个系统,这个程序系统就是"刑事审后程序",而且只有在刑事审后程序形成之后,才真正有可能使受刑人、刑释人、被害人的人权及其相关的刑事问题全部得以保障和解决。

另外,刑事法目的的实现是刑事审后程序产生的根本原因这一命题,还可以从刑事当事人角度分析而得出。从犯罪人角度来看,刑事诉讼程序可以是一个起点即终点的"圆":社会人——犯罪嫌疑人——被告人——受刑人——刑释人——再社会人,即刑事诉讼程序通常应当从社会人涉嫌犯罪开始,直到其恢复社会人身份才能结束。也就是说,只有经过前科消灭程序恢复其正常"社会人"的身份,才是犯罪行为人真正回归社会的标志,这时候刑释人才真正享有未被法律剥夺的全部人权,其与国家之间的刑事纠纷和刑事问题才算彻底得以解决,刑法的报应目的和特殊预防目的才得到真正的实现,刑事诉讼程序才能宣告终结。当然,从被害人角度来看则未必。因为对于没有获得或者没有完全获得赔偿的被害人而言,只有通过刑事被害人国家补偿程序的运行才能充分保障其人权的实现，其与犯罪行为人之间的纠纷所产生的所有法律问题才能得到彻底解决，刑法的恢复目的才真正得以实现，刑事诉讼程序才能宣告终结。

综上所述，随着历史的发展和刑事法目的理论的更新，只有在刑事诉讼程序的现有框架中加入刑事审后程序，并且通过刑事审后程序与刑事审前程序、刑事审判程序组成一个有机系统共同运行，刑事法目的才有可能得以真正地实现。因此，刑事法目的的顺利实现，是产生刑事审后程序的内在动力和根本原因。

（二）刑事审后程序是刑事诉讼程序的新大陆

"刑事审后程序"是刑事诉讼程序的一个"新大陆"，这是一个客观存在的现实，而且无论中外概莫能外，只是由于其存在形式还处于碎片化的状态，所以很少有人能够准确描述它。"刑事审后程序"碎片化的存在形式，在现阶段表现为行刑程序、刑事附带民事执行程序、更生保护程序、前科消灭程序和刑事被害人国家补偿程序，这些程序同时是社会学、社会保障学、伦理学、心理学、行为法学、犯罪学、刑法学、被害人学、刑事诉讼法学和刑事哲学等学科交叉研究的内容。刑事审后程序作为刑事诉讼程序的"新大陆"，至少可从以下五个方面来认识。

1. 刑事审后程序的立法现状

刑事审后程序在本体意义上的立法至今尚未形成，只是停留在规范其子程序立法的低级层面上——由于这些子程序像珍珠一样散落在不同的法律渊源之中，缺乏一根金色的丝线贯穿其中，在立法上并未形成一个闪闪发光的程序整体，因此形式散、规范对象层次低，成为我国刑事审后程序现行立法的主要特征。即使是在立法、司法和法学研究均处于世界先进水平的西方和联合国，其刑事审后程序的立法基本上也是如此。例如，除法国之外，西方主要国家在进行刑事审后程序子程序的立法时，往往分别是在不同性质的法律领域进行单独立法，有的表现为刑事程序法性质，有的表现为刑事实体法性质，有的则表现为社会保障法性质，不一而足，而且立法形式多样、名称各异。总之，无论是国家的立法模式，还是刑事司法国际准则的国际立法模式，几乎只存在刑事审后程序子程序层面的立法模式，而且单独予以立法规定是其模式的基本形态。

这样的立法模式，导致形式散、规范对象层次低的立法特征成为了世界的共性，也凸显出刑事审后程序现行立法所存在的问题，集中表现在以下两点：一是不能将刑事审后程序作为一个整体来认识和研究，二是难以识别刑事审后程序的刑事诉讼法性质。尽管如此，碎片化的刑事审后程序在刑事诉讼立法和司法实践中毕竟已经产生，这是能够发现刑事审后程序事实依据，也是刑事审后程序可以成为刑事诉讼程序"新大陆"的客观基础。

2. 刑事审后程序的理论依据

"刑事审后程序"之所以合理存在，是因为它具有相应的立法理论依据，这些立法理论依据，具体分为个别性、共同性和基础性三个层面。其中，个别性的理论依据是指行刑程序、更生保护程序、前科消灭程序、刑事附带民事执行程序和刑事被害人国家补偿程序合理存在的理论依据，包括行刑社会化理论、出狱人社会保护理论、刑罚过剩理论、国家责任理论、宿命说（公共援助说）、社会防卫说、政治利益说、充权理论、社会保障理论、社会公民权论、执行力理论等。共同性的理论依据，是指适用于包括刑事审后程序在内的刑事诉讼程序的理论依据，它至少包括刑事诉讼的价值理论和目的理论、人权保障理论、恢复性司法理论和刑事政策理论等。基础性理论依据，是指对于任何法律制度均具有根本指导性的宪政理论，主要包括人民主权理论、法治理论、分权理论等。本书只将共同性理论依据中的目的理论作为核心，论证了"刑事审后程序"体系之所以合理存在，是因为它具有刑事法目的论这一理论依据，其中，刑法目的三元论为"刑事审后程序"体系构建与立法完善提供了实体性依据，刑诉目的二元论则为"刑事审后程序"体系构建与立法完善提供了程序性依据。

3. 刑事审后程序是刑事审判程序终结后的系列程序整体

刑事审后程序基本特征及其概念的提炼，主要建立在其与行刑程序和刑事审判程序比较分析的基础上。（1）就刑事审后程序与行刑程序而言，后者不是前者的唯一内容，而只是前者的重要组成部分，两者虽然在现阶段通常容易混为一谈，但两者的区别其实很大，如程序的主体、程序的内容、程序的原则和程序的启动均不完全相同。刑事诉讼的内在目的是保障人权，而不是为惩罚而惩罚，如果刑事诉讼程序仅有行刑程序而没有刑事审后程序其他内容的加入，那么刑事诉讼程序既不能通过惩罚犯罪真正实现报应、预防和恢复的刑法目的，更不能通过惩罚犯罪真正实现保障人权的刑诉目的。（2）就其与刑事审判程序而言，是否以职权主义、书面审理主义、不公开审理主义为原则是两者最大的区别，而且前者作为后者的后续程序，虽然在和平性和非自助性、裁判的非合意性及其最终性和权威性没有多少差别，但由于刑事审后程序不存在发生争议的当事人双方，因而刑事审后程序不具有启动的应答性和主体多方参与性的特点。

　　在与行刑程序和刑事审判程序相比较之后，刑事审后程序的基本特征已经被揭示出来，具体主要体现在以下三个方面：一是非讼性。刑事审后程序没有对立的当事人就实质问题发生讼争，一般由申请人向法院或者有关机关提出申请，请求确认某一事实或者权利，或者由国家专门机构、组织依照法定职责行使权力履行法定义务。二是案件事实的简单性和继续性。刑事审后程序的案件事实简单，容易得到证明，而且法院或者决定机关作出的裁判和决定不具有诉讼裁判性质的羁束力，只要发生情事变更，法院或者决定机关即可对原裁判或者原决定随时作出撤销或者变更。三是司法审查性。刑事审后程序不是以诉辩审三角形的审理方式解决刑事纠纷，而是以司法审查审查的方式处理刑事问题。

　　在与行刑程序和刑事审判程序相比较之后，刑事审后程序的内涵和外延可作以下概括：刑事审后程序的内涵，是指在刑事审判程序终结之后继续保护受刑人、刑释人和被害人的合法权益并解决相应刑事问题的一系列顺序、步骤、方式、方法的总称。按照不同的标准，刑事审后程序的外延有不同的划分：（1）以时间顺序为标准，"刑事审后程序"可划分为"刑事执行程序""刑事执行后程序"；"刑事执行程序"包括行刑程序和刑事附带民事执行程序；"刑事执行后程序"包括回归程序和刑事被害人国家补偿程序，而回归程序则可以划分为更生保护程序和前科消灭程序。（2）以刑事当事人为标准，"刑事审后程序"则划分为"行刑与回归程序""刑事审后被害人保护程序"；"行刑与回归程序"包括行刑程序和回归程序；"刑事审后被害人保护程序"则包括刑事附带民事执行程序和刑事被害人国家补偿程序。（3）以国家为标准，刑事审后程序分为我国和外国的刑事审后程序。当然，刑事审后程序还有其他划分的可能。

　　值得注意的是，《刑诉法》规定了强制医疗程序。① 有学者通过中外制度对比深入研究该程序后，认为其接近保安处分制度，并建议在今后立法的细化过程中，将认定侵害行为的证明标准设为排除合理怀疑，并完善权利救济体系，以确保社会保障和人权保障的双重目的实现。② 笔者深以为然。但是，基于强制医疗程序只是针对排除刑事责任承担的精神病行为人所采取的应对措施的认定程序，无涉犯罪，故不能将其归类于刑事审后程序的范围之内。

　　由于世界各国长期受"国家本位"价值观的影响，因此在设计刑事制度时把定罪量刑视为终极目标，以保护国家利益代替了保障被害人权利。其实，刑释人回归社会遇到的各种实际问题，特别是遭受不公待遇如法律地位低下，合法权益被限制甚至被剥夺，在就业、就学等方面受到歧视等法律问题不及时解决，刑事法目的就不可能得以真正地实现。与此同时，只有建立和完善刑事审后程序中的被害人保护机制，才能恢复被犯罪所损害的权益，解决被害人遇到的相关问题，从而均衡保护犯罪人和被害人的人权，刑事法目的才能得以真正地实现。所以，在刑事审判程序终结之后，不仅存在着行刑程序和刑事附带民事执行程序的运行，而且还需要有更生保护程序、前科消灭程序以及刑事被害人国家补偿程序的加入。刑事审后程序，就是需要加入到刑事诉讼程序整体中去的这一系列程序的统称。

　　4. 刑事审后程序是更广义刑事诉讼程序的子程序

　　目前，大多数国家在立法、司法和理论研究中出现的刑事诉讼程序，一般

---

① 其主要内容包括：（1）经法定程序鉴定依法不负刑事责任的精神病人实施了危害公共安全或者严重危害公民人身安全暴力行为，且有继续危害社会的可能，公安机关可以采取临时的保护性约束措施。（2）公安机关写出强制医疗意见书后移送的或者在审查起诉过程中发现符合强制医疗条件的，人民检察院向人民法院提出强制医疗申请；人民法院在审理案件过程中发现被告人符合强制医疗条件的，可以作出强制医疗的决定。（3）人民法院组成合议庭进行审理，审理时通知被申请人或者被告人的法定代理人到场，没有委托诉讼代理人的法院通知法律援助机构指派律师提供法律帮助。（4）法院经审理在一个月内作出是否强制医疗的决定。被决定强制医疗的人、被害人及其法定代理人、近亲属对强制医疗决定不服的向上一级人民法院申请复议。（5）强制医疗机构定期对被强制医疗的人进行诊断评估，对已不具有人身危险性不需要继续强制医疗的，及时提出解除意见，报决定强制医疗的人民法院批准；被强制医疗的人及其近亲属有权申请解除强制医疗。（6）人民检察院对强制医疗的决定和执行实行监督。
② 裴炜、Michiel van der Wolf：《精神病人刑事责任与管治措施的衔接——中西法律制度的比较》，载《河南社会科学》2015 年 第 8 期，第 48 页。

是指广义上的刑事诉讼程序，但是，即使是这种广义上的刑事诉讼程序，也不能满足所有刑事主体所希望的刑事法目的的实现。只有在由行刑程序、更生保护程序、前科消灭程序、刑事附带民事执行程序和刑事被害人国家补偿程序这一系列程序组成的刑事审后程序，它与广义上的刑事诉讼程序整合之后，形成更加广义上的刑事诉讼程序，才能满足所有刑事主体所希望的刑事法目的的实现。理由是：

其一，以时间顺序为逻辑构建的刑事审后程序体系，由"刑事执行程序""刑事执行后程序"这两个子程序构成，在由行刑程序及刑事附带民事执行程序构成的刑事执行程序中，行刑程序的运行主要是报应和特殊预防刑法目的的实现过程，刑事附带民事执行程序的运行主要是恢复目的的实现过程，而且在确认符合法定条件的法律事实之后，既解决刑罚执行和被害人请求赔偿的所有法律问题，也保障受刑人未被剥夺的人权实现和被害人赔偿请求权的实现；刑事执行程序的终结，对社会一般人来说，立法宣告变成了行刑和损害赔偿的事实，一般预防目的也得以全部完成。但是，即使刑事执行程序已经运行完毕，刑事法目的却可能并没有得到完全实现，仍然需要由回归程序和刑事被害人国家补偿程序构成的"刑事执行后程序"运行去继续实现刑事法目的。刑事执行程序与刑事执行后程序构成递进式刑事审后程序体系，满足该程序中所有刑事主体所希望的刑事法目的的实现，必须有递进式刑事审后程序体系的运行方可。

其二，以刑事当事人为逻辑构建的刑事审后程序体系，由"行刑与回归程序""刑事审后被害人保护程序"这两个子程序以并列式逻辑关系所构成，其中，"刑事审后被害人保护程序"包括刑事附带民事执行程序和刑事被害人国家补偿程序；"行刑与回归程序"包括行刑程序和回归程序；而回归程序则包括更生保护程序和前科消灭程序。如果只有"行刑与回归程序"的运行，就只能满足国家和犯罪行为人所希望的刑事法目的的实现；如果只有"刑事审后被害人保护程序"的运行，就只能满足国家和被害人所希望的刑事法目的的实现。可见，除了上述递进式刑事审后程序体系的运行之外，只有并列式刑事审后程序体系的运行，才能满足该程序中所有刑事主体所希望的刑事法目的的实现。

由于刑事审后程序仍然规范着相关的国家权力和刑事当事人的行为，保障着刑事当事人的人权，解决着一系列存在的刑事问题，因而它具有刑事诉讼法的法律性质是个客观事实。而且刑事审后程序除了包括刑事执行程序这个传统的内容之外，还应当包括由回归程序和刑事被害人国家补偿程序构成的"刑事执行后程序"，但是，"刑事执行后程序"的内容至今未能出现在刑事诉讼程序的主体框架之中，导致刑事审后程序在刑事诉讼程序的理论、实践和立法中一直尚未成形，需要通过立法完善的方式予以构建，这个构建而成的刑事审后程序，无论是递进式还是并列式，都是更广义刑事诉讼程序的子程序。

5. 刑事审后程序是刑事学科系统的微观组分

笔者发现：（1）现行刑事事实学重视认识和描述犯罪、刑罚和被害的现象和原因，轻视认识和描述刑释人回归和刑事被害人国家补偿的现象和原因，忽视认识和描述刑事环境的现象和原因。因此，应当创建刑事回归现象学及其原因学、刑事被害人国家补偿现象学及其原因学、刑事环境现象学及其原因学，并将犯罪人学细分为犯罪嫌疑人学、被告人学、受刑人学和刑释人学等。只有通过研究受刑人学、刑释人学和被害人学以及刑事环境学，才能为刑事审后程序提供相应的回归事实、刑事被害人国家补偿事实和刑事环境的基础；只有对回归、刑事被害人国家补偿、刑事环境的现象和原因进行研究，才能描述刑事审后程序中刑事当事人回归、刑事被害人国家补偿、刑事环境的情况及其互动关系，揭示出掩藏在这些刑事现象背后的机理以及本质原因，从而为刑事法目的的实现提供刑事事实基础。（2）现行刑事对策学关于刑释人回归、刑事被害人国家补偿和刑事环境的研究相当缺乏，相应的刑事法律规范也不健全甚至缺失，例如我国至今未能进行刑事被害人国家补偿程序国家层面的立法就是一个明证。这些问题的存在，也已经严重影响到了刑事法目的的顺利实现。（3）认识和研究刑事审后程序，既离不开刑事哲学及其组分如刑事诉讼哲学的理论指导和方法指引，也需要援引刑事哲学系统之外的其他刑事学科的相关知识、理论和观念等。反过来，刑事哲学的研究如果对刑事审后程序缺少关注，那么其研究成果也应当是片面的，就不能为刑事法目的的实现提供反思机制。

由此可见，刑事审后程序系统能成为刑事学科系统在诸多层次划分后的一个微观组分，这应该既是刑事学科系统不断发展演化的结果，又是刑事诉讼程序的涌现性现象。

（三）研究刑事审后程序系统可以完善刑事一体化理论

我国刑事理论的通说以犯罪为中心，将刑事等于犯罪，为了改变该现实，刑事一体化理论应运而生。刑事一体化理论认为，刑事是犯罪之事，也是被害之事和刑事环境之事，还是刑事对策之事，以及对刑事事实和刑事对策的反思之事。刑事理论研究的对象包括刑事事实、刑事对策和刑事反思这三个层面：刑事事实是对犯罪、被害和刑事环境的认识，它是产生刑事对策的基础；刑事对策是在认识刑事事实的基础上，对刑事事实的应对；刑事反思则从哲学的高度思辨刑事事实和刑事对策，并对刑事事实产生新的认识，形成新的刑事对策。在刑事一体化理论指引下，刑事诉讼全过程的立案、侦查、起诉、审判、执行、回归、补偿等重要节点的衔接应当顺畅、有致、有力，国家的专门机关应当避免程序与实体、政策与制度的冲突，时刻关注多变和多元的现实，既要保护犯罪嫌疑人、被告人、受刑人和刑释人，也要保护被害人和刑事环境。刑事一体化的理论研究要引向深入，既要将刑事学科群作为一个整体来深入研究，也要将各刑事部门学科分别联系起来深入研究，更要将各刑事部门学科本身置于刑事学科整体的背景下进行深入研究。刑事审后程序系统，是刑事一体化系统中的组分、结构和机制三个方面的微观子系统，因此研究刑事审后程序，可以完善刑事一体化理论。

此外，探讨刑事审后程序的系统涌现性，有利于刑事一体化系统涌现性的研究。刑事审后程序系统的最初状态应该仅限于若干要素，随着外部环境的不断变化以及程序主体的自组织性，不同的刑事审后程序要素因其内在逻辑关系的运行而形成刑事审后程序的不同子系统，其程序系统最低层次结构形成并涌现出新的特性与功能；由于外部环境仍然一直在变化以及程序主体具有的自组织性，导致刑事审后程序系统跟随环境的变化调整内部结构，不同的刑事审后程序要素重新组合，涌现出刑事审后程序系统新的层次结构，同时也涌现出新的特性和功能。刑事审后程序系统涌现现象的出现，源于组分效应、结构效应、规模效应、环境效应这四个效应，刑事审后程序系统涌现性的消涨，取决于信息共享、信息协同和信息同步的传播效率和途径。由于刑事一体化理论对于刑事学科整体涌现性的研究还是一个空白地带，因此，本书探讨刑事审后程序的系统涌现性，既能起到抛砖引玉的作用，也有利于刑事一体化理论的完善。

二、展望

宇宙是一个超级巨大的复杂系统，万事万物均为分割宇宙系统的结果，分割后的万事万物本身也是一个子系统。能够分割到什么程度，完全取决于目的和技术。例如刑事诉讼程序系统按时序分为审前程序、审判程序和审后程序三个子系统，而审后程序又可分为刑事执行程序和刑事执行后程序两个子系统。等等。

本书研究表明：刑事审后程序的产生是为了满足刑事法目的实现的需要，刑事法目的论是刑事审后程序体系构建和立法完善的依据。本体意义上的刑事审后程序虽然至今没有形成，是刑事诉讼程序中尚未成形的"新大陆"，但碎片化的"刑事审后程序"在理论、实践和立法中均已出现，这是能够发现它的客观基础，也是可以研究它的事实依据。由于它的现行子程序大多分散在不同的法律领域中，相互之间缺乏照应，彼此之间没有桥梁，无法构成一个程序整体，这种碎片化的存在，导致难以将其作为一个整体来研究，也难以识别其刑事诉讼程序法的性质，甚至很少有人能够准确地描述它，当务之急是应在理论研究的基础上完善相关立法，将这些"碎片化"的子程序"进化"为刑事审后程序体系。

因此，我国在将来应当以刑事法目的论为理论基础，通过编纂《刑事诉讼法典》的方式，从更高层次上完善刑事审后程序的立法，建构一个具有合理层次结构的刑事诉讼程序立法体系。当然，"法不等于正义的全部"，"法只能是部分自治"，① 制订了好的刑事法律，还需要通过符合立法目的的刑事司法和刑事执法机制的良性运行，刑事法目的方可得以全面地实现。

哥伦布发现新大陆之后，颠覆了"地球是平的"这一人们普遍认为的固有观念。刑事审后程序的发现，虽然可能没有颠覆性的力量，但同样也会改变一些通说观点，例如刑事诉讼程序终结于刑事执行程序、刑法目的要素仅限于报应和预防等传统和权威的观点；还可以修正一些基本理论的传统观点，比如在刑诉目的论中，刑释人回归权是否是保障人权的应有之义，再如在刑事诉讼主

---

① 《读书》编辑部：《读书》，生活·读书·新知三联书店 2000 年第 4 期，第 50 页。

体论中主体的外延等等。可以说，"刑事审后程序"的构建，至少在理论上能够发挥其整体优势去解决相关的法律问题，为刑事当事人的人权提供全面、充分和均衡的刚性保障，特别是对减少甚至避免国家权力的恣意妄为应当具有巨大的积极意义。

可以预言，研究"刑事审后程序"这个刑事诉讼程序的"新大陆"，不仅对刑事诉讼法学的一些基本概念、既有原则、价值、目的和功能等一系列的深层理论将会产生剧烈的影响，而且可以完善刑事一体化理论。

无论如何，本书作者坚信，今后的刑事法律和刑事政策，均应"以人为本"，在突出惩罚的刚性时，也尊重人、理解人和关心人——现代刑事法治，正是通过公正理性的刑罚惩罚以实现秩序稳定，通过限制刑罚权以实现保障人权，通过刑事司法以满足被害人权益保护的需要，从而展示其刚柔相济的内在品行。① 刑释人和被害人均不能成为被遗忘的对象，只有关注所有刑事当事人人权的刑事法律和刑事政策，才是真正良善的刑事法律和刑事政策。因此，创造具有刚柔相济内在品行的刑事法律和刑事政策，应该是未来的发展方向。

另外，网络信息革命发展到当前，没有哪个部门法能够宣称其现有制度不受影响，因此刑事法制度不仅在实践操作层面上会大量依靠网络信息技术，而且在理论研究层面上，对于网络信息技术也应当予以积极的回应。② 但是，本书对此没有任何的贡献，这应该是本书今后努力的一个方向。

---

① 参见梁根林：《"刀把子"、"大宪章"抑或"天平"？——刑法价值的追问、批判与重塑》，载《中外法学》2002 年第 3 期，第 22 页。

② 裴炜：《数据侦查的程序法规制——基于侦查行为相关性的考察》，载《法律科学（西北政法大学学报）》2019 年第 6 期，第 53 页。

参考文献

一、著作

［1］北京大学现代科学与哲学研究中心编:《钱学森与社会主义》,人民出版社 2012 年版。

［2］白建军:《关系犯罪学》,中国人民大学出版社 2005 年版。

［3］卞建林主编:《外国刑事诉讼法》,中国政法大学出版社 2008 年版。

［4］包雯、李玉华:《21 世纪刑罚价值取向研究》,知识产权出版社 2006 版。

［5］陈彬、李昌林等:《刑事被害人救济制度研究》,法律出版社 2009 年版。

［6］陈光中主编:《联合国刑事司法准则与中国刑事法制》,法律出版社 1998 年版。

［7］陈光中、江伟主编:《诉讼法论丛》(第 2 卷),法律出版社 1998 年版。

［8］陈光中、徐静村主编:《刑事诉讼法学》(修订版),中国政法大学出版社 2000 年版。

［9］陈光中主编:《刑事诉讼法实施问题研究》,中国法制出版社 2000 年版。

［10］陈光中主编:《刑事诉讼法》,北京大学出版社、高等教育出版社 2012 年版。

［11］陈光中主编:《刑事诉讼法(面向 21 世纪课程教材)》,北京大学出版社 2016 年版。

［12］陈建军、李立宏:《刑事诉讼价值论》,中南大学出版社 2006 年版。

［13］陈明华:《刑法学》,中国政法大学出版社 1999 年版。

［14］陈朴生:《刑事诉讼法实务》,海天印刷厂有限公司 1981 年增订第

四版。

[15] 陈瑞华：《刑事审判原理论》，北京大学出版社 1997 年版。

[16] 陈瑞华：《刑事诉讼的前沿问题》，中国人民大学出版社 2000 年版。

[17] 陈瑞华：《刑事审判原理论》，北京大学出版社 2003 年版。

[18] 陈瑞华：《程序性制裁理论》，中国法制出版社 2005 年版。

[19] 陈瑞华：《刑事诉讼的前沿问题》，中国人民大学出版社 2005 年版。

[20] 陈瑞华：《刑事诉讼的中国模式》，法律出版社 2010 年版。

[21] 陈士涵：《人格改造论（上）》，学林出版社 2001 年版。

[22] 陈卫东主编：《刑事诉讼法学》，高等教育出版社 2017 年版。

[23] 陈卫东主编：《刑事审前程序与人权保障》，中国法制出版社 2008
年版。

[24] 陈卫东主编：《刑事诉讼法资料汇编》，法律出版社 2005 年出版。

[25] 陈兴良主编：《刑事法评论（第 14 卷）》，中国政法大学出版社 2004
年版。

[26] 陈兴良主编：《刑事法评论（第 15 卷）》，法律出版社 2004 年版。

[27] 陈兴良：《刑法的人性基础》，中国方正出版社 1996 年版。

[28] 陈兴良主编：《刑事法评论（第 2 卷）》，中国政法大学出版社 1998
年版。

[29] 陈兴良：《刑法哲学》（修订第二版），中国政法大学出版社 2000
年版。

[30] 陈兴良：《本体刑法学》，商务印书馆 2001 年版。

[31] 陈兴良：《当代中国刑法新境域》，中国政法大学出版社 2002 年版。

[32] 陈兴良：《刑法的启蒙》，法律出版社 2003 年版。

[33] 陈兴良：《刑种通论》，中国人民大学出版社 2007 年版。

[34] 陈颖健、张慧群：《新思维方式》，科学技术文献出版社 2003 年版。

[35] 陈志龙：《法益与刑事立法》，台湾大学丛书编辑委员会 1992 年版。

[36] 陈忠、盛毅华：《现代系统科学学》，上海科学技术文献出版社 2005
年版。

[37] 陈忠林：《刑法散得集》，法律出版社 2003 年版。

[38]《辞海》（缩印本），上海辞书出版社 1989 年版。

［39］储槐植：《刑事一体化与关系刑法论》，北京大学出版社 1997 年版。

［40］储槐植、许章润等：《犯罪学》，法律出版社 1997 年版。

［41］储槐植：《外国监狱制度概要》，法律出版社 2001 年版。

［42］储槐植：《刑事一体化》，法律出版社 2004 年版。

［43］常健：《人权的理想·悖论·现实》，四川人民出版社 1992 年版。

［44］曹竞辉：《国家赔偿立法与案例研究》，台湾地区三民书局 1988 年版。

［45］蔡枢衡：《刑法学》，中国民主法制出版社 2011 年版。

［46］程滔：《刑事被害人的权利及其救济》，中国法制出版社 2011 年版。

［47］成有信编：《九国普及义务教育》，人民教育出版社 1985 版。

［48］董云虎、刘武萍：《世界人权约法总览》，四川人民出版社 1991 年版。

［49］董文蕙：《犯罪被害人国家补偿制度基本问题研究》，中国检察出版社 2012 年版。

［50］《读书》编辑部：《读书》，三联出版社 2000 年版。

［51］但未丽：《社区矫正立论基础与制度构建》，中国人民公安大学出版社 2008 年版。

［52］21 世纪 100 个科学难题编写组：《21 世纪 100 个科学难题》，吉林人民出版社 1998 年版。

［53］樊崇义主编：《刑事诉讼法学》，法律出版社 2016 年版。

［54］房保国：《被害人的刑事程序保护》，法律出版社 2007 年版。

［55］冯卫国：《行刑社会化研究——开放社会中的刑罚趋向》，北京大学出版社 2003 年版。

［56］傅有德等：《现代犹太哲学》，人民出版社 1999 年版。

［57］付子堂：《法律功能论》，中国政法大学出版社 1999 年版。

［58］郭建安主编：《犯罪被害人学》，北京大学出版社 1997 年版。

［59］郭建安：《联合国监狱管理规范概述》，法律出版社 2001 年版。

［60］郭建安：《西方监狱制度概论》，法律出版社 2003 年版。

［61］顾基发、唐锡晋：《物理—事理—人理系统方法论：理论与应用》，上海科技教育出版社 2006 年版。

［62］顾基发、王浣尘、唐锡晋等：《综合集成方法体系与系统学研究》，科学出版社 2007 年版。

[63] 顾培栋：《社会冲突与诉讼机制》，法律出版社，2004 年版。

[64] 高铭暄：《刑法学原理（第一卷）》，中国人民大学出版社 1993 年版。

[65] 高铭暄、马克昌：《刑法学》，北京大学出版社、高等教育出版社 2000 年版。

[66] 高铭暄：《刑法专论》，中国人民大学出版社 2006 年版。

[67] 高维俭：《刑事三元结构论——刑事哲学方法论初探》，北京大学出版社 2006 年版。

[68] 高宣扬：《鲁曼社会系统理论与现代性》，中国人民大学出版社 2005 年版。

[69] 甘雨沛、何鹏：《外国刑法学》，北京大学出版社 1984 年版。

[70] 何秉松：《刑法教科书》，中国法制出版社 2000 年版。

[71] 何显兵：《社区刑罚研究》，群众出版社 2005 年版。

[72] 黄东熊：《刑事诉讼法论》，台湾地区三民书局 1984 年版。

[73] 黄富源、张平吾：《被害者学新论》，台湾铭传大学出版社 2008 年版。

[74] 黄京平、席小华主编：《帮教安置工作理论与实务》，中国法制出版社 2008 年版。

[75] 郝银钟：《刑事公诉权原理》，人民法院出版社 2004 年版。

[76] 侯国云主编：《刑罚执行问题研究》，中国人民公安大学出版社 2005 年版。

[77] 季卫东：《法治秩序的建构》，中国政法大学出版社 1999 年版。

[78] 金吾伦：《生成哲学》，河北大学出版社 2000 年版。

[79] 李步云主编：《人权法学》，高等教育出版社 2005 年版。

[80] 李步云主编：《宪法比较研究》，法律出版社 1998 年版。

[81] 李海东主编：《日本刑事法学者》，法律出版社 1995 年版。

[82] 李龙主编：《法理学》，武汉大学出版社 1996 年版。

[83] 李曙华：《从系统论到混沌学》，广西师范大学出版社 2002 年版。

[84] 李心鉴：《刑事诉讼构造论》，中国政法大学出版社 1992 年版。

[85] 李志勇、田新华编：《非线性科学与复杂性科学》，哈尔滨工业大学出版社 2006 年版。

[86] 刘玫：《刑事诉讼法（21 世纪应用型法学系列教材）》，中国人民大

学出版社 2011 年版。

[87] 刘军宁：《共和·民主·宪政》，三联书店 1998 年版。

[88] 刘楠来等编：《人权的普遍性和特殊性》，社会科学文献出版社 1996 年版。

[89] 刘强：《美国社区矫正的理论与实务》，中国人民公安大学出版社 2003 年版。

[90] 刘强：《各国（地区）社区矫正法规选编及评价》，中国人民公安大学出版社 2004 年版。

[91] 刘清波：《冤狱赔偿研究》，台湾地区商务印书馆 1973 年版。

[92] 刘仁文：《刑事政策初步》，中国人民公安大学出版社 2004 年版。

[93] 刘仁文：《刑法的结构与视野》，北京大学出版社 2010 年版。

[94] 刘远：《刑事法哲学初论》，中国检察出版社 2004 年版。

[95] 刘志远：《二重性视角下的刑法规范》，中国方正出版社 2003 年版。

[96] 梁根林：《刑事政策：立场与范畴》，法律出版社 2005 年版。

[97] 梁玉霞：《论刑事诉讼方式的正当性》中国法制出版社 2002 年版。

[98] 林纪东：《监狱学》，台湾地区三民书局 1998 年版。

[99] 林山田：《犯罪问题与刑事司法》，台湾商务印书馆股份有限公司 1976 年版。

[100] 林山田：《刑罚学》，台湾商务印书馆股份有限公司 1983 年版。

[101] 林钰雄：《刑事诉讼法》（上册），中国人民大学出版社 2005 年版。

[102] 吕嘉戈：《中国哲学方法——整体观方法论与形象整体思维》，中国文联出版社 2003 年版。

[103] 柳建华、李炳烁：《权利视野下的基层司法实践——刑事被害人救助制度研究》，江苏大学出版社 2010 年版。

[104] 鲁兰：《中日矫正理念与实务的比较研究》，北京大学出版社 2005 年版。

[105] 鲁加伦主编：《中国罪犯人权研究》，法律出版社 1998 年版。

[106] 力康泰、韩玉胜：《刑事执行法学原理》，中国人民大学出版社 1998 年版。

[107] 龙文懋：《知识产权法哲学初论》，人民出版社 2003 年版。

［108］龙宗智、杨建广主编：《刑事诉讼法》，高等教育出版社2010年版。

［109］卢希起：《刑事被害人国家补偿制度研究》，中国检察出版社2008年版。

［110］老子：《道德经》，辜正坤译，北京大学出版社1995年版。

［111］苗东升：《系统科学大学讲稿》，中国人民大学出版社2007年版。

［112］苗东升：《系统科学精要》，中国人民大学出版社2006年版。

［113］苗东升：《系统科学原理》，中国人民大学出版社1990年版。

［114］马怀德主编：《行政诉讼原理》，法律出版社2003年版。

［115］马克昌主编：《刑罚通论》，武汉大学出版社1999年版。

［116］马克昌等主编：《刑法学全书》，上海科学技术文献出版社1993年版。

［117］马克昌主编：《近代西方刑法学说史略》，中国检察出版社1996年版。

［118］朴昌根：《系统学基础》，上海辞书出版社2005年版。

［119］庞元正、李建华：《系统论控制论信息论经典文献选编》，求实出版社1989年版。

［120］秦晖：《传统十论：本土社会的制度、文化及其变革》复旦大学出版社2003年版。

［121］乔克裕主编：《法律学教程》，法律出版社1997年版。

［122］曲涛：《刑事被害人国家补偿制度研究》，法律出版社2008年版。

［123］曲新久：《刑法的精神与范畴》，中国政法大学出版社2000年版。

［124］齐延平：《人权与法治》，山东人民出版社2003年版。

［125］邱兴隆：《关于惩罚的哲学——刑罚根据论》，法律出版社2000年版。

［126］钱学森：《大系统理论更新——系统工程理论与实践》，中国工程出版社1986年版。

［127］钱学森等：《论系统工程（增订本）》，湖南科学技术出版社1988年版。

［128］钱学森：《智慧的钥匙：钱学森论系统科学》，上海交通大学出版社2005年版。

［129］孙长永：《侦查程序与人权——比较法考察》，中国方正出版社2000年版。

［130］孙国华、朱景文主编：《法理学》，中国人民大学出版社1999年版。

[131] 孙文恺：《社会学法学》，法律出版社 2005 年版。

[132] 舒国滢：《法哲学沉思录》，北京大学出版社 2010 年版。

[133] 苏俊雄：《刑法总论》（上），台湾大地印刷厂股份有限公司 1998 年版。

[134] 邵名正：《中国劳政法学理论研究综述》，中国政法大学出版社 1992 年版。

[135] ［宋］林希逸：《庄子卢斋口义校注·齐物论》，中华书局 1997 年版。

[136] 宋世杰：《刑事诉讼理论研究》，湖南人民出版社 2001 年版。

[137] 宋英辉主编：《刑事诉讼原理》，法律出版社 2003 年版。

[138] 宋英辉：《日本刑事诉讼法》，中国政法大学出版社 2000 年版。

[139] 宋英辉：《刑事诉讼目的论》，中国人民公安大学出版社 1995 年版。

[140] 锁正杰：《刑事程序的法哲学原理》，中国人民公安大学出版社 2002 年版。

[141] 沈宗灵主编：《西方人权学说》（下），四川人民出版社 1994 年版。

[142] 沈宗灵主编：《法理学》，北京大学出版社 2003 年版。

[143] 谭兵主编：《外国民事诉讼制度研究》，法律出版社 2003 年版。

[144] 谭桂秋：《民事执行原理研究》，中国法制出版社 2001 年版。

[145] 田思源：《犯罪被害人的权利与救济》，法律出版社 2008 年版。

[146] 田心则：《刑事诉讼中的国家权力与程序》，中国人民公安大学出版社 2008 年版。

[147] 吴国盛：《科学的世纪》，法律出版社 2000 年版。

[148] 吴彤：《自组织方法论研究》，清华大学出版社 2001 年版。

[149] 吴宗宪：《西方犯罪学》，法律出版社 2006 年版。

[150] 吴宗宪：《西方犯罪学史》（第二版），中国人民公安大学出版社 2010 年版。

[151] 吴宗宪：《当代西方监狱学》，法律出版社 2005 年版。

[152] 王国枢主编：《刑事诉讼法学》，北京大学出版社 2005 年版。

[153] 王家福主编：《人身权与法治》，社会科学文献出版社 2007 年版。

[154] 王建今等：《现代刑法的基本问题》，台湾汉林出版社 1981 年版。

[155] 王明星：《刑法谦抑精神研究》，中国人民公安大学出版社 2005 年版。

［156］王瑞君：《刑事被害人国家补偿研究》，山东大学出版社 2011 年版。

［157］王志亮：《外国刑罚执行制度研究》，广西师范大学出版社 2009 年版。

［158］王众托：《系统工程引论（第三版）》，电子工业出版社 2006 年版。

［159］文海林：《刑法科学主义初论》，法律出版社 2006 年版。

［160］魏宏森：《系统科学方法论导论》，人民出版社 1983 年版。

［161］魏宏森：《系统科学与社会系统》，吉林教育出版社 1990 年版。

［162］虞平、郭志媛编译：《争鸣与思辨》，北京大学出版社 2013 年版。

［163］汪应洛：《系统工程学（第三版）》，高等教育出版社 2007 年版。

［164］《现代汉语词典》，商务印书馆 1987 年版。

［165］《现代汉语词典（增补本）》，商务印书馆 2002 年版。

［166］许道敏：《民权刑法论》，中国法制出版社 2003 年版。

［167］许国志：《系统科学大辞典》，云南科技出版社 1994 年版。

［168］许国志：《系统科学》，上海科技教育出版社 2000 年版。

［169］许启义：《犯罪被害人保护法之实用权益》，（台北）永然文化出版公司 2001 年版。

［170］许福生：《变动时期的刑事政策》："中央"警察大学出版社 2003 年版。

［171］许永强：《刑事法治视野中的被害人》，中国检察出版社 2003 年版。

［172］北京大学哲学系外国哲学史教研室编译：《西方哲学原著选读》（下），商务印书馆 2004 年版。

［173］薛惠锋主编：《复杂性人工生命研究方法导论》，国防工业出版社 2007 年版。

［174］徐静村：《21 世纪中国刑事程序改革研究——〈中华人民共和国刑事诉讼法〉第二修正案（学者建议稿）》，法律出版社 2003 年版。

［175］肖剑鸣：《犯罪学研究论衡》，中国检察出版社 1996 年版。

［176］谢瑞智：《刑事政策原论》，文笙书局 1978 年版。

［177］谢望原：《欧陆刑罚制度与刑罚价值原理》，中国检察出版社 2004 年版。

［178］谢佑平：《刑事诉讼国际准则研究》，法律出版社 2002 年版。

［179］谢佑平：《刑事司法程序的一般理论》，复旦大学出版社 2003 年版。

［180］徐显明主编：《国际人权法》，法律出版社 2004 年版。

［181］徐显明主编：《人权研究》（第二卷），山东人民出版社 2002 年版。

［182］徐亚文：《程序正义论》，山东人民出版社 2004 年版。

［183］徐永康主编：《法理学》，上海人民出版社 2003 年版。

［184］夏勇主编：《公法》，法律出版社 2000 年版。

［185］夏勇：《人权概念起源——权利的历史哲学》，中国政法大学出版社 2002 年版。

［186］夏勇：《中国民权哲学》，三联书店 2004 年版。

［187］夏宗素：《罪犯矫正与康复》，中国人民公安大学出版社 2005 年版。

［188］熊志海主编：《刑事诉讼法学》，重庆大学出版社 2005 年版。

［189］袁登明：《行刑社会化研究》，中国人民公安大学出版社 2005 年版。

［190］杨殿升等主编：《中国特色监狱制度研究》，法律出版社 1999 年版。

［191］严军兴、管晓峰主编：《中外民事强制执行制度比较研究》，人民出版社 2006 年版。

［192］姚建宗主编：《法理学》，科学出版社 2010 年版。

［193］阮齐林：《刑法学》，中国政法大学出版社 2010 年版。

［194］易延友：《刑事诉讼法》，法律出版社 2003 年版。

［195］颜泽贤：《复杂系统演化论》，人民出版社 1993 年版。

［196］赵宝云：《西方五国宪法通论》，中国人民公安大学出版社 1994 年版。

［197］赵秉志：《刑法基本理论专题研究》，法律出版社 2005 年版。

［198］赵国玲：《中国犯罪被害人研究综述》，中国检察出版社 2009 年。

［199］赵国玲：《刑事法学三论》，警官教育出版社 1998 年版。

［200］赵可主编：《被害者学》，中国矿业大学出版社 1989 年版。

［201］赵可：《犯罪被害人及其补偿立法》，群众出版社 2009 年版。。

［202］赵凯荣：《复杂性哲学》，中国社会科学出版社 2001 年版。

［203］张甘妹：《刑事政策》，台湾地区三民书局 1978 年版。

［204］张华夏：《物质系统论》，浙江人民出版社 1987 年版。

［205］张明楷：《外国刑法纲要》，清华大学出版社 1999 年版。

［206］张明楷：《刑法学》，法律出版社 2003 年版。

［207］张明楷：《外国刑法纲要》，清华大学出版社2007年版。

［208］张文显：《二十世纪西方法哲学思潮研究》，法律出版社1996年版。

［209］张文显：《法哲学范畴研究》（修订版），中国政法大学出版社2001年版。

［210］张文显：《法哲学范畴研究》，中国政法大学出版社2003年版。

［211］张文显主编：《法理学》，高等教育出版社、北京大学出版社2003年版。

［212］张文显主编：《法理学》，高等教育出版社、北京大学出版社2007年版。

［213］张星、赏梅苹：《社区矫正实务过程分析》，华东理工大学出版社2008年版。

［214］张旭、李永红：《刑事诉讼法（21世纪高等院校法学系列基础教材）》，中国人民大学出版社2003年版。

［215］张小虎：《刑法的基本观念》，北京大学出版社2004年版。

［216］张智辉：《理性地对待犯罪》，法律出版社2003年版，

［217］张军：《宽严相济刑事政策的理解与适用》，《全国基层法官轮训读本》，最高人民法院政治部、国家法官学院2011年12月编。

［218］中国监狱学会、中国人权研究会编：《中国监狱人权保障》，法律出版社2004年版。

［219］中国社会科学院法学研究所编：《当代人权》，中国社会科学出版社1992年版。

［220］周光权：《刑法学的向度》，中国政法大学出版社2004年版。

［221］周静：《法律规范的结构》，知识产权出版社2010年版。

［222］周欣：《欧美日本刑事诉讼——特色制度与改革动态》，中国人民公安大学出版社2002年版。

［223］《周易》，马恒君注释，华夏出版社2001年版。

［224］周永坤：《法理学——全球视野》，法律出版社2010年版。

［225］朱庆和、赵秉志主编：《财产刑执行的调查与研究》，人民法院出版社2007年版。

［226］郑水流：《法哲学与法社会学论丛（二）》，中国政法大学出版社

2000 年版。

［227］左卫民：《刑事诉讼的中国图景》，生活·读书·新知三联书店 2010 年版。

［228］翟中东主编：《自由刑的变革：行刑社会化框架下的思考》，群众出版社 2005 年版。

［229］翟志勇主编：《罗斯科·庞德：法律与社会——生平、著述及思想》，广西师范大学出版社 2004 年版。

二、译作

［1］［比］G·尼科利斯、普里戈金：《非平衡系统中的自组织》，徐锡申等译，科学出版社 1986 年版。

［2］［比］普里戈金：《从混沌到有序》，曾庆宏、沈小峰译，上海译文出版社 2005 年版。

［3］［德］《德国刑法典》，徐久生、庄敬华译，中国方正出版社 2004 年版。

［4］［德］弗兰茨·玛·李斯特：《德国刑法教科书》，徐久生译，法律出版社 2000 年版。

［5］［德］克内尔、纳塞希：《卢曼社会系统理论导引》，鲁贵显译，台北巨流图书公司 1998 年版。

［6］［德］哈贝马斯：《在事实与规范之间——关于法律和民主法治国的商谈理论》，童世骏译，生活·读书·新知三联书店 2003 年版。

［7］［德］赫尔曼·哈肯：《大脑工作原理——脑活动、行为和认知的协同学研究》，郭治安、吕翎译，上海科技教育出版社 2000 年版。

［8］［德］H·哈肯：《协同学导论》，张纪岳等译，西北大学科研处 1981 年版。

［9］［德］汉斯·约阿希德·施奈德主编：《国际范围内的被害人》，许章润等译，中国人民公安大学出版社 1992 年版。

［10］［德］汉斯·海因里希·耶塞克、托马斯·魏根特：《德国刑法教科书》（总论），徐久生译，中国法制出版社 2001 年版。

［11］［德］拉德布鲁赫：《法学导论》，米健等译，中国大百科全书出版

社 1997 年版。

　　［12］［德］康德：《道德形而上学原理》，苗力田译，上海人民出版社 2005 年版。

　　［13］［德］卡尔·拉伦兹：《法学方法论》，陈爱娥译，商务印书馆 2003 年版。

　　［14］［德］罗克辛：《刑事政策与刑法体系》，蔡桂生译，中国人民大学出版社 2011 年版。

　　［15］［德］罗克辛：《德国刑法学总论》（第 1 卷），王世洲译，法律出版社 2005 年版。

　　［16］［德］科殷：《法哲学》，林荣远译，华夏出版社 2002 年版。

　　［17］［德］罗克辛：《德国刑事诉讼法》，吴丽琪译，法律出版社 2003 年版。

　　［18］［德］卢曼：《生态沟通：现代社会能应付生态危害吗》，汤志杰、鲁贵显译，台北桂冠图书股份有限公司 2001 年版。

　　［19］［德］卢曼：《社会系统的自我再制》，汤志杰、邹川雄译，载《思与言》（台北）1994 年第 32 卷第 4 期。

　　［20］［德］卢曼：《社会的经济》，余瑞先、郑伊倩译，人民出版社 2008 年版。

　　［21］［德］李斯特：《刑法的目的观念》，丁小春译，载邱兴隆主编：《比较刑法（第二卷）》，中国检察出版社 2004 年版。

　　［22］［德］李斯特：《德国刑法教科书》，徐久生译，法律出版社 2006 年版。

　　［23］［德］《马克思恩格斯全集》第 3 卷，人民出版社 1960 年版。

　　［24］［德］马克斯·韦伯：《韦伯作品集Ⅸ：法律社会学》，康乐等译，广西师范大学出版社 2005 年版。

　　［25］［德］尼采：《论道德的谱系》，周红译，三联书店 1992 年版。

　　［26］［德］平特纳：《德国普通行政法》，朱林译，中国政法大学出版社 1999 年版。

　　［27］［德］帕夫利克：《人格体 主体 公民：刑罚的合法性研究》，谭淦译，冯军审校，中国人民大学出版社 2012 年版。

　　［28］［德］托马斯·魏根特：《德国刑事诉讼程序》，岳礼玲、温晓洁译，

中国政法大学出版社 2004 年版。

[29] [德] 约翰内斯·韦塞尔斯：《德国刑法总论》，李昌珂译，法律出版社 2008 年版。

[30] [德] 耶赛克等：《德国刑法教科书》，徐久生译，中国法制出版社 2001 年版。

[31] [德] 雅科布斯：《规范·人格体·社会》，冯军译，法律出版社 2001 年版。

[32] [德] 雅科布斯：《行为 责任 刑法——机能性描述》，冯军译，中国政法大学出版社 1997 年版。

[33] [法]《法国新刑法典》，罗结珍译，中国法制出版社 2003 年版。

[34] [法]《法国刑事诉讼法典》，余叔通译，中国政法大学出版社 1998 年版。

[35] [法]《法国刑事诉讼法》，罗结珍译，中国法制出版社 2006 年版。

[36] [法] 卡斯东·斯特法尼：《法国刑法总论精义》，罗结珍译，中国政法大学出版社 1998 年版。

[37] [法] 勒鲁：《论平等》，王允道、肖厚德校，商务印书馆 1988 年版。

[38] [法] 卢梭：《社会契约论》，何兆武译，商务印书馆 1980 年版。

[39] [法] 孟德斯鸠：《论法的精神》（上），张雁升译，商务印书馆 1961 年版。

[40] [法] 马克·安塞尔：《新刑法理论》，卢建平译，香港天地图书有限公司 1990 年版。

[41] [法] 米歇尔·福柯：《规训与惩罚》，刘北成、杨远缨译，生活·读书·新知三联书店 2003 年版。

[42] [法] 诺伯特·维纳：《维纳著作选》，钟韧译，上海译文出版社 1978 年版。

[43] [法] 涂尔干：《社会分工论》，渠敬东译，生活·读书·新知三联书店 2000 年版。

[44] [古希腊] 柏拉图：《理想国》，顾寿观译，吴天岳校注，岳麓书社 2010 年版。

[45] [古希腊] 亚里士多德：《政治学》，吴寿彭译，商务印书馆 1965 年版。

［46］［古希腊］亚里士多德：《物理学》，张竹明译，商务印书馆1982年版。

［47］［日］大谷实、宫泽浩一共编：《犯罪被害人补偿制度》，成文堂1976年版。

［48］［日］大谷实、齐藤正治：《犯罪被害给付制度》，有斐阁1982年版。

［49］［日］大谷实：《刑事政策学》，黎宏译，法律出版社2000年版。

［50］［日］大谷实：《刑法总论》，黎宏译，法律出版社2003年版。

［51］［日］大塚仁：《刑法概说》（总论），冯军译，中国人民大学出版社2003年版。

［52］［日］大沼保昭：《人权、国家与文明——从普遍主义的人权观到文明相容的人权观》，王志安译，三联书店2003年版。

［53］［日］谷口安平：《程序的正义与诉讼》，王亚新等译，中国政法大学出版社1996年版。

［54］［日］芦部喜信，高桥和之增订：《宪法》，林来梵、凌维慈、龙绚丽译，北京大学出版社2006年版。

［55］［日］《日本刑法典》，张明楷译，法律出版社1998年版。

［56］［日］《新译日本法规大全》第二卷，何勤华主持点校整理，商务印书馆2007年版。

［57］［日］田口守一：《刑事诉讼法》，刘迪等译，法律出版社2000年版。

［58］［日］西田典之：《日本刑法总论》，刘明祥、王昭武译，中国人民大学出版社2007年版。

［59］［日］西原春夫：《刑法的根基与哲学》，顾肖荣等译，法律出版社2004年版。

［60］［日］岩崎、允胤主编：《人的尊严、价值及自我实现》，刘奔译，当代中国出版社1993年版。

［61］［奥］曼弗雷德·诺瓦克：《民权公约评注——联合国〈公民权利与政治权利国家公约〉》，毕小青、孙世彦等译，生活·读书·新知三联书店2004年版。

［62］［俄］《俄罗斯联邦刑法典》，黄道秀译，中国法制出版社1996年版。

［63］［南非］保罗·西利亚斯：《复杂性和后现代主义》，曾国平译，上海世纪出版集团、上海科技教育出版社2006年版。

［64］［美］阿德勒:《六大观念》,陈珠泉、杨建国译,团结出版社1989年版。

［65］［美］E·博登海默:《法理学——法律哲学与法律方法》,邓正来译,中国政法大学出版社2004年版。

［66］［美］爱伦·豪切斯泰勒·斯黛丽、南希·弗兰克:《美国刑事法院诉讼程序》,陈卫东、徐美君译,中国人民大学出版社年2002版。

［67］［美］爱因·兰德:《新个体主义伦理观——爱因·兰德文选》,秦裕译,上海三联书店1993年版。

［68］［美］爱因斯坦:《爱因斯坦文集(第一卷)》,许良英、范岱年编译,商务印书馆1976年版。

［69］［美］伯尔曼:《法律与宗教》,梁治平译,中国政法大学出版社2003年版。

［70］［美］玻姆:《整体性与隐缠序——卷展中的宇宙与意识》,洪定国等译,上海科技教育出版社2004年版。

［71］［美］D.C.菲立普:《社会科学中的整体论思想》,吴忠、陈昕、刘源译,宁夏人民出版社1988年版。

［72］［美］保罗·库尔兹编:《21世纪的人道主义》,肖峰等译,东方出版社1998年版。

［73］［美］贝思·J·辛格:《实用主义、权利和民主》,王守昌等译,上海译文出版社2001年版。

［74］［美］德沃金:《原则问题》,张国清译,江苏人民出版社2008年版。

［75］［美］德沃金:《认真对待权利》,信春鹰、吴玉章译,上海三联书店2008年版。

［76］［美］冯·贝塔朗菲:《一般系统论:基础、发展和应用》,林康义、魏宏森等译,清华大学出版社1987年版。

［77］［美］范伯格:《自由、权利和社会正义》,王守昌、戴栩译,贵州人民出版社1998年版。

［78］［美］弗·卡普拉:《转折点:科学·社会·兴起中的新文化》,冯禹、向世陵等编译,中国人民大学出版1989年版。

［79］［美］房龙:《宽容》,连卫、靳翠微译,三联书店1985年版。

[80]［美］赫伯特·金迪斯、萨缪·鲍尔斯等：《走向统一的社会科学》，浙江大学跨学科社会科学研究中心译，上海世纪出版集团2005年版。

[81]［美］哈伯特·帕克：《刑事制裁的界限》，梁根林等译，法律出版社2008年版。

[82]［美］杰克·唐纳利：《普遍人权的理论与实践》，王浦劬等译，中国社会科学出版社2001年版。

[83]［美］库恩：《科学革命的结构》，金吾伦、胡新和译，北京大学出版社2003年版。

[84]［美］蒯因：《从逻辑的观点看》，江天骥等译，上海译文出版社1987年版。

[85]［美］罗伯特·金·默顿：《论理论社会学》，何凡兴等译，华夏出版社1990年版。

[86]［美］罗尔斯：《正义论》，何怀宏等译，中国社会科学出版社1988年版。

[87]［美］罗斯科·庞德：《通过法律的社会控制 法律的任务》，沈宗灵、董世忠译，商务印书馆1984年版。

[88]［美］罗斯科·庞德：《法理学第1卷》，邓正来译，中国政法大学出版社2004年版。

[89]［美］罗斯科·庞德：《法理学》（第三卷），廖德宇译，法律出版社2007年版页。

[90]［美］R·尼布尔：《道德的人与不道德的社会》，蒋庆等译，贵州人民出版社1998年版。

[91]［美］米尔伊安·R·达玛什卡：《司法和国家权力的多种面孔》，郑戈译，中国政法大学出版社2004年版。

[92]［美］美国量刑委员会编：《美国量刑指南》，量刑指南北大翻译组译，北京大学出版社，1995年版。

[93]［美］《美国联邦刑事诉讼规则和证据规则》，卞建林译，中国政法大学出版社1996年版。

[94]［美］莫里森等：《美利坚共和国的成长》（上卷），南开大学历史系美国史研究室译，天津人民出版社1980年版。

［95］［美］米歇尔·沃尔德罗普：《复杂——诞生于秩序与混沌边缘的科学》，陈玲译，生活·读书·新知三联书店1997年版。

［96］［美］欧文·拉兹洛：《用系统论的观点看世界》，闵家胤译，中国社会科学出版1985社年版。

［97］［美］欧阳莹之：《复杂系统理论基础》，田宝国等译，上海科技教育出版社2002年版。

［98］［美］乔治·B·沃尔德、托马斯·J·伯纳德、杰弗里·B·斯奈普斯：《理论犯罪学》，方鹏译，中国政法大学出版社2005年版。

［99］［美］R. M. 昂格尔：《现代社会中的法律》，吴玉章、周汉华译，译林出版社2001年版。

［100］［美］司马贺：《人工科学——复杂性面面观》，武夷山译，上海科技教育出版社2004年版。

［101］［美］托马斯·潘恩：《潘恩选集》，马清槐等译，商务印书馆1981年版。

［102］［美］斯蒂芬·罗斯曼：《还原论的局限：来自活细胞的训诫》，李创同、王策译，上海世纪出版集团2006年版。

［103］［美］史蒂文·苏本，马格瑞特·伍：《美国民事诉讼的真谛》，蔡彦敏、徐卉译，法律出版社2002年版。

［104］［美］约翰·亨利·梅利曼：《大陆法系》，顾培东、禄正平译，法律出版社2004年版。

［105］［美］约翰·霍兰：《涌现：从混沌到有序》，陈禹等译，上海世纪出版集团、上海科技教育出版社2006年版。

［106］［瑞士］皮亚杰：《结构主义》，倪连生、王琳译，商务印书馆1984年版。

［107］［苏］阿列克谢耶夫：《法的一般理论》（下册），黄良平、丁文琪译，孙国华校，法律出版社1988年版。

［108］［意］贝卡里亚：《论犯罪与刑罚》，黄风译，北京大学出版社2008年版。

［109］［意］杜里奥·帕多瓦尼：《意大利刑法学原理》，陈忠林译，法律出版社1998年版。

[110] [意] 菲利：《犯罪社会学》，郭建安译，中国人民公安大学出版社2004年版。

[111] [意] 菲利：《实证派犯罪学》，郭建安译，中国人民公安大学出版社2004年版。

[112] [意] 加罗法洛：《犯罪学》，耿伟、王新译，中国大百科全书出版社1996年版。

[113] [意] 龙勃罗梭：《犯罪人论》，黄风译，中国法制出版社2005年版。

[114] [英] 哈耶克：《个人主义与经济秩序》，贾湛等译，北京经济学院出版社1991年版。

[115] [英] 阿克顿：《自由史论》，胡传胜等译，译林出版社2001年版。

[116] [英] 戴维·沃克：《牛津法律大辞典》，李双元等译，法律出版社2003年版。

[117] [英] 达尔文：《物种起源》，舒德干译，北京大学出版社2005年版。

[118] [英] 哈耶克：《法律、立法与自由（第2、3卷）》，邓正来译，中国大百科全书出版社2000年版。

[119] [英] 霍布斯：《利维坦》，黎思复、黎廷弼译，商务印书馆1985年版。

[120] [英] 霍布豪斯：《自由主义》，朱曾汉译，商务印书馆1996年版。

[121] [英] 哈特：《惩罚与责任》，王勇等译，华夏出版社1989年版。

[122] [英] 哈特：《法律的概念》，许家馨、李冠宜译，法律出版社2011年版。

[123] [英] 边沁：《惩罚的一般原理》，邱兴隆译，载邱兴隆主编，《比较刑法（第2卷：刑罚基本理论专号）》，中国检察出版社2004年版。

[124] [英] 边沁：《立法理论》，李贵方等译，中国人民公安大学出版社2004年版。

[125] [英] 卡尔·波普尔：《开放社会及其敌人（第一卷）》，陆衡等译，中国社会科学出版社1998年版。

[126] [英] 洛克：《政府论》（下篇），瞿菊农、叶启芳译，商务印书馆1982年版。

［127］［英］罗吉尔·胡德：《死刑的全球考察》，刘仁文、周振杰译，中国人民公安大学出版社 2005 年版。

［128］［英］内维尔·哈里斯等：《社会保障法》，李西霞、李凌译，北京大学出版社 2006 年版。

［129］［英］米尔恩：《人的权利与人的多样性——人权哲学》，夏勇、张志铭译，中国大百科全书出版社 1995 年版。

［130］［英］迈克尔·C·杰克逊：《系统思考——适于管理者的创造性整体论》，高飞、李萌、陈剑译，中国人民大学出版社 2005 年版。

［131］［英］史蒂芬·霍尔姆斯：《权利的成本》，毕竞悦译，北京大学出版社 2004 年版。

［132］［英］索利：《英国哲学史》，段德智译，山东人民出版社 1992 年版。

［133］［英］韦恩·莫里林：《法理学——从古希腊到后现代》，李桂兰、李清伟、侯健等译，武汉大学出版社 2003 年版。

［134］［英］韦恩·莫里森：《理论犯罪学——从现代到后现代》，刘仁文、吴宗宪等译，法律出版社 2004 年版。

［135］［英］约翰·奥斯丁：《法理学的范围》，刘星译，中国法制出版社 2002 年版。

［136］［英］约翰·密尔：《论自由》，程崇华译，商务印书馆 1959 年版。

［137］［英］约翰·穆勒：《政治经济学原理》（上卷），赵荣潜等译，商务印书馆 1991 年版。

［138］［英］詹姆斯·迪南：《解读被害人与恢复性司法》，刘仁文、林俊辉等译，中国人民公安大学出版社 2009 年版。

三、论文

［1］程琥等：《法社会学视野中的社区矫正制度》，载《中国监狱学刊》2004 年第 4 期。

［2］陈建军：《刑事诉讼的目的、价值及其关系》，载《法学研究》2003 年第 4 期。

［3］陈建军、李立宏：《论刑事审后程序》，载《中南林业科技大学学报》2012 年第 2 期。

［4］陈建军、李立宏：《合理配置我国刑事审后程序中的国家权力》，载《云梦学刊》2013 年第 6 期。

［5］陈瑞华：《司法中的对抗与合作》，载《法学研究》2007 年第 3 期。

［6］陈瑞华：《新间接审理主义："庭审中心主义改革"的主要障碍》，载《中外法学》2016 年第 4 期。

［7］陈瑞华：《审判中心主义改革的理论反思》，载《苏州大学学报（哲学社会科学版）》2017 年第 1 期。

［8］陈瑞华：《论侦查中心主义》，载《政法论坛》2017 年第 2 期。

［9］陈瑞华：《论刑事诉讼的全流程简化——从刑事诉讼纵向构造角度的分析》，载《华东政法大学学报》2017 年第 4 期。

［10］陈瑞华：《论检察机关的法律职能》，载《政法论坛》2018 年第 1 期。

［11］陈树强：《增权：社会工作理论与实践的新视角》，载《社会》2004 年第 4 期。

［12］陈兴良：《法治国的刑法文化》，载《人民检察》1999 年第 11 期。

［13］陈兴良：《刑罚目的新论》，载《华东政法学院学报》2001 年第 3 期。

［14］陈兴良：《司法解释功过之议》，载《法学》2003 年第 8 期。

［15］陈兴良：《被害人有过错的故意杀人罪的死刑裁量研究——从被害与加害的关系切人》，载《现代法学》2005 年第 2 期。

［16］陈兴良：《刑法机能的话语转换——刑法目的论的一种探讨路径》，载《环球法律评论》2008 年第 1 期。

［17］陈永生：《刑事诉讼的程序性制裁》，载《现代法学》2004 年第 1 期。

［18］储槐植：《建立刑事一体化思想》，载《中外法学》1989 年第 1 期。

［19］储槐植：《犯罪在关系中存在和变化——关系犯罪观论纲：一种犯罪学哲学》，载《社会公共安全研究》1996 年第 3 期。

［20］储槐植：《再说刑事一体化》，载《法学》2004 年第 3 期。

［21］蔡英：《保护人权——刑法的终极目的》，载《西南大学学报（社会科学版）》2009 第 3 期。

［22］董光壁：《中国科学传统的特征及其现代意义》，载《科学新闻》2002 年第 1 期。

［23］冯军：《和谐社会与刑事立法》，载《南昌大学学报》2007 年第 2 期。

［24］冯军：《犯罪化的思考》，载《法学研究》2008 年第 3 期。

［25］冯军：《刑法中的责任原则——兼与张明楷教授商榷》，载《中外法学》2012 年第 1 期。

［26］冯军：《刑法教义学的先行思考》，载《法学研究》2013 年第 6 期。

［27］房清侠：《前科消灭制度研究》，载《法学研究》2001 年第 4 期。

［28］房绪兴、邱志国：《由惩罚犯罪到保障人权》，载《中国人民公安大学学报（社会科学版）》2009 年第 2 期。

［29］高维俭：《刑事学科系统论》，载《法学研究》2006 年第 1 期。

［30］高维俭：《刑事一体化思想若干问题研究》，载《当代法学》2006 年第 2 期。

［31］郭保振、刘士浩、桓旭：《刑事附带民事执行困境与破冰之路》，载《法论（西南政法大学研究生学报）》2013 年第 27 卷第 1 辑。

［32］郭华、刘志荣：《日本更生保护的立法演变和发展》，载《中国司法》2011 年第 12 期。

［33］管仁亮：《刑事被害人救助路径探究》，载《四川理工学院学报（社会科学版）》2011 年第 5 期。

［34］郝柏林：《复杂性的刻画与'复杂性科学'》，载《物理》2001 年第 8 期。

［35］嘎日达、黄匡时：《西方社会融合概念探析及其启发》，载《理论视野》2008 年第 1 期。

［36］韩东：《人文关怀视野中的刑事被害人救助制度》，载《南方论刊》2008 年第 4 期。

［37］胡欣杰、潘清：《网络中心战体系结构研究》，载《装备学院学报》2012 年第 4 期。

［38］贺雪峰、刘岳：《基层治理中的"不出事逻辑"》，载《学术研究》2010 年第 6 期。

［39］霍珍珍：《刑释解教人员社会保障的现状原因及对策》，载《中国司

法》2012 年第 5 期。

[40] 金吾伦：《整体论与科学革命》，载《自然辩证法研究》1991 年第 5 期。

[41] 金吾伦：《巴姆的整体论》，载《自然辩证法研究》1993 年第 9 期。

[42] 金吾伦：《整体论哲学在中国的复兴》，载《自然辩证法研究》1994 年第 8 期。

[43] 金吾伦、蔡仑：《对整体论的新认识》，载《中国人民大学学报》2007 年第 3 期。

[44] 贾学胜：《刑事被害人国家补偿制度的理论根据研究》，载《河北法学》2009 年第 6 期。

[45] 康伟、柳建华：《刑事被害人救助社会福利说之提倡》，载《河北法学》2009 年第 12 期。

[46] 刘博：《复权制度中国化的路径刍议》，载《学习论坛》2017 年第 12 期。

[47] 刘方权、张森锋：《〈刑法〉第 100 条之我见》，载《河北法学》2001 年第 4 期。

[48] 刘洪：《涌现与组织管理》，载《研究与发展管理》2002 年第 4 期。

[49] 刘凌梅：《西方国家刑事和解理论与实践介评》，载《现代法学》2001 年第 2 期。

[50] 刘强：《对美国社区矫正管理机构和人员配备的借鉴与思考》，载《湖北警官学院学报》2008 年第 1 期。

[51] 刘仁文：《提倡立体刑法学》，载《法商研究》2003 第 3 期。

[52] 刘仁文：《构建我国立体刑法学的思考》，载《东方法学》2009 年第 5 期。

[53] 刘敏、董华：《还原论传统的盛行与隐匿》，载《系统科学学报》2011 年第 1 期。

[54] 刘远熙：《刑事被害人国家补偿制度的法理及价值分析》，载《社会科学研究》2011 年第 2 期。

[55] 林峰：《〈基本法〉对香港司法审查制度的影响》，载《法学家》2001 年第 4 期。

[56] 林峰、王书成：《司法式立法及制度反思——以〈劳动合同法〉等法律的实施为分析样本》，载《法学》2012 年第 3 期。

[57] 林峰：《〈公民权利和政治权利国际公约〉与香港行政长官选举》，载《清华法学》2015 年第 5 期。

[58] 李放：《有前科的公民能否成为公务员？——对《中华人民共和国公务员法》第 6 条的分析和建议》，载《广西政法管理干部学院学报》2006 年第 3 期。

[59] 李立宏、陈建军：《我国刑事审后程序的三个理论支点》，载《云梦学刊》2014 年第 4 期。

[60] 李明：《国外主要社区矫正模式考察及其借鉴》，载《中国司法》2008 年第 1 期。

[61] 李德毅、刘坤等：《涌现计算：从无序掌声到有序掌声的虚拟现实》，载《中国科学 E 辑：信息科学》2007 年第 37 卷第 10 期。

[62] 李曙华：《系统科学——从构成论走向生成论》，《系统辩证学学报》，2004 年第 2 期。

[63] 李曙华：《系统生成论与生成进化论》，载《系统辩证学学报》2005 第 4 期。

[64] 李曙华：《当代科学的规范转换——从还原论到生成整体论》，载《哲学研究》2006 年第 11 期。

[65] 李曙华：《系统生成论体系与方法论初探》，载《系统科学学报》2007 第 3 期。

[66] 李曙华：《生成论与"还元论"——生成科学的自然观与方法论原则》，载《河池学院学报》2008 第 1 期。

[67] 梁根林：《"刀把子"、"大宪章"抑或"天平"？——刑法价值的追问、批判与重塑》，载《中外法学》2002 年第 3 期。

[68] 陆晶：《美国"罪犯重返计划"》，载《人民公安》2007 年第 14 期。

[69] 卢建平：《国际人权公约视角下的中国刑法改革建议》，载《华东政法学院学报》2006 年第 5 期。

[70] 黎宏：《日本近年来的刑事实体立法动向及其评价》，载《中国刑事法杂志》2006 年第 6 期。

［71］林维：《论前科的定罪价值》，载《中央政法管理干部学院学报》1995 年第 6 期。

［72］龙宗智：《刑事诉讼的两重结构辨析》，载《现代法学》1991 年第 3 期。

［73］马嫣云：《和谐社会环境下刑事被害人人权保障的新思路——以刑事被害人救助为视角"载《辽宁公安司法管理干部学院学报》2011 年第 3 期。

［74］苗东升：《系统科学哲学论纲》，载《哲学动态》1997 年第 2 期。

［75］苗东升：《论系统思维（六）：重在把握系统的整体涌现性》，载《系统科学学报》2006 年第 1 期。

［76］欧阳志工：《中外出狱人社会保护制度比较研究》，载《中国监狱学刊》2003 年第 3 期。

［77］裴炜、Michiel van der Wolf：《精神病人刑事责任与管治措施的衔接——中西法律制度的比较"载《河南社会科学》2015 年 第 8 期。

［78］裴炜：《个人信息大数据与刑事正当程序的冲突及其调和》，载《比较法研究》2017 年第 6 期。

［79］裴炜：《英国认罪协商制度及对我国的启示》，载《法学研究》2018 年第 2 期。

［80］裴炜：《数据侦查的程序法规制——基于侦查行为相关性的考察》，载《法律科学（西北政法大学学报）》2019 年第 6 期。

［81］庞森：《发展双问题初探》，载《法学研究》1999 年第 4 期。

［82］邱兴隆：《嬗变的理性和理性的嬗变——主题报告：刑罚进化论·评论·答辩》，载《现代法学》1999 年第 5 期。

［83］冉小璐：《我国刑事诉讼目的之新一元论》，载《社会科学论坛》2008 年第 8 期。

［84］沈兵、刘宇：《构建我国未成年人前科消灭制度》，载《法治论丛》2007 年第 5 期。

［85］司法部帮教安置工作代表团：《澳大利亚刑释人员的过渡性安置及帮教》，载《人民调解》2007 年第 6 期。

［86］司绍寒：《德国刑事执行法律概览》，载《德国研究》2007 年第 3 期。

［87］申小红：《刑事被害人救助制度比较》，载《湖南科技大学学报（社会科学版）》2013 年第 5 期。

［88］宋英辉：《特困刑事被害人救助实证研究》，载《现代法学》2011 年第 5 期。

［89］吴春岐：《受刑人权利保护问题研究的价值和视角》，载《学习与探索》2005 年第 3 期。

［90］吴春岐、王彬：《受刑人权利的法律定位》，载《法学论坛》2006 年第 4 期。

［91］吴鹏森：《新中国刑释人员社会政策的历史演变》，载《学术月刊》2016 年第 7 期。

［92］吴森：《浅析刑事被害人国家补偿制度的理论基础》，载《经济视角》2011 年第 12 期。

［93］吴照美、张作山：《刑释解教工作机制的不足及完善建议》，载《云南警官学院学报》2014 年第 2 期。

［94］万光侠、秦强：《宪政视角下的受刑人权利保护》，载《学习与探索》2005 年第 3 期。

［95］万菁、王利荣：《社区矫正制度化的若干建议》，载《河南司法警官职业学院学报》2005 年第 3 期。

［96］王宏、董玉鹏：《人道精神与受刑人婚姻权利保护》，载《学习与探索》2005 年第 3 期。

［97］王华菊、才凤伟：《诊断、干涉和重塑：安置帮教工作的运行逻辑》，载《中国人民公安大学学报（社会科学版）》2015 年第 4 期。

［98］王奎：《生命权的概念及其入宪的必要性和价值》，载《西南政法大学学报》2007 年第 3 期。

［99］王顺安：《论社区矫正的利与弊》，载《法学杂志》2005 年第 4 期。

［100］王书成：《前海'基本法'：如何先行先试?》，载《法人》2011 年第 3 期。

［101］王书成：《合宪性推定的正当性》，载《法学研究》2010 年第 2 期。

［102］王志亮：《英国近期重新打造刑罚体系》，载《安徽警官职业学院学报》2007 年第 5 期。

［103］魏宏森、曾国屏：《试论系统的整体性原理》，载《清华大学学报（哲学社会科学版）》，1994 年第 3 期。

[104] 魏小猛：《联合作战体系的整体涌现性》，载《国防科技》2010年第2期。

[105] 汪习根：《论发展权本质》，载《社会科学战线》1998年第2期。

[106] 汪习根：《发展权法理探析》，载《法学研究》1999年第4期。

[107] 汪伟人：《市场经济条件下预防重新犯罪的思考》，载《中国监狱学刊》2000年第1期。

[108]《修改刑法要研究"非犯罪化"思潮》，载《中国法学》1992年第2期。

[109] 徐静村：《论我国刑事诉讼法的再修正》，载《现代法学》2003年第3期。

[110] 徐静村：《刑事执行法立法刍议》，载《昆明理工大学学报》2010年第1期。

[111] 徐显明：《从罪犯权利到受刑人人权》，载《学习与探索》2005年第3期。

[112] 徐显明：《和谐权——第四代人权》，载《人权》2006年第2期。

[113] 徐显明、曲相霏：《人权主体界说》，载《中国法学》2001年第2期。

[114] 肖建华：《刑事附带民事诉讼制度的内在冲突与协调》，载《法学研究》2001年第6期。

[115] 肖文明：《观察现代性——卢曼社会系统理论的新视野》，《社会学研究》2008年第5期。

[116] 熊建明：《〈刑法〉第100条适用空间、功能及性质解构——兼论对受过刑事处罚人的规范性和非规范性评价》，载《东方法学》2011年第5期。

[117] 谢佑平：《刑事诉讼模式的历史演变和文化成因》，载《河南省政法管理干部学院学报》2003年第3期。

[118] 夏尊文：《刑事政策视野中的社会管理创新——以社区矫正为视角》，载《云梦学刊》2015年第2期。

[119] 杨河、陈建军：《刑事审后程序中的权力配置问题研究》，载《云梦学刊》2013年第2期。

[120] 杨宇冠：《我国刑事赔偿制度之改革》，载《法学研究》2004年第

1 期。

［121］杨耀华等：《面向作战网络的层次化涌现建模方法》，载《系统仿真学报》2011 年第 12 期。

［122］杨兴培：《刑事执行制度一体化的构想》，载《华东政法学院学报》2003 年第 4 期。

［123］杨正万：《论被害人诉讼地位的理论基础》，载《中国法学》2002 年第 4 期。

［124］叶立国：《国内外系统科学文献综述》，载《太原师范学院学报》2011 年第 4 期。

［125］叶立国：《系统科学的五大理论突破》，载《科学学与科学技术管理》2011 年第 9 期。

［126］于志刚：《"犯罪记录"和"前科"混淆性认识的批判性思考》，载《法学研究》2010 年第 3 期。

［127］于志刚：《犯罪的规范性评价与非规范性评价》，载《政法论坛》2011 年第 2 期。

［128］于志刚：《论前科的概念界定及其内涵》，载《浙江社会科学》2002 年第 2 期。

［129］张波：《论刑事被害人国家补偿制度的构建》，载《求实》2012 年第 S1 期。

［130］张大维、王苏苏：《重返社会：社区矫正对服刑人员的资本构建与维系——基于中部七市的调查》，载《江汉大学学报（社会科学版）》2015 年第 3 期。

［131］张寒玉、张亚力、杨迪：《重罪未成年人重返社会问题研究——以云南司法实务为视角》，载《青少年犯罪问题》2018 年第 3 期。

［132］张寒玉、张亚力、杨迪：《论重罪未成年人重返社会体系的构建》，载《预防青少年犯罪研究》2018 年第 4 期。

［133］张寒玉、张亚力、杨迪：《重罪未成年人重返社会体系的构建——以云南省司法实务为视角》，载《人民检察》2018 年第 12 期。

［134］张荆：《日本社区矫正"中途之家"建设及对我们的启示》，载《青少年犯罪问题》2011 年第 1 期。

[135] 张嘉尹：《介于内国法与传统国际法的法秩序如何可能？——系统理论对于"法全球化"的考察》，载王鹏翔编，《2008 法律思想与社会变迁——法学专书系列之七》，台北中研院法研所筹备处 2008 年版。

[136] 张明楷：《刑事立法的发展方向》，载《中国法学》2006 年第 4 期。

[137] 张太保、吴保宏：《刑事被害人国家救助制度探析》，载《安徽理工大学学报（社会科学版）》2011 年第 2 期。

[138] 赵秉志、廖万里：《论未成年人犯罪前科应予消灭——一个社会学角度的分析》，载《法学论坛》2008 年第 1 期。

[139] 赵光武：《复杂性科学的哲学反思》，载《党政干部学刊》2012 年第 1 期。

[140] 赵光武：《用还原论与整体论相结合的方法探索复杂性》，载《系统辩证学学报》2003 年第 1 期。

[141] 赵国玲：《犯罪被害人补偿：国际最新动态与国内制度构建》，载《人民检察》2006 年第 17 期。

[142] 赵国玲、徐然：《刑事被害人救助立法根基的比较与重构——从救助和补偿的概念之争谈起》，载《东南学术》2015 年第 1 期。

[143] 赵惠：《论前科消灭制度》，载《河北法学》2000 年第 5 期。

[144] 赵海林、金钊：《充权：弱势群体社会支持的新视角——基于青少年社区矫正的研究》，载《山东社会科学》2006 年第 2 期。

[145] 周光权：《论刑法目的相对性》，载《环球法律评论》2008 第 1 期。

[146] 周林刚：《论社会排斥》，载《社会》2004 年第 6 期。

[147] 周少华：《刑罚目的观之理论清理》，载《东方法学》2012 年第 1 期。

[148] 周少华：《作为目的的一般预防》，载《法学研究》2008 年第 2 期。

[149] 周少华：《刑法的目的及其观念分析》，载《华东政法大学学报》2008 年第 2 期。

[150] 周世雄、段启俊、王国忠：《刑事被害人救助机制研究》，载《湖南社会科学》2010 年第 2 期。

[151] 周涛：《关于发达国家罪犯劳动报酬制度的思考》，载《辽宁警专学报》2006 年第 2 期。

［152］周旺生：《重新研究法的渊源》，载《比较法研究》2005 年第 4 期。

［153］周欣、袁荣林：《美国刑事被害人国家补偿制度概览》，载《中国司法》2005 第 2 期。

［154］曾康：《刑事诉讼程序功能分析》，载《现代法学》2000 年第 6 期。

［155］左勇：《构建我国刑事被害人国家补偿程序之申请程序和救济程序》，载《法制与社会》2012 年第 30 期。

［156］左勇：《试论如何构建我国刑事被害人国家补偿程序》，载《法制与社会》2012 年第 25 期。

［157］翟中东：《试析控制重新犯罪的重返社会范式》，载《环球法律评论》2011 年第 4 期。

四、译文

［1］［德］汉斯·海尔里希·耶施克：《世界性刑法改革运动概要》，载《法学译丛》1981 年第 1 期。

［2］［德］雅科布斯：《刑法保护什么：法益还是规范适用？》，王世洲译，载《比较法研究》2004 年第 1 期。

［3］［瑞士］胜雅律：《从有限的人权概念到普迫的人权概念——人权的两个阶段》，王长斌译，载沈宗灵主编《西方人权学说》（下），四川人民出版社1994 年版。

［4］［日］大谷实：《刑事被害人及其补偿》，载《中国刑事法杂志》2000 年第 2 期。

［5］［日］岩崎允胤：《跨越"伊拉克战争"危机，争取和平与民主的世界秩序》，载《哲学研究》2004 年第 10 期。

［6］［美］帕森斯：《论社会的各个分支及其相互关系》，载苏国勋、刘小枫主编，《二十世纪西方社会理论文选Ⅱ：社会理论的诸理论》，上海三联书店2005 年版。

［7］［美］冯·贝塔朗菲：《一般系统论的历史与现状》，王兴成译，载《国外社会科学》1978 年第 2 期。

［8］［美］肖恩·B·卡罗尔：《基因开关调控物种进化》，载《环球科

学》2008 年第 6 期。

[9] [英] H. L. A. 哈特：《自我指涉性法律》，载哈特《法理学与哲学论文集》，支振锋译，法律出版社 2005 年版。

五、学位论文及报纸文章

[1] 董文蕙：《犯罪被害人国家补偿制度基本问题研究》，西南政法大学 2010 年博士学位论文。

[2] 冯一文：《中国囚犯人权保障研究——以联合国囚犯待遇标准为参照》，吉林大学 2006 年博士论文。

[3] 高维俭：《刑事三元结构论——刑事学科研究范式的理论》，北京大学 2004 年博士学位论文。

[4] 刘军：《刑法学中的被害人研究》，山东大学 2010 年博士学位论文。

[5] 刘敏：《系统科学"整体论"思想进路及意义研究》，南京大学 2007 年博士论文。

[6] 李健：《论前科消灭制度及其构建》，吉林大学 2012 年博士学位论文。

[7] 卢希起：《刑事被害人国家补偿制度研究》，中国政法大学 2008 年博士学位论文。

[8] 申莉萍：《我国犯罪被害人损害救济法律问题研究》，西南政法大学 2012 年博士学位论文。

[9] 吴宁：《社会弱势群体权利保护的法理》，吉林大学 2005 年博士论文。

[10] 吴淼：《刑事被害人国家补偿制度研究》，吉林大学 2012 年博士学位论文。

[11] 王志华：《犯罪被害人二次被害研究》，中国政法大学 2006 年博士学位论文。

[12] 谢协昌：《犯罪被害人保护体系之研究》，中国政法大学 2007 年博士论文。

[13] 叶立国：《系统科学理论体系的重建及其哲学思考》，南京大学 2010 年博士论文。

[14] 张剑秋：《刑事被害人权利问题研究》，中国政法大学 2005 年博士

论文。

［15］郑戈：《迈向一种法律的社会理论》，北京大学 1998 年博士学位论文。

［16］黄红兵：《基于涌现视角的多 Agent 系统分析研究》，国防科学技术大学研究生院 2009 年博士学位论文。

［17］周晓虹：《透视全球化背景下的法律多元论》，吉林大学 2006 年博士学位论文。

［18］储槐植：《走在刑法脉动的前沿——读刘仁文〈刑法的结构与视野〉》，载 2010 年 9 月 10 日《人民法院报》。

［19］杜萌：《刑事被害人国家补偿救助呼唤国家立法提速》，载 2009 年 6 月 15 日《法制日报》。

［20］蒋德：《无锡刑事被害人特困救助将"不差钱"》，载 2009 年 5 月 30 日《法制日报》。

［21］李林：《中国立法未来发展的主要任务》，载 2009 年 3 月 4 日《北京日报》。

［22］宋英辉：《诉讼法学研究：观念的更新与变革》，载 2001 年 9 月 28 日《人民法院报》。

［23］周强：《必须推进以审判为中心的诉讼制度改革》，载 2014 年 11 月 14 日《人民日报》。